国家社会科学基金重点项目"传统美德的继承创新与实现中国梦研究"（项目编号 :14AZD008）

中华传统美德的时代价值

肖群忠　王　苏　杨建强 ◎ 著

人民出版社

目　　录

导论　中华传统美德的时代价值

中国社会改革开放四十多年来，经济与社会发展取得了令世人瞩目的成就，中华民族出现了伟大复兴的曙光，随之而起的是对民族文化的自信心大大增强。民间的"国学热"、传统文化热持续不断，近年来，习近平总书记对传统文化的创造性转化与创新性发展作出过诸多重要论述。那么，传统文化与传统道德经历过五四运动时期的批判，在经历近一百年后，为何再次得到官方与民间的重视？中华传统美德在当代的价值是什么？

笔者高度认同习近平总书记的相关论述，认为优秀传统文化及其核心传统美德对于民族复兴、国家强大、人民幸福、社会和谐、民众素质提升及其安身立命都有重要时代价值。

为了使这一问题的讨论更有充分理据，有必要更加全面地讨论下述几个问题：第一，传统道德与传统文化的关系，这有助于人们了解传统美德在传统中国社会中的重要历史价值。第二，传统美德的主要内容及其历史演变，这有助于我们了解传统美德是如何发挥其重要的历史作用的。第三，传统美德的价值取向或基本特点，这个问题将揭示中华传统美德的特点与优势，也是其具有历史与时代价值的根据所在。在讨论这些问题的基础上，再讨论传统美德之于当代的时代价值，才其来有自，顺理成章。

一、传统美德是中华文化的核心与灵魂

什么是中华传统美德？要了解中华传统美德,先要了解其上位概念"传统道德",传统道德一般是指我国先哲概括创造的(以 1912 年前儒家道德为核心)并在历史长河中为老百姓践行的道德。在古代中国,儒、墨、道、法等各家学派都参与了传统道德的创造,但主要以儒家为主。"传统美德"是指传统道德中那些经过历史实践证明其具有善美价值并以时代标准衡量,在今天仍有价值的合理成分和精华内容。道德文化,不仅属于一种思想文化,更是一种实践文化,正是民众在实践中的补充发展与实践,才形成了全民认同的优良道德文化传统。

传统文化是传统道德的土壤和基础,传统道德是中华传统文化的核心与灵魂,这是学术界的共识和定见。如果从文化比较学的角度,对中国文化与西方文化、印度文化做一个最简要的比较概括的话,那么,一般认为,中国文化是人文性、道德性的"德性"主义文化,西方文化是一种倡导科学与理性的智性主义文化,而印度文化则是一种神性主义文化。儒家文化在中国文化中占据主导地位,儒家文化则更是一种人伦性的现实主义文化。孔子在其学生问到其关于死的问题时,他说"未知生,焉知死",我连生都没搞清楚,怎么可以知死呢?"子不语怪力乱神",这些都说明儒家文化不太关心人死后的超越的、神性的事,而更为关注现实人生的问题——人伦关系、社会治道、修身养性、内圣外王、修齐治平,这是儒家学派所着力的问题。因此,如果与印度文化的神性主义相比较的话,中国文化则是一种面向现实世界的人本主义文化。如果说西方文化比较重视对外部世界的认识,有知识论的传统,是一种智性主义文化的话,那么,中国文化则较少关注知识性的特别是对外部世界的自然性的知识问题的探求,而非常重视人本的、道德的思考,可以说儒家学派是一个道德学派,其思想特质是道德中心主义的,是泛道德主义、以道德为本位或道德至上的思想。儒家文化塑造了中国文化的德性主义特质。

　　这一文化特点在儒家的元典时代或所谓"轴心时代"就已经表现出来并在文化发展的长河中得以延续。梁漱溟先生在其《中国文化要义》中明确地把"道德气氛特重"列为中国文化的一大特征："融国家于社会人伦之中,纳政治于礼俗教化之中,而以道德统括文化,或至少是在全部文化中道德气氛特重,确为中国的事实。"①李泽厚先生则这样描述这一特点的最初状态："先秦各家为寻求当时社会大变动的前景出路而授徒立说,使得从商周巫史文化中解放出来的理性,没有走向闲暇从容的抽象思辨之路(如希腊),也没有沉入厌弃人世的追求解脱之途(如印度),而是执着人间世道的实用探求。以氏族血缘为社会纽带,使人际关系(社会伦理和人事实际)异常突出,占居了思想考虑的首要地位。"②韦政通先生在其《中国文化概论》一书中也指出："在中国文化中,有'一本万殊'的理念,于是坚信一切文化都有一个共同的基础,这基础就是道德。中国传统中讲道德,不像西方人讲道德只限制在人生的范围内,而是弥漫在文化的一切领域。因此,中国的政治理想是'德治',文学理想是'文以载道',经济的理想是'不患寡而患不均',他如教育、法律、也莫不以道德为基础。"③这几位学者的观点都不约而同地指出了,传统道德是传统文化的核心与灵魂。中华文化是一种伦理本位型的德性主义文化,其核心和精华体现为伦理精神和价值观,这是中华文化的特质,也是它对人类的突出贡献。那么,这种道德在传统文化中的首要、至上、核心地位体现在哪些方面呢?

　　儒家学说是传统文化的核心,中华传统文化的德性特质在一定意义上可以说是由儒家塑造的。《大学》是儒家学说的一篇纲领性文本,其三纲八条目和其内圣外王之道很好地体现了儒家学说以道德为本的思想。

---

①　梁漱溟:《中国文化要义》,上海人民出版社 2003 年版,第 27 页。
②　李泽厚:《中国古代思想史论》,人民出版社 1986 年版,第 304 页。
③　韦政通:《中国文化概论》,岳麓书社 2003 年版,第 58 页。

大学之道,在明明德,在亲民,在止于至善。(《四书集注·大学》)

这是儒家学说为学修身和治世的三条根本原则,也称"三纲":即为学的首务在于弘扬我们人性中光明的道德,并用这种道德去推己及人,亲近影响民众,使人民日新其德,成为新民,从而达到社会和人生的至善境界。三纲的总体目标要实现还要通过"八条目"加以贯彻落实。

古之欲明明德于天下者,先治其国;欲治其国者,先齐其家;欲齐其家者,先修其身;欲修其身者,先正其心;欲正其心者,先诚其意;欲诚其意者,先致其知;致知在格物。物格而后知至,知至而后意诚,意诚而后心正,心正而后身修,身修而后家齐,家齐而后国治,国治而后天下平。(《四书集注·大学》)

格物、致知、诚意、正心、修身、齐家、治国、平天下,这"八条目"中,修身是关键,格物、致知、诚意、正心都是修身的过程和工夫,而齐家、治国和平天下被看作是修身的目的,修身是齐家、治国、平天下的基础,如果没有好的道德,或者说是"内圣",就不可能有家齐、国治、天下平的结果。道德是政治的基础,后者被称为"外王",因此,儒家这种通过修养自己的道德并通过道德的推扩来实现家齐、国治、天下平的伦理政治之道也常常被称为"内圣外王之道"。

伦理道德不仅是做人、齐家、治国、平天下的基础,相较于经济、军事的硬实力,作为一种文化软实力也为儒家所推崇。

子贡问政。子曰:"足食,足兵,民信之矣。"子贡曰:"必不得已而去,于斯三者何先?"曰:"去兵。"子贡曰:"必不得已而去,于斯二者何先?"曰:"去食。自古皆有死,民无信不立。"(《论语·颜渊》)

正因为儒家在中国历史发展过程中,是占据统治地位的学派,它的学说的这种崇德特质深深影响了中国文化,使中国文化也具有了鲜明的德性主义特点,崇德向善成为中国文化的重要特征。

中国传统文化的核心和特质是道德智慧,从文化的诸要素中,诚如梁漱溟先生所说,中国传统文化是"以道德代宗教",儒家的学说是一种准宗教,也发挥了宗教的一些基本功能。伦理学是中国哲学的核心，本体论、认识论是服从伦理学的。伦理学与政治法律的相互关系表现为政治伦理化、伦理政治化，即是说道德是政治法律的基础，政治法律是道德推行与实践的手段。

从中国文化与中国人的人格特征和国民性的视角分析，中国文化的价值取向是道德、群体本位；道德本位的价值取向决定了中国人重视道德的性格特征。从民众实际生活与人际交往中，道德的规范与引导作用随处可见。礼是中国人行为规范的重要内容，中国人的基本生活形态就是礼仪秩序。同时，音乐也是与道德相关联的，例如《礼记·乐记》中言："乐者，通伦理者也。"所谓"文以载道"、"诗言志"，通过音乐进行教化是为了实现"正人心"之功用。礼乐文化联系密切。中国人的衣食住行、风俗习惯、民俗节日，以至于取名字都处处体现着道德本位、至上的引导作用。比如中国的四合院，不同辈分的人住在不同方位的房间里，这是伦理在秩序上的体现。老百姓的人生礼仪，例如寿辰、婚礼、丧礼等也时时刻刻体现着中国传统伦理观念，不同时间段中的节日民俗等更是伦理道德的体现与实际运用。以过年为例，这不仅是一个团聚的重大节日，而且是祭祖、省亲的日子，是体现伦理价值的综合节日。清明节既是春天时节踏青赏春的日子，也是拜祭先祖，怀念先人的行孝之日。四时上坟祭祖展现着我们的孝道价值观，九九重阳节体现着中国的尊老敬老伦理观念。传统的戏曲、弹词等文化表现形式展示着道德教化的具体内容。如果我们将"四大名著"对应道德范畴进行分析，会发现"孝""义""忠""仁"等德目贯穿于这些名著之中。

文化塑造人格，中国传统文化的崇德精神塑造了传统中国人的崇德向善的价值观与国民性。这种文化精神与文化人格，我们每一个浸润在中国文化环境中的人都能感受到。

"我国自古以来就是一个礼仪之邦"，"中华民族是一个自强不息，勤劳勇敢的民族"，"修身为本，德教为先"，"己所不欲，勿施于人"、"己欲立而立人，己欲达而达人"，"君子坦荡荡，小人长戚戚"，"君子一言，驷马难追"，"平日不做亏心事,不怕半夜鬼敲门",“但行好事,莫问前程",“善有善报,恶有恶报,不是不报,时间没到",“君子谋财,取之有道",“人之初,性本善",“尽人事、知天命",“百善孝为先"……这些俚言俗语所包含的道德教训都是大家耳熟能详的。范仲淹“先天下之忧而忧,后天下之乐而乐",文天祥的“人生自古谁无死,留取丹心照汗青",顾炎武“天下兴亡,匹夫有责"等名言,大家也总是听到。

“二十四孝"的故事按鲁迅先生的说法是“家喻户晓、妇孺皆知"的,当然我们现在的某些年轻人已经不知道了,这也从一个侧面说明在近几十年的文化演变中,传统文化价值的失落。但是岳飞之忠、关羽之义、诸葛亮之智,则是不论文化高低的人都知道的。在民间,为什么关羽、岳飞都由人变神,而为百姓立庙祭拜,就在于人们崇尚他们的精忠报国、有忠有义的道德精神。

人的名字是一个文化符号,往往是文化沉淀和人们的核心价值追求的直接体现,或者说直接体现着当时社会的价值取向。如果我们稍微分析一下六十岁以上甚至年龄更大的我们祖辈人的名字,不难发现,男性的名字多采用与儒家德性范畴有关的词汇:如德、仁、义、礼、智、信、孝、忠、温、良、恭、俭、让等。如马有德、刘尚智、王有仁、张忠信、赵孝义、李有德、许惠敏、候宽仁等,不一而足。

上述的警句名言、流传的故事与取名所尊奉的文化传统,是中国人自古向往善良、崇尚道德的文化体现。中国文化的精髓是尚德。以德为先,是中国传统文化的基础和灵魂。对人才,要求德才兼备;对生活,不忘忠厚传家,对官员也要求“有德者居之",贤者在位,能者在职。重视道德是儒家与传统文化的核心与灵魂。

近三十多年来,中国社会的价值观相较于传统中国的道德本位、道德至上,悄然发生了变化,一些人内心充斥着金钱至上的思想。在社会转型时期,一段时间内以经济为中心、工具理性发达、价值理性失落可能有其历史的必然性,但不一定是合理的。当人们在温饱基本满足甚至达到了小康以后,我们总觉得生活中似乎还缺点什么,追求一种宁静的、自足的、道德的、人道的、心灵祥和的生活,是人性的内在需要,也是一种更为深刻与持久的幸福。因此,揭示中国传统文化的道德本位、义以为上的民族文化特质与灵魂,有助于我们在当前的文化建设中,自觉树立铸成民族文化道德之魂的意识,加强道德建设,促进国家和社会的道德文明水平提高和人民道德素质提高。

二、中华传统美德的历史演变

"德"字在商代虽已经存在,但是"德"的观念却并没有真正产生。从《诗经》、《尚书》、《逸周书》等文献看,从"德"字的用法来看,其意主要是指高尚的品格及行为,以及品格高尚的人。这时候"规范"的意义并不明显。"德"在西周初年的文献中大量出现,并已成为当时的重要观念是一个不争的事实。"周虽旧邦,其命维新","商人尚鬼",周人崇德,周人之所以能够取代商人,在周公等人看来,就在于周人能"敬德保民""以德配天"。

周代,以"礼""德""孝"等德目为核心,并孕育了中华文化的伦理精神。

"德"的产生,与周初对"天命"的怀疑有直接关系。"天命靡常","皇天无亲,唯德是辅"。周以小邦取代大邦,靠的是人心所向和道德。周人是"以天为宗,以德为本"(《庄子·天下》),接受天命是有条件的,这个条件便是德。要"修德配命",即是说,只有修德,才能取得并保持政权。周人"敬德",乃是对人类自身力量的自觉,是对道德修养必要性的认识。周人应该吸取夏商两代的教训,敬重道德。对于统治者来说,敬德的目的是为了保民。只有有德才能得到人民的拥戴。为了保民,统治者必须敬德。

德的观念体现出一种道德责任感的自觉。《尚书·召诰》篇:"王敬作所,不可不敬德。"德就是要外得于人,即处理好人际关系;内得于己,即要讲内心修养,无愧我心。具体来说,德在当时是指惠民、教民、慎罚;加强统治者的道德修养,要勤劳、为民奔波、节俭敬职。从德的这些内容来看,德在当时还主要是指君子即上位者或统治者的一种个人品质和政治道德。

这种德的意识产生,标志着中国人文思想的兴起,可以将之视为殷商时期的祭祀文化向西周初年的礼乐文化转变的重要标志。它的出现使得"神"在人们生活中的主宰性影响日趋淡化,取而代之的则是一种全新的极具人文色彩和人道关怀的伦理文化。道德观念的最初自觉是周代文化成熟的标志,同时也是中国伦理思想产生的标志。怀疑天命,更重人事与道德,人的历史与道德主动性的弘扬,都体现了中国文化的人文意识的觉醒。"敬德保民"的思想奠定了中国古代伦理政治的德治主义的基本雏形。

周人不仅重德,而且重礼重孝。

礼,在夏、商两代已经存在,但多为宗教祭祀之意,周礼由于"近人"而具有道德规范的含义。"礼"在周代由过去的祭祀神器转化而成为一套等级制度。也就是说,礼在殷商主要重视其宗教意义,而在周代则在此基础上重视其人文的、社会的、道德的意义。礼的目的是"守其国"、"定社稷"、"利后嗣",礼的作用就是"行其政令,无失其民"。周代的制礼作乐,影响于中国伦理的特殊性质即道德规范与等级关系、血缘纽带的内在联结,由此决定了中国古代社会制度的稳固性与伦理文化的本体性。

"孝"在商代卜辞中是作为地名和人名用的,所以说商代已有孝的伦理观念还不能为文献所证实。至西周时期,在金文、《周书》、《诗经》等古代经典中有诸多关于孝的记载,证明孝的观念已然在那个时代产生并逐渐推广。

孝在周代是什么意思? 一般认为它具有事生父祖、善事父母,事死追孝等含义,由于在周代实行血缘宗法等级制度,因此,孝不仅是一种家族亲情伦理,而且在某种程度上也是一种政治伦理。孝伦理的倡导,不仅有利于增强家族亲情、宗法意识,而且有利于巩固家国同构的社会结构,在家孝亲、在朝忠君成为中国人最基本的道德义务。

春秋时期,诸多德目继续得到补充与发展,以忠信为核心。

《左传》中"忠"字出现70次,《国语》中出现52次,且都为道德含义。"忠德"最初出现时并不包含后世的"忠君"意义,而是一种普遍的社会道德,往往具有真诚、正直、恭敬等含义,尤其强调真心诚意、尽心竭力地为人、做事,就这层意义来说,"忠"往往与"信"连用。在《左传》《国语》中,"忠信"连用很常见,达一百余次之多。"忠"具有"忠君"意义出现在战国时期。如《战国策·秦策一》载张仪说秦王曰:"臣闻之,弗知而言为不智,知而不言为不忠。为人臣不忠当死,言不审亦当死。"春秋时期作为为人之忠的忠信道德实际上为后世人们广泛接受并实践。

在春秋之前,周天子与诸侯以及各诸侯之间的关系,往往较多地受到宗族内部的伦理规范和道德观念的控制。在春秋时期,一方面商品经济也较前发展了,另外,在政治关系上,宗法体系出现裂缝和周天子"共主"地位的削弱,诸侯之间不正义的征伐、挑衅都使得人们对于信义的渴望愈加强烈。经粗略统计,"信"字在《左传》中共出现二百一十余次,具有道德含义的有一百七十次,可见人们对信德的重视。如《左传·僖公二十五年》有"信,国之宝也,民之所庇也",《文公元年》有言"信,德之固也"。信在当时的道德内含主要指心、言、行一致,它广泛地适用于人与神的关系,诸侯国之间以及君臣、君民等政治关系当中,在春秋后期,信不再局限于政治生活之中,而成为适用于一般社会生活的普遍的伦理规范了。孔子,生于春秋晚期,在其《论语》中,"信"字有三十八处,绝大多数都有道德含义。如《论语·卫灵公》曰:"言忠信,行笃敬,虽蛮貊之邦行矣;言不忠信,行不笃敬,虽州里行乎哉?"孔子可以说把是否具有忠信之德看成是文明高低的表现。

孔子以道德为核心构建儒家学说,提出了诸多道德规范,形成了丰富的道德德目,但一般认为其核心是仁与礼。礼是中国伦理出现最早的范畴与德目之一,一般认为孔子对三代(夏商周)之礼有所损益而继承之,而"仁"是孔子根据时代的需要和思想资源所大力提倡的新观念,也使礼由一种外在的文化传统、制度而变为一种德性。

从儒家经典的原初论述来看,"三达德"的说法早于"五常"的说法。所谓

"三达德"就是通行天下的三种德性即知、仁、勇,这三种德性并列连用的说法在《论语》中虽然已经在《子罕》、《宪问》两篇中各有一见:"子曰:君子道者三,我无能焉,仁者不忧,知者不惑,勇者不惧。"但并未明确以"达德"概念来表述,而是表述为"君子道",实际上意思是差不多的。在《中庸》中则明确表达为"达德":"知、仁、勇,三者,天下之达德也。……子曰:好学近乎知,力行近乎仁,知耻近乎勇。知斯三者,则知所以修身;知所以修身,则知所以治人;知所以治人,则知所以治天下国家矣。"

在此之后,就是孟子的"四端"和"四德"的德目体系表述影响比较大。"恻隐之心,人皆有之;羞恶之心,人皆有之;恭敬之心,人皆有之;是非之心,人皆有之。恻隐之心,仁也;羞恶之心,义也;恭敬之心,礼也;是非之心,智也。仁义礼智,非由外铄我也,我固有之也,弗思耳矣。"(《孟子·告子上》)"恻隐之心,仁之端也;羞恶之心,义之端也;辞让之心,礼之端也;是非之心,智之端也。"(《孟子·公孙丑上》)在孟子看来,人生下来,就有四个人性人心的善端,从这个先天本有的善性中产生了人的四种道德:仁义礼智。这四德是根植于心即发端于人的善性的。

"四维"即"礼、义、廉、耻"是由管子提出的观点,对后世影响巨大,是中国传统道德规范体系的重要组成部分。管子认为"礼、义、廉、耻"是治理国家的四项根本道德原则。后世对此"四维"说虽也有些不同意见,如唐代柳宗元认为管子对"廉、耻"的释义不尽准确,可归之于礼义,那就变成两维了,尽管如此,"四维"之说在历史上仍有很大影响。

从儒家自身道德规范和德目体系建构的角度看,最为后代社会公认并影响中国历史长达2000多年的则是"三纲五常"说。"三纲五常"作为中国传统道德的基本原则与规范的正式表达始于董仲舒,经过东汉官书《白虎通》的确认、提倡,长期影响后世中国社会,成为中国占统治地位的儒家道德的代名词,近代直至五四时期所批判的"纲常名教"也是指"三纲五常"。

所谓"三纲"就是"君为臣纲,父为子纲,夫为妻纲",它是中国传统道德的基本原则,纲的原意是网上的总绳,引申为事物的总要、法度。这里的"×"为"×"之纲是说前者居于主宰、支配、统率的地位,前者为后者的表率。"五常"即五种恒常、普遍的道德德性即仁义礼智信。关于五常,汉代扬雄的论述至为简括、形象、精当:他言:"仁,宅也;义,路也;礼,服也;智,烛也;信,符也。"(《法言·修身》)意思是说,仁乃是人们赖以安身立命的最基本的道德准则,所以,其好比是人们生活的住所;义保证人们言行的正确、得宜,所以,它好比人们的必由之路;礼使人得以文饰,举止文明,故像是穿在身上的衣服;智使人明辨是非、善恶、利害,故像是指路明灯;信能使人受到他人信任,则像是信符。这一连串十分形象的比喻旨在说明,"五常"乃是人类社会最基本的道德规范,对人而言缺一不可。因此,他要求人们自觉遵循和践行五常:"处宅、由路、正服、明烛、执符。"(《法言·修身》)

总之,中华民族的传统美德建构起源于周代,到汉代"三纲五常",不仅基本完成了理论创造,而且对后世社会的影响尤为深刻久远。此后,传统美德在此基础上,在实际的社会发展与实践中不断得到补充与完善。

"五常"是五种普遍、恒常的道德德目,孝与忠虽然未入"五常",但其重要性却丝毫不亚于"五常",这不仅是因为孝与忠恰恰是维护"三纲"的父子之伦、君臣之伦的道德原则与德目,而且它也是中国人最基本的道德义务和美德。如前所述,中国传统社会是一种家国同构的社会,家是国的基础,国是家的放大,在家孝亲,在朝忠君,成为中国人两项最基本的义务和做人做事原则。可能有人会问,既然"三纲"已经被五四运动时期的学者所批判,今天为什么还要提倡其道德原则呢?我的回答是,当时的批判,只注意了君对臣、父对子、夫对妇的支配的不平等意义,而并未注意前者对后者的身先垂范的表率意,我们要在新的历史条件下重新科学地审视传统道德。

从历史的长河看,"三纲五常"居于统治地位,因此,孝、忠、节这三种道德作为维护"三纲"的德目与"五常"即仁义礼智信长期受到重视,另外"三达德"即知仁勇、"四维"即礼义廉耻也长期影响着国人的实践。

刘邵《人物志》中有"英雄"一文,明确提出"聪明秀出谓之英,胆力过人谓之雄"的论断,在他看来,聪明和胆力两个方面相辅相成,结合在一起才谓之英雄。所谓"英"即是聪明,所谓"雄"即是胆力。只有兼备二者,才谓为英雄。这就是我们经常说的"大智大勇"之人,这种人是"英雄",可以谋事成事,但如果缺少"大仁"就不会成为真正的"大英雄"或者圣贤之人。因为离开了对世人的大爱精神,可能会成一己之功,却难以"立德",从而难以受到世人的敬仰和尊崇。可见我们每一个人虽然不一定都能达到大仁大智大勇,但虽不能至,却应以这为目标,心向往之。这种"三达德"的说法得到了后代学人及民众实践的认同支持。比如清初学者颜元就认为:"三达德,上自天子,下至庶人,大而谋王定国,小而庄农商贾,都缺他不得。试观汉高祖,张文成(良)便是知不惑,萧文终(何)便是仁不忧,韩淮阴(信)便是勇不惧,缺一不成西汉二百年世道。"①"仁、知、勇,古今之达德也,立德、立业俱在于此。"②孙中山先生也曾屡言三达德,将它看作是革命军人、革命党人必备之德。

历史上,人们不仅重视"三达德"和"三纲五常",而且也重视"四维",在宋代逐步形成了所谓的"八德"即"孝悌忠信,礼义廉耻"。宋代社会,人们仍然比较重视家庭的价值与伦理,因此,在八德中,首重孝悌之价值,另外,在处理社会人际关系中,继承了春秋时期形成的忠信道德。而"四维"之礼义廉耻则更多地可以视为处理社会政治关系的道德规范。

在宋之后,由于"三纲"意识的强化,忠孝与贞节越来越受到重视,被人们视为至高美德,于是,在明清之后,实际上在民众的实践中,更受重视的乃是忠、孝、节、义,这四种道德体现了中国人在家孝亲,在朝忠君,为人臣、为人妇要守政治节操和贞操,在社会上与人交往要守义行义的实践精神,成为那时社会的流行用语,不仅经常出现在一些思想家的论著中,而且也出现在明清小说、戏曲、弹词中,甚至出现在门面、牌匾、牌坊、钱币、盆碗上,以物化的形式体

---

① 颜元:《颜元集》,中华书局1987年版,第202页。
② 颜元:《颜元集》,中华书局1987年版,第649页。

现着民众的核心价值和对美德的追求。

在 20 世纪前期，孙中山先生提出了新八德：即忠孝仁爱，信义和平。一般认为自宋代以来所形成的旧八德与孙中山先生提出的新八德的实质差别，主要体现在是以家为本还是以国为本。根据当时民主革命的需要，孙中山先生非常重视中华传统美德对民族复兴的重要意义，并认为在当时的形势下，相较而言，忠于国家的义务更重要，因此，首重忠德，在继承传统美德的基础上，提出了自己的新八德。到了 1934 年，国民政府在南昌发起"新生活运动"，在"八德"的基础上，增加了"礼义廉耻"，这就成为他们长期推广的核心价值观，简称"四维八德"。

由以上的简要论述中，我们可以看出，中华传统美德的形成在历史上有一个过程，道德不仅是一种观念文化，更是一种实践文化，传统美德是中华文化的灵魂，中国人长期就是以这些传统美德作为自己的核心价值，指导着中国人的生活方式，是中华文化文明延绵不断、血脉相连的文化基因。我们今天要弘扬传统美德，必须先要了解其产生、发展的过程和其核心内容，否则谈创造性转化与创新性发展就没有基础。

三、传统美德的价值取向

中国的德性主义文化传统使传统美德的德目体系丰富而厚重，并长期发挥着指导社会生活和民众实践的作用，我们今天要进行创造性转化与超越，不仅对其合理的基本规范与德目需要批判继承，而且要把握其价值取向、基本精神，唯此才能结合时代需要与时代精神，进行创造性转化与超越。中华传统美德的价值取向、基本特点或精神是什么？在我们看来，主要是：

第一，道义高于利益。价值观与道德观的首要问题，是道义与利益的关系问题。所谓"利"一般认为是指物质利益，"义"就是伦理规范。义利观就是道德原则与物质利益何者具有价值优先性的问题。宋代朱熹甚至说："义利之说,乃儒者第一义。"①坚持义以为上,这是中华传统价值观、传统美德的精华和我们的民族精神。儒家坚持重义轻利的价值观,儒家认为,在利与义之间,义是更为优先与重要的价值。因此要"义以为上"、"见利思义"、"见得思义"。孔子说:"君子喻于义,小人喻于利。"(《论语·里仁》)懂得把义放在第一位,见利思义的是君子;只知追求物质利益的是小人,这是君子和小人的分界。"富与贵,是人之所欲也;不以其道得之,不处也。贫与贱,是人之所恶也;不以其道得之,不去也。"(《论语·里仁》)"不义而富且贵,于我如浮云。"(《论语·述而》)孟子也讲得很透彻:"非其义也,非其道也,禄之以天下,弗顾也,系马千驷,弗视也。非其义也,非其道也,一介不以与人,一介不以取诸人。"(《孟子·万章上》)如果不符合义和道,就是把天下都给我作为俸禄,我连理也不理,好马几千匹,我看都不会看一眼。甚至可以"舍生取义"。必要的时候,不仅是财产,连自己的生命,都可以舍弃掉。"鱼,我所欲也,熊掌亦我所欲也;二者不可得兼,舍鱼而取熊掌者也。生亦我所欲也,义亦我所欲也;二者不可得兼,舍生而取义者也。"(《孟子·告子上》)义最大,最根本的莫过于生命,如果面临生命与道义两者的价值冲突时,宁死也要保持义,可见把义的价值提到了一个至上的地位。

义利观是人生和道德要选择的首要问题,在市场经济条件下,这一问题变得更加突出和重要。发展经济,是当代中国最为迫切和紧要的任务,但如果将其片面化,对利益的要求不用道义原则加以指导和规约,就会出现很多社会和人生问题,如社会生活全面"一切向钱看",追求个人利益最大化,必然会带来贪污腐败,权钱、权色、钱色交易,使社会生活出现诸多弊病,也使很多人面对利益和金钱的诱惑丧失原则,从而给自己的人生带来毁灭性的灾难。一些不惜以直接损害人们生命健康来谋取私人利益的恶劣行径,究其原因还不是私欲膨胀,见利忘义所致吗?人们的利益欲求是一种自然的、无师自通的欲望和

---

① 朱熹:《与延平李先生书》,《朱子全书》,上海古籍出版社 2002 年版,第 1082 页。

本能,如果任这种自然的欲望不断地膨胀,就会引起人类之间的争斗。礼义之文化教化,就是为了防止这种自然本能的蔓延,这才是文化和精神文明。因此,我们在当代社会应该大力弘扬中华民族的"义以为上"的价值观。

第二,义务先于权利。权利与义务的关系问题,也是价值观、伦理观的重要问题,义务为本是中华文化核心价值观的根本精神。梁漱溟先生说:"各人尽自己义务为先;权利则待对方赋予,莫自己主张。这是中国伦理社会所推据之理念。而就在彼此各尽义务时,彼此权利自在其中;并没有漏掉,亦没有延迟。事实不改,而精神却变了。""于是在中国弥天漫地是义务观念者,在西洋世界上却活跃着权利观念了。"①中国人生活在一种以血缘亲情为基础的家族社会中,家是国的基础,国是家的放大,政治是一种伦理的政治,人与人之间的血缘性关系易于导致强调义务观念,父母子女夫妻间的相互义务观念是最自然的义务观念,而强调彼此间的权利则不那么自然。中国伦理也是强调人际间各尽自己的义务,即所谓"仁以爱人,义以正己",也就是说要用恻隐、同情、亲爱之心去爱别人,而要用责任、义务来要求自己,互以对方为重。传统中国人最基本的人伦义务就是在家孝亲,在朝忠君。中国文化强调士君子要以天下为己任,关怀民众疾苦、实现社会公义。为天下人谋求利益和福祉,这被传统士人看作是自己最大的伦理义务和责任。孔子自言其志:"老者安之,朋友信之,少者怀之。"(《论语·公冶长》)又说君子的最高成就在于"修己以安百姓"。(《论语·宪问》)墨子摩顶放踵、念兹在兹的则是"国家百姓人民之利"。(《墨子·非命上》)爱国诗人屈原一句"长太息以掩涕兮,哀民生之多艰"(《离骚》)道出了自己忧国忧民的情怀。范仲淹之"居庙堂之高则忧其民",可以说是对等级秩序的义的自觉,而"处江湖之远则忧其君",则是对天下公义的自觉,唯有这种天下公义的超越意识,才使他"先天下之忧而忧,后天下之乐而乐",也才使顾炎武发出"天下兴亡,匹夫有责"的时代强音。不仅

---

① 梁漱溟:《中国文化要义》,上海人民出版社 2003 年版,第 108、107 页。

是一些统治阶级的人物和士大夫以天下苍生为念,把利济苍生看作是社会之正义,而且许多有侠义精神的人也是仗义疏财、周穷济困、"替天行道",把这看作是一个有道德的人之所当为,也是天下之公义。

中国传统价值观的核心和特点就是强调义务本位,也就是说义务相较于权利,是第一性的,人们应该努力先尽义务,再说权利,甚至作为一个君子是只讲义而不言利和权的。"人赋己责",这里的"人"是指别人而非自己,是指人伦关系,人的本质既然存在于人伦关系中,人也只有在这种人伦关系中尽到自己的责任,才能被看作是人,那么,不尽义务,只求索取的人可能就是禽兽。人的责任是客观的人伦关系赋予的,作为这个人伦关系中的一员,就应该自觉地履行自己的义务,这是成就人格,做人的首务和天职。这种义务本位的思想,其内核就是强调个人应把对社会国家、家族、他人的奉献当作人生价值的基本追求,那些忧国忧民、为人民、国家作出重大贡献或为捍卫伦理原则作出贡献的人都被称赞传颂。如直到今天人们仍在以过端午节吃粽子的民俗来纪念屈原的爱国主义精神;范仲淹的美文《岳阳楼记》之所以被长期作为中学课文来学习,就在于我们要学习他那种"先天下之忧而忧,后天下之乐而乐"的高尚精神;顾炎武的"天下兴亡,匹夫有责"的名言至今仍然为人们所传诵,就是因为这些言行真正代表了中国的义务为本的核心价值观和伦理精神。

第三,群体高于个人。陈独秀先生在其"东西民族根本思想之差异"一文中所指出的那样,"西洋民族以个人为本位,东洋民族以家族为本位。西洋民族,自古迄今,彻头彻尾,个人主义之民族也"。[1] 中华优秀传统文化与传统美德一向坚持群体高于个人的价值取向。"以天下为己任"、"天下为公",实现"小康"、"大同"理想,坚持与民同乐,以民为本,为民众谋利益,"有力者疾以助人,有财者勉以分人,有道者劝以教人"。(《墨子·尚贤下》)"先天下之忧而忧,后天下之乐而乐","天下兴亡,匹夫有责","苟利国家生死以,岂因祸福

---

① 《新青年》第1卷第4号,1915年12月15日。

避趋之"。很多仁人志士为了国家、民族的整体利益与天下公义,杀身成仁,舍生取义,实践着这种整体高于个体的价值观,并在他们身上凝结了这种传统美德精神。诸葛亮的鞠躬尽瘁精神,岳飞的精忠报国精神,至今都成为我们优秀传统文化与传统美德的宝贵精神财富。

第四,他人重于自己。传统美德不仅是以群体主义为导向的,而且还是利他主义的,"仁者,人也","仁者爱人",中国人的本质要在人际关系中去获得规定和意义,"仁"是中国人信奉的第一德和全德,它教导人们要爱人,即爱别人而不是爱自己,中国道德教导人们的就是要心有他人,时时处处为他人着想,要有角色意识,要"克己复礼",要"仁以爱人,义以正己",这些显然都是利他主义导向的。儒家的所有道德教导都充满着这种利他主义精神,如礼就是对他人的尊敬与谦让,信也是取信于他人,忠更是"为人谋而不忠乎"? 人们在与人的交往中,总是要以己之心,度人之心,"肯替别人着想,是第一等学问"(明代思想家吕坤语),要"己所不欲,勿施于人","己欲立而立人,己欲达而达人"。

第五,和谐重于竞争。中华优秀传统文化由于强调整体本位、利他主义,义务为先,因此特别强调和谐的价值,强调和谐重于竞争的价值观。孟子说:"有礼者敬人。"(《孟子·离娄下》)"辞让之心,礼之端也。"(《公孙丑上》)孟子的这种论述告诉我们,礼的实质和精神渊薮就是对别人的恭敬和辞让,辞让不仅是一种态度,也是一种行为上的利益让度。它与争是相反的,恶性竞争破坏人际的和谐,而辞让恰恰能维持这种和谐。我国是一个"礼仪之邦",这种礼仪之邦的人民不仅从外在方面表现出对别人彬彬有礼的"礼仪",而且必须体现为礼的恭敬和辞让的"礼义"。子曰:"君子和而不同,小人同而不和。""天时不如地利,地利不如人和"、"家和万事兴"等这些名言,以及蔺相如与廉颇"将相和"的故事之所以能千古传颂,都体现了民族文化和民众对和谐高于竞争的价值取向的认同。

西方文化更为强调竞争价值观。竞争价值观是以资源的有限性作为前提假设的。如果竞争不能以道德的手段进行,竞争就变成了明火执仗的利益争抢。一味争抢将带来普遍的道德缺失,人际关系紧张,社会风气败坏。因此,当代社会应该在倡导正当竞争的同时,更应重视弘扬中华优秀文化和传统美德的和谐价值观。

四、传统美德的当代价值

重新审视传统美德的当代价值,在我们看来,可以从它对国家、民族,对社会和人际,对民众个体三个维度来进行分析探讨。据此,我们认为传统美德的当代价值主要有以下几点:

第一,传统美德是实现中华民族伟大复兴中国梦的精神动力。

"国无德不兴",表明道德不仅是一种国家治理、社会秩序整合的工具,而且是国家兴旺、人民幸福的动力和目的,是我们强大的精神动力和软实力。中华民族长期以来具有重视道德的文化传统,"天行健,君子以自强不息;地势坤,君子以厚德载物",是我们民族精神的集中概括。"礼义之邦"是文明大国的光辉形象,君子圣贤是国人的人格追求,礼让和谐是我们的社会气象。"这些最基本的文化基因,是中华民族和中国人民在修齐治平、尊时守位、知常达变、开物成务、建功立业过程中逐渐形成的有别于其他民族的独特标识。中国人民的理想和奋斗,中国人民的价值观和精神世界,是始终深深植根于中国优秀传统文化沃土之中的,同时又是随着历史和时代前进而不断与日俱新、与时俱进的。"①那么,在当代,优秀传统文化或传统美德何以成为实现中华民族伟大复兴中国梦的精神动力呢?

首先,小康、大同理想是当代中国梦的文化根基。换句话说,当代中国梦是古人小康、大同理想的当代发展。习近平总书记明确指出:"中国人民正在

---

① 习近平:《在纪念孔子诞辰 2565 周年国际学术研讨会暨国际儒学联合会第五届会员大会开幕会上的讲话》,人民出版社 2014 年版,第 17 页。

为实现'两个一百年'奋斗目标而努力,其中全面建成小康社会中的'小康'这个概念,就出自《礼记·礼运》,是中华民族自古以来追求的理想社会状态。使用'小康'这个概念来确立中国的发展目标,既符合中国发展实际,也容易得到最广大人民理解和支持。"①习近平总书记在上任伊始,就提出了"中国梦"这个中华民族伟大复兴的民族、国家和人民的理想。他在最近的两次国际演讲中,又再次向世人明确宣示了中国梦的内涵:"中国已经确定了未来发展目标,这就是到 2020 年国内生产总值和城乡居民人均收入比 2010 年翻一番、全面建成小康社会,到本世纪中叶建成富强民主文明和谐的社会主义现代化国家。我们形象地把这个目标概括为实现中华民族伟大复兴的中国梦。"②"实现中华民族伟大复兴的中国梦,就是要实现国家富强、民族振兴、人民幸福,既深深体现了今天中国人的理想,也深深反映了中国人自古以来不懈追求进步的光荣传统。"③这两次演讲准确地阐释了中国梦的内涵,并指出中国梦不仅是现代中国人的理想,也是中国古人的不懈追求。那么,这种不懈追求的理想,就是古人长期以来追求的"大同"理想,即"求大同"。而且,在笔者看来,中国梦是当代中国最有感召力、凝聚力,最简约、最概括的当代中国国家和人民相一致的核心价值观。按照习近平总书记的上述论述,中国梦的理想也一定是植根于中华优秀文化的深刻土壤中的,现代中国梦与古人大同理想一定有某种一致性,因此,宣传大同理念,将增强人民群众对中国梦的价值认同和凝聚力。"大同"这个古老的社会文化信念比任何一种社会愿景都更有群众基础,是一个更易于被接受和认可的精神号召。之所以"复兴",也是由于中华民族的伟大复兴其来有自,延续着的正是这条割不断的文明的血脉,流淌着的正是对"大同"的理想孜孜以求的民族精神。另外,大同理想有助于塑造

---

① 习近平:《在纪念孔子诞辰 2565 周年国际学术研讨会暨国际儒学联合会第五届会员大会开幕会上的讲话》,人民出版社 2014 年版,第 13 页。

② 《习近平谈治国理政》第一卷,外文出版社 2018 年版,第 323 页。

③ 习近平:《出席第三届核安全峰会并访问欧洲四国和联合国教科文组织总部、欧盟总部时的演讲》,人民出版社 2014 年版,第 16 页。

中国梦的协和万邦、和谐世界的和平主义国际形象。中华民族的伟大复兴,不是以欺凌和争夺别国为目的,更不是要在国际舞台上称王称霸,而是以独立平等的姿态,广泛地协作,互通有无,以达成文明的对话,促进文明的交流。和谐世界观念的提出,体现出我们将会运用和平、和谐、和睦、和合这些中国传统的价值理念,寻求世界范围内的共识与协作。正如习近平总书记在德国的演讲中所阐发的那样:"中国人历来讲求'己所不欲,勿施于人'。中国需要和平,就像人需要空气一样,就像万物生长需要阳光一样。只有坚持走和平发展道路,只有同世界各国一道维护世界和平,中国才能实现自己的目标,才能为世界做出更大贡献。"①实现民族伟大复兴的中国梦在某种意义上就是东方雄狮醒了,但这是一个和平、可爱的狮子。

其次,心忧天下、精忠报国的责任担当意识将成为实现民族伟大复兴的坚强动力。如前所述,传统忠德,最初不仅仅是指忠于君主的臣德,而是一种尽心竭力,尽己利人利公的做人做事态度。忠,不仅是从事政治管理的职业人处理上下关系的伦理义务,也是我们每个普通人对国家、对社群、对团体的伦理责任。

公而忘私,这是忠最初的含义。《左传·僖公九年》:"公家之利知无不为,忠也。"正是在这个意义上,"天下为公"才成为中华民族的道德精神,它弘扬大义为先的精神,不以私利而弃义,不以私利损害公利。

"苟利国家生死以,岂因祸福避趋之。"正是"忠"这种传统道德鼓舞人们为祖国的兴旺发达而艰苦奋斗,矢志不渝。张骞为了国家和民族出使西域13年,历尽千辛万苦,为汉朝开辟通往中亚的交通要道,开辟了著名的"丝绸之路",为促进东西经济文化的广泛交流作出了贡献。霍去病征西、苏武牧羊、昭君出塞这些为人们耳熟能详的故事,都是为了汉朝的国家富强、社会稳定与民族团结而作出的奉献。诸葛亮鞠躬尽瘁、花木兰从军、岳飞精忠报国,都是

---

① 习近平:《出席第三届核安全峰会并访问欧洲四国和联合国教科文组织总部、欧盟总部时的演讲》,人民出版社 2014 年版,第 41 页。

020

为了国家与朝廷而尽忠。

我国是一个多民族、幅员辽阔的国家,国家统一、民族团结一直是我们追求的目标。戚继光抗击倭寇,郑成功收复台湾,文天祥浩气长存,都是忠于国家和民族的忠臣和英雄。宋朝爱国诗人陆游,临死也念念不忘国家统一之事,临终做《示儿》诗:"死去元知万事空,但悲不见九州同。王师北定中原日,家祭无忘告乃翁。"这些彪炳千秋的动人故事都是对儒家忠德的践行,是我国爱国主义精神的集中体现,是我们可贵的精神财富。

孙中山先生曾在其《三民主义·民族主义》中说:"我们现在说到忠于君,固然是不可为;说忠于国是可不可呢? 忠于事又是可不可呢? 我们做一件事,总要始终不渝,做到成功,如果做不成功,就是把生命去牺牲,亦所不惜,这便是忠。"①今天弘扬儒家之忠德,其要义之一就是要我们每一个人自觉地为国出力、爱国报国,同时,也要热爱我们的民族文化、社群小区、团体职场,为它们的兴旺发达尽心竭力,做一个忠于祖国、忠于民族、忠于人民的现代公民。显然传统忠德、义德的责任担当意识是实现民族伟大复兴的强大动力和凝聚力。

最后,敬于职事的临事态度将把民族复兴的理想落到实处。古人言忠德,不仅指忠于团体和一定的人群,而且指忠于事,在这个意义上,往往"忠""敬"连用,或者说忠德中也包含忠诚于事业,以敬临事的敬业精神。为人谋而忠心耿耿,总是要通过做事体现出来,即执事以敬。

汉许慎《说文解字》以"敬"解"忠"。孔子把为国立功、恭敬职事视为"忠",并用《诗经》中的诗句阐释"忠"。说道:"《诗》曰:'永言配命,自求多福',忠也。"其大意是:承顺天命永不违背,就会获得莫大的福禄。显然,孔子在这里,是把兢兢业业、恪尽职守作为了"忠"的内涵。

"执事敬"是中华民族的优良道德传统,作为一种临事执业的态度、精神、行为规范,包含如下几层含义:第一,执事主一专一。宋儒陈淳在其著《北溪

---

① 孙中山:《孙中山全集》第9卷,中华书局1986年版,第244页。

字义·敬》中说："程子谓'主一之谓敬,无适之谓一'。"可见,敬,首先是指对某种职业和事业要一心一意,全心全意去做,不可三心二意、见异思迁。第二,敬,有对待事情严肃认真的意思。西周金文中,王或者诸侯在册封官职之后,经常告诫被封者"敬夙夜勿废朕命",显然是要求被授职的人严肃认真地对待君主的任命。现代学者冯友兰也说："粗浅一点说,敬即是上海话的'当心'。我们当心去做,把那一件事当成一件事去做,认真做,即是'执事敬'。"①第三,敬还有勤勉努力的意思。《周礼》郑注："敬,不懈于位也。"说的就是努力。"敬者何?不怠慢、不放荡之谓也。"(朱子语)

在中国古代,敬业是一广泛的社会道德。如在政治领域,敬业、不懈于职,不仅是对臣下道德的要求,对于皇帝也如是,作为皇帝,要以敬慎态度对待王事,要主一专心,不懈怠玩忽于佛道、游猎等,要勤奋、谨慎地处理政事。在经济领域,更要有尊重职业对象的概念,生意不成仁义在,遵循君子爱财、取之有道、公平交易、童叟无欺的经营道德规范等。在文化、生活领域,尤其是师德与医德,典型地体现了中国古代敬业的优良传统。如诲人不倦、躬亲实践、言传身教等师德,以医达仁、救死扶伤、精益求精、认真负责等医德。

民族的伟大复兴、强国梦、人民的幸福生活都是要通过实实在在地做事,使经济社会全面发展才能实现,因此,我们一定要继承发扬传统美德中的执事以敬的优秀传统,与时俱进,转化超越,使中华民族在新的条件下更加勤劳、敬业,只有如此,才能以每个人的实际行动推动民族复兴的中国梦的实现。

全民都能自强不息、厚德载物,义以为上、公而忘私,乐于奉献、勇于承担,将成为一种巨大的精神力量,推动国家振兴,民族复兴。

第二,中华传统美德是社会人际和谐、人民幸福生活的可靠保证。

道德不仅包含了一定的人生观、价值观,可以为民族复兴提供价值理想、精神动力和做事态度,而且,道德还是一种行为规范,可以调节人际关系,实现

---

① 冯友兰:《三松堂全集》(卷四),河南人民出版社2000年版,第441页。

社会和谐,并对民众的幸福生活起到保障、促进作用。

儒家思想或传统美德以仁爱为本,以民本为用,构成伦理与政治的思想基础,也是社会和谐的基础。"樊迟问仁,子曰:爱人。"(《论语·颜渊》)"仁者爱人"(《孟子·离娄下》)。爱人而非爱己,是中国伦理思想的核心,这奠定了中国伦理的利他主义价值导向。爱不仅是一种感情,也是一种意志、行动和义务,因为,心中有了爱,就必然为爱所驱使,为所爱的人奉献、尽义务,关心他、爱护他。亲亲、仁民、爱物,以至于"天下一家,中国一人",从而达致"民胞物与"。弘扬传统仁德的价值可体现在:其一,弘扬爱人之积极情感,可以唤醒我们的道德良知,使人与人为善,让人与人之间充满爱,"只要人人都献出一点爱,世界将变成美好的人间"。其二,可以仁之"博施济众"精神提升我们的奉献意识。《论语·雍也》载:"子贡曰:'如有博施于民而能济众,何如,可谓仁乎?'子曰:'何事于仁,必也圣乎!尧舜其犹病诸!'""仁爱"精神倡导博施济众、天下为公,与我们今天所讲的为人民服务有内在的一致性。马克思胸怀"为人类工作"的理想,才可能有影响世界历史的思想创造;毛泽东鲜明地提出"为人民服务",是共产主义人生观和道德观的核心。树立奉献意识固然要从人生实践中不断努力,但也要从传统仁德中汲取博施济众的思想资源,以提升我们的奉献意识。

所谓民本,就是指中国历史上将民众视为治国安邦根本的政治学说。民本的核心理念是以民为本,其基本理论主张民为国本、本固邦宁,在实践中表现为用利民、养民、富民、教民等手段来进行统治。重民本是中国优良政治传统,是政治活动最终追求的目标,是实现天下大治、社会和谐的根本。孔子曾一再希望统治者应养民、利民、富民、惠民、教民,博施于民,不仅要在思想上具备这样的德性,而且要在政治上实行仁政,"以不忍人之心,行不忍人之政"(《孟子·公孙丑上》)。弘扬重民本的优秀文化传统可以进一步强化官员为人民服务的思想,提高执政道德责任感。民众不仅是国家与政治的根本和基础,为人民服务更是一切政治活动的目的与价值。"为民做主"不是要做人民的老爷和主宰,而是要为民生、民利去努力工作,为人民大众谋利益。民本思想中的这种"为民做主"意识实际上体现了古代官员一种自觉的执政为民的责任担当,是一种政治道德责任感的体现,是自古以来的优良政治传统,应该发扬光大。弘扬民本思想要求干部要进一步强化为人民服务的思想,"情为民所系、权为民所用、利为民所谋"。

社会的和谐是以人与人之间的爱为情感基础的,也是以执政者怀抱民本思想,执政为民,惠及民生为基础的。因此,如果说,仁爱、民本是社会和谐的价值基础的话,那么,正义、诚信之德就是社会生活秩序和民众幸福生活的保障。如果说传统仁德主要强调主体的一种内在道德情感的话,那么,传统义德重在强调一种社会秩序。人的生活是社会性的,社会无秩序,人们的生活就会缺乏安全感,社会生活秩序的内容在不同时代可能有所不同,但社会生活秩序与社会正义却是任何社会不可或缺的。如古代大同理想"大道之行也,天下为公,选贤与能,讲信修睦。故人不独亲其亲,不独子其子。使老有所终,壮有所用,幼有所养,矜(鳏)寡孤独废疾者皆有所养,男有分,女有归。货恶其弃于地也,不必藏于己;力恶其不出于身也,不必为己。是故谋闭而不兴,盗窃乱贼而不作,故外户而不闭,是谓大同",不仅表达了人们对理想社会的期望,而且表达了人们对合理社会生活秩序的期望,即讲求信义和睦、男女老少皆有所安,社会安全等。追求平等是人类的共同理想。因此,平等、公正是人类精神文明的基本价值和普遍法则,只有维护良好的社会秩序,坚持依法办事,才会形成一个祥和、稳定的和谐社会。

人民群众的幸福生活不仅需要社会安定、盗贼不兴、权利义务对等、公平公正,而且需要社会讲求信义,才能有所保障。近年来,少数无良商家以假充真、以次充好的行为,在一定程度上极大地影响了人民群众的日常生活,影响了人民群众的幸福指数。如果没有道德规范,将直接影响国人的日常生活幸福,因此,在当代社会生活中,弘扬传统美德,是保障人民群众幸福生活的重要措施。

第三,中华传统美德是民众提高修养和素质的重要营养,是个体安身立命、心广体胖的立身养生之道。

道德的主体是人,人的道德素质和自律将是道德发挥作用的主体基础,文化塑造人格,人格反作用于文化。中华优秀文化传统非常重视道德的主体精神,"吾欲仁,斯仁至矣"。遇事要"反求诸己",要自强不息,这种主体道德精神使传统中国人重视个人道德修养,以修身为本,以德教为先。"自天子以至于庶人,壹是皆以修身为本。"修身是齐家、治国、平天下的基础。只有有德之人,天才会降大任于斯人矣,才会得人信任而人任矣,才会使自己人格高尚、人生幸福。因此,道德文明不仅是国家治理、社会秩序的客观需要,而且是人民群众提高素质、人生幸福的主体需要。

时下有人说,我们"不差钱",这说明中国人经过40多年改革开放的发展,确实富起来了,但我们同时也应看到,在少部分国人身上就是"缺点德"。当前,出国游的国人越来越多,很多国人的公共文明素质常常被外国人诟病,所以,当代中国人,在富了之后,要继承弘扬优秀传统文化的崇德向善精神,不断加强自己的道德修养,不断提高自己的道德素质,以重树"礼义之邦"的国家、民族、国人的文明形象。

传统美德对于个体的价值,不仅在于从外在的评价标准上,我们要提高中华民族的道德素质;中华民族的这种崇德向善的精神的极致已经近乎一种终极的价值信仰,坚守这种精神可以使国人心安理得,安身立命。真正的儒者能安贫乐道义以为上,"富贵不能淫,威武不能屈,贫贱不能移",为了道义,可以"杀身成仁"、"舍生取义"。"达则兼济天下,穷则独善其身。""穷且愈坚,不坠青云之志","修身以见世"。安之若素,心安情乐。孔子曾赞扬他的学生颜回:"贤哉,回也!一箪食,一瓢饮,在陋巷,人不堪其忧,回也不改其乐。贤哉,回也。"(《论语·雍也》)生活极其贫困,一般人都难以忍受,颜回却非常高兴。子曰:"饭疏食饮水,曲肱而枕之,乐亦在其中矣。不义而富且贵,于我如浮云。"(《论语·述而》)那如何能以德安身立命呢?这是因为真正的儒者对道德有坚定的价值信念,他们的行为始终坚持义以为上的价值标准,他们有高度的主体精神和人格力量,"三军可夺帅也,匹夫不可夺志也"。(《论语·子罕》)清醒而坚强的自我是安身立命的基础,自尊自爱,修己以敬,"人不知而不愠,不亦君子乎?"(《论语·学而》)"君子病无能焉,不病人之不己知也。"(《论语·卫灵公》)"君子周而不比,小人比而不周。"(《论语·为政》)"君子矜而不争,群而不党。"(《论语·卫灵公》)"君子和而不同,小人同而不和。"(《论语·子路》)"穷不失义,达不离道,穷不失义,故士得己焉,达不离道,故民不失望焉。"(《孟子·尽心上》)这样他们就会有"唯吾德馨"的精神回报和巨大的自我满足感。儒者最根本的特点就是遵奉儒家尚道崇德的精神以安身立命,这种不懈追求的不断积累终会获得"富润屋、德润身,心广体胖"(《大学》)的结果,使儒者获得一种"立德、立功、立言"的不朽功业,使儒者因德高才广而获得一种"修身见于世"的"名立"状态。这种荣誉感不仅来自社会与他人的好评,更来自一种深刻内在的道德自豪感,正如刘禹锡的《陋室铭》所说"山不在高,有仙则名。水不在深,有龙则灵,斯是陋室,惟吾德馨"。甚至,儒者们还坚信,道德的修养与坚守不仅有利于他们精神的高贵,而且还有利于他们的身体健康,他们坚信"仁者寿"、德者福,心宽体胖。"仁者寿"一方面可能是一种有德者必长寿的价值信念,也可能是一种以德养生的方法。在孔子看来,道德高尚和性格开朗的人,其心理不会患得患失,这样就能免除各种焦虑烦恼,经常保持乐观的情绪状态,子曰:"知者乐水,仁者乐山;知者动,仁者静;知者乐,仁者寿。"(《论语·雍也》)"仁者不忧"(《论语·宪问》),"君子坦荡荡,小人长戚戚"。(《论语·述而》)董仲舒说:"仁人之所以多寿者,外无贪而内清静,心和平而不失中正,取天地之美以养成其身。"(《春秋繁露·循天之道》)程颐说:"仁者寿,以静而寿。"(《二程遗书》卷二十二上《伊川先生语八上》)邵雍也说过:"始知行义修仁者,便是延年益寿人。"(《伊川击壤集卷之十三·言行吟》)

我国最早的医典《黄帝内经》就已认识到道德高尚的人易于长寿。其

《素问》篇说：上古之人"所以能年皆度百岁，而动作不衰者，以其德全不危也"。名医孙思邈也曾说："德行不克，纵服玉液金丹未能延寿。"甚至中国古代儒医把五常与五脏简单比附，坚信五常德可以养性，从而防病养生。五德养性，是指根据"仁、义、礼、智、信"来养自己的性。肝里边藏仁，心里边藏礼，肺里面藏义，肾里面藏智，脾里面藏信。如果五德品格缺失，五德能量缺乏，都能够使我们的身体里面产生很多的疾病。比如，仅以仁德为例，儒医认为：仁德丰厚的人常常表现为一种慈爱、善良、宽容的神情，博爱万物，举止端庄，随时都有发自内心的微笑。在待人接物上，也表现出柔和畅达和"慈眉善目"。为什么会"慈眉善目"呢？因为肝开窍于目，所以从人的眼睛上就可以发现这一个人是否具备比较浑厚的仁德和品格，有了品格才有能量。仁德品格缺乏，仁德能量缺乏，这样的人性格上肯定自傲抗上，不服人管，也常自己生气。表现在健康上，就会伤肝，造成气滞血瘀，头晕眼花，胸闷腹胀。而且，仁德品格的缺乏表现在命运际遇上，就会导致人际关系紧张，一生各种事业发展困难重重。

这种思想在现代人看来也许觉得有点牵强附会，缺乏科学根据，但有意思的是，现代医学也认为善恶会影响一个人的生命质量，美国密歇根大学调查研究中心对3000人进行了长达14年的调查，耶鲁大学和加州大学共同就这个问题调查了加州阿拉米达县7000人，得出的结论完全相同。从心理学角度讲，一个乐善好施的人，能激发人们对他的感激、友爱之情，从而使其获得内心的温暖和满足。"有德容乃大，无私心自安"，大大缓解了生活中出现的焦虑和不适。

中华优秀传统文化及其核心优良传统美德，作为民族文化的灵魂，作为每个中国人最基本的文化基因和精神内核，作为我们与人相处，实现人际社会和谐的规范体系，作为我们幸福生活的内在要素和可靠保障，作为我们每个中国人道德素质的重要营养、安身立命之基甚至是养生求福之道，无论是对于实现中华民族伟大复兴的中国梦，还是对于我们建立当代社会的核心价值观，建设和谐社会,实现人生幸福,提高中华民族成员的整体道德素质,都有重要的时代价值。我们应当在探索肯定其价值的基础上,实现创造性转化和创新性发展,重铸民族文化道德之魂,为中华民族伟大复兴而努力奋斗!

第一章　传统美德是民族复兴的
强大精神动力

　　传统美德是中华优秀传统文化的核心内容之一,崇德重德是中华民族区别于世界其他民族的根本特质之一,也是中华民族作为一个文明共同体之价值、文化认同的核心与根本。这一根本特质是如何在历史上形成,并推动了中华民族观念的形成、发展与认同的? 传统美德如何能成为中华民族之凝聚力的核心和灵魂? 传统美德又将对实现中华民族伟大复兴的中国梦这一当代中华民族的价值旨归、时代新命和共同祈愿发挥什么样的作用? 这些问题都需要我们在弘扬中华传统美德的当下作出回答。

一、中华民族及其文化、政治认同

　　民族复兴的中国梦是包括五十六个民族在内的中华民族的整体复兴,民族复兴首先要从根本上厘清和认识民族复兴的主体——"多元一体"的中华民族,以及"中国"之作为"文明型国家"的概念和内涵。只有了解中华民族是何种意义上的民族,认识到中华民族之为中华民族的独特之处,进而认识到中国作为一个文明型国家的内涵,才能更全面、更深切地理解和把握当代中华民族伟大复兴的中国梦之历史逻辑和现实道路选择。

1. 民族与民族国家观念的历史演变

据统计，从通常意义上的"民族"（nation）而言，当今世界一共有近2000个民族，人口一亿以上的有七个，包括通常意义上说的汉族、印度斯坦族、美利坚族、俄罗斯族、孟加拉族、大和族、巴西族。即便如此，如何定义和看待民族依然是个棘手的问题，关于民族分类的确切标准迄今并无定论。因而，如何合理地认识民族和现代民族国家，需要我们综合运用多重视角。因而重新梳理中国传统的民族观、国家观，探索传统美德在民族、国家中的凝聚、认同功能，对我们今天理解民族复兴、凝聚民族认同，重思中华民族的定位都具有新的意义。

人类学家一致认为，人类最初的族群起源于因血缘、地缘聚集的部落和氏族，部落及氏族的结合进一步产生了部落联盟，部落联盟在相对稳固和共享的地域生存环境、共同的沟通纽带（语言文字）、共同的意识情感和图腾信仰下，在对共同的生活方式的传承、积累下，经过长时期的融合交往，逐渐整合或被外界标识为一个具有某些共同性征的特定"族群"（ethnic group）。从个体到氏族再到部落联盟结合为族群，是人类社会发展的必然现象，只有通过更广泛更深刻的分工合作，人才能摆脱自然的宰制而获得相对自由的生存发展。正如马克思所言："人是最名副其实的政治动物，不仅是一种合群的动物，而且是只有在社会中才能独立的动物。"①同时，也正是"群"或"族群"表达了民族一词最原始的含义。在欧洲中世纪后期这个特定历史时空中，"民族"（nation）这一概念被用来指称特定的人类群体。在西语中"民族"（nation）一词源于罗马时代的natio，natio最早被民族主义者用以指称具有同一出生地的居民团体，加之，natio一词也是从拉丁语nasci（出生）的过去分词natus转化而来，意为种族、血统等。可见，西方的民族（nation）概念在其词源意义上，就

---

① 《马克思恩格斯选集》第2卷，人民出版社2012年版，第684页。

与血缘、种族等生物亲缘性概念相关。从16、17世纪开始,这一概念也为民族主义者用来指称一定的人群共同体。这种人群共同体的崛起(民族)与王朝国家相抗衡,并且逐渐形成了一套新的国家制度和现代国家理论,当此之时,一个以实现国家与民族的统一为目的的国家制度架构在西方被发明创造出来。"这种新的国家制度的本质是通过一系列的制度安排来实现和保证民族对国家的认同,因此便以'民族'(nation)来命名,这就是民族国家(nation-state)。"①民族国家与新兴的资本主义相结合凸显出极大的扩张优势,进而成为近代以来主导世界的国家形态,催生了民族国家的世界体系。就西方的历史来看,作为族群共同体的概念,民族的诞生,从一开始就已经与近代的国家形态紧密联系在了一起。因而理解近代的民族的概念,势必要从民族国家入手。近代西方民族概念和民族实体的确立,与民族国家的形成和民族主义意识形态的形成有密切关系,正如西方学者所确信的,"并不是民族创造了国家和民族主义,而是国家和民族主义创造了民族"。②

17世纪以降,西方政治文明逐渐形成了一套有关现代国家的系统理论,其中最为突出的是以追求公民权利为基础的民族国家理论。究其根本,民族国家兼具文化、政治、经济三重意涵。在文化意义上,民族国家意味着一个族群在长期的历史实践中所积累的语言、生活方式、习俗、信仰等共同构成的生活经验、意义世界和公共文化;在政治意义上,则意味着该族群对建立一个独立的主权国家的强烈诉求,追求政治上的自决、自治。在经济上,则标志着一个内部自由交换平等贸易的经济生活共同体,民族对外开放、贸易自由的自由市场经济体制的确立。国家(nation-state)的概念建构起了民族与国家的一致性,从其根本上也意味着民族概念与现代国家制度在根源和目标上的一致性和互生性。这也即是说,伴随着现代民族国家理论的形成的同时,现代民族的观念也逐渐生成确立,民族主义的意识形态也进而在世界范围内应运而生,成

---

① 周平:《中华民族:中华现代国家的基石》,《政治学研究》2015年第4期。
② 埃里克·霍布斯鲍姆:《民族与民族主义》,上海人民出版社2000年版,第10页。

为世界民主革命浪潮和国家建构趋向的普遍目标诉求。

从更深层次看,现代意义上的民族观念和西方民族国家现代化进程都是现代政治学权利观念普及的结果。建基于契约论的现代国家观念认为,政治权力来自每一个公民的"自然权利"让渡。正是基于此公民本位的权利让渡,形成了国家的"主权"概念,以及由此而来的国家理论。在此权利转让基础上形成的民族国家具有三个特点:其一,西方近代民族国家与资本主义兴起的时代背景息息相关,与资本主义在全世界范围内的殖民扩张同步;其二,现代意义上的民族一般与国家合二为一,民族称之为国族(state nation),国家则称之为现代民族国家。现代民族国家有联邦制和单一制两种形式,其基本政治要求也是一致的,即主权独立、国家统一和领土完整。建构"国族"成为应对现代国家建立之后进行民族认同的主要方式,个体的权利本位和民族国家认同,共同铸就了现代国家的合法性基础,表现为现代的民主政治和民族主义。其三,现代民族国家以"自由""平等""法治"作为统合民族、建立国家的前提,主张政治共同体内部各个族群之间在平等独立基础上的和谐相处。

2. "中华民族"观念的形成及其文化认同

民族的概念是对何谓民族的明确定义,一般来说民族是指具有某些相似属性的人群集合的专称。"民族"的概念至少包括了"共同语言""共同地域""共同经济生活"和"共同文化上的共同心理素质"四个核心要素。这种关于民族的概念认为任何民族都具有一些共同的构成因素,这些构成因素使一个群体成为一个特定的民族。英国民族主义研究的权威学者安东尼·史密斯认为,决定民族与一般族群的核心在于,民族拥有自己的故乡,即有一定的疆域空间,拥有公共文化,并且在此基础上追求相当程度上的政治自决[1]。因而民族的概念多多少少是近代西方政治文明发明的产物,是人们根据某些共性特

---

[1]　[英]安东尼·史密斯:《民族主义:理论、意识形态、历史》,叶江译,上海人民出版社2006年版,第13页。

征对近代出现的"民族"这一伦理实体的概念界定。

与民族的概念不同,笔者所言的民族的观念是对民族或族群问题的整体看法或观点。古代中国极少使用"民族"一词,在古代早期文献中虽然有"民族"一词的零星出现,但却并不具备现代意义上的民族内涵。民族二字连用也多指"民之宗族"或"民之族类"等意,与今天的"民族"一词所包含的内容有所不同①。与此同时,在历史实际层面,中国古代具有处理国家内部族群问题的丰富历史经验和理论思想资源,这些共同构成我们今天面对现代西方民族的丰厚理论资源。因而,尽管我们可以说古代中国没有关于现代民族的明确概念,但不能说没有关于族群、民族等相关问题的观念和看法。尤为值得关注的是,从有关族群到民族的观念的起源而言,中国古代的民族观念就已经与近现代意义上源自西方的民族概念大相枘凿,在理论和意趣上都呈现出较大的差异。

可以说,中国古代虽没有明确的民族概念,但至少从春秋时期开始就形成了相对完整的民族观念,积累了丰富的民族交往实践和有关族群凝聚和整合的理论。表现为不仅有稳定的华夏族作为主要的民族实体,还有一套判别民族异同、疏导民族隔阂、凝聚民族认同的独特理念。

与其他民族的起源相同,血缘宗亲观念是中华民族早期族类观念的核心。西周之前,中国就已出现"族"的观念,"氏族""部落""部族"和"种族"等都在血缘共同体的意义上被使用。而在其后,随着各部族地域活动扩大,交往活动频繁,族群已逐步超离出血缘意义,而将共同的语言、习俗和文化作为族群间主要的联结纽带。春秋时期,已经形成了相对统一的民族认同和族号标识,中原地区出现"华夏""诸夏"的族群共同体或部落共同体,对四方族群("四夷")构成一个旋涡式的吸纳、归化效应,使得华夏族不断扩大延展为一个没有固定地域、种族疆界的特殊"民族"。

---

① 参见郝时远:《中文"民族"一词源流考辨》,《民族研究》2004 年第 6 期。

无论是从盘古开天地到"三皇五帝"的远古传说,还是从夏、商、周到春秋战国的文献史证,都无一不反映了华夏先民从野蛮走向文明的历程,"也就是从血亲氏族、血缘部落到地缘部落或部落联盟和国家的演进及其对'族类'共同体的塑造过程"。① 通过对"族"字在春秋战国时期的含义演变及其秦汉以降的使用对象,学者认为在民族诞生以前,古人的确形成了人以"族分"、民以"族聚"的传统观念。因而可以说,先秦文献中广泛存在的"族",以及族意识在春秋战国时期的含义与今天耳熟能详的"民族"的具有渊源关系和内在联系。② 而且,从族群交流融通的历史实践而言,自秦汉始,"华夏""中华"之作为大一统民族的稳定态势一直是几千年来中国历史的主流。

古典中华民族观念的独特性首先在于,从一开始就从实践上确立了"文化"的民族观念。我们可以将先秦时期就已形成的"华夷之辨"(也称"夷夏之辨")传统看作是中华传统"文化"民族观念的初步反映。"华夷之辨"指的是对华夏与四夷的区隔与分野。学者认为传统的"华夷之辨"具有种族意义、地理意义和教化意义三层含义,其中以教化意义为其核心。③ 在地理意义上,华夏族居于"天下之中",四夷外族居于边缘方位。中国、诸夏、四夷呈现出从中心向边缘依次扩展的趋向,形成"内中国而外诸夏""内诸夏而外夷狄"由波心—波纹的族群差序格局。种族意义上则认为华夏和夷狄之间有相对严格的界限和尊卑之分,华夏在文明等级上要高于夷狄,要"严夷夏之防","夷不谋夏""夷不乱华",以及"王者不治夷狄。录戎者,来者勿拒,去者勿追"。④ 在教化意义上,华夏族对四夷有教化上的优势和使命。对"五方之民"中的蛮夷戎狄,因其"俗"不同于"中国",故有"修其教不易其俗,齐其政不易其宜"(《礼记·王制》)的教化之策。主张"以夏变夷",用"王道"化导蛮夷之邦,达

---

① 郝时远:《先秦文献中的"族"与"族类"观》,《民族研究》2004 年第 2 期。
② 郝时远:《先秦文献中的"族"与"族类"观》,《民族研究》2004 年第 2 期。
③ 参见唐文明:《政治自觉、教化自觉与中华民族的现代建构》,中国人民大学出版社 2013 年版,第 52 页。
④ 《春秋公羊传注疏·隐公》卷 2,北京大学出版社 1999 年版,第 29 页。

到"化成天下"的目的。可见,这种民族观念从一开始就将文化伦理因素看作更加重要的民族构成要素。质言之,古典的"文化"民族观念,一方面将是否具备"文"(道德礼仪)看作是华夷之辨的前提、文野之分的界线。另一方面,"化"作为一种非强制方式,只能从更高层级的道德文明状态流向较低的道德文明状态。如果文明层级相当,甚至低于相对平均值,那么"化"就是不可能的,也是不现实的。这意味着使"化成"得以可能的前提是,能"化"的主体要始终处于"文"的高度饱满状态,否则就不具备"化"的资格。由此,也才能产生对其他所谓落后于中原华夏文明层级的周边文明天然的吸引力、感召力,因之也具备了某种"教化"的前提条件和使"远人来服"的道义责任。

　　子曰:"远人不服,则修文德以来之。既来之,则安之。"(《论语·季氏》)

这种"修文德以来之"的方式,正是侧重于以"修文德"的方式使"文"饱满而自然具备吸引力,而非通过武力征伐的方式,以感化而非强迫的方式使"远人"自然归服。孟子所谓"吾闻用夏变夷者,未闻变于夷者也"。(《孟子·滕文公上》)正是此意。夏之能变夷,华夏族对四夷有教化上的优势和使命,乃在于其"文德"的优越性。这种"文化上的优越性"不是自封的,而是伴随物质、精神文明的进步附随而来的价值优越性决定的,因而也产生漩涡般的文化吸附力。"中国历史上给周边族群的称谓加上犬字旁,以表达教化与未开化、礼仪与蛮夷之间的区别,这种文化上的界限背后表达了万卷归宗的价值判断。"①这正表达了"文化"民族观的主要内涵。

范文澜先生认为,民族和民族国家固然可以说是随着资本主义的兴起而形成的,但是"自秦汉起,汉族已经是一个相当稳定的人们的共同体,自北宋起,全国范围内经济联系性加强了,这个共同体也更趋于稳定"。这个共同体当然不是资本主义时代的民族,"而是在独特的社会条件下形成的独特民

---

① ［日］镜味治也:《文化关键词》,张泓明译,商务印书馆2015年版,罗红光序。

族"。① 华夏族是中华民族的雏形,《春秋左传正义·定公十年》有言:"中国有礼仪之大,故称夏;有服章之美,谓之华"。可见,华夏的本意是衣冠华美、疆域广阔和礼仪道德隆盛。上述"华夷之辨"虽不能排除文化优越论的色彩,但核心在于其所关注的夷夏之间的差异重心已从种族体貌等先天外在差异向文化、礼俗、制度等后天差异转移。这主要是因为以文化(服饰、礼仪、道德等)的标准来区分华夏族与"蛮夷",从而使先进民族和落后民族称谓有别。相对四夷而言,华夏族之为先进民族的核心还在于道德和文明程度上的优势。礼义和礼仪是区别文明(华夏)与野蛮(戎狄)的重要标准。在汉语语境下,华夏与东夷、西戎、南蛮、北狄等周边少数民族的称谓本身既是地域上的,更是文化和价值观上的。也因而更重要的是依据其是否达到文明的程度而不断变化的相对称呼。韩愈在其《原道》一文中说:"孔子之作《春秋》也,诸侯用夷礼则夷之,进于中国则中国之。"②这个标准一直是中国古典的民族观和国家观的主流。宋朝程颐、程颢两位先生同样认为:"礼一失则为夷狄,再失则为禽兽。"(《二程遗书》卷二上)

可见,如果礼崩乐坏,失礼丧德,那么文明也会堕落为野蛮,固有的"华夏"也会沦为"夷狄"。"文明"是所谓华夏民族的内核,一旦内核沦落,便失去精魂。也可以说,文明没有特定的民族主体,谁承接了文明的火种,谁就是文明的主体。从长期的历史事实来看,通常被认为是"异族"的统治者,也无不在中原文化的感召下接受华夏礼义,最终融为中华民族的一分子。钱穆先生对此总结道:"……中国人内心,一向是'人道观'与'文化观'超胜了其'民族观'与'国家观'。"③因而,在传统的国家和民族观念中,国家和民族就不仅是一个政治共同体,更因信奉共同价值观念而成为一个稳固的文化共同体。其核心特点在于以文明感召而非强迫征服的方式,来营造一个崇尚文明和谐的

① 范文澜:《中国通史简编》,人民出版社 1965 年版,绪言。
② 韩愈:《韩愈全集》,上海古籍出版社 1997 年版,第 121 页。
③ 钱穆:《民族与文化》,九州出版社 2012 年版,第 20 页。

邦国理想。

　　"华夷之辨"的民族观念表明,在中国先秦时代的民族概念中,以礼仪道德为代表的文化、文明是民族概念的核心要素。从而也是辨别民族之进步与落后的标识,这就是先秦时期所形成的成熟稳定的民族观念。也由此,在"人文化成天下"之观念的影响下,传统的中国文化对民族的概念界定是一种文化上的价值认同。

　　"华夷之辨"同时也深刻反映了古代中国独特的"有教无类"①的"文化民族观"。除一般意义上将其作为孔子的教育观理解之外,"有教无类"也可以说是古代教化观念的反映。"教"即政教,代表了以"礼"为核心的一套典章制度和纲常伦理。政、教是对庶民百姓实施统治的基本规则。政、教密不可分,如孔子所言,"政之不行也,教之不成也"(《礼记·缁衣》)。

　　自西周开始,分封制虽然仍然强调以血缘宗法来维系"天下共主"的政统关系,但实际上,以周礼为核心的政教体系的"文化认同"已为新的"文化民族"观念奠定了基础。"正是这种'教'、'政'观念取代了血缘关系的'族类'观,'政'、'教'的正统不仅成为中国先秦以后历代王朝承袭的合法性基础,而且也成为'夷夏之辨'的标准。"周礼有"司徒修六礼以节民性,明七教以兴民德,齐八政以防淫,一道德以同俗"②(《礼记·王制》)的教化思想。正所谓"有教无类",族,类也。在"夷夏之辨"中,唯有"有教"与否之别,而无"族类"之分。诸族群之间所秉持的是"以德义相亲"的族群关系,这也为中华民族或华夏族的形成奠定了文化价值基础。"中华"或者"华夏"这些自我认同的观念很大程度上是一种文明教化的概念,一种文明的自我彪炳,而非种族式的生物归属。"中华"是"中国"与"华夏"的复合词之简称。"中"在古代中国是指居于天下与文化之中,"华"通"花",意谓文化灿烂,所谓中国"有服章之美,故谓之华"。《唐律名例疏议释义》说:"中华者,中国也。亲被王教,自属中国,

---

① 此提法首见郝时远:《先秦文献中的"族"与"族类"观》,《民族研究》2004 年第 2 期。

② 郝时远:《先秦文献中的"族"与"族类"观》,《民族研究》2004 年第 2 期。

衣冠威仪,习俗教悌,居身礼义,故谓之中华。"在此处,所谓"中华"甚至都已淡化地理方位的中心性,而突出了"王道教化""习俗礼仪"等文化属性。

因而,作为"文化民族"的中华民族,早在两千年的历史进程中就已经初步形成,在确立了"以德义相亲"的中华文化认同观念时就已初见端倪。明儒顾炎武进一步确证了这种"文化民族"的观念,他明确区别了国和天下。"有亡国,有亡天下。亡国与亡天下奚别?曰:易姓改号,谓之亡国。仁义充塞,而至于率兽食人,人将相食,谓之亡天下。……保国者,其君其臣,肉食者谋之。保天下者,匹夫之贱与有责焉耳矣"。① "文化民族"观与是否能维系天下的文明水准相系,其特点是将道德礼义等社会文化属性作为判别民族高下的尺度,而非先天而不可更改血缘、种族等生物属性。质言之,是否为中华民族一分子,其核心在于是否认同中华文化的核心价值,如若认可"虽夷狄而中国之"。可见,广义的"中华民族"包含了自古迄今生活在中华文化圈的所有族群在内的全体中华儿女,甚至也潜在地包括那些其他地理区域中认同中华文化、秉持中华核心价值的族群。

3. "中华民族"的近代生成和政治认同

从某种意义上讲,现代意义上的"中国"是在反殖民与反侵略的过程中被迫接受以西方的"民族国家"为核心的现代世界体系的。虽然早在公元前 21 世纪,当时中原的"华夏族"便建立了"国家体制",但彼时的所谓"国家"也不过是一个个的王朝,与近代世界体系所确立的"民族国家"不可同日而语。近代以来,在西方民族国家观念的一次次冲击下,古老的中国只能放弃固有的文化民族观及其文明型国家的历史演进进程,选择以"民族国家"为主导的国家形态架构。

这个意义上而言,毋宁说近代中国是被迫卷入西方民族主义意识形态主

---

① 顾炎武:《日知录集释》卷十三,上海古籍出版社 2006 年版。

导下所建构的"民族国家"世界体系之中的。但从另一方面而言,在民族国家林立的情势下,以"新民主主义革命"的主动姿态融入这个民族国家体系,显然也更有利于实现国家的自强自立,进而更好地融入近代的世界体系。正因如此,近代中国选择和接受了"民族国家"这一现代国家组织形式,并在新民主主义革命以来开启了以构建多元一体之中华民族为主体的民族国家的历史进程。在这一大历史时代背景下,政党、政府、各个族群以及全体中华儿女都以中华民族的民族自觉推进着民族国家的构建。"如果说我国历史上的民族关系有主流的话,主流就是各民族日益接近,互相吸收,互相依存,共同缔造了我们这个多民族的统一的伟大国家。"①也正是在此民族统一、互相依存的历史过程中,将经过长期历史交往和融合的各个族群凝聚、整合为多元一体的中华民族,成为建构具备现代民族国家意义之中国的必要前提。

近代以来,中华民族从自在走向了自觉,中华民族的民族意识和民族主义观念得以形成确立。但"文化意涵、道德含义明显的中国传统'民族'与政治意义、权利意义突出的'nation'之间具有相当大的鸿沟,近代形成的'中华民族'是与'民族'概念不同的'国族','国族'概念是在一个国家疆域内部,将不同民族或族群想象为一个实体,将这个实体称之为'国族'"②。因而,值得注意的是,在中华民族的近代建构过程中,在近代特定的历史境遇下,一方面被动卷入但主动接纳了西方"民族国家"所内含的民族特性;另一方面,并未完全放弃历史形成的文化民族观遗产,继承了中华文化圈内各个族群之间的文化价值认同特性。经过对近现代西方民族国家思想的洗礼和重铸,"中华民族"既延续了"文化民族"的本色,同时又增加了新的"国家民族"的功能。特别是作为"国家民族"的中华民族是在近代抵御外侮、寻求复兴的时代历史背景下,在内忧外患的不断催逼下以主动建构的方式形成的。也正因此,"中

---

① 翁独健主编:《中国民族关系史纲要》,中国社会科学出版社2001年版,第16页。

② 胡芮:《从道德想象到伦理实体——近代"中华民族"形态嬗变的思想史考察》,《云南社会科学》2014第4期。

华民族"这一族称,正是在清末民初被殖民化的历史背景下提出的,也是在遭受帝国主义压迫和异族入侵日渐深重的情况下,得到国内各个族群响应中不断走向自觉的。内忧外患加强了中华民族的向心力和凝聚力,中华民族内部各个族群的命运共契和情感共振增强和深化了对中华民族的整体认同。正是在此历史和时代背景下,接受了西学的文化精英按照西方民族国家的先例,首先倡言"中华民族"的名号和称谓,"中华民族"开始作为生活在中华大地上各个族群的统称。

一个事物的得名,并不在事物发生之始,而在该事物已经具备自身特质之后。照此而言,中华民族作为一个"多元一体"的民族实体,实质上已经在漫长的中华历史年轮中形成并壮大,是一个实在的客观存在,因其实,故而得其名。"中华民族"这个概念本身也是在随着历史实践不断丰富和完善的。近代中华民族本身虽然是一个在"民族复兴"意义上提出的"新概念",但其作为历史—文化的共同体早已绵延千年。现代意义上的中华民族"作为一个民族,一方面是由于现代西方文化及民族的冲击影响而慢慢形成的一个现代民族,作为一个概念,它是现代中国知识分子为回应现代文化的冲击而自觉建构的一个民族概念"①。因而有必要对近代中华民族的生成过程做一学理梳理。

"民族"一词是迟至晚清以后开始在中国学术界通用,并作为延续历史上"族类"共同体的名词而广为人知。梁启超于 1902 年在《论中国学术思想变迁之大势》一文中第一次提出并使用了"中华民族"一词。在其 1905 年的《历史上中国民族之观察》一文中,梁启超考察了先秦时除华夏族之外的"苗蛮族"、"蜀族"、"巴氏族"等其他 8 个民族,根据他们大多都融进华夏族的史实得出结论认为,中华民族"自始本非一族,实由多数民族混合而成",梁任公的创见是"中华民族"概念诞生的理论雏形,自此,"中华民族"一说为知识界所倡扬。清末,杨度的《金铁主义说》(1907 年)和章太炎的《中华民国解》(1907

---

① 吴根友:《现代中华民族视野下的传统文化及其"两化"》,《船山学刊》2017 年第 4 期。

年)中也使用了"中华民族"一词。尤其是在杨度那里,"中华民族"是中国境内各民族共同称谓的民族认同思想已初步形成。同时在《金铁主义说》一文中杨度还强调:"中华之名词,不仅非一地域之国名,亦且非一血统之种名,乃一文化之族名。……华之所以为华,以文化言可决之也。故欲知中华民族为何等民族,则于其民族命名之顷,而已含定义于其中。以西人学说拟之,实采合于文化说,而背于血统说。华为花之原字,以花为名,其以形容文化之美,而非以之状态血统之奇。"①强调了中华民族是一文化共同体。但杨度的"中华民族"概念立足于汉满蒙回藏"五族立宪"论也即"五族大同"论,主张以满汉联合同化其他民族为途径,该说法尚不具备各民族平等融合的现代民族理念。

完全现代意义的"中华民族"概念形成于辛亥革命爆发后、特别是民国之初。1912 年中华民国的成立,孙中山在《临时大总统就职宣言书》和《中华民国临时约法》中提出了"五族共和"、"五族平等"的建国主张,对"中华民族"民族意识的形成和确立具有重要意义,标志着以"五族共和"的现代国民论为基础的中华民族概念得以正式形成。在五四运动以后,受国际帝国主义压迫,民族危机深重的刺激,现代"中华民族"概念得以迅速地传播开来,且部分地与"五族共和"理论产生张力。在九一八事变后,特别是全面抗战爆发后,民族复兴从学者的思想创见和小范围政治精英的提倡,逐渐发展成为一股社会思潮,在民族危亡的号召下,得到广泛的传播响应,对于中华民族的民族认同第一次有了全民自觉。"中华民族"始为中国境内各民族所共同认可的基础概念,从而为"中华民族复兴"思想奠定了重要的理论基础。特别是孙中山号召以民主革命方式伸张现代中国的合法性,喊出"振兴中华"的时代第一强音,在民族存亡的关头促发了全体国民的民族情感和民族认同热潮。

中国共产党的成立,新中国的诞生更是从根本上巩固了中华民族的这一文化—政治认同成果,也为中华民族伟大复兴的实现提供了根本保证。早在

---

① 《杨度集》,湖南人民出版社 1986 年版,第 374 页。

新文化运动晚期,毛泽东就已预见了一个新中国的状况。他在《民众的大联合》一文中写道:"我们中华民族原有伟大的能力……他日中华民族的改革,将较任何民族为彻底。中华民族的社会,将较任何民族为光明。中华民族的大联合,将较任何地域任何民族而先告成功。"①毛泽东强调民族复兴要"建设一个中华民族的新社会和新国家","在这个新社会和新国家中,不但有新政治、新经济,而且有新文化。这就是说,我们不但要把一个政治上受压迫、经济上受剥削的中国,变为一个政治上自由和经济上繁荣的中国,而且要把一个被旧文化统治因而愚昧落后的中国,变为一个被新文化统治因而文明先进的中国。一句话,我们要建立一个新中国"②。

1949 年"新中国"这一政治实体的建立,标志着中国国家主权的独立和国家统一的基本实现,为中华民族的政治认同提供了制度保障。更重要的是,中华人民共和国的成立,实现了中华民族与国家体制的统一,建立了现代意义上的新式民族国家,使"中华民族"这一近代产生的新生概念具备了国家法权的意义,具有了国家政权的合法性。至此,与现代化浪潮以来活跃于世界舞台上那些具有国家形式的其他民族一样,中华民族也实现了与国家(state)的结合,而成为现代"国族"(state-nation)。中华人民共和国的成立实现了真正意义上的各民族平等,将自发的凝聚力和分散的各民族整合成了自觉的多民族统一体,使之有了自立于世界民族之林的能力,为中华民族的独立自主和复兴发展奠定了坚实的政治基础。中华民族从此也不再是某一族群或特定的几个族群,而是中华大地上所有族群的联合体,是在国家建构基础上而形成的传统文化民族观与现代民族意识奇妙融合的"国族"。

中华民族以"自在"的历史形态存在了千年,直至在新中国成立而成为了"自觉"的事实存在。正如费孝通先生所言:"汉族既需吸收其他民族的成分日益壮大,而且渗入其他民族的聚居区,构成起着凝聚和联系作用的网络,奠

---

① 《毛泽东早期文稿》,湖南出版社 1995 年版,第 393—394 页。
② 《毛泽东选集》第二卷,人民出版社 1991 年版,第 622—623 页。

定了以这疆域内部多民族联合成的不可分割的统一体的基础,形成一个自在的民族实体,经过民族自觉而称为中华民族。"①

质言之,"中华民族作为一个自觉的民族实体,是近百年来中国和西方列强对抗中出现的,但作为一个自在的民族实体则是几千年的历史过程所形成的"。② 同时还应看到的是,现代中华民族不同于西方民族的地方在于,现代中华民族不以任何种族或单一民族作为其民族主体,正如学者所言,"其民族的概念不以种族为主要构成成分,而是以地域、政治加上文化传统而构成的一个'大民族'"。③ 质言之,现代中华民族是近代以来中国人面对外侮和内患,而逐步建构出来的一个全新的民族概念,可以说现代的中华民族概念既是对固有文化民族观念的继承和发展,同时又增加了"国家民族"的意义作为其政治基础。从文化民族而言,中华民族的基础是中国悠久的历史传统文化和凝聚中华民族的核心价值观念,以及近现代以来中国人在寻求民族独立和复兴以来所发展而来的革命文化传统。其政治基础则是清代以来,所有中国人民在中华大地上经过辛亥革命、无产阶级革命等反帝反封建的革命斗争所相继建立起来的国家政权,包括早期的中华民国和当代的中华人民共和国,这两个政权构成对中华民族进行现代建构的政治基础。今天,中华民族共同体已经锻造为一个同甘共苦荣辱与共的国族共同体,更是一个文化—政治共同体。在此,中华民族对国家认同的形成、性质和程度,发挥着根本性的影响。作为一个多民族国家,国家认同是国家统一和稳定的基础。构成中华民族的族群虽然多元,但在同一个国族认同和文化价值认同下,是以一个整体的民族形象与世界上其他具有国家形式的民族进行交往合作、互利共赢。

---

① 费孝通:《中华民族的多元一体格局》,《北京大学学报(哲学社会科学版)》1989 年第4 期。

② 费孝通:《中华民族的多元一体格局》,《北京大学学报(哲学社会科学版)》1989 年第4 期。

③ 吴根友:《现代中华民族视野下的传统文化及其"两化"》,《船山学刊》2017 年第 4 期。

二、伦理一价值认同是中华民族凝聚力的根源

马克思主义认为民族是一个历史范畴,人类终将走向民族大融合。上述中华民族自身发展和演进的规律也表明,民族总是由人数构成规模较少、数量较多的民族群体向人数较多、数量规模渐少的民族群体发展演变,民族的规模和数量始终是动态的,不断演进为数量更少的、人数更多的类型,这是人类民族群体的历史发展规律。"中国人是富于世界观念的,狭隘的国家主义和民族主义在中国都没有,中国人对于世界向来是一视同仁。"[①]在此意义上,今天我们必须重新重视中国传统的文化民族观的意义,认识到中华民族不仅仅是一个政治共同体,更是一个分享共同价值理念和文明成果的文化—道德共同体,也因此而永远是一个开放包容的"国族"。

在构建现代民族国家的同时,汲取中国古典民族观念的积极因素,对处于现代民族竞合体系的中华民族而言至关重要。现代西方民族国家理论所引发的一系列历史和现实后果也应被纳入政治治理风险的考量之中。中华民族的稳定和谐是中华民族能够实现复兴的前提保证。中国传统文化民族观与西方现代民族观念的功利性特点截然不同,"以民族作为共同体来主张权利的倾向并不明显",而是注重多元融合,文化互鉴的道德共同体,"是一种道德性的想象共同体"。[②] 对于现代中华民族而言,不仅要有稳定的利益融合基础上的政治认同,在更深层次上,建立在价值观认同基础上的伦理道德认同是重要的层面。自古以来,中华民族并非内部同质化的单一民族,而是由多族群整合而来的。"以德义相亲"确为中华民族之所以能凝聚为以稳固、持续的多元一体之政治共同体的文化根据。本书所要强调的,正是中华民族的伦理维度,即构

---

① 《梁漱溟全集》(第5卷),山东人民出版社1992年版,第980页。

② 胡芮:《从道德想象到伦理实体——近代"中华民族"形态嬗变的思想史考察》,《云南社会科学》2014年第4期。

成中华民族自古及今,之所以能不断融合扩大至今天的规模,在价值认同基础上的伦理道德认同功不可没,而且伦理道德认同在强调西方民族国家观念的今天尤为重要和迫切。伦理建构对中华民族的近代建构以及延续发展具有重要意义。因而在当下,我们必须首先构建出一个系统而自洽的中华民族理论,无论是从理论层面对中华民族进行全面而完整的理论论证,构建一个完整的中华民族理论,还是对推进中华民族的进一步凝聚和构建都具有重要意义。对价值认同、伦理道德认同的忽视,就会反过来削弱和销蚀来之不易的国家认同和政治认同。传统文化民族观也应该成为中华民族理论建构的重要组成部分。价值认同或伦理道德建构的内涵总结为以下三个方面。

1. 要重视共同民族心理素质的培植

我们将构成民族的要素分为"显性"要素和"隐性"要素两个方面。如可以将共同的语言文字、共同的经济生活、共同的土地等看作是构成民族的"显性"要素,体现了一个族群成员构成一个民族的物质性依附关系。而我们将"共同文化上的共同心理素质"看作构成一个真实民族"隐性"要素,之所以如此,是因为它标识了一个族群的精神性主宰关系。换言之,它是一个族群在文化价值观念上所达到的共识,这种文化价值观念上的共识是一个民族之为一个民族的"精神"和"灵魂"。中国自古以来就注重族群文化心理的同一性,《左传·成公四年》称"非我族类,其心必异"。中华民族只有"同心同德"而不"离心离德",才会"心心相印""齐心协力""万众一心","天下一家","中国一人"。何为"共同心理素质"?如学者所概括,"共同的祖先崇拜、共同的历史记忆、共同的道德风尚、共同的价值判断、共同的精神追求等,一句话,就是从'文化'的角度认同'我者'、辩异'他者'的主要内容"①。

在中华民族的形成过程中,共同的文化心理素质和共同的传统美德所形

---

① 陈玉屏:《加强对中华民族"共同心理素质"的研究》,《光明日报》2015年3月19日。

成的民族凝聚力至关重要。"我坚强之国民性,经二千年之磨练,早已成为不可分之一体。"①中华民族及其成员之间存在着一些根源性的联系,如关于共同祖先的想象使得炎黄子孙、华夏儿女成为华人的情感联络纽带;有对五千年历史的深厚交往历史的集体记忆分享,更重要的是生活在同一片相互联通的土地上,恪守着共同的道德准则和价值观念,如此,才强烈地感觉到我们是同处于一个生命和文化共同体中。

梁漱溟先生认为,文化就是一个民族生活的样式,而在民国另一位学者罗庸先生看来:"文化为一民族,乃至一个人之生活态度,一民族有一民族之生活态度,一人有一人之生活态度,此态度之形成即是文化。态度即相互关系。""中国人有其与西洋人不同的生活态度,那就是中国文化。"②这种态度或关系可包括人对物、人与人、人对神三个方面的关系的态度,即一个民族或个人的世界观、人生观、道德观就是这个民族的文化或者说是该民族文化的核心。特别是对于中华民族,这样一个由 50 多个民族组成的"多元一体格局"的民族结构,共同的文化心理素质这一因素,对于民族认同与民族凝聚力的建构就具有更为重要的意义。中华民族的形成与发展绵延流长,其作为政治实体,也经历了很多朝代更替,但即使是少数民族入主中原占据统治地位时,如元代与清代,仍然认同中华民族的主流文化传统或者被其逐渐同化。这再次充分说明,共同的民族文化心理素质对于民族国家存续的重要性。

清代龚自珍曾在《古史钩沉论》中阐发道:"灭人之国,必先去其史;隳人之枋,败人之纲纪,必先去其史;绝人之才,湮塞人之教,必先去其史;夷人之祖宗,必先去其史。"③这里的"史",归根结底,承载的是一个民族在文化价值观念上的集体记忆,是一个民族以往经验的观念性、文字性成果总和,正是通过

---

① 梁启超:《中国前途之希望与国民责任》,载《饮冰室合集》(26),中华书局 1989 年版,第 12 页。

② 罗庸:《习坎庸言 鸭池十讲》,新星出版社 2015 年版,第 86、186 页。

③ 龚自珍:《古史钩沉论二》,载《龚自珍全集》,王佩诤校,上海古籍出版社 1975 年版,第 22 页。

"史"勾连起过去和未来,一个民族的凝聚力和民族认同感才得以持续不断地被建立和巩固,稳定的民族文化心理结构才得以塑造和形成。因而,"共同文化上的共同心理素质"作为一种"隐性"的精神性要素,对于一个民族的赓续发展至关重要。从根本上而言是一个民族的"集体无意识",代表着一个民族的文化基因和精神特质,构成了这个民族存在的合法性和自身独一无二的内在规定性。因此,一般而言,我们不会承认一个没有其独立文化价值观念或信仰体系的族群为"民族",而一旦有了"共同的民族文化心理"这个关键要素,即便其他要素存在某种程度上的缺乏,也不会影响我们对一个民族的界定。所以,即便在历史上,希伯来民族曾漂泊无定居,没有严格意义上的所谓"共同地域"或"共同经济生活"等要素,但这并不妨碍我们承认其作为一个独立民族的合法性,因为他们有自己共同的文化价值观念,有自己独立的信仰体系。可见,在构成民族的诸多要素中,一旦具有"共同文化上的共同心理素质"这个特殊要素,一个民族就有其自身存在的合法性依据。

继承和保留自己独有的文化传统和道德,就是在保留我们民族共同体的基因和命脉,这种基因和命脉又决定着我们能否保留自己的民族特性和维持民族的存续发展。正如习近平总书记所说:"为什么中华民族能够在几千年的历史长河中顽强生存和不断发展呢? 很重要的一个原因,是我们民族有一脉相承的精神追求、精神特质、精神脉络。"①这种精神追求、特质、脉络中最核心的就是中华传统美德。历史学家汤因比曾谈到,几乎所有世界性的文明都形成了统一的教会和宗教,但为什么很多文明却没能够因此延续下去? 原因正在于他们的统一教会和宗教带来了频仍的宗教纷争,甚至引发了大规模的宗教战争,最终导致了这些文明的衰落甚至瓦解。与其他文明相比,中华文明虽然并未形成统一的宗教和教会,但是中华民族早就形成和锻造了一种共同的民族意志并塑造了共同的民族心理素质。"团结统一的中华民族是海内外

---

① 《习近平谈治国理政》第一卷,外文出版社 2018 年版,第 181 页。

中华儿女共同的根,博大精深的中华文化是海内外中华儿女共同的魂,实现中华民族伟大复兴是海内外中华儿女共同的梦。"①

2. 中华民族具有高度的文明自信

如上所述,民族观念与国家观念从来都是互相补充,相辅相成的。有什么样的民族观就会构筑什么类型的国家,同样,树立什么样的国家目标,如何看待国家、建设什么样的国家也从根本上决定着如何构建一个民族。如果安德森的"民族是想象的共同体"此话不虚,那么意味着从什么方向去引导或促进人们去思考和看待民族,人们便会朝着这个方向去"想象"和"构筑"民族,人们便会对结成什么样的族群进行投射和预期,而真实的现实也随即就可能朝着相应的方向发展。现代社会诸多民族的现状已经证明了这一洞见的深刻性和实存性。中国历史上存在的"多元"族群,已经由共同的价值期待而凝聚为"一体"的中华民族。在这样的条件下,促进中华民族朝着"一体"的方向发展,中华民族就会不断巩固凝聚为一个更加紧密的民族共同体。而以文化民族观和文明型国家为基础建构了现代"中华民族"这个概念,这是现代中华民族得以立国的基础,同时也是中国作为现代国家的"民族认同"的来源。

所谓"文明型国家"正是对自古及今中华民族所赖以持存的国家特性所作的文化定性。文明型国家所具有的是一种"天下"意识,或者说"大同"精神。"天下非一人之天下,天下之天下也。……仁之所在,天下归之。……德之所在,天下归之。……义之所在,天下赴之。……道之所在,天下归之。"(《六韬·武韬·顺启第十六》)中国之所以为"文明国家"的本意就意味着作为"仁"、"义"、"道"、"德"等的价值精神的外在化。而非仅仅着眼于自身的民族复兴和国家富强。正如学者所注意到的:"'天下'意识并不是像西方人那样要强力输出普世主义价值;更多的是着眼于一种文化的整合性、道德性的

---

① 《习近平谈治国理政》第一卷,外文出版社2018年版,第63页。

动力,展现对人类和世界的整体性关切。……中华文明的复兴首先就是要还原其本来的价值目标。"①

因而,明晰文明型国家的内涵,不仅对中华民族之国家目标具有明确的导向,同时也对民族复兴所涉及的深层内涵具有提纲挈领的作用。文明型国家的自觉所侧重的是文明的价值理念,强调的是民族复兴所应具有的普遍向度的关怀,从根本上也是超乎民族国家所构筑的世界体系的局限性。中国文化民族观的基本预设是"人同此心,心同此理,东海西海,天下一家"。这在文化气度和深层内核上与现代民族国家的世界体系对于民族的工具理性界定全然不同。必须注意到文明型国家的"天下"关怀的确是在近代"民族国家"的进程中遭受到冷落和挤压,源自西方的民族主义和民族国家构成了现代主导性的世界体系,也使中国文化价值的伸张受到极大限制。因而,必须注意到中国古典民族观和国家观对重新构筑公平公正的世界体系具有正面价值。这对于全球化时代"各美其美"的价值分裂局面显得弥足珍贵,从而引导全球政治文明走向"美人之美、美美与共",进而"天下大同"的境地。至此,中华民族的构建仍然在过程之中,且远未完成,民族的构建与国家目标的二位一体性启示我们必须观照民族建构的伦理向度的这两个极易被忽视的层面。

3. 弘扬传统美德是民族复兴的重要内涵

正式提出"中华民族伟大复兴"的人最早可追溯到孙中山。孙中山先生在《三民主义·民族主义》中独到地指出:"我们现在要恢复民族的地位,除了大家联合起来做成一个国族团体以外,就要把固有的旧道德先恢复起来。有了固有的道德,然后固有的民族地位才可以图恢复。"可见,在孙中山看来,"旧道德"的恢复与民族地位的恢复是一体两面,一荣俱荣的过程。"旧道德"就是传统美德,就是那些曾在漫长的古代中国支撑中华文明精进不已的精神

---

① 孙向晨:《民族国家、文明国家与天下意识》,《探索与争鸣》2014年第9期。

力量。民族地位的恢复，就是以德性主义的文化传统作为立国之基，摒弃民族虚无主义的文化殖民地心态，以传统美德的道德力量来重建中国作为一个"道德文明古国"的精神气派。民族复兴思想是对孙中山"振兴中华"思想的继承和发展，概括而言就是在不太长的时间内赶超发达国家，使中国重新成为世界上"第一等强国"，为人类文明作出新的更大的贡献。

梁启超在1919—1920年间感受到欧洲第一次世界大战的现实后果，对西方的社会达尔文主义、功利主义、强权意志、科学万能等现代西方文明的主导观念进行了认真的反思和警觉，他认为西方式现代化带来的是战争和黑暗，从而重新将眼光投向中国，认为中国人应该有文化自觉，重视自己的东方智慧，肩负起"中国人对于世界文明之大责任"，以调适西方文化的不足。孙中山更是具有现实主义精神，强调要结合中国实际认识现实。孙中山在"三民主义"的演讲中提出，虽然我们要向西方学习，然而中国古代政治秩序高于西方，更是提出建议日本不要像西方那样霸道，而应当发扬亚洲的王道。

实际上，新民主主义革命之前，如何走中国自身的革命和复兴道路已经成为仁人志士的共同致思方向。民族复兴思想的萌发和孕育在清末民初，"国粹派"代表孙中山的"振兴中华"、梁启超的"少年中国"、章太炎提出"古学复兴"。梁漱溟提出"中国文化复兴论"，解炳如提出"改造民族性，始是复兴民族的根本办法"，贺麟提出"一个民族的复兴，即是那一民族学术文化的复兴。一个国家的建国，本质上必是一个创进的学术文化的建国"，等等，这些观点都在试图寻找中华民族复兴的自身道路。

英国历史学家汤因比提出要以文明类型来考察世界历史的发展，根据这一历史发展事实，汤因比将世界历史分为21个文明，其中，古埃及文明、米洛斯文明、苏美尔文明、安第斯文明和中华文明是其中的原生态文明。这其中，只有中华文明是经历了几千年依然保持其原生状态的文明，并且中华文明连续不辍，不断融合外来文化，不断地修正自身的同时发展壮大。作为文明之密码的中国文字——从商代的甲骨文，一直到今天我们所书写的汉字，贯穿于中国的历史文化进程。以这些文字为载体的文化知识系统、价值观念和思维方式，也都因此而得以传承发展。这种以文明为单位的民族观提醒我们，在今天，我们考察民族和民族复兴，就必须将"文明"的概念纳入民族的整体之中，必须从保留和传承自身文明的多维向度来理解民族复兴的内涵。所谓民族复兴就是在国家富强的基础上，中华民族的地位得到提升，中华民族在世界范围内被广泛地承认、接纳，中华文明的文化理念和核心价值得到普遍地认可和尊重。

众所周知，作为四大文明之中唯一延续至今的中华文明，在古代就曾对世界其他民族产生巨大而深刻的影响，而民族复兴，就是以古代中国文明在世界中的地位作为参照。显然，民族地位的提高离不开对中华传统美德的继承弘扬。随着中国经济实力、军事实力等的跃升，中国的大国形象日益为世界瞩目，然而，中华民族的地位并不会因经济实力、军事实力的上升而自动提升。要获得其他民族的尊重就必须以自己的文化精神立国，以精神与道德文明的软实力、吸引力赢得尊重和仰慕。中华文明的辉煌时期如汉唐盛世之所以为中华儿女向往和世人倾慕，正在于它们具有使"近者悦，远者来"（《论语·子路》）的文化吸引力。显然，这样的吸引力源于多方面，而在笔者看来，最重要的一个方面就是，中华文明高度的精神文明和其所具有的崇尚道德价值、协和万邦、世界大同的独特魅力。

从新中国的成立，到改革开放后的国际交往，中国近代以来积贫积弱的国际形象已大大改观，中华民族与世界其他民族实现了独立平等的政治经济文化往来，但在道德和价值层面，还远未实现相互尊重的地步。在文化价值输出层面，中国的文化依然处于劣势，不足以与强势的西方文化相抗衡；中国以及中国人的道德形象亦在国际交流中屡屡处于被动，被污名化刻板印象化的歧视和偏见依然迭出不穷，使得国人在国际交往中付出极高的道德代价。与此同时，最重要的是，中国特色社会主义现代化所崇尚的核心价值观与文明创造成果还未被全世界所意识并广泛接纳和认同，因而，民族地位的复兴，根本在于重建中国以及中国人的道德文明形象,以不断寻求世界性的理解和认同。

不仅如此,这一文明复兴的征程还要求我们要将传统美德的优秀成分和合理因素向全世界推广,让中国文化走向世界,为世界文化进步作出本民族的独特贡献,为建设一个和平繁荣的世界作出贡献。正如民国时期学者陈嘉异所言:"吾族所有之德目,如仁爱等各词,以及'四海一家','民胞物与'之语,无不含有极普遍极博大之精神。质而言之,吾族之传统道德,实世界道德、人类道德,而非仅国家道德。"①只有在中国高度的精神文明和价值主张为世界各国所普遍接纳与效仿,中国价值、中国精神、中国力量在内部凝聚和外部交流的双向过程中被全世界的人民所理解、尊重并认同,才算真正实现了中华民族的振兴和中华文明的复兴。

三、中国梦:中华民族的时代新使命

当代中国,最能调动中华民族集体意志的时代新使命和未来理想就是实现中华民族伟大复兴的中国梦。2012 年 11 月 29 日,在参观完《复兴之路》的展览后习近平总书记正式提出了"中华民族伟大复兴的中国梦"这一时代强音和伟大梦想。"实现中华民族伟大复兴,就是中华民族近代以来最伟大的梦想。这个梦想,凝聚了几代中国人的夙愿,体现了中华民族和中国人民的整体利益,是每一个中华儿女的共同期盼。"②至此,不仅第一次提出了"中国梦"的命题,而且也对"中国梦"的内涵和意义作了深刻解读。"实现中华民族伟大复兴,是近代以来中国人民最伟大的梦想,我们称之为'中国梦',基本内涵是实现国家富强、民族振兴、人民幸福。"③新民主主义革命的披荆斩棘、改革开放的艰难探索、中国特色社会主义道路的开辟都紧密围绕着中华民族伟

---

① 陈嘉异:《东方文化与吾人之大任》,《东方杂志》第 18 卷第 1、2 号,1921 年 1 月。
② 《十八大以来重要文献选编》(上),中央文献出版社 2014 年版,第 84 页。
③ 《习近平谈治国理政》第一卷,外文出版社 2018 年版,第 274 页。

大复兴的中国梦这个主轴,中国梦不仅仅是中国共产党人的梦,更是全体中华儿女的梦。

1. 中国梦是民族辉煌历史的延续和新时代的进步理想

"复兴"或"民族复兴"并不是每个民族或每个文明体都会自然而然提出的课题,显然,只有自身曾经经历过繁荣兴盛的民族,才会理所当然地提出"复兴"的目标,也才会理解复兴的意义。也只有曾经拥有过梦想,并实现或部分实现过梦想的民族才会理所当然地提出民族共同的新"梦想"。纵观人类民族的历史,大多数民族在经历短暂的兴盛之后都转而衰落沉沦,甚至从此销匿,湮没于历史的长河。伴随河流而生的四大文明古国,都曾因其高度发达的农业耕作、冶炼技术、文字历法、城市文明等物质和精神文明成果而被冠之以"文明古国",然而却未能在上千年的文明演化中延续。古巴比伦文明消失在沙漠之中,只留下空中花园的废墟;古埃及文明留下了谜一样的金字塔和解不开的楔形文字;古印度文明因异族的大举入侵而成为绝响。其或因无法逃脱盛极而衰的历史周期,或因文明缺乏足够的韧劲而难以为继,成为记录在册的历史。只有华夏文明"故国依旧",语言文字保持如一,历史文化仍然延续至今,文化制度、风俗习惯、技术进步也都代代承袭至今,即便同样历经异族入侵和内乱人祸也并未发生大的民族迁移,更重要的是自西周共和元年(前841年)中国有确切纪年以来,中华民族便拥有相对完整的历史更迭记录和民族的共同记忆。同时,在两千余年的民族文明史中我们不但有殷周损益、汉承秦制、唐宋之变,更有康乾盛世等历代王朝兴盛的先例,这是民族复兴的底气,也是民族复兴的历史参照。

如果将"中国梦"还原为历史语境,就是中华民族对"大同"理想社会的期许。换句话说,古代的"大同"社会就是中国梦的原型。两千多年前在《礼记·礼运》篇中就已出现"小康""大同"的社会理想,可以说是最早的"中国梦"。正如党早在20世纪80年代就将"小康社会"作为社会主义初级阶段的奋斗目标,"国家富强""民族振兴""人民幸福"三位一体的"中国梦"的提出,更可以看作是对"大同社会"理想的回应和参照。时代不同,但民族的梦想是连绵不绝、一以贯之的。"实现中华民族伟大复兴的中国梦,就是要实现国家富强、民族振兴、人民幸福,既深深体现了今天中国人的理想,也深深反映了中国人自古以来不懈追求进步的光荣传统。"①追寻理想社会的愿景是自古迄今所有中国人的共同"文化心理"。对于中国人而言,"大同社会"这个古老的社会理想信念汇聚了人们关于理想社会的所有想象和期待,比任何一种愿景理想都具有广泛的群众基础,也是一个更易于被人们所接受和认可的理想社会目标。民族复兴的中国梦与大同理想一以贯之,它意味着对以往社会理想的历史性继承,而复兴首先意味着是对社会理想的螺旋式复归,延续着中华古老文明对理想社会的追寻和探索,同时也表明,中华民族伟大复兴的中国梦有其深厚的中华文化基因和历史根源。

所谓"复兴",一方面是重新复现中华文明的历史风采,增加民族自信和文化自觉,了解中国古代文明灿烂辉煌的缘由,激活那些曾经使得中华民族繁荣兴盛的历史基因和文化密码,使其重新焕发活力,再次成为助益国家富强、民族振兴、人民幸福的深层力量。归根到底,当代民族复兴的中国梦所寻求的现代性价值离不开传统中华文明由实践所开创核心思想理念、中华传统美德以及中华人文精神,这些由实践经验所积淀的价值观念和精神文化因素构成了当代中国的价值基座和精神底色,也铸就了中华文明在当下重新出发的起点。无法回避,更不能被选择性忽视,将其重新定位并合理对待是我们当代人的历史使命;另一方面,"复兴"又不仅仅意味着简单地回复或重演古代的辉煌,而是在今天的时代条件下完成中华民族的自我更新,实现中华民族的再次壮大,这种更新和壮大本质上是现代性的生发,因而所言"复兴"是在现代化意义上而言的,而非传统意义上的王朝盛世,这也从根本上决定了中国梦与中

---

① 习近平:《出席第三届核安全峰会并访问欧洲四国和联合国教科文组织总部、欧盟总部时的演讲》,人民出版社 2014 年版,第 16 页。

国传统的清明盛世最为根本的不同。"中国已经确定了未来发展目标,这就是到 2020 年国内生产总值和城乡居民人均收入比 2010 年翻一番、全面建成小康社会,到本世纪中叶建成富强、民主、文明、和谐的社会主义现代化国家。我们形象地把这个目标概括为实现中华民族伟大复兴的中国梦。"①同时,中华民族伟大复兴的中国梦其初衷既不是谋求传统王朝的千秋霸业,更不是资本主义国家向外扩张的威慑性崛起,其结果也定不是辉煌之后的盛极而衰的治乱循环。相反,是在中国特色社会主义旗帜的引领下,探索中华民族由传统走向现代的独特性道路,寻求中华民族内生性的社会主义现代化发展道路。归根到底是"社会主义中国适应时代发展潮流、按照自身发展的内在逻辑、不断走向更高质量更高水平现代化的社会变革实践所呈现出来的当代中国社会的特质,是现代化进程中非传统因素的积累和充盈,是一种持续进步的、不可逆转的、合目的性的发展"②。当今时代各个文明之间再也不是可以保持相对封闭,独善其身的原子化个体了,更不是大航海时代,掠夺与被掠夺、殖民与被殖民的原始资本主义黑暗时代了,而是各个文明之间联系日益紧密,平等互利,在共享的现代文明体系下休戚相关的人类命运共同体了。这意味着我们对"复兴"又有了一些新的要求,增加了新的维度,需要在探索自身道路的同时,汲取其他文明的一切有益经验,弥补中华文明的固有不足,使其脱离治乱循环的老路,克服盛极而衰的历史魔咒,在世界文明进程中持续繁荣立于不败之地。

2.中国梦是全体中华儿女的时代吁求和未来目标

自近代自鸦片战争之后经历外侮、内乱开始,"民族复兴"的课题就已经是一个贯穿中国近现代历史的轴心目标,被历史洪流之中的有识之士屡屡提到历史的进程之中。无论是以"自强""求富"为口号的洋务运动,戊戌六君子

---

① 《习近平谈治国理政》第一卷,外文出版社 2018 年版,第 323 页。
② 公翁虹:《读懂中国梦》,人民出版社 2013 年版,第 7 页。

推动的变法革新,以及孙中山振聋发聩的"振兴中华"的口号,还是新民主主义革命的激浊扬清,社会主义改造的深刻变革,可以说都是近现代以来中华民族迫切寻求民族复兴的心理表征和实践明证。而近代以来真正接近此目标,且让国人有真切感受而谆谆信服的,还是自改革开放以来中国所取得的举世瞩目的发展成就。经过近40年的不懈奋斗,国内生产总值从1978年的3645亿元,提高到2016年的743585亿元。① 我们已胜利实现了党的十三大报告中明确提出的现代化建设"三步走"战略的前两步战略目标,即实现了国民生产总值比1980年翻一番,解决了人民的温饱问题。同时国民生产总值已增长一倍,人民生活已达到小康水平。40多年的伟大成就表明,我国总体经济发展水平不断跃升,教育、科技、文化等社会事业不断发展,人民生活水平逐渐提高,国际地位和国际影响力大大加强。民族复兴的中国梦与实现"三步走"战略的第三步紧密结合,即至21世纪中叶,人均国民生产总值达到中等发达国家水平,人民生活比较富裕,基本实现现代化,把我国建成富强、民主、文明、和谐、美丽的社会主义国家。经过鸦片战争以来170多年的持续奋斗,中华民族伟大复兴展现出光明的前景。正如习近平总书记所说:"现在,我们比历史上任何时期都更接近中华民族伟大复兴的目标,比历史上任何时期都更有信心、有能力实现这个目标。"②近代以来中华民族所遭受的种种民族劫难难以尽述,这些都使得中华民族的每一分子更加意识到民族复兴的分量,也更加自觉拥有复兴中华的责任使命感。历史发展到今天,中华文明在当下又呈现出新的复兴的曙光,也因而使得"民族复兴"从近代以来的长久夙愿而落实为一种近在咫尺的梦想,并在全体中华儿女的努力下一步步地成为现实。也正因此,中华民族的伟大复兴是中华文明的固有辉煌所赋予的历史使命,也是近代中华民族渡尽劫波之后的共同企盼和未来奋斗目标。

---

① 《2016年国民生产经济和社会发展统计公报》,见 http://www.stats.gov.cn/statsinfo/auto2074/201708/t20170811_1522293.html。

② 《习近平总书记系列重要讲话读本》,人民出版社2016年版,第7页。

3. 中国梦是国家富强、民族振兴，人民幸福的整体复兴

中国梦是强国梦、强军梦也是民族梦、富民梦,理应包含着国家、民族、人民三个维度的整体复兴,缺一不可,任何一方面的缺席都不能称作是全面完整的民族复兴。在国家维度,实现中华民族伟大复兴的中国梦首先就是维护国家的领土主权完整。丰富"一国两制"的实践,推进祖国的和平统一,坚决捍卫治权疆域等国家根本利益。同时,转变经济发展方式,建设创新型国家,提升中国魅力,提升对内的亲和力和对外的吸引力。更要塑造和展示繁荣发展、民主进步和文明开放、和平和谐的中国形象,树立有尊严、受尊敬的国家形象,得到国际社会的普遍信任和道义支持,成为维护人类命运共同体的有力支撑;在民族维度,进一步维护和促进民族大团结,使中华民族真正成为自立自强自信自决的民族,坚持民族平等的观念,促进各民族平等、共同发展,提升文化自信和民族自觉,积极传承优秀的中华文化,涵养和弘扬民族精神,培育社会主义核心价值。同时增进对外文化交流,展示真诚、真实的民族形象,扩大中华文化的影响力、凝聚力、生命力和传播力,使其成为人类共同文化的重要组成部分,增强民族文化软实力,在文化战争、文化安全和意识形态的竞争中立于不败之地。就人民的维度而言,也包含着两个不同的层面,"仓廪实,则知礼节,衣食足,则知荣辱"(《管子·牧民》)。仓廪衣食的经济指标和礼节荣辱的道德指标构成人民幸福的两面。

经济上的富裕,始终是人民幸福的前提性因素。经过 40 多年的快速发展,我国的社会发展已经处在新的历史节点上,在坚持走中国特色新型工业化、信息化、城镇化、农业现代化发展的同时更加注重统筹协调、更加注重居民收入的持续增长、更加注重公民财富的公平合理。新的历史节点需要新的发展理念,应该注重从"以物为主"向"以人为本""以人民为中心"的转变。在重视 GDP 增长速度之外,更重视"以人民为中心"的发展理念,将"人"作为发展的源动力和终极目标,真正做到"发展为了人民、发展依靠人民、发展成果

由人民共享",使发展成果更多更公平地惠及全体人民。同时,更注重人民的幸福指数。人民幸福归根到底不仅仅是一种物质财富的积累,更是生活的安居乐业和精神的皈依感和认同感。后者对"道德滑坡""幸福感降低"等"人"的问题,对即将迈入"后小康时代"的当代中国社会更为重要。

任何一种社会理想都必然包括全方位的社会目标。大同社会的理想设立了包括"天下为公""讲信修睦""人不独亲其亲,不独子其子""鳏寡孤独废疾者皆有所养""盗窃乱贼而不作"等一系列社会道德指标。同样的,社会主义、共产主义理想既包括了物质资料极大丰富、按需分配的经济目标,也包括了人民的觉悟大大提高,社会成为自由人的联合体,每个人的自由全面发展等。尤其是当资本主义以利为本的无休止贪婪追逐,社会主义"以人为本"的道德价值色彩才使得这些社会理想更具有了永恒的价值和魅力,成为社会发展的终极愿景。

中国梦是在民族和国家现代化发展处于关键时期而提出的关乎中国当代和未来发展的社会整体布局,作为一个完整的社会蓝图和理想目标,不仅包括国家富强、民族复兴等政治、经济目标,也必然包含着社会文明进步、国民素质跃升、幸福感提升、道德境界等精神文明目标。习近平总书记在演讲中明确提出了中国梦在国家富强和民族复兴之外的重要目标,他多次强调,"实现中国梦,是物质文明和精神文明均衡发展、相互促进的结果。没有文明的继承和发展,没有文化的弘扬和繁荣,就没有中国梦的实现"。物质生活的充实无忧与道德精神境界充分升华也是古典大同世界理想的一体两面。"中华文明历来把人的精神生活纳入人生和社会理想之中。所以,实现中国梦,是物质文明和精神文明比翼双飞的发展过程。"①因而,精神文明建设,伦理道德状况的提升关乎民族复兴的大局,尤其是在今天中国社会经济成就举世瞩目的情况下,人的精神文明状况和公民的道德素质是更应该得到关注的主题,在此,中华民族

---

① 《习近平在联合国教科文组织总部的演讲》,2014 年 3 月 27 日,巴黎。新华网,2014 年 3 月 28 日,见 http://www.xinhuanet.com/politics/2014-03/28/c_119982831_3.htm。

的伟大复兴与传统美德的继承和弘扬是一种双向互动、互相加强的关系。中华民族伟大复兴的中国梦是传统美德在新时代得以传承发展的价值目标,而传统美德将成为努力实现中国梦的强大精神动力。

四、传统美德是民族复兴的精神动力

2013 年 11 月 26 日习近平总书记在视察山东曲阜时强调,一个国家、一个民族的强盛,总是以文化兴盛为支撑的,中华民族伟大复兴需要以中华文化繁荣为条件。对历史文化特别是先人传承下来的道德规范,要坚持古为今用、推陈出新,有鉴别地加以对待,有扬弃地予以继承。[①] 这就将传统道德的创新性继承和创造性发展作为民族复兴,特别是文化复兴的重中之重来加以强调,"国无德不兴,人无德不立",只有"加强全社会的思想道德建设,激发人们形成善良的道德意愿、道德情感,培育正确的道德判断和道德责任,提高道德实践能力尤其是自觉践行能力,引导人们向往和追求讲道德、尊道德、守道德的生活,形成向上的力量、向善的力量"[②]。中华民族才能在伟大复兴的征程中,不断传承中华文化所积累形成的美好崇高的道德境界,源源不断地孕育和输送民族复兴的精神动力,中华民族才能永远充满希望,民族复兴才能有坚实厚重感的精神文化支撑。习近平主席还强调:"为实现中华民族伟大复兴的中国梦凝聚起强大的精神力量和有力的道德支撑。精神的力量是无穷的,道德的力量也是无穷的。中华文明源远流长,孕育了中华民族的宝贵精神品格,培育了中国人民的崇高价值追求。自强不息、厚德载物的思想,支撑着中华民族生生不息、薪火相传,今天依然是我们推进改革开放和社会主义现代化建设的

[①]　《习近平:汇聚起全面深化改革的强大正能量》,新华网,2013 年 11 月 28 日,见 ht-tp://www.xinhuanet.com//politics/2013-11/28/c_118339435_3.htm。

[②]　《"四个全面"学习读本》,人民出版社 2015 年版,第 81 页。

强大精神力量。"①只有继承和弘扬以传统美德为核心的中华传统优秀文化,才能真正实现中华民族的伟大复兴。

1. 传统美德是民族振兴与国家富强的精神动力

梁启超曾指出:"人民以国家为己之国家,则制造国魂之药料也,使国家成为人民之国家,则制造国魂之机器也。"②在《论政治与人民之权限》一文中梁任公还指出,国民应以"爱国"为其公德,国家则以"利群"尽其责任。爱国是每个公民的"公德",也是每个公民所秉承的天赋义务。天下为公,勇于承担与奉献,这恰恰是人民或公民的伦理觉悟和伦理义务。爱国主义就是传统美德中所讲的忠德,而勇于担当与奉献,就是传统美德中的义德。不仅如此,传统美德的敬德还把这种忠义精神通过做事、敬业落到了实处。因此说,传统美德是国家富强的不竭精神动力。传统忠德,不仅仅是指忠于君主的臣德,更是一种尽心竭力,尽己利人利公的做人做事忠敬态度。公而忘私、心忧天下、与民族共进退、与国家共兴亡是我们每个普通人对国家、对社群、对团体的伦理责任。

国家富强首先意味着经济生活的富足、科技、军事实力的增强。而这一切都是需要一国公民的勤奋和智慧,需要的不仅是体力、智力、创造力,更需要国魂、民魂、道德魂。而且,后者是前者能否被顺利调动并发挥出来,以及发挥得是否合乎国家利益,人民幸福等的价值标准和前提条件。道德精神的软实力作为一种强大的精神动力,反过来又会促进硬实力的增强,从而使国家富强。美国学者塞缪尔·亨廷顿(Samuel P.Huntington)就曾比对了加纳和韩国两国的经济发展状况。他发现在 20 世纪 60 年代初期,两国的经济状况还保持着相当水平,而在 30 多年后的 90 年代,当韩国一跃成为亚洲工业巨人,加纳的

---

① 《习近平谈治国理政》第一卷,外文出版社 2018 年版,第 216 页。
② 梁启超:《中国魂安在乎》,《饮冰室合集》(2),中华书局 1989 年版,第 38—39 页。

人均国民生产总值却仍几乎在原地踏步,只相当于当时韩国的1/14。亨廷顿据此认为:"如此悬殊的发展其因素固然复杂,但文化应是一重要原因。正是韩国人珍视节俭、投资、勤奋、教育、组织和纪律的国民素质才创造了超越的经济奇迹。加纳人则不具备这样的文化。"①可见,只有拥有高素质和崇高道德品质的国民,经济的高速发展才能持续。

今天弘扬儒家之忠德,其要义之一就是要我们每一个人自觉地为国出力、爱国报国,同时,也要热爱我们的民族文化、社群社区、团体职场,为它们的兴旺发达尽心竭力,做一个忠于祖国、忠于民族、忠于人民的现代公民。显然传统忠德、义德的责任担当意识是实现民族伟大复兴的强大动力。

古人言忠德,不仅指忠于团体和一定的人群,而且还指忠于事,在这个意义上,往往忠敬连用,或者说忠德中也包含忠诚于事业,以敬临事的敬业精神。为人谋而忠心耿耿,总是要通过做事体现出来,即执事以敬。汉许慎《说文解字》以"敬"解"忠"。孔子把为国立功、恭敬职事视为"忠",并用《诗经》中的诗句阐释"忠"。他说道:"《诗》曰:'永言配命,自求多福',忠也。"其大意是:承顺天命永不违背,就会获得莫大的福禄。显然,孔子在这里,是把兢兢业业、恪尽职守看作是"忠"的内涵。

在中国古代,敬业是一种广泛的社会道德。"敬"的意识源于人的德观念的觉醒。在政治领域,敬业、不懈于职,不仅是对臣下道德的要求,对于皇帝也如是,作为皇帝,要以敬慎态度对待王事,要主一专心,不懈怠,"敬德保民"在西周时期就已成为重要的政治道德,以"天命靡常;惟德是辅"的方式制约着统治者的行为;在经济领域,商人更要有尊重职业对象的概念,买卖不成仁义在,遵循君子爱财、取之有道,公平交易、童叟无欺的经营道德规范等。在文化、生活领域,尤其是师德与医德,典型地体现了中国古代敬业的优良传统。

民族的伟大复兴、强国梦、人民的幸福生活都是要通过各行各业的从业者

---

① 参见塞缪尔·亨廷顿等:《文化的重要作用》,程克雄译,新华出版社2002年版,第7页。

实实在在谨慎从事,经济社会的全面发展才能实现,因此,只有继承发扬传统美德中的执事以敬的优秀传统,与时俱进,转化超越,使中华民族在新的条件下更加勤劳、敬业,才能以每个人的实际行动推动民族复兴的中国梦的实现。全民都能自强不息、厚德载物,义以为上、公而忘私,乐于奉献、勇于承担,将成为一种巨大的精神力量,推动国家振兴,民族复兴。

2. 传统美德是人民幸福生活的可靠保障

现在我们社会最大的危机是什么?我们的物质生活比几十年前相比太丰富了,可是一些人的幸福感却下降了。正如习近平总书记在纪念孔子诞辰2565周年的讲话中所说:"当今世界,人类文明无论在物质还是精神方面都取得了巨大进步,特别是物质的极大丰富是古代世界完全不能想象的。同时,当代人类也面临着许多突出的难题,比如,贫富差距持续扩大,物欲追求奢华无度,个人主义恶性膨胀,社会诚信不断消减,伦理道德每况愈下,人与自然关系日趋紧张,等等。要解决这些难题,不仅需要运用人类今天发现和发展的智慧和力量,而且需要运用人类历史上积累和储存的智慧和力量。"[1]现代资本主义的几百年来的恣肆发展告诉我们,物质的增加从来和幸福不是同步的。有些时候甚至是相反的。

人民幸福是中华民族伟大复兴的重要内容和最终目的。道德总是与"人"的存在状态相关、与人的幸福感受相关的。或者说,道德就是促进人民幸福的一种合理的价值观念与行为规范,人的生活幸福固然离不开物质条件,但也同样离不开道德这种精神条件。

中华优秀传统道德文化中,吸取道德为本、义以为上的精神,培养人们的仁爱友善之心、诚实正直之心,恭敬礼让之心,并加以现代化继承创新和制度保障,才能真正重建中国的主流道德秩序,为人民的幸福生活提供精神保障。

---

① 习近平:《在纪念孔子诞辰2565周年国际学术研讨会暨国际儒学联合会第五届会员大会开幕会上的讲话》,人民出版社2014年版,第6页。

因此，在当代社会条件下，我们还是应该从我国古代先哲的人生与道德智慧中汲取营养，只有经过反思的人生才是有意义的人生，我们不仅需要经济的富裕，更需要道德的提升，为此，就应该从传统道德智慧中汲取营养，这样我们的心身才是和谐的，人格才是高尚的，人生才是幸福的。

伦理本位，在一定意义上也就是关系本位，道德就是调节人际关系的规范总和。人的幸福并不是独立的个人行为，它总是在和谐的人际与社会关系的互动中实现的。心存敬意，尊重彼此的人格，是道德主体进行社会交往的前提，礼让则是社会交往的润滑剂，为社会交往减少了不必要的摩擦和冲突。注重人伦关系，强调在社会关系中切磋琢磨，修养、实现自我，曾是中国人衡量做人成败的社会标准。"对于一个儒家人士来说，学习按照礼来规训自己，以便一个人自发地知道怎样以一种合适的礼仪方式行为，实际上是学习成为人的过程。"①只有个体道德人格的挺立，才能处理好人际关系，交往双方如果都具有良好的道德修养，彼此的关系才会达到和谐一致。因此，人际关系和谐的基础仍然是个人的道德素质和双方均具有"克己复礼"的精神，在于各守其义，各尽其责。人际关系之冲突的根源还在于个体道德素质的缺乏。而人际关系的和谐在中国人心目中，实在是构成幸福的重要条件和内容，中华传统美德就是人们处理人际关系的道德智慧的结晶，继承弘扬这种道德传统，必然有利于人民的人际关系和谐，从而促进人民交往生活幸福。

人民的幸福不仅包括日常物质生活的幸福、人际交往的幸福，而且还包括个体精神生活的幸福。幸福既包括"肉体的无痛苦"，更包括"灵魂的无纷扰"。心身和谐、安之若素、居仁由义、安身立命显然也是人民幸福的重要内容。而这一切都需要人们加强自身的道德修养去实现，"自天子以至于庶人一是皆以修身为本。"（《大学》）真正的幸福来自符合道德的生活。儒者津津乐道的"孔颜之乐"表达的正是一种道德生活所产生的纯粹的幸福。"德福一

---

① 哈佛燕京学社编：《儒家传统与启蒙心态》，江苏教育出版社2005年版，第82页。

致"是传统社会中人们深切的信仰,真正具备美德的人,内省不疚,外无愧怍,不会产生危害身心的负面情绪,持守着乐天知命信仰。正所谓"知者不惑,仁者不忧,勇者不惧"。因此,"人文精神、德性主义的弘扬,是克服现代社会弊端的有效途径,为己之学的传统要求我们首先要关切自己的内心世界、灵魂和道德,追求内在价值,自我完善这显然是有现代意义的"①。儒家"为己之学"将道德人格修养作为个体自我认同的典范,这种"反求诸己"的人生哲学有助于人们摆脱"役于物"的藩篱,朝向个体真正的自由解放,从而获得真正意义上的幸福,因为道德幸福才是一种深刻、持久、内在的幸福。

① 肖群忠:《儒学的为己之学传统及现代意义》,《齐鲁学刊》2002年第5期。

第二章　传统美德与当代文化建设

　　一个国家、一个民族的强盛,总是以文化兴盛为支撑的。没有文明的传承和发展,没有文化的弘扬和繁荣,就没有中国梦的实现。2017年年初,中共中央办公厅、国务院办公厅印发了《关于实施中华优秀传统文化传承发展工程的意见》,意见指出,"文化是民族的血脉,是人民的精神家园。文化自信是更基本、更深层、更持久的力量。中华文化独一无二的理念、智慧、气度、神韵,增添了中国人民和中华民族内心深处的自信和自豪"①。该意见将坚定文化自信、推动文化传承正式提上日程。近年来,习近平主席在多个场合多次阐释了文化自信的重要意义。他指出,"坚定中国特色社会主义道路自信、理论自信、制度自信,说到底是要坚定文化自信",②同时也对文化的重要作用作了深刻总结:"从历史的角度看,包括儒家思想在内的中国传统思想文化中的优秀成分,对中华文明形成并延续发展几千年而从未中断,对形成和维护中国团结统一的政治局面,对形成和巩固中国多民族和合一体的大家庭,对形成和丰富中华民族精神,对激励中华儿女维护民族独立、反抗外来侵略,对推动中国社

---

　　① 《中共中央办公厅、国务院办公厅印发关于实施中华优秀传统文化传承发展工程的意见》,《人民日报》2017年1月26日。
　　② 《习近平谈治国理政》第二卷,外文出版社2017年版,第381页。

会发展进步、促进中国社会利益和社会关系平衡,都发挥了十分重要的作用。"①如果没有富有强大生命力的中华优秀传统文化持续不断的丰厚滋养,中华文明或许也会与其他三大文明古国一样,面临着走向衰败的命运。

那么,文化是什么?中国文化的独特性何在?中华传统美德在中华传统文化中居于什么地位?对这些基本问题需要我们作出理论上的回答和阐述;当下中国特色社会主义文化建设的现实也呼唤我们,对应当如何把握和处理文化建设各个层面的关系,把握中国特色社会主义文化的核心,特别是如何回答文化建设与传统美德的继承创新之间的联系,传统美德在当下文化建设中能够发挥什么作用等问题需要作出初步的探索。

一、文化及其核心

文化建设,首先要面对的是何为文化的问题。文化像空气,无所不在但又不可捉摸。一方面,文化反映在我们的衣食住行之中,体现在我们的举手投足之间,甚至,无论自觉不自觉,人们在生活世界中的所有言语、行为都被打上了文化的烙印,无论在时间和空间上,人都无法脱离文化的影响。英国诗人艾略特(T.S.Eliot)曾将文化看作是"一个民族的全部生活方式,从出生到走进坟墓,从清早到夜晚,甚至在睡梦之中"。② 因此,文化对人的重要性不言而喻,甚至可以说人就是文化的人,文化就是人的文化。然而,另一方面,文化又像是一个不可捉摸的"幽灵"般的存在,尽管人们时时刻刻感到它若即若离、如影随形,却很难对其加以准确的描述和把握。事实上,自近代文化被学界广泛当作研究对象以来,关于文化的概念和定义就一直层出不穷,关于文化的论著更是卷帙浩繁,可以说,从没有哪一个概念比"文化"

---

① 习近平:《在纪念孔子诞辰 2565 周年国际学术研讨会暨国际儒学联合会第五届会员大会开幕会上的讲话》,人民出版社 2014 年版,第 5 页。

② 转引自陆扬、王毅:《文化研究导论》,复旦大学出版社 2012 年版,第 8 页。

更能引起人们的争议了。也因此,在某种程度上文化又是"神秘的"、"不可言说的"。

1. 中西"文化"词源

19世纪末期,西方学者统计的关于文化的书面定义达到了167种;到20世纪与21世纪之交,则超过了300种。在我国的辞典里面,对于文化持有广义与狭义之说。从广义上来讲,文化就是人化自然。即是说,与人的行为有关系的皆为文化;从狭义来说,文化就是以"文"去"化"人,属于意识形态范畴,诸如:文学、艺术、宗教、法律等。

文化的中西方词源意义。"文化"在英语中的对译词是"culture",英语术语中的culture一词,在15世纪地理大发现的航海和殖民时代已开始为人们所使用。从词源上来讲,"culture"一词源于拉丁文"cultura","cultura"在拉丁语中表示"耕作、饲养、崇拜"等意思,而"cultura"又是由拉丁语的动词"colere"(意思为"住、耕作、尊敬")所派生而来。在英语的早期用法中,"culture"一词就与动物和植物的"培育、栽培"(cultivation)以及宗教崇拜有关——cult(膜拜)一词即由此而来。经过启蒙运动的洗礼,在18世纪的法语语境中。文化逐步指代经训练之后或者修炼之后的心智、思想以及精神状态,同时也可以指称风度的良好,更广泛的是指社会生活中的文学、艺术、科学等领域。到了16世纪到19世纪,"文化"开始泛指通过学习来提高个人的才智与修养,并逐渐被理解为教养、人品、举止和精神境界等意义。经过漫长的语义演化过程,直到18世纪末,尤其是到了19世纪,文化才逐渐有了它的现代意义,开始指称单独个人的教养、修养或人格完善,以及代表社会整体上所具有的文明状况,在接近文明的含义上被理解和运用,包括习俗、工艺、宗教、科学、艺术在内等社会生活的主要方面。

黑格尔在其《美学讲演录》曾说:"语词的最初的意义总是隐喻的、形象的,后来才发展引申出抽象义来,虽然这后到的精神义终而反客为主,反倒是掩盖了语词原出的感性本义。"①大体而言，"culture"一词在词义上的演进过程也符合黑格尔所说的这一规律。如我们所知，"culture"的原义是栽培、耕耘、培养，本指借人工的努力，通过改进农耕、畜牧的方法，使动植物超越其自然的状态，改造其成为合乎人类目的和需要的状态之意，这一含义在一些现代英语词汇中仍得到了保留，如"农业"（agriculture）、"园艺"（horticulture）以及"人工养殖的珍珠"（cultured pearls）等词汇均包含了与培育、养殖等初始意义相关的含义。后来栽培、培养之意又进而扩展其比喻意义，指涉通过教育、训练人类本身使之脱离自然本能的阶段，锻造人的灵魂，而成为有教养、有修养的人。出于这个原因，今天我们还可以称某人"有教养"（cultured），同样，也可以说某人"没教养"（having no culture）。从"culture"一词在西方的语境发展来看，"culture"作为培育、耕作等动词之意，其初始对象是对土地和农作物的培植、培育，进而又扩展到对动物的饲养、养殖，其中很显然具有改善、改良之意。到近代"culture"扩展至人文领域，从而引申出心灵的培育、灵魂的锻造等抽象意义，有了改造人的自然天性，使其达到完美的人格和良好的教养的意思。可见改造、优化一事物使其朝向某种善或好是"culture"一词的内在含义。

从汉语语境而言，"文化"一词也经历了特殊的含义演变历程。现代意义上的"文化"是舶来词，约150年前，日本学者将英语"culture"对译为"文化"，此后，在近代中日交流中"文化"又被引进回国。实则，"文化"一词在中国语言系统中古已有之。

从"文"与"化"各自的词源而言，首先，甲骨文中的"文"字是一个象形字，象征一个站立的人，其胸前有花纹。文最早就是指纹身，文通"纹"，意为在人的胸前画上图案，象征人用纹身来"美化"自己。《说文解字》说："文，错画也。象交文。今字作纹。"《易·系辞下》载："物相杂，故曰文。""杂"繁体字本为"襍"，即"集布成衣"，意为用各种颜色的碎布缀合成衣服，杂是"五彩

---

① 转引自陆扬、王毅：《文化研究导论》，复旦大学出版社2012年版，第3页。

相合"之意。这意味着文是丰富杂多、多种多样的集合。可见,文本指事物表面上纵横交错、色彩斑斓的花纹、纹理、纹路,如人的纹身,草木上的纹理,龟甲上的裂纹等。《礼记·乐记》中的"五色成文而不乱"即是此意。其次,文还可以从事物表面的纹理引申为事物所蕴含的规律。例如"天文""水文"都是指自然界事物中的规律或运行法则。同时,"文"还可以指语言、文字、图像等文化象征符号,如:"古者伏羲氏之王天下也,始画八卦,造书契,以代结绳之政,由是文藉生焉"(《尚书·序》)。也指由语言文字组成的文字典籍、礼乐制度,又如:"文王既没,文不在兹乎"(《论语·子罕》)。

此外,文又可作为涂抹、纹饰等动词来使用,如"文过饰非"。文可抽象地理解为人为的努力,与"质"相对。质是本质、自然、朴素的意思,代表着事物的原始状态或初始状态,文则代表着对这种原始状态或初始状态的改变或改造,有通过人为的努力使事物脱离其原始的粗野状态,而变得美好、丰富起来之意。《论语·雍也》中有"质胜文则野,文胜质则史,文质彬彬,然后君子"。此处的"文"就是指将人"文饰"、修饰起来,使其在德性、礼仪上完备起来,但又不能"文"得过了头,以免显得虚浮造作,这里的文已从装饰、文饰中发展出德性修养、礼仪教化之意。

"化"在甲骨文和金文中是一个会意字,由一正一反两个颠倒的人组成,左边正立,右边倒立,这种颠倒、正反象征并预示着事物的变化和转化。"知变化之道"(《易·系辞传》),"化而为鸟,其名曰鹏"(《庄子·逍遥游》)以及今天所说的"春风化雨",其中"化"都是变化、转化之意。欧阳中石认为"化"字无论怎么看都是颠倒的两个人,但这样一来这个字怎么看都是正着,永远倒不了。因此,"这个'化'反和正都可以,也就是说可以化和、化解,想办法在各种情况下都能成立"。① 这意味着"化"预示着事物的动态生成,如"天地氤氲,万物化醇,男女构精,万物化生"(《易·系辞下》),"可以赞天地之化育,

① 欧阳中石:《中华文化的核心内容和主要特征》,《新华文摘》2010 年第 13 期。

则可以与天地参矣"(《礼记·中庸》)。其中的"化"都蕴含着转化、协调、化解之意。

"化"不仅指事物在客观意义上形态或性质的改变(动态生成),而且更强调通过人主观的积极改变,也即通过"化"的过程,使事物的状态臻于美好、合乎主观目的的境界。如"以礼乐合天地之化"(《周礼·大宗伯》),"我无为而民自化"(《道德经》)等,上述"化"都含有强烈的德性教化的意思,《说文解字》也将"化"解释为"教行也",进而演绎为对人的教化,意为教行迁善,使人心风俗得到改善。这是"化"的深层意蕴。

汉语中"文化"一词的出现,最早可以上溯至《易·贲卦·彖传》,其中有"刚柔交错,天文也;文明以止,人文也。观乎天文以察时变,观乎人文以化成天下"之语。"文"是从纹理之义演化而来,意为规律、道理。"天文"即天道、自然的运行规律。同样,"人文"是指人伦社会的规律、道理,具体而言,是指伦理生活中纵横交织的人伦关系,如君臣、父子、夫妇、兄弟、朋友五伦关系所构成道德关系网络及其伦理秩序。张岱年先生将这句话解释为"治国者须观察天文,以明了时序之变化,又须观察人文,使天下之人均能遵从文明礼仪,行为止其所当止"。他进而认为:"在这里,'人文'与'化成天下'紧密联系,'以文教化'的思想已十分明确"。[1] 显然,"人文"在这里被看作是蕴含在社会人伦关系之中的规律,"关乎人文以化成天下",就是用社会人伦之中的道理、秩序来转化、改造天下之人,使之礼仪齐备,举止文明,进入到启蒙开化的状态。体现出强烈的价值规范色彩,意为通过主观的努力依据人伦之道,使人类社会变得有秩序,更文明。

最早将"人文化成"转化为"文化"一词的是汉代的刘向。《说苑·指武》中有言:"圣人之治天下也,先文德而后武力。凡武之兴为不服也。文化不改,然后加诛。夫下愚不移,纯德之所不能化而后武力加焉。"这里的"文化"

---

[1] 张岱年、方克立主编:《中国文化概论》,北京师范大学出版社1994年版,第2页。

是指以"怀柔远人"来治理天下之意,是"以文化之"的简称,也是对《易传》中"人文化成"思想的直接继承。显然,据此可以看出,在汉语语境中,"文化"一词从诞生开始,就具有强烈的道德意蕴,甚至可以说文化实质上是德化的同义词。直到近代西方意义上的文化概念传入中国之前,这一理解一直是古代对"文化"概念的主流看法。"culture"是从耕耘、栽培和种植等动植物的改造意义逐步引申出人的品德和教养,灵魂的锻造和精神的境界等意蕴,有一个最先运用于自然,从人类的物质生产活动生发,而后逐渐引申到精神领域的过程。中国的"文化"一词自开始就专注于精神领域,将其主旨定位于人的精神修养领域。有学者认为:"culture 似乎更强调一种凭借内在的生命力而生成的价值规范,汉语中的文化则更强调对某种给定的人伦关系的纹理的观察,强调用这种外在的规范约束人的行为。"①从这层意义上分析,"culture"的内蕴比"文化"一词更为宽广,包含的内容也更为丰富,与中国语言系统中的另一词汇"文明"更加切近,不仅是社会在精神领域的状况,更代表着包括物质、生产等全社会所取得的全方位的成果。值得指出的是,现代意义的文化概念也来自西方,有其特定的内涵和指向,因而,当"文化"一词传入中国时已发生了内涵上的变化。

在中国历史语境中,"文化"或"人文化成"是一个动态的过程,是通过华夏文明的礼仪之备、章服之美对"化外之民"进行更化和教化。儒家很重视文化的这个作用,这从孔子对管仲的高度评价:"微管仲,吾其被发左衽矣"(《论语·宪问》)就可以看出来。这也从反面证明汉语语境中文化作用首先是对"披发左衽"的原始人类社会状态的脱离。同时,从内容上而言,文化又是德行教化的代名词。以"文化"之中的"文"主要是对社会人伦关系之中的道理、规律的体察和认知,并将其制定为礼义典章,约定为人伦秩序,然后又将此加诸个体和社会,使之成为人们的内在道德品质。在此层面上,汉语语境中文化

---

① 　衣俊卿:《文化哲学十五讲》,北京大学出版社 2004 年版,第 15 页。

与德性的意蕴是完全同一的,文化的目的就在于教化人性、德化民众。因而可以说,改善和提升人的自然状态,并使之朝向好、善的应然之境,应该是中西方在文化观念起源时不谋而合的共识。就此而言,用"文化"来对译"culture"可谓其来有自,精准确当。正如学者李亦园所说,自从人猿揖别以后,人类实际上也像野生动植物变为家养动植物一样,脱离了自然的野生状态。特别是当人类开始产生了文化,一切便开始依赖文化,而不再完全遵照人的自然生物本性而漫无目的的发展。但根本而言,人类与动植物不同,在于动植物有人类可以改良、栽培、驯化它,而人类则没有另外的"主人"做他的"保姆",人类只有文化,而文化又是源出于人类自己的发明创造。所以人类本质上是用自己发明创造出来的文化来培育教养自己、引导教化自己,这也正是中国古代经典上所说的"人文化成"的意义。①

通过对"文化"(culture)词源意义的考察,可以看出文化在中西方语境中都代表着一种对自然状态的脱离,通过文化这个中介,人类从一种自然的存在走向文化的存在,也从一种实然的存在走向价值的存在。其中也都包含着或多或少的德性意蕴,古希腊的德性是包括道德品质在内使人在整体上优秀或出色的品质,而中国的"文化",从其词源而言就包含了强烈的道德意蕴,既代表着人类的文明状态,同时也是德行教化的同义语。因而,文化和道德首先在词源上有了内在的关联。人发明出文化来完成自我提升、自我教化,文化之中包含着对价值的判断和取舍,善的向度或道德向度从一开始就融贯在了中西方的文化观念的起源之中,在中国传统的文化概念中更加明显。

2. "文化"观述略

现代意义上的文化概念主要是18世纪末至19世纪以后逐渐形成的,但直到今天关于文化的确切定义仍然处于"百家争鸣"的局面。英国著名人类

---

① 参见李亦园:《文化与修养》,九州出版社2013年版,第191页。

学家爱德华·泰勒在前人研究的基础上,于1871年在其《文化的起源》(*The Origins of Culture*)一书中,对文化下了第一个现代意义上的定义:"文化或者文明,从其广泛的民族志意义上言,它是一个错综复杂的总体,包括知识、信仰、艺术、道德、法律、习俗和人作为社会成员所获得的任何其他能力和习惯"①。泰勒的这一定义,引燃了现代意义上的文化定义争鸣的导火索,直至20世纪中期,美国文化人类学家克鲁伯(Kroeber)和克拉克洪(Kluckhohn)出版其名著《文化——概念与定义的批判研究》(*Culture:A Critical Review of Concepts and Definitions*,1952年初版),在该书中,他们对欧美已出版的书籍中出现的各种文化定义进行总结、归纳并分类,找出了一百六十多种定义。从中整理出了六类主要观点:第一类是描述性定义,着重于文化的整体性,把文化视为包罗万象的整体,是构成社会生活的总和。第二类是历史性定义,侧重于文化的历史性和传承性,将文化视为一个群体代代相传的全部社会遗产。第三类是规范性定义,可分为两种:一种强调文化是一套标准化的规则或程序化的生活方式,塑造了具体的行为与行动模式;第二种则强调文化作为价值观的作用。第四类是心理学定义,强调文化是适应外在环境的产物,是解决问题的技术或工具,它能够让人们完成沟通、学习或满足人的物质和情感的需求。第五类是结构性定义,认为文化内部的各个层面之间存在着有组织的关联,文化是区别于具体行为的抽象概念。第六类发生学定义则从文化的产生和持续的角度来定义文化,意在说明文化起源于人与人的互动交往,其持续存在是代代相传的结果。②

　　根据以往学者对文化的论述,我们大体可以将以往关于文化的理解归为以下几类③:

---

① Edward Burnett Tylor,*The Origins of Culture*,New York:Harper and Row,1958,p.1.转引自陆扬、王毅:《文化研究导论》,复旦大学出版社2012年版,第6页。
② 参见[英]菲利普·史密斯:《文化理论导论》,商务印书馆2008年版,第9—10页。
③ 参见衣俊卿:《文化哲学十五讲》,北京大学出版社2004年版,第6—12页。

其一,将文化理解为一种活生生的有机体,从文化的演变与形成的视角理解历史,反对将文化当作固定不变的集合体。认为真正的文化具有内在的生命力,通过有机生长和盛衰变化来展示人的丰富生存境遇,以不断超越给定的文化形态来推动历史的演变。这是一种描述性的定义,代表人物是斯宾格勒。其二,将文化看作是人类文明的总称。作为一种广义的文化概念,这种看法倾向于把人类所有的创造物,包括传统的与现代的、有形的和无形的、物质的和精神的全都包括在文化的范畴之内。如之前所述的爱德华·泰勒对文化的界定。其三,认为文化是人的第二自然性或第二天性。这种观点认为人在生物构造上不同于一般动物之处在于人的未特定化或专门化(unspecialization),因为人的器官并不指向某种单一的活动。然而,人在自然本能上的贫乏和缺憾正好使人通过后天创造的文化以补偿人在先天生物性上的不足,因而,“文化是人类的‘第二天性’。每一个人都必须首先进入这个文化,必须学习并吸收文化”。① 代表人物是德国哲学人类学家蓝德曼。其四,把文化看作是给定的行为规范体系。这种观点认为文化是“后天的”行为规范体系,用以弥补先天本能的不足。文化不能靠遗传继承,人的行为只能依靠自己后天获得的文化来支配,人通过学习人为的行为规范体系,达到实践和行动的合理化。这一看法强调习俗、传统等行为规范的作用。例如美国学者菲利普·巴格比认为文化“就是社会成员的内在的和外在的行为规则,但是剔除那些在起始时已明显地属于遗传的行为规则”。② 其五,认为文化是自觉的精神和价值观念体系。这种理解把文化视作相对独立的领域,主要把文化理解为知识、价值、观念、思想等精神性存在,属于狭义的文化范畴。塞缪尔·亨廷顿认为文化一词如果无所不包,那就不具备阐释力,因而他从主观的价值观念和精神意识来界定文化的含义,认为文化“指一个社会中的价值观、态度、信念、取向以及人们

---

① [德]蓝德曼:《哲学人类学》,工人出版社1988年版,第211页。
② [美]菲利普·巴格比:《文化:历史的投影》,上海人民出版社1987年版,第99—100页。

普遍持有的见解"。① 其六,认为文化是一个民族特有的生活样法或生存方式。这种对于文化的界定倾向于把丰富多彩的文化看作是对个体的生存和社会运行起主导作用的文化模式。例如,美国人类学家鲁思·本尼迪克特认为,"一种文化就如一个人,是一种或多或少一贯的思想和行动的模式"。② 同样,胡适把文化定义为"人们生活的方式",梁漱溟也认为文化是"人类生活的样法"。

3. 价值观念是文化的核心

现代关于文化的定义庞杂繁多,其研究的视角和方法也难以尽述,如果我们仅从广义上谈论文化,那我们无非是又给文化增加了一些难以把握的难度,无助于我们深入了解。因而,我们需要深入文化的深层去探讨文化的本质。

通过以上所罗列的关于文化的有限定义中,我们已可以捕捉到一些关于"文化"概念的关键词:社会生活的总和,人类文明的总体,价值观念和行为规范,人的生活或生存方式,超越自然的人的创造物,人的本质的对象化,人的第二天性等。通过上述对中西"文化"概念的比较分析,不难发现,伦理道德因素包含在这些关于文化研究的关键词中。也因此,当代学者在面对这些文化定义时,依据这些关键词的共性特征,持一种狭义的文化定义,这种文化定义被广为接受。这种观点认为文化的核心是价值,即文化主要是指一种文明类型的价值观念与规范系统。

美国学者丹尼尔·贝尔认为:"文化本身是为人类生命过程提供解释系统,帮助他们对付生存困境的一种努力。"③假如我们承认文化是应对生存困

① [美]塞缪尔·亨廷顿、劳伦斯·哈里森:《文化的重要作用》,新华出版社 2002 年版,第 3 页。

② [美]露丝·本尼迪克特:《文化模式》,浙江人民出版社 1987 年版,第 45 页。

③ [美]丹尼尔·贝尔:《资本主义文化矛盾》,赵一凡等译,生活·读书·新知三联书店 1992 年版,第 24 页。

境而来的话,文化的合目的性也即是人对其困境之克服的需要。李亦园先生将此困境称为"敌人",实则来说,作为一种以文化的方式来面对世界的"符号动物",人类从一开始就同时处于自然(物质)世界、社会(世俗)世界、精神(意义)世界这三个维度构成的世界整体之中①,在这三个维度的世界中也不可避免地对应着三种不同性质的需要,即生存的需要、交往的需要和超越的需要。对应这三种需要或目的,笔者将文化系统分为三大构成要素,这些构成要素也可以称为文化的子系统,分别为物质生产系统、行为规范系统和超越体验系统。自古及今,我们从任何一种文化整体中都可以发现这三种核心构成要素,这三大文化要素从人类文化诞生起就已经同时存在了。这些要素或子系统之间并不是孤立自足的,通过符合人的目的性而贯通起来,这三者是一个不断递升的过程,下面分而论之。

物质生产系统是人面对自然(物质)世界之维度的结果,在自然中从事物质生产以维持生命的存在是人的第一个历史需要。物质生产系统的出现正是为了应对人的衣食住行等生存困境的,是人与自然相互适应的产物,是人尽可能地适应并改造自然使其符合人类目的的结果。文化功能学派认为:"文化在其最初时以及伴随在整个进化过程中所起的根本作用,首先在于满足人类最基本的需要。"②如此一来,文化起初的含义就是给予人类生存自由。这是文化系统得以延展的前提和起点,其核心体现在文化所提供的各种各样的"生存策略"上。从原始的农业、游牧、打猎到今天高度发达的工业、商业、科学技术等,以这些"生存策略"为代表的物质生产系统是衡量人类文明发展的显性标志,某种程度上物质生产系统也是"文明"的代名词。我们虽无法在文化之间划分优劣,但从物质生产系统而言,文化的确有其先进落后之别。我们对文明阶段的划分,所依据的重要标准之一就是物质生产的发达与否。物质

---

① 关于三种世界的划分参考了樊浩:《文化与安身立命》,福建教育出版社 2004 年版,第 56 页。

② 庄锡昌等:《多维视野中的文化理论》,浙江人民出版社 1987 年版,第 106—107 页。

生产系统强调的是人对客观自然世界的适应和符合,因为在科学的内容中有关人的主观色彩的东西都被遗忘和抹去了,科学思想的主要目的之一就是要尽可能地客观的同时,排除一切具有个人特点的成分。"科学力图'按照宇宙的尺度'而不是'按照人的尺度'来看待世界。"①因而,物质生产系统通常被排除在狭义的文化概念之外,因为物质生产系统归根到底并不取决于人主观上如何改造世界,而是必须依据客观规律和科学精神来调整自己以适应自然世界,维持生存和延续。但科学的产生也是文化的重要部分,物质生产系统不仅包含着人类所创造的各种生产工具,而且也包括了基于人类对物质世界的认知和改造而产生的科学技术等知识内容,据此,我们将物质生产系统也放置到广义的文化系统之中。

　　行为规范系统是人面对社会(世俗)世界,旨在调整社会个体的态度、行为,以保持社会组织的稳定和谐,解决社会成员之间交往困境或社会组织的连结问题的结果。行为规范体系涉及社会个体生存发展的方方面面,体现在言谈举止、待人接物、衣食住行、婚丧嫁娶等各个生活领域,包括种类丰富的规范知识储备和价值行为规范,可分为风俗习惯、伦理道德、制度法规等。行为规范体系可以是自在自发的,也可以是自由自觉和他律他觉的。习惯风俗是自在自发的行为规范,伦理道德属于自由自觉的行为规范,制度法律则是超出自觉自律的"他律他觉"的行为规范。在人类社会的最初阶段,氏族的产生是基于血缘而自在自发地结合在一起,与此同时人类为了获得物质资料,也有意识地聚集在一起。氏族关系的这种双重性,表明了人类社会组织从最初结合在一起时,就必须解决情感归属以及生产合作联结的双重困境。行为规范系统的产生正源于人们之间这种情感归属及生产合作的双重需要。据此人们逐渐形成一定的生产、生活及日常行为规则、风俗、道德、制度、法律等。社会组织所具有的生产合作性和情感归属性的双重性质,决定了行为规范系统的双重

① [德]恩斯特·卡西尔:《人论》,甘阳译,上海译文出版社2013年版,第389页。

性,既有维持社会合作,确保物质生产的顺利进行的作用,又有维系社会成员之间的情感纽带,提供社会成员安身立命的精神家园的作用;既有工具性的一面又有精神超越性的一面。可见,行为规范系统下达物质生产系统,上达超越体验系统。

超越体验系统是直面精神(意义)世界的结果。人在解释或征服自然的过程中总会发觉到自身的渺小和有限,需要在精神世界中超越自我的有限性,达到自我与外在世界的终极平衡。当人面对生老病死、面对广阔无垠的自然,面对生命的偶然,有一种超越有限的冲动,人的意义世界便开始显现。在精神世界里,人克服原子式的个人恐惧,超脱于真假、善恶的领域,朝向对永恒和意义的追问。超越体验系统包括文学、艺术等审美创造,也包括哲学思想和宗教信仰等。李亦园先生将艺术等审美文化与宗教信仰并称为精神文化或表达文化,在此就可以看出审美与宗教的密切相关性。实则宗教与审美具有本质上的同一性,"审美体验与宗教体验虽分属艺术与宗教两个不同的文化领域,二者的根本性质却是相通的。这主要表现在审美体验与宗教体验都是对生命意义的终极追问,共同表达着人们的生命体验。二者的根本相通之处在于它们都是一种'体验'"①。可见审美、哲学、宗教等精神文化都是追寻人生终极意义的基本形态,是人对自身有限性的认识,是对无限的一种追问和求索。据此,笔者将这些要素合称为超越体验系统。

从整体上,我们可以笼统地将文化(如上述的器物文化、制度文化、精神文化)分为可见和不可见的两部分。从广义的文化定义中可以看到,文化大部分都是可直接观察或感受得到的,在可直接观察的文化系统深处还可以发现一些"不可直接观察得到的法则和逻辑存在",这些潜在或隐而不显的法则或逻辑,是用来整合那些可观察的文化的,从而避免文化内部各要素之间的龃龉和冲突,保证了文化体系内部的融贯性和一致性。李亦园认为这些蕴含在

---

① 彭彤:《审美体验与宗教体验》,《四川大学学报(哲学社会科学版)》1998 年第 4 期。

文化之中不可见的法则或逻辑,正如语言具有文法(grammar)一样,文化也有文化的文法(culture grammar),"所谓文化的文法,实际上就是一套价值观念,一套符号系统或意义系统(system of symbols and meanings)"①。他强调这些价值观念、符号系统或意义系统是不可直接观察的、先在的、被谱入的,而且经常是下意识的,无时无刻不在影响、统合着文化个体的行为,使得他们的行为有意义,并且能够为同一文化体系内部的人所认知和了解。质言之,每种文化体系中都有其隐含的一套内在于该文化之中的价值体系,这套价值体系通常是不可目视的但又对人们实际发生着影响,处于该文化的深层之中,是内涵性的存在,属于观念形态,价值观念—规范系统是隐匿在文化中的核心,因此狭义的"文化"即是处于观念形态的价值观念—规范系统。正如学者所言:"就其实质而言,文化属于观念形态,包括文学艺术、伦理道德、宗教信仰、哲学思潮、风俗习惯,是人们的理论世界、价值世界、意义世界。文化就是文化,它不是经济本身,不是政治本身,更不是物质本身,但经济活动、政治制度和被纳入人的活动范围内的自然物质又具有文化的内涵,体现着文化的独特的社会作用。"②

　　现代学者们几乎都或多或少注意并强调了价值在文化的核心作用。殷海光认为,价值是丰富的文化因素凝聚在一起的核心要素。要充分了解一种文化,只有深入地去了解它的价值系统。如果不深入一个文化的价值系统当中,那么即便该文化的事物呈现在我们眼前,我们也只会把它当作在时空中偶然碰在一起的一堆无意义的东西而已。而且,他还认为价值常常藏在目的里面。人往往为实现某一目的而活动,因此也就是为着某一价值的追求而活动。他将价值看作是人的文化的心灵活动之产物。这种文化的心灵活动反过来又延续、丰富或改变文化。一个文化的改变常常反映的是价值的改变,价值的变迁

---

① 参见李亦园:《文化与修养》,九州出版社 2013 年版,第 20—21 页。
② 杨耕:《文化的作用是什么》,《光明日报》2015 年 10 月 14 日。

也常常引起文化的变迁①。总之,在他看来,缺乏价值内涵的文化是没有生命力的僵死之物。复有学者认为"广义的文化创造总是受到价值观的制约,文化本身在某种意义上可以理解为价值理想的对象化及其多样展现"。② 价值观或价值观念作为文化体系的核心,是关于现实世界(已然)与理想境界(应然)之价值意蕴的基本观念的总和规定。易言之,作为文化体系之核心的价值观或价值观念是对客观世界的规范性看法,既涉及对既成事物的价值评价,也包括对应然性价值关系的理想设定。"价值观总是基于人的历史需要,体现人的价值理想,蕴含着一般的价值尺度及评价准则,形成了多样的价值目标及价值取向,并外化为具体的行为规范。"③总而言之,价值可以没有诉诸具体的文化形态或化为实际的文化行为(如某些未被实现的道德理想或宗教天国),但我们不能设想存在无价值蕴含在其中的文化。

与此同时,不仅文化的核心是价值,我们还把包括诸多构成要素在内的文化理解为一套价值观念—规范体系。以马林诺夫斯基为代表的功能主义文化学派认为,文化代表着人满足基本需要和各种次生需要的价值创造和价值体系。所谓基本需要是保证人的有机体得以延续的生理需要,次生需要则是在满足基本生理需要的过程中产生的新的需要。文化正是在不断满足人的各种需要的过程中逐渐构成了一个开放的价值体系。④ 可以说,在马林诺夫斯基看来,文化的合目的性决定了文化是一套价值观念—规范体系。

格尔茨将文化定义为"文化乃是一些由人自己编织的意义之网",与马克斯·韦伯一样,他将人看作是"悬挂在由他们自己编织的意义之网上的动物"⑤,因而认为文化的分析是一种探索意义的阐释性科学,而不是探索规律

---

① 殷海光:《中国文化的展望》,中华书局 2015 年版,第 69—70 页。
② 杨国荣:《善的历程——儒家价值体系研究》,北京大学出版社 2012 年版,第 1 页。
③ 杨国荣:《善的历程——儒家价值体系研究》,北京大学出版社 2012 年版,第 2 页。
④ 参见马林诺夫斯基:《科学的文化理论》,中央民族大学出版社 1999 年版,第 52 页。
⑤ 参见克利福德·格尔茨:《文化的解释》,上海人民出版社 1999 年版,第 5 页。

的实验性科学。在此,文化是由意义组成的网,人生活在文化这个意义之网中,如同蜘蛛悬挂在自己编织的蜘蛛网上。这个比喻可谓形象而贴切,不仅表明文化的复杂交错和包罗一切,而且也表明编织这个文化之网的正是人类自己,蜘蛛依靠此网生存繁衍,人也靠此网发展繁荣。所以,这些"意义之网"的意义,也是相对于人而言的。

在笔者看来,马林诺夫斯基与格尔茨的这两个定义之间有某种相似性,虽然他们分别用价值体系和意义之网来描述文化,但显然,价值和意义在这里是可以互释的,而且意义之网和价值体系在此语境下是两个相似的概念,在此也可以互相置换。如果说文化是一张无所不在的网,是一套囊括万有的体系,那么意义或价值就是这张网的总纲,所谓"纲举而目张",只有深入文化的内核之中理解价值,才能从本质上把握文化。"不同的文化有不同的价值权量和不同的价值取向,所以我们要真正了解各个文化,必须了解作为各自文化精髓的特殊价值系统与次级价值系统。"①

根据以上学者们对文化的阐释,可以看到,尽管文化在现象层面是丰富杂多的,但对文化的全面把握,离不开对价值的把握。"文化是有物质载体的人化的观念世界。文化不是物质,但文化可以有其物质载体;物质不是文化,但物质可以作为文化的载体而具有文化的内涵。"②所以,就其本质而言,文化属于观念形态,是价值和意义,只不过此价值和意义的观念意识可以将对象化的、客观化的活动转化为物质载体,进而被人类感知、体会、理解和接受。在改造自然、社会人际交往过程中进行文化创造,与此同时,文化相应地引导人类社会走向更加文明的状态。基于此,本书在这里也将文化看作是一套价值观念体系,价值是理解文化的枢机。具体而言,文化体系内部各子系统都包含着价值的内容,价值是文化的核心。一般而言,价值是客体或价值对象与主体需要的统一,是客体的外在尺度与主体的内在尺度的统一。同时,价值又是人的

---

① 殷海光:《中国文化的展望》,中华书局 2015 年版,第 74 页。
② 杨耕:《文化的作用是什么》,《光明日报》2015 年 10 月 14 日。

价值,是对人的生存、发展和完善的合目的性。

二、文化的特征

文化在定义上的分歧或多元局面,本质上是由于文化特征的多元性造成的。每一种关于文化的定义也都或多或少地把握到了文化所具有的某些特点,文化特征的多元性,造成了我们对文化概念的多元理解。根据以往的研究,我们可以将文化的总体特征概括如下:

1. 文化的人为性和习得性

通常情况下,要从整体上把握一个概念,找它的反义词是比较有效的办法。假如我们能够为文化找一个反义词的话,那么最合适的恐怕就是自然。文化是人为的,意味着文化的超自然性,文化是人面对自然的结果,是对自然的超越。如果文化不能成功地处理人面临的基本问题,就不可能持续存在下去。人从自然状态走向文化状态也就是从无序走向有序,从自在走向自觉的过程。文化的出现,使人类从蒙昧走向自觉,从一个自然的存在成为价值的存在。"一个种的整体特性、种的类特性就在于生命活动的性质,而自由的有意识的活动恰恰就是人的类特性。"①文化是人的"自由的有意识的活动"的产物。"文化具有人为的性质,它是人的类本质活动的对象化。"②像所有动物一样,人类必须不断地面对他所在的自然环境,必须处理生存和发展的问题,文化就是在这样的过程中,人类不断超越自然的限制,发挥其主观能动性的产物,文化使人类更自如地处理自身所面对的问题。在这个意义上,文化具有内在的自由性和创新性。因而卡西尔认为"作为一个整体的人类文化,可以被

---

① 《马克思恩格斯文集》第 1 卷,人民出版社 2009 年版,第 162 页。
② 衣俊卿:《文化哲学十五讲》,北京大学出版社 2004 年版,第 15 页。

称作人不断解放自身的历程"。①

同时这也决定了文化必然是习得的。既然文化是人为的,那么自然就与先天的遗传因素相对照,是人通过后天的学习和训练习得的,而不是通过生物遗传的。美国学者拉尔夫·林顿(Ralph Linton)将文化称为人的"社会遗传"。除了先天的生物性遗传因素外,人的所有类特征都被其所在的文化和传统所塑造,每个人类社会都要面对自己所在的传统,每一个社会个体一出生也都面临着既成的文化事实。因而濡化(enculturation)是一个必然的过程。所谓濡化就是文化从一代人传递到下一代,以及社会个体习得自己的文化并成为其社会成员的过程。濡化使得不同文化的人们在文化习俗所规定的时间、场合,以合适的方式行为,并学会恰如其分地满足自己的生物需要。人类在文化上的差异并非因需要的不同而产生,而是每一种文化都以自己独特的方式决定这些需要将如何得到满足。在此意义上我们也可以说,文化是人的第二天性,文化在演变和传承中成了人的第二自然性、第二天性。但并非所有习得的行为都可以成为文化,有些动物可能会学会某些技巧,但这种行为是重复训练条件反射的结果,而非濡化的结果。在一些灵长类动物中也存在某些"文化"行为,存在惯例行为的有限的社会传播,如有学者发现,在日本的幸岛(Koshima)上,一只青年雌性短尾猿最先开始了将马铃薯带到河边洗掉泥土的习惯,他的母亲和同伴观察并模仿了它的行为,不到十年,洗马铃薯变成这个群体的一个惯例。② 人类文化与人猿文化的区别是,人类文化要比人猿文化复杂得多,根本上在于"人类独有的再生产和积累文化知识的能力"③,即积累创新的能力。这也是文化之所以是人为的最终原因。

---

① ［德］恩斯特·卡西尔:《人论》,甘阳译,译林出版社2004年版,第389页。

② 参见［美］赵志裕、康萤仪:《文化社会心理学》,刘爽译,方文校,中国人民大学出版社2011年版,第55页。

③ ［美］赵志裕、康萤仪:《文化社会心理学》,刘爽译,方文校,中国人民大学出版社2011年版,第58页。

但从文化的起源来讲,文化并非是人随意而为的结果,任何文化的创设都要建立在某种给定的自然之基上,都必须首先从顺应人的生物逻辑出发。例如,社会性别(gender)的文化建构就建立在男女的生物学差异之上。如我们看到的,在任何人类社会中,都有男女角色的某种区别。这源于这样的一个事实:"女性生孩子,男性不生孩子,而且男性和女性生殖解剖和生理机能有明显差异。任何文化所做的是,通过说明差异并指明对它们将要做什么来对这些差异赋予意义。"①社会性别对男女提出了不同的角色要求,男女的角色区分(且不管这种区分是否合理),建立在男女的生理差异这个事实之上,性别(sex)是生物性的、事实的,而社会性别(gender)则是后天的、文化的。因此,尽管性别是生物上决定的,但是性别认同或社会性别是从文化方面建构的,性别认同或社会性别是文化加诸生物基础上的解释和意义。与性别相同,基于年龄上的差别也会有文化的差别。在任何社会,对儿童和成人的行为有不同的文化要求,例如,几乎没有一种文化要求儿童像成人一样行为。所以,尽管年龄的差异是"自然"的,但文化会对人的生命周期这种生物性赋予不同的文化意义。

这就说明自然对文化的影响不仅存在,而且文化差异是对自然差异的某种反馈和适应,不同的文化会对同样的自然差异做出不同的解释,赋予其不同的意义。同时,文化的差异一旦确立起来就具有一定程度的持续性和稳定性。"每一种文化还指明了因这些差异造成的各种人群应当怎样相互适应,应当怎样同世界整体相适应。因为每一种文化都以自己的方式这样做,所以一个社会就与另一个社会有极大的差别。"②这便是文化的多样性的来源之一。长期的自然选择过程提供给了人类有益的生理和心理特点,文化产生之后,自然

①　[美]康拉德·菲利普·科塔克:《文化人类学》,周云水译,中国人民大学出版社 2012 年版,第 37 页。

②　[美]康拉德·菲利普·科塔克:《文化人类学》,周云水译,中国人民大学出版社 2012 年版,第 37 页。

对人的影响逐渐减少,人类越来越多地依赖文化的调适。文化的不断生发,使人们能够借助文化来面对自然环境,处理人类社会的矛盾。通过文化,人类保证了生存也促进了发展。

2. 文化的普遍性和共享性

文化一定是属于一定群体的文化,而非个体的文化,是得到一定范围内的共同理解和认可的知识、规则以及共同遵循的行为与生活方式,是共识的凝聚,体现了群体的共同选择。许多学者在谈论文化时都强调了文化的这个特点。"文化具有群体性,它是历史积淀下来的被群体所共同遵循或认可的共同的行为模式。"①"文化是一套共享的理想、价值和行为准则。"②这种共同性,使得个体的行为能够为其他社会成员所理解,并且赋予他们的生活以意义。因为文化的共享性,使得人们能预见到其他人在特定处境中最倾向于如何行为,以及如何做出反应。个体固然有选择其文化的相对自由,但个体文化的选择总是会受到社会群体文化的制约和影响。因为一种文化总是基于相似的自然地理环境和与一定群体的共同的生存、生活需要的相一致,最重要的是,如我们前面所言,与人的生物逻辑相一致。因此,"文化知识是共享的知识,而不是个人的知识。文化知识广泛地体现在各种文化外部载体中"。③ 不被一定群体所共享的知识很难称其为文化,文化总是既作为一定群体的知识被共同实践,也作为群体的经验被集体传承。当然,由于不同的自然和社会历史条件,一个群体内会存在着文化的多样性和差异性,文化呈现出层次性和区域性。如有学者将一个群体内的文化划分为雅文化与俗文化、主文化和亚文化等,这种划分得到了大部分文化研究者的认同。可见,即便是一定群体内的

---

① 衣俊卿:《文化哲学十五讲》,北京大学出版社 2004 年版,第 17 页。
② [美]康拉德·菲利普·科塔克:《文化人类学》,周云水译,中国人民大学出版社 2012 年版,第 36 页。
③ [美]赵志裕、康萤仪:《文化社会心理学》,刘爽译,方文校,中国人民大学出版社 2011 年版,第 20 页。

文化也存在或大或小的差异,但不可否认,这些同一文化内部的支流依然都符合群体的共享性特点,它们对应着不同需要的群体,区别在于这些群体的规模大小。

3. 文化的符号性和可喻性

所有的文化都具有符号性,文化的起源和发展都以符号为基础。符号(symbol)是用来代表某种事物或表达某种意义的标记或记号,通常能够约定俗成地替代某种事物或表达某种特定的含义。对文化而言,最重要的符号是语言文字。借助语言文字,人们能够从累积的、共享的经验中学习、传承。例如,我们经常通过语言文字来传达道德规范和道德训诫。此外,还有非语言符号系统(体势符号、实物符号、艺术符号等)综合符号系统(电影、电视、多媒体和网络等)。符号是人类运用抽象思维的结果,人类通过创造和使用符号来认知和把握世界,也借助符号接受、传递、创造信息,从而使自己生活在由符号信息构筑的"虚拟世界"之中。符号使人超越了低级动物的感觉性思维,而朝向抽象的概念化思维,世界因此而秩序化、意义化。相比动物而言,"人不再生活在一个单纯的物理宇宙中,而是生活在一个符号宇宙之中"。[①] 文化是由各种符号构成的意义之网,符号是文化的载体,也是意义的媒介。人类不再以本能来直接适应实在世界,而是生活在文化符号编织的理想世界之中。在此意义上,卡西尔也将人定义为"符号的动物"。以符号为基础,这是文化的显性特点,每种文化都有其特有的符号系统,与其他文化呈现出显著不同。我们分辨文化之间的差异也常常以符号为基础。

4. 文化的整合性和互动性

文化的各个不同部分表面上是分离的,但实际上都是以整体的方式运行,

---

① [德]恩斯特·卡西尔:《人论》,甘阳译,译林出版社 2004 年版,第 43 页。

协调发挥作用。文化中一个部分的变化会影响到其他部分,这就是文化的系统性和整合性。有学者认为文化也像一架机器一样,整体上所有零部件都必须是相容的和互补的,否则它就不会顺利运转。正如如果将柴油燃料注入靠汽油运转的汽车里,汽车就不能正常运转一样,因为系统的这一部分不能与其他部分相容。"从某种程度上说,这也适用于所有文化。"①如果文化的各个部分是合理地黏合的,那么,文化就会顺利地运转,更好地满足该文化群体的需要。而如果文化中有一部分因外因的影响而改变,在文化内部作为一个整体其各因素之间就会产生相互作用,以抵抗这种外因的作用,并试图使其恢复到受影响之前的状况。如果不能恢复,那么文化变迁就会发生,该群体的文化各部分也要作出相应的调整,以适应变迁了的文化整体,以继续满足文化成员的需要。这意味着文化是一个系统,其内部各要素之间是相互啮合的整体,龃龉一旦发生,文化便不能从整体上发挥作用。这个特征也决定了文化的民族性和时代性。各个民族之间的文化呈现出多样性,乃至于文化的各个不同部分的差异所导致的文化在整体上的不同气质。同一文化在不同时期也呈现出整体上的不同,原因就在于某些部分受到了外因的影响,而使得文化从整体上发生变迁。

三、文化的教化功能

文化的如上特征,也影响和决定着文化的功能作用。卡西尔认为:"人类文化的不同形式并不是靠它们本性上的统一性,而是靠他们基本任务的一致性而结合在一起的。"②基本任务就是文化的功能。功能是相对于主客体而言的,人既是文化的主体,也是文化的客体。文化的功能就是文化对人的作用。

---

① 参见[美]康拉德·菲利普·科塔克:《文化人类学》,周云水译,中国人民大学出版社2012年版,第45页。

② [德]恩斯特·卡西尔:《人论》,上海译文出版社2004年版,第380页。

任何文化的创造都是基于一定的目的和需要,文化是人为的这一本质特征就决定了文化的合目的性,否则,任何一种文化都是没有办法存在并延续下来的。离开了人的需要,离开了合目的性的价值,文化就变成了不可理解的东西。马林诺夫斯基将文化视为一个互相关联的文化要素构成的有机体,"文化根本上是一种'手段性的现实',为满足人类需要而存在,其所取的方式却远胜于一切对于环境的直接适应"。① 文化是人的本质的延续,是人发明出来的一种面对世界的特殊方式,文化的总体功能都是直接或间接来满足社会基本需要的。基于此,文化的功能即文化满足主体的目的方面的价值和作用。作为观念形态的文化具有以下几个主要功能:

1. 认知解释和文明传承功能

人是用文化符号来解释并认知世界的,同时通过这些文化符号的代代传递,人类也完成了文明的累积和文化的传承。人类的恐惧大都源于未知和不解,文化让人获得认知上的安全感。文化通过不断累积,推进了人们对自然和人类社会的知识,满足人们的求知欲,减少了关于世界的不确定性,缓解了人类面对未知的恐慌。与此同时,文化又提高了人们的认知能力,启迪人类的智慧,指导人们在实践中不断完善思维方式,改造自然、推进文明进程,使人类成为更智慧、对自己命运更具掌控力的存在。在这个过程中,人在文明累积和文化传承的过程中自觉不自觉地完成了对自身的启蒙和教化,使得人类的文化成果得以存续和发展。

2. 规范塑造功能

文化的规范塑造功能将"自然人"塑造为真正意义上的"文化人"。身处于一定文化之中的人,一出生就必须面对和掌握其语言文字和生活方式,面对

---

① [英]马林诺夫斯基:《文化论》,费孝通等译,中国民间文艺出版社 1987 年版,第 90 页。

和适应自身传统中的那些社会准则和生活模式,接受该文化群体在观念上达成的一致或共识,实践其行为模式和习俗惯例。社会文化个体必须按照这些具有共识性的既定价值规范处理和调整自身与自然、自身与群体,甚至身心的关系,使这些基本关系达成一种平衡,而不至于产生激烈的冲突和龃龉,才能获得良好认同的生存和发展。

3. 认同凝聚功能

文化具有一种吸引力、向心力、感召力,能够使同一文化背景的人产生价值共识,从而相互认同,凝聚在一起,应对共同面临的威胁和困境。对于参与到文化中的个体而言有一种归属感和依存感,以克服其存在性恐惧。同时文化为个体提供了自我实现的多层次价值选择,从而使个体在文化共同体中感受到人生的意义感、价值感。文化持续不断地为人们提供着关于是与非、善与恶、美与丑等社会标准,通过教育而不断内化为社会个体的是非感、羞耻感、正义感、责任感、审美感等价值感受,从而提高人们的道德情操、认识水平和审美境界,凝聚社会的共识力量。共同的价值观和信仰是文化之凝聚功能的来源。

这些功能一言以蔽之都可以被称为"人文化成"的教化功能,这也是文化最重要的也是最本质的功能。这与文化的价值本质息息相关。文化是一种有机的系统,其灵魂或稳定的遗传密码就是价值信仰系统。如前所述,文化显性层面是工具、认知系统,是文化最外围的表征。而其深层结构则是包括价值观念在内的价值信仰系统。在工具、认知层面,有先进落后之分,但从价值信仰的观念层面来看却不然,并非越后来越先进。价值观念是文化最为稳定的部分,也是一个文化的遗传密码。狭义的文化概念与上述"文化"一词在词源意义上是贯通一致的。而且,特别需要指出的是,我们所谈论的文化语境和文化主体都是中国文化,在此,文化的主体性是"中国",也因而,"文化"中国古典意蕴也是我们所要阐述的狭义文化观念的主体性源头。

"刚柔交错,天文也;文明以止,人文也。观乎天文,以察时变,

观乎人文,以化成天下。"(《周易·贲卦·象传》)

《周易》中的"人文"之意即在于"化成天下"。此处所谓人文即是人伦社会中的规律和道理秩序,这些规律、道理和人伦秩序可以使人们文明化,进而使其行为止其所当止,行其所当行。正是"人文化成"这一原初性界定,使得文化概念从一开始便与人文教化和德性养成息息相关,"文化即人化"这一现代性命题已初步蕴含在其原始意义之中了。因此,有学者将文化概念在中国的古典生成概括为三个层次:一是"文"与"化"初次联姻出现在一个语境之中,形成"人文化成"之意;二是"文"与"武"(武力征服)相对而生成"文德教化"之意;三则是"文"与"化"正式合为文化一词。① 在文化意蕴的古典生成过程中,德性教化特征愈趋明显,"文德教化"即以"文"为内容,以"教"为手段,以"化"为过程,以"德"为目的。文化所强调和指向的皆是道德感化、道德涵化和道德教化的核心本质。这种理解构成了中国语境中文化的真义,也从根本上将文化指向以伦理道德为核心的价值观念—规范系统。

换言之,我们可以说文化的本质就是人发明出来自己教化自己的价值规范系统。虽然如此,但文化的功能不仅体现于精神世界与观念世界中,它作为一个价值规范系统,内化于人类的政治、经济与社会活动的各个领域。以至于日常生活中,方方面面都被赋予一定的文化内涵,体现着文化的价值。发挥着文化独特的日用而不知的教化功能。文化的中国古典含义正在"观乎天文,以察时变;观乎人文,以化成天下",通过对个人和社会的人文教化,从而实现塑造个体、引导社会的功能。

四、中国传统文化是一种伦理型文化

文化虽然并不乏共享性和共通性,文化的这部分也被文化学者称为文明

---

① 黄有东:《"人文化成":"文化"的中国古典意义》,《现代哲学》2017 年第 4 期。

（与文化相对）。文明是全世界共享的文化部分，包括物质生产和技术创造以及部分价值观念在内。前者如工业文明、市场经济等现代文明成果，后者如自由、平等、法治等现代价值观念，这些都可以被看作是人类集体文明的智慧，这些智慧或是在各个不同文明传统中不约而同发展出来的文化成果，抑或是在文明发展中经过彼此交流融通催化而产生的。

自近代中西文化对撞以来，中华文化经历了汇通中西的过程，吸收了西方工业革命和启蒙运动以来的物质、精神文明成果。立足现实走向未来，归根究底，中华文化需要面对的是自身文化特殊性的问题，是对自身文化发展路径的自觉和创新，这是在共享包括西方文明在内的人类一切优秀文化成果之外所需着力思考的问题。当代文化竞合的事实已经证明，没有自身文化的根基，没有自身的价值方向，文化最终就会沦为其他文明的"殖民地"，进而文化就会失去自身的发展方向，不仅会重蹈西方文化所谓现代性及后现代性危机，更重要的是丧失中华文化在当代的现实性和可能性，最终也会影响到中华文化的未来。

在此我们首先需要直面的是"中国文化是什么样的文化"这一理论和现实问题。中国特色社会主义文化应该包含着中国古代传统文化和近现代以来的革命文化传统，以及当代新文化传统。作为传统美德母体的中国古代传统文化是本课题首先需要从理论上加以阐释和厘清的。

文化的核心是以伦理道德为核心的价值观念—规范系统，如果说这个结论作为一般性结论过于武断的话，那么至少在中国文化语境中，这个结论就并不突兀，中华文化特点是"伦理型文化"或"德性主义文化"，其核心是伦理道德。这种观点得到了众多学者的广泛认同，也使我们更加清楚地认识到了中国文化自身独特的规定性。

1. 重视伦理关系并"以伦理组织社会"

古代的宗法制度构成中国传统社会的主要基础。不同于西方中世纪和印度种姓制度下的等级社会,宗法制虽亦有等级的划分,但并未形成像古代印度或欧洲中世纪的森严等级,社会组织主要是依据父子、君臣、夫妇宗法纲常原则而建立起来的。在以农业为主的自然经济条件下,家庭构成宗族,宗族构成社会,形成家国同构的社会结构,宗法社会奠定了国家的基石。以"亲亲"为核心原则而构成的血缘伦理关系在自然经济条件的长期发展中成为既高效又平稳的社会组织方式,且在漫长的社会发展中演化为成熟的文化类型。在以"亲亲"为特征的宗法社会下,以家庭为核心的伦理关系的发达构成伦理社会。家庭固然是人类各个文明的公约数和普世要素,但在不同文明体系中,家庭所处的地位并不一样。在宗法血缘的伦理社会中,家庭具有本体性和终极性的意义。个人与社会、个人与国家的关系都汇聚到家庭,体现为家庭与国家的关系,家庭成为诸种关系的扭结,在此家国同构的特征中,家庭与国家构成同等重要的伦理实体。梁漱溟先生认为中国人因缺乏集团生活,因而家庭关系就自然特别显著。与注重团体生活的西方社会不同,中国人从家庭关系推广发挥,以伦理组织社会,从而消融了个人与团体这两个极端。这种社会组织状况被他称为"伦理本位"。[1] 所谓"伦理本位"是指在处理社会与个人的相互关系上,不同于将重点放在个人上的"个人本位",也不同于狭隘的"家族本位",而是强调了社会的关系属性。梁氏认为:"人生实存于各种关系之上。此种种关系,即是种种伦理。伦者,伦偶,正指人们彼此之相与。相与之间,关系逐生。"[2]人从一生下来便有父母兄弟,这是伦理关系中最基本的关系,"伦理始于家庭,而不止于家庭",到了社会又会有师长、雇佣关系、君臣官民、乡邻朋友关系等。伦理关系是不断扩展的,一切相与之人、关系所在之处,皆是伦理。"伦理关系,即是情谊关系,亦即是其相互间的一种义务关系。"[3]伦理之"理"是情与义。因而,可以说"以伦理组织社会"就是将家庭关系推广发

---

① 梁漱溟:《中国文化要义》,上海人民出版社 2005 年版,第 72 页。
② 梁漱溟:《中国文化要义》,上海人民出版社 2005 年版,第 72 页。
③ 梁漱溟:《中国文化要义》,上海人民出版社 2005 年版,第 72 页。

挥,情与义构成组织社会的主导原则。"举整个社会各种关系而一概家庭化之,务使其情益亲,其义益重。"在伦理组织的社会中,每一个人都身处于多重伦理关系之中且各负有其相应的多重义务;同时,与其有伦理关系之人,也都各对他人负有义务。"全社会之人,不期而辗转互相连锁起来,无形中成为一种组织。"①

在传统中国社会中不存在纯粹的集团与个体,更不存在西方意义上所谓两者的紧张对抗,其关键在于"以伦理组织社会"的机制中,集团和个体都消弭在家庭之中,集团是家庭的扩大,而个体属于家庭的一分子而不具有绝对的独立性。在这种"家"的伦理组织原则只能够产生个体的伦理道德义务,而绝难出现权利思想的土壤,难怪有学者惊呼,"权利、自由这类概念,不但是中国人心目中从来所没有的,并且是至今看了不得其解的"②。也因此,伦理关系中,"权利优先"的个体主义让位于"义务本位"。以"义务为本位"并非毫无"权利"概念,所不同的是,在西方,权利"是由自己说出",而在中国,权利则是由"对方给予"。如在中国子女享受父母养育被认为是天经地义的事情。在西方,子女则会将这种养育理解为"这是我的权利",而在中国,则变为由父母对子女说"我应当养活你们到长大"。梁漱溟认为,与个体本位相较,中国式的伦理思维更加具有人情味,听上去更"顺耳""更合味道"。在中国的伦理社会中,所倡导的是不以权利相责,而以义务相负的伦理关系形式,"各人尽自己义务为先;权利则待对方赋予,莫自己主张"。不仅如此,"而就在彼此各尽义务之时,彼此权利自在其中;并没有漏掉,亦没有迟延。事实不改,而精神却变了"。③ 足见,以义务为本位的伦理关系并没有因为尊重对方而牺牲自己,只是秉持着"各人尽自己义务为先;权利则待对方赋予"的"礼尚往来"精神,在尽"义务"的道德实践过程中,暂时忽略权利,而"权利"也会随之实现,换言

① 梁漱溟:《中国文化要义》,上海人民出版社 2005 年版,第 73 页。
② 梁漱溟:《中国文化要义》,上海人民出版社 2005 年版,第 18 页。
③ 梁漱溟:《中国文化要义》,上海人民出版社 2005 年版,第 83 页。

之,"权利"只是一种必然的结果,而非所刻意寻求的目标。以关系与伦理为本位,必然互以对方为重,因此,自然产生了很强的义务意识而鲜有权利诉求,这种以伦理组织社会的伦理本位的中国文化,必然是一种道义论的文化,也塑造了国人强烈的自然义务感。"以天下为己任""天下为公""博施于民而能济众""先天下之忧而忧,后天下之乐而乐""为天地立心,为生民立命,为往世继绝学,为万世开太平"等责任担当意识都是这种文化所塑造的。

2. 伦理道德构成中国文化精神的核心

人类学家曾反复征引罗素的一句话:"人类自古以来就面临着三种敌人:自然、他人与自己。"人类学家相信,因为人类要克服这三种敌人,因而相应产生了三种不同类别的文化,这三种文化分别是"技术文化""伦理文化"与"表达文化"。[1] 世界上不同类型的民族,都同时具有这三种文化类型,不同在于,不同民族具有不同的文化偏向。西方文化强调克服自然的"技术文化",而把"伦理文化"、"表达文化"都看作配合"技术文化"的存在;印度文化则强调克服自我心理困境的"表达文化",将其他两种文化都看作配合"表达文化"的存在,因而极端强调了宗教之神圣性,从而使物质和社群都神圣化了。相较而言,中国文化并非不着重"技术"和"表达"的一面,而是把自然与心理的克服方法都看作是发展伦理关系的配合,所强调的是与他人的相处之道,从而以"伦理文化"为整个民族文化的中心,将伦理道德看作是维系社会秩序的精神支柱。因而,其他文化因素都围绕着伦理道德而展开,以伦理道德作为轴心。

在其《中国文化概论》一书中,学者韦政通先生也指出:"在中国文化中,有'一本万殊'的理念,于是坚信一切文化都有一个共同的基础,这基础就是道德。中国传统中讲道德,不像西方人讲道德只限制在人生的范围内,而是弥漫在文化的一切领域。因此,中国的政治理想是'德治',文学理想是'文以载

---

[1]　参见李亦园:《人类的视野》,上海文艺出版社 1996 年版,第 233—234 页。

道'，经济的理想是'不患寡而患不均'，他如教育、法律、也莫不以道德为基础。"①

道德在中华文化系统中的重要作用早在上古神话时期，晚至西周维新中就已确立。神话传说一般被认为是人类文明的童年，希腊神话中的神灵往往是兼具人的恶性和缺点，其所崇尚的是对世界的主宰和掌控，是对生命之力的崇拜，在关于希腊众神的描绘中，在某些方面他们甚至比普通人更堕落、更不道德。而中国神话人物往往是道义的化身，体现了高洁的伦理人格和道德理想，往往被赋予造福苍生、拯救世界的角色定位。与希腊神话中崇尚"力"的神话传统相区别，中国的神话是崇尚"德"的世界。② 在神话中确立的精神底色经由西周"制礼作乐"的文化维新进程，使得德治范型和德性主义制度化、精神化，从而成为中国社会、文化的核心。学者认为西周维新是中国文明转型中最重要的历史事件，是一次影响深远的社会变革，其奠定和塑造了西周以降的社会制度、文化精神的元素与原色，"决定了由原始社会向文明社会转型的'中国道路'……奠定了中国文化作为伦理型文化的原色与基调"③。

如果说由神话传说确立了中国文化精神的底色，西周维新奠定了中国文化的基调，那么以儒家伦理为核心及主轴的先秦轴心意识觉醒则巩固和强化，以致最终构成了中华文化伦理精神的内核。伦理型文化集中体现为"道德气氛特重"的文化特征。

在政治治理层面体现为重视德治主义的政治伦理思维。在伦理型文化中，道德治理比法律治理更重要且更加有效。儒家伦理以"亲亲、仁民、爱物"等人伦关系原则为本位的伦理型建构路径，不仅影响了德治主义的国家治理策略，更重要的是以"礼俗互动"为基础，构筑了日常生活秩序。伦理秩序和道德规则构成人类社会日常运转的基本要素，但所谓"伦理型文化"或以伦理

---

① 韦政通：《中国文化概论》，岳麓书社 2003 年版，第 58 页。
② 参见樊浩：《"我们"的世界缺什么》，《道德与文明》2012 年第 6 期。
③ 樊浩：《"我们"的世界缺什么》，《道德与文明》2012 年第 6 期。

道德为文化的核心,强调的是"文化精髓是讲究人与人之间关系的和谐合理",是"我们以人与人关系的维持作为一切文化活动的主轴或基调"①。也即,在伦理型文化中,人们所追求的价值目标归根到底是伦理性的,以人伦关系的实现为最终目标。

3. "以道德代宗教"是其鲜明特征

任何一种文化,无论古今中外,都是一个其由多种成分或构成要素组成的结构体系。这些要素构成文化的整体,通过这些构成要素形成的结构,文化才能全面发挥作用。陈序经认为,"在最高级的文化里,固可以找出这些成分,在最野蛮的文化里,也可以找出这些成分"。② 剔除其中可能包含的关于文化优劣的价值评判,我们可以将这句颇具启发性的话转化为"在最现代的文化里可以找到这些成分,在最原始的文化里同样也可以找到这些成分"。从共时性而言,文化的基本要素普遍存在于各种各样的文化体系之中,任何一种相对成熟的文化体系都包含这些要素;从历时性而言,尽管任何文化体系都处于变迁之中,但总是存在这些基本要素并且绝少变动。其原因在于无论是简单原始的文化,抑或是复杂发达的文化,"我们面对的都是一个部分由人群、部分由精神构成的庞大装置(apparatus)。人借此应付其所面对的各种具体而实际的难题。这些难题之所以产生,是因为人有一个受制于各种生物需求的躯体,并且他是生活在环境之中"③。可见,在文化功能学派的代表人物马林诺夫斯基看来,所有的文化之所以都有相似的基本构成要素,其原因在于人类的需求在本质上是一致的。在构成人类精神文化的要素中,宗教和道德是不可或缺的成分。这两者无论从理论上还是从现实实践层面而言,都呈现出相互贯通的一面,既有理论上的亲缘性,也有实践层面的替代性。

---

① 李亦园:《人类的视野》,上海文艺出版社 1996 年版,第 233—234 页。
② 陈序经:《文化学概论》,岳麓书社 2010 年版,第 293 页。
③ 马林诺夫斯基:《科学的文化理论》,中央民族大学出版社 1999 年版,第 52—53 页。

在理论层面而言,宗教与道德都是精神文化,以思想观念发挥作用。迪尔凯姆在谈到宗教的本质时说,宗教是一些"观念的总和","这些观念使人超越自我,引导他们从世俗利益中得到解放,去追求在价值和尊严上超越仅仅是为了生存的一种存在方式"。宗教生活的源泉在于"它来自与良知的浸透和对同一套观点的信仰以及工作中的合作关系,来自于每一个人类共同体都会强加于其成员之上的、在道德上激励和激发的影响"。① 天堂所存在的一切,只是人类自己的放大像,"只要人类社会存在,它就会产生出伟大的观念,使人成为它的奴仆"。②

从历时性而言,"人类文化都是以宗教开端,且每以宗教为中心"。③ 道德亦不例外。宗教与道德的关系异常紧密,而且二者的联系并非外在的、肤浅的,而是相互交织联系紧密。人类文化中的宗教大都并非简单地覆盖在道德实体上,同时也并不存在"一种纯粹和孤立的自我满足的理性道德"。迪尔凯姆认为原始人也是有道德的,只不过"不发达社会中的道德与我们的不同。他们道德的特点本质上是宗教性的。"这也意味着"大多数人的重要责任不是一个人对他人的责任,而是他对他的神的责任。主要的义务不是尊敬他的同胞,不是帮助他、协助他,而是完成预先确立的礼拜仪式,给予神他们所应该做的,甚至在需要时为了神的荣光牺牲自己"④。在道德隶属于宗教的原始社会,道德本质上只能是宗教性的,对神的神圣义务优先于人与人之间的道德义务。

尤其是从西方文化中宗教与道德亲缘关系的历史背景来看,迪尔凯姆的

---

① 〔法〕埃米尔·迪尔凯姆:《迪尔凯姆论宗教》,周秋良等译,华夏出版社2000年版,第180页。
② 〔法〕埃米尔·迪尔凯姆:《迪尔凯姆论宗教》,周秋良等译,华夏出版社2000年版,第180页。
③ 梁漱溟:《中国文化要义》,上海人民出版社2005年版,第86页。
④ 〔法〕埃米尔·迪尔凯姆:《迪尔凯姆论宗教》,周秋良等译,华夏出版社2000年版,第189页。

判断不无道理。在西方文化语境中，"一定的道德观念与一定的宗教观念结合在一起以至于达到无法区分的程度"①。"上帝作为宗教生活的中心，也是道德秩序的最重要的保证人。"②而在西方社会祛魅的理性化进程之后，"道德戒律的确立不再是为了上帝的利益，而是为了人的利益。上帝的介入只是为了使其更有效"③。道德已经开始独立于上帝以及其他宗教观念，这里宗教知识确保了道德义务和责任的实现，但已经并非义务和责任所得以确立和形成的基础。

从共时性层面而言，宗教和道德的这种难以区分的紧密联系也意味着，二者之间相互替代的可能性。以中国文化的实践而言，道德不仅在理论上可以代替宗教，并且在现实中的确取代了宗教。梁漱溟先生就明确提出了著名的"以道德代宗教"说。他认为虽然文化的开端都是宗教，中国概莫能外，但是经过周孔教化之后，中国从以宗教为中心转移到周孔教化（道德）上了。认为这个特征正是"中国文明一大异彩"。梁氏从"伦理本位的社会"特质透视"中国文化之特殊"性，从而得出了中国文化中"以道德代宗教""礼乐有宗教之用"等论断。正是由于中国人的家庭伦理生活能够给人以情志方面的安慰勖勉，因而具有教化的作用。梁漱溟认为宗教虽有多种多样，但一切宗教都有两个共同特征。一是"宗教必以对于人的情志方面之安慰勖勉为其事务"，二是"宗教必以对于人的知识方面之超外背反立其根据"。④ 这两种作用在西方社会是由宗教承担的，而在中国是由道德担负的。中国的伦理道德何以能取代宗教并发挥宗教的功用？正是因为有伦理本位的观念及其道德实践。但这并

---

① ［法］埃米尔·迪尔凯姆：《迪尔凯姆论宗教》，周秋良等译，华夏出版社 2000 年版，第 191 页。

② ［法］埃米尔·迪尔凯姆：《迪尔凯姆论宗教》，周秋良等译，华夏出版社 2000 年版，第 191 页。

③ ［法］埃米尔·迪尔凯姆：《迪尔凯姆论宗教》，周秋良等译，华夏出版社 2000 年版，第 190 页。

④ 梁漱溟：《中国文化要义》，上海人民出版社 2005 年版，第 87 页。

不意味着宗教的作用完全由每个人的道德自律所替代,道德要替代宗教还必须依傍礼的力量。道德之能替代宗教全在"礼"的作用。在梁漱溟看来礼有两方面作用,一是礼从社会秩序层面,"安排伦理名分以组织社会";二是在个体道德修养层面,"设为礼乐揖让以涵养理性"。因而,所谓"道德代宗教",实则是"礼乐代宗教"。"在中国代替宗教者,实是周孔之'礼'。不过其归趣,则在使人走上道德之路,恰有别于宗教,因此我们说:中国以道德代宗教。"①道德之能代替宗教而发挥宗教之用,不仅是个体的道德自律本身起作用,而且还有礼俗的社会客观制约作为"依傍",二者共同发挥了组织社会、涵养德性的功能。

梁漱溟认为文化与文化的不同,并不在于外在的工具手段、组织制度和方法技术层面,这些只是从属地位,真正使文化之间相区别的、"居中心而为之主的,是其一种人生态度,是其所有之价值判断"。② 归根到底是是非、好恶、取舍等价值判断的区别,这些区别具体体现在宗教、道德、礼俗、法律等方面或隐或显的不同中。在梁漱溟看来,即便这些人类文化最初都并没有完全与宗教相分离,并且依附于宗教,宗教对这些文化要素具有"统摄凝聚"的作用。但在经过周孔教化之后,中国文化开始与以宗教为中心的文化不同,中国文化的价值判断不出于神的教诫和独断的谕言,而是出于人的理性自省和因应人情之所宜,所谓"非从天降,非从地出,人情而已矣"。宗教文化成了周孔道德教化之礼乐传统的"帮腔"或附属。"儒家没有什么教条给人,有之,便是教人反省自求一条而已。除了信赖人自己的理性,不再信赖其他。"梁漱溟还对比了道德和宗教的根本区别,其认为,道德是理性之事,看重的是个体的自觉自律。而宗教则是信仰之事,取决于教徒是否恪守教规教诫。中国从孔子儒家以来走上了"以道德代宗教之路","这恰恰与宗教之教人舍其自信而信他,弃

---

① 梁漱溟:《中国文化要义》,上海人民出版社 2005 年版,第 86 页。
② 梁漱溟:《中国文化要义》,上海人民出版社 2005 年版,第 87 页。

其自力而靠他力者相反"。① 人自己的理性开始主宰是非善恶的价值判断,显然对于人类而言,这种依赖理性自律的道德比宗教他律相比是更晚近的文化觉醒,也更难以实现,西方社会也不过是在"要有勇气运用自己的理性"的启蒙运动以来才肇始的,就此而言,梁漱溟认为"中国文化是人类文化的早熟"。

可以说,从以道德代宗教的特点也可以看到,与宗教型的神谕文化,将道德付诸信仰和教徒对戒律的恪守不同,伦理型文化从其肇始就以人的道德理性自决和反省自求为特征,但同时,伦理型文化也非仅仅依靠人们各自的道德自决,全然忽视他律规范的意义,相反,伦理型文化舍弃了宗教外在于人的神谕准则,而继承了宗教在组织社会和涵养道德的正向功能,也即重视和依傍"礼"对人的约束,在替代宗教功能中,礼乐起到以伦理整合社会的作用,安排伦理名分,也即以"礼俗"组织社会。与重视团体与个体之集团生活,进而强调公民的地位关系和权利义务不同,中国文化的解决方式是,一方面以天然的血缘伦理关系为依托而建立起来的家族生活,家人父子间的分际关系是软性的,以道德作为调节人伦关系的主要方式。另一方面,又通过礼乐揖让涵养人们的道德理性,将宗教转化为礼乐教化,将道德理性展现在礼乐制度和诗礼教化之中,化解了宗教中与理性相悖的"愚蔽偏执之情"和"强暴冲动之气"。礼乐是儒家价值的具体化,"具体的礼乐,直接作用于身体,作用于血气;人的心理情致随之顿然变化于不觉,而理性乃油然现前,其效最大最神"。② 以祀天祭祖之礼而言,是为了引发"绵永笃旧"的崇高之情,也是为了"使人自尽其心而涵厚其德,务郑重其事而安妥其志"。③ 这些看似宗教性的仪式却并非传达了与宗教同样的价值内核,质言之,并不是真为了向神灵祖先求得什么,而是为了自身心安志妥,以梁漱溟的话来说就是"清明安和"。对设立这些礼乐仪式的意义,荀子早就对其作了理性主义的解读:"卜筮然后决大事,非以为得

---

① 梁漱溟:《中国文化要义》,上海人民出版社 2005 年版,第 95—96 页。
② 梁漱溟:《中国文化要义》,上海人民出版社 2005 年版,第 98 页。
③ 梁漱溟:《中国文化要义》,上海人民出版社 2005 年版,第 101 页。

求也,以文之也。故君子以为文,而百姓以为神。"(《荀子·天论》)这就是以道德代宗教的意义。当然,中国文化的伦理本位特质还可以表现在很多方面,以上三方面是其主要体现,也是本书这里着力分析阐发的重点。

五、价值观—道德建设是当代文化建设的核心

中国文化是伦理型文化,因此,文化自觉和文化自信在某种意义上也可以说是一种伦理文化的自觉与自信。2017 年年初中共中央办公厅、国务院办公厅印发了《关于实施中华优秀传统文化传承发展工程的意见》,其中明确将中华优秀传统文化的"主要内容"概括为三个组成部分:核心思想理念、中华传统美德和中华人文精神。古今中外文明史反复证明,一个社会的基本结构和技术文明可以而且需要变革和转型,但其基本的文化价值精神应该世代传承、与时俱进。中国文化将如此庞大的多民族人群凝聚在一起,并历经千年而仍作为一个完整的文明体系绵延至今,这既是世界文明史的奇迹,也是我们文化自信和文化自觉的根源。诚如梁漱溟先生所言:"中国以偌大民族,偌大地域,各方风土人情之异,语音之多隔交通之不便,所以树立其文化之统一者,自必有为此一民族社会所共信共喻共涵育生息之一精神中心在。惟以此中心,而后文化推广得出,民族生命扩延得久,异族跌入而先后同化不为碍。此中心在别处每为一大宗教者,在这里却谁都知道是周孔教化而非任何一宗教。"①以中华传统美德为核心的价值观念是中华优秀传统文化的主要内容和精神内核,也是当下中国特色社会主义文化建设所需要着力发掘和推进的工作重心。

1.重视价值观在文化中的主导地位

文化是一套价值观念体系,一种文化体系包含了多重的具体价值内容,有

---

① 梁漱溟:《中国文化要义》,上海人民出版社 2005 年版,第 91 页。

其实用价值、认知价值、道德价值、审美价值、宗教价值等,有学者将这些文化所具有的价值统称为"文化价值"①。所谓文化价值是文化在总体上提升、丰富人自身的人性,促进、优化人的生命存在方面所具有的好或善的特质,是人在创造文化的过程中追求和遵循的那种价值。

一方面,人作为一种文化存在,其区别于动物的本质就在于其是一种价值存在。与万物一样,人类作为自然的生物,要服从自然的必然性、规律性。但与其他存在物不同的是,人类除了要服从自然必然性、客观规律以外,始终在追求一个应然的世界、一种自由的境界,这是人的独特性所在。文化首先具有提升和优化人的存在状态的功能和作用,让人的生存体验更加文明、雅致。同时,文化也是对人的存在意义的引导和超越,让人朝向"美善"和"应然"的生活理想迈进,从而具有一种无限上升的意向,为人提供高于或优于既定的、世俗的生活境界和品位。总之,文化的本质是优化、完善、提升人的生命存在的价值,使人"更是人"、"更像人"。反之,如果一种"文化"不对人产生正价值,甚至只具有产生戕害人、消解人、异化人的负价值,那么并不能理所当然地称其为文化,而充其量只能是一种"反文化"。

另一方面,文化的核心议题是价值取向与价值排序。面对形形色色的事情,丰富多样的选择,价值选择便成为第一重要的问题。价值本质上是一种观念取向和行为选择。任何文化系统中,都有一个价值取向和价值排序的问题,价值取向决定文化性质和文明趋势。价值问题贯穿于人类的所有活动之中,人不断在价值评价和价值排序。一个人的需求程度和支付能力,决定了你认为它值不值。换言之,人之主体与社会自然客体间的交互作用产生价值。需求多样性引发对价值多元的追求,价值多元造就了整个价值体系,价值体系起统帅引领作用的部分就是价值观。价值观一经观念和实践的确立就会成为相对稳定的观念趋向和行为定向。由此,就出现了信者恒信,不信者恒不信的观

---

① 参见孙美堂:《文化价值论》,云南人民出版社 2005 年版。

象。在价值观中涉及人生观、道德观的东西,就是核心价值观。核心价值观是一个共同体的灵魂,是维系共同体持存、整合社会秩序的源泉。如果没有判断是非、善恶、真假、美丑的基本评判标准,缺乏指引人们行动和前进的共同理想和实践规范,社会就会陷入无休无止的无序、混乱中。但凡征战频仍、生灵涂炭的时代,都是礼崩乐坏、价值混乱的时代。而价值澄明、同心同德、万众一心必然会促进民族、社会与国家的进步与发展。

2. 文化建设的核心是价值观培育

文化建设是当代中国社会发展阶段的内在需要。《论语·子路》载:"子适卫,冉有仆。子曰:'庶矣哉!'冉有曰:'既庶矣,又何加焉?'曰:'富之。'曰:'既富矣,又何加焉?'曰:'教之。'"国强而后民富,民富而后兴文。这是孔子对社会发展的历史进程所作的深刻总结。"一定的文化(当代观念形态的文化)是一定社会的政治和经济的反映,又给予伟大影响和作用于一定社会的政治和经济。"①政治稳定、经济发展、盛世兴文,这是社会建设自身的规律,同时也是新中国成立后中国社会发展不同阶段的现实写照。文化建设是当前中国社会发展的重要面向,也逐渐在经济政治逐渐平稳后成为中国特色社会主义的核心任务。从党的十六大政治建设、经济建设、文化建设的"三位一体"的初步提出,到党的十八大报告全面落实经济建设、政治建设、文化建设、社会建设、生态文明建设"五位一体总体布局",再到党的十九大报告,明确提出要坚持中国特色社会主义文化发展道路,肩负起新的文化使命,进一步激发全民族文化创新创造活力,建设社会主义文化强国。一方面,种种举措都表明文化建设已被提升到了衡量国家治理水平的中心环节;另一方面也表现出文化建设也是中国特色社会主义发展的内在逻辑要求。

2015 年 11 月 3 日,《中共中央关于制定国民经济和社会发展第十三个五

---

① 《毛泽东选集》第二卷,人民出版社 1991 年版,第 663—664 页。

年规划的建议》正式发布,将文化发展体系建设看作是发展的重点,明确了文化建设的目标理念与发展方式,提出要始终坚持文化建设要以"以文化人"为红线,协同推进社会主义文化建设协调发展,以满足人民群众日益增长的多层次多方面多样化的精神文化需求为目的导向。

首先,需要我们要树立正确的文化自信观。正确的文化自信观,首先是确立"相信文化"信念,即相信文化本身的功能和力量。正如学者所言:"'文化自信'的第一要义并不只是对一种文化或中国文化的自信,而是对文化本身,即对文化力量及其在整个文明体系中地位和意义的'信',是'关于文化的自信'。"①同时正确的文化自信观一方面是要从文化的内在价值来看待文化,走出五四以来传统—现代的对立思维模式,走出文化自卑意识,即片面从所谓民主、科学等西方启蒙运动以来的价值思潮来审视中国文化本身,甚至是直接用效用—功利等工具理性来粗暴地看待和裁决文化及其价值。应该着眼于价值理性的视角,从历史文化发展自身的规律来认识文化本身的内在价值。重新认识到文化是通过价值观念和意义世界来影响和引导人们的行为,认识到其在决定人类社会发展的文明方向和文明程度上起着不可替代的价值。另一方面也应防止文化自大,将自身的文化看作是唯一具有合法性和正当性的文化,以之作为唯一的评判标准去衡量框定其他文化,甚或封闭固守,拒绝外来的所有文化,这些都是与文化自信相悖的。

其次,从根本上讲,价值自信是文化自信的根基,如果没有价值自信,便无从谈起文化自信。文化自信体现为以文化人和价值观培育,更具体地体现为传承、弘扬和发展社会主义核心价值观。核心价值观的继承、弘扬与发展是文化建设与构建的体现。核心价值观建设是文化建设的核心,也是文化自信的集中体现,文化建设的路径既有直接的也有间接的;有短期治标的也有长效治本的,更有硬性和软性之别。但核心价值观建设最终是要实现以文化人的长

---

① 樊浩:《如何才是"文化"自信》,《世界华人文学论坛》2017 年第 1 期。

期目标,注定是以比较间接的、长效的、软性的方式来稳步推进。

最后,社会主义核心价值观从价值理念的层面体现了社会主义文化的本质和内涵,是中国特色社会主义文化的核心和灵魂,影响着个体的思想和行为,也决定着社会的思想观念与价值取向,是社会主义先进文化之所以区别于其他文化的基本特征。

核心价值观建设要求我们从文化系统内部进一步凝聚价值共识,将核心价值作为当前意识形态工作的首要目标;注重从宗教、政治、法律、道德等多个维度阐扬社会主义核心价值的基本内涵,在价值基准的基础上建立多元和合的价值共契;同时注重以各种文化形式涵养培植社会主义核心价值观落地生根,使其真正为人民所信服和遵循。从与其他文化相比较的意义上,注重以文化事业、文化产业等多种形式,以全新的姿态面貌向世人展示中华文明的新形象,展现中华优秀文化中的宝贵精神财富,以积极向上的精神面貌创造性转化和创新性发展。

3. 文化建设要同时重视文化的特殊性和共享性

一方面,弘扬和发展本民族文化,维护文化多样性具有重要的价值。文化人类学认为文化多样性是人类文化存在的基本特征,也是人类文化发展的基本历史事实。一方面,每种文化都起源于不同的自然环境和社会历史条件,其所面对的外部环境具有异质性,因而其所造成的文化现实存在必然大相径庭;另一方面,人类不同的族群其内在的需求结构和欲望理想具有差异性和丰富性,只有通过文化多样性来满足和表达。而且,历史事实证明,文化是对人类面对生存困境而做出的适应性努力,而文化多样性的存在本身使得人类各个不同文化和文明体系之间的交流互鉴、彼此学习成为可能。换言之,正是因为有文化多样性的存在,才使得人类各个族群之间在充满风险和不确定性的自然环境和社会历史变迁中不断互竞互鉴,生存发展至今。我国于 2005 年加入了联合国《文化多样性公约》,公约里重点强调,世界以包容式进行发展,必然允许存在文化多样性。现在，全球文化危机集中体现为强势文化对弱势文化迅速地淘汰和消灭，地方文化传统迅即被全球化的文化浪潮所席卷，中华文化传统和中国文明的特殊性道路需要不断在追溯和挖掘自身文化的价值脉络和自身文化现代性中寻求。所谓"求木之长者，必固其根本；欲流之远者，必浚其泉源"，这是唐代名臣魏徵在《谏太宗十思疏》中的名言，也是今天文化建设所应秉持的基本态度。2014年9月24日，在纪念孔子诞辰2565周年国际学术研讨会暨国际儒学联合会第五届会员大会开幕会上，习近平主席又一次强调："优秀传统文化是一个国家、一个民族传承和发展的根本，如果丢掉了，就割断了精神命脉。"①

在寻求自身文化特殊性的同时，也要致力于拓展中华文化的吸引力和亲和力，寻求普遍和共享的文化价值观念。软实力已明显成为衡量一个国家之国际地位和国际影响力的重要指标。尽管在全球化时代，促进国家经济发展，巩固国防力量，提高人民生活水平等硬实力水平是必要且是首要的，但这并不足以使其自然而然地就成为一个受尊重和受重视的负责任的大国。因此国家的软实力变得至关重要。诸如国家的科教水平，国民的身心素质和文化程度，民族文化是否具备局优越性和先进性，政府的凝聚力和号召力，社会的团结稳定程度，社会风气的良窳，国际社会的道义支持，乃至经济和社会发展的可持续性、国家的后备人才情况，等等，这些都被视为软实力的一部分，质言之，"在全球化时代，要有效维护国家主权，增强国家实力，仅仅依靠经济和军事力量不够，还必须有政治、文化和道义力量"②。

文化之为国家"软实力"，在于其代表了一个国家最核心的价值观念和思想理念，这些价值观念如果足够先进和优越，就能够对其他国家产生自然的吸

---

① 习近平：《在纪念孔子诞辰2565周年国际学术研讨会上的讲话》，人民出版社2014年版，第15页。

② 俞可平：《"中国模式"：经验与鉴戒》，载俞可平主编：《中国模式与"北京共识"——超越"华盛顿共识"》，中国社会科学出版社2006年版。

引力和感召力。不同于硬实力主要体现为外在的经济渗透和军事胁迫,文化软实力主要体现在那些深植于一国之历史,影响至今,且能够塑造本国国民价值认同和文化身份,是核心价值及其制度化、物化文化产品。在此层面,"软实力"主要是指来源于该国历史和现实的价值崇尚及其文化实践所产生的巨大文化魅力,所导致主动服膺,和"远者来近者悦"的价值认同和文化感召。

如"软实力"一词的发明者约瑟夫·奈所言:"当一国的文化中包含了普遍价值观,其政策中推行的也是被他国认同的价值观和利益,那么双方就会建立起一种兼具吸引力和责任感的关系,该国得偿所愿的可能性也会相应大大增加。狭隘的文化和价值观不可能产生软实力。"①西方的民主、自由、人权的核心价值,其成就于几百年资本主义文化的发展,其精神因子甚至可以追溯至古希腊文明和基督教文化传统。由封闭到开放,由农业文明走向工业文明的中国社会,需要在文化变迁的大时代背景下,构建新的与时代背景相适应的核心价值观。一方面,这个核心价值观的建设必须建立于民族文化传统之上;另一方面,中华文明发展至今积累了丰富而深刻的历史生存经验和文化发展密码,也对历史上其他文明体系作出了重要贡献。近代以来中国文化从封闭走向开放,从中西文化的碰撞到中西文化的汇通,当代中国特色社会主义的文明道路,这些文化实践也蕴含着普遍性的价值和意义,会对多元文化并存的文化全球化格局产生正面的启示意义。中华文化本身具有自我存续的自足价值,尽管在近代遭受了短暂的落后和挫折,但并不需要自惭形秽,自愧弗如(在此,需要警惕和防止文化虚无主义和文化自恋主义这两种极端思潮),而是要树立如费孝通先生所言的"各美其美、美人之美、美美与共、天下大同"的文化自觉和和而不同、彼此尊重的文化精神。中华文化是一种伦理本位型的德性主义文化,其核心和精华体现为其深厚的伦理精神和价值观念。这是中华文化的特质,也是它对人类文明的贡献。

---

① ［美］约瑟夫·奈:《软实力》,马娟娟译,中信出版社 2013 年版,第 16 页。

4. 以文化人是文化建设的最终目的

既然价值是文化的内核,我们便可以通过对价值的追问把握到文化的本质。价值滥觞于何处呢? 价值是人的价值,作为一种从应然的立场对主体而作的评价和设定,价值当然是源于人自身,源于不同文化对"人"这个概念的诠释、理解和设定。这个人的概念并非仅仅是具体的、现实的人,而是从现实中抽象而来的"人的理念"。"人的理念是支配我们创造文化的基本力量和内在精神。如果把文化看作一个系统,则人的理念是它的实质和底蕴。"①

这里的"人的理念"是柏拉图意义上的人的"理念"(idea),是从总体上对人的理想范型的描摹和诠释,在本质上,真正的、成熟的文化都建基于"人的理念",所谓人的理念是对包括"人的价值依托何在,人存在的意义是什么""人是什么,人的本质为何""什么使人是其所是,人应该成为什么样"等这些有关人的基本问题的解答。人们依据自己对人的理念的理解和诠释来创造文化,把他们的价值体验和价值追求倾注在自己的文化之中。任何文化都寄寓了诠释者、设计者们对"人是什么"和"人应该如何"等人的理念的深切理解。尽管世界上存在着种类不同、性质不同的多样性文化体系,但作为其核心的价值都建立在对人的理念的不同理解之上。

具体而言,如我们所知,西方基督教文化将"人的理念"视为上帝的子民,人的一生是不断接近上帝的"天路历程"。上帝创造了人,上帝是人的价值依托,人的存在意义都附着在上帝之上。人是一个天生就背负着情欲、嫉妒、贪婪、傲慢等原罪的"戴罪之身",从而,人本质上是一种不完善的存在,在其本性上是残缺不全的,但人可以通过"信仰""爱""希望"去荣耀上帝并获得拯救。人应该生活在对正义、美好的"天国"的神圣信仰中,生活在对众人的爱和对获得拯救的希望中。过信仰的生活,拯救自己的人性,并尽可能地去接近

---

① 孙美堂:《文化价值论》,云南人民出版社 2005 年版,第 42—43 页。

神圣,这是基督教文化对人的理念的看法,于是在道德观上,基督教文化强调"信仰"、"爱"、"希望"等神圣性的价值和德性。

而在中国的儒家文化里,人之为人的根据或使人是其所是的因素与基督教不同。"人的理念"可以被理解为与"人之道"或"人道"的概念相一致。"是以立天之道曰阴与阳,立地之道曰柔与刚,立人之道曰仁与义"(《周易·说卦》)。这里的"人之道"在中国文化里就是对人的理念的诠释。"仁与义"是人之为人的根本,换言之,人之为人的标准在于是否有"仁义"道德,这个标准是通过"华夷之辨""人禽之辨"等观念上的革命确立起来的。华夷之辨是依据"礼仪之大,服章之美"等文明要素,将华夏族与"四夷"区别开来,"人禽之辨"则是将人与其他动物区别开来,而这种区别根本在于有无道德礼义。即便孟子和荀子持有不同的人性论,但在人之为人的本质,即"人之道"的问题上是高度一致的。孟子认为全然利己("杨朱为我")和全然利他("墨子兼爱")都不符合"人之道"("无君无父,是禽兽也")。杨朱的"为我"将人视为自私自利、没有道德意识的个体,墨子的兼爱则没有等差之爱的观念,陷入无原则的滥爱之中,这两种观念在孟子看来都是不符合为人之道的。在荀子那里,人之为人或人区别于草木、水火、禽兽等其他存在的"最为天下贵"之处,在于人有"义"。因而,在中国文化的主流儒家看来,"孝悌也者,其为仁之本与"(《论语·学而》),以"仁"人释人,"人的理念"就是符合"仁义",即有正确的道德观念。可见,相对于西方基督教文化,依据中国文化的价值设定,人的本质被视作世俗性的道德特性。

所以,当我们称基督教文化、中国文化、印度文化时,我们并不仅仅指的是文化的外在形态上的迥异,更重要的是文化价值上的不同,是对人的理念的设定上的不同。创造文化的过程就是按照人的理念来规划、设计的过程。因而文化就其本质而言也被学者们理解为"人化"。质言之,人化,就是按照人的理念去改易、更化事物使之符合人、成就人,实现人的本质。人的理念是价值的来源,价值是人的理念的外化,"人化"则是通过价值对人的理念的确认和落实。

人化有两个基本面向,自然的"人化"和人自身的"人化"。自然的"人化"是向外而化,按照人的标准将自然物从天然、野生的状态转化为符合人的价值需要的状态。知识的积累、物质财富的丰盈、经济的发展,乃至科学技术的进步,人们自由支配自然资源的能力都是向外而化、外在超越的路径。其标准是实用、功利,是对"真"的追求;人自身的"人化",是按照人的标准将人从自然本能、混沌蒙昧的状态转化为文雅美善、开蒙睿智的"文化人"。使人的品德、素质向完美、优雅、崇高的向度跃升,同时也是人的审美趣味和精神风貌向高雅和神圣的向度迈进,是向内而化,内在超越的路径。

因而,文化的核心是价值,文化是一套价值观念体系,这套价值观念体系来源于"人的理念",是关于理想之人的诠释和描摹,文化本质上是依据人的理念而进行的"人化"活动,人化就是用人的理想模型去规范、转化自然和人自身,使人过一种更美善、更合理的生活方式,换言之,就是使之更符合人的理念、更像人的理想存在,更"是其所是"。

第三章　传统美德与社会主义
核心价值观培育

　　核心价值观是一个维系国家和社会良好运行基本要素,是一个国家的价值共识和精神共振。一个稳健而成熟的国家、社会,不仅意味着国土广袤、人民富庶,更重要的是其内部蕴含着巨大的精神向心力和民族凝聚力,这关系到国家、社会前途命运,影响更为持久。核心价值是一种精神,可以守护国家的信仰、社会的信念、人民的信心。"核心价值观,承载着一个民族、一个国家的精神追求,体现着一个社会评判是非曲直的价值标准"①,是一个民族、一个国家最持久、最深层的力量。

　　一个国家、民族,其核心价值观及其凝聚力的形成绝非一朝一夕之事,也绝非圣贤君子或是政治精英们的单方面简单"立法"。相反,历史经验证明,核心价值观必须根植于民族历史的长河之中,是人民群众在具体的历史的奋斗中升华和积淀而来的观念选择和价值凝结;同时核心价值观与当时当下的历史发展潮流相应,更重要的是与本国人民的价值取向和意志选择相契合,质言之,核心价值观必须是汇聚了普遍的精神凝聚和价值共识的观念。这样的核心价值观才是有效的,也最终才能真正成为人民所接纳和践行的价值观。

---

　　① 习近平:《青年要自觉践行社会主义核心价值观——在北京大学师生座谈会上的讲话》,人民出版社 2014 年版,第 8 页。

"一个民族、一个国家的核心价值观必须同这个民族、这个国家的历史文化相契合,同这个民族、这个国家的人民正在进行的奋斗相结合,同这个民族、这个国家需要解决的时代问题相适应。"①这正确指出了培育和弘扬社会主义核心价值观的基本路径和目标,也确立了当代中国核心价值观的两条标准:其一是要同中国历史和传统文化相承接;其二则是要同中国特色社会主义事业相适应,与实践中华民族伟大复兴的中国梦相呼应。

核心价值观归根到底就是一种美德,是当下确立的关于国家、社会和个体的美德,也即是国家、社会和公民能为之奋斗的价值目标和理想坐标。"如果一个民族、一个国家没有共同的核心价值观,莫衷一是,行无依归,那这个民族、这个国家就无法前进。"②每个时代也都有每个时代的价值观念。作为美德的核心价值观是决定中国特色社会主义文化性质和方向的最深层次要素,也是文化软实力的中枢和灵魂。社会主义核心价值观可以说是传统美德的价值旨归和服务宗旨。

一、传统美德的核心内涵及其建构

1. 传统美德的内涵及其价值功能

在古希腊的亚里士多德那里,德性(arete)的含义较广,往往泛指能使事物完美发挥其功能的特性或规定:"一切德性,只要某物以它为德性,它就不但要使该物状况良好,并且要给予该物以优秀的功能。例如眼睛的德性,就不但要使双目明亮,还要让它功能良好(眼睛的德性,就意味着视力敏锐)。马的德性也是这样,它要使马成为一匹良马。"③这样一来,美德就是被看作一种

---

① 《习近平谈治国理政》第一卷,外文出版社 2018 年版,第 229 页。
② 习近平:《青年要自觉践行社会主义核心价值观——在北京大学师生座谈会上的讲话》,人民出版社 2014 年版,第 8 页。
③ 亚里士多德:《尼各马科伦理学》,中国社会科学出版社 1990 年版,第 32 页。

能够提升主体更好地发挥其本质作用的力量。与西方的德性观念相类，"德"在中华文化的语境中，也具备同样的意思，但同时又展现出中华道德文化的特定历史内涵。

伦理道德意义上的"德"的观念开始于周代。随着周对殷商的取而代之，周人开始对商人将所有人事完全诉诸卜筮的"天命"思想产生怀疑，同时也为自身推翻殷商的暴虐统治作出了"汤武革命，顺乎天而应乎人"的政治合法性解释。在此历史背景下，"西周维新"的人文意识达到初步觉醒，开始认为"天命靡常"，"皇天无亲，惟德是辅"，逐渐摆脱了吉凶祸福取决于天定、命运的思想，将主体作用引入超自然的必然性之中，甚至将其看作决定性因素，因而作为人文意识彰显的"德"观念和实践开始出现，也进而将主体从外在强制中解放出来，摆脱了天命绝对主宰的命定论，认为是否受取天命，与道德主体自身是否"敬德保民"息息相关，而与天、神等外力因素关系不大。因而，从"德"之发轫，德就代表着人以主体之力选择自身命运、道路以及精神发展方向的意义。在此语境下，"美德"即"美之德"则意味着对主体而言的善的、美好的价值。归根到底，美德可以被看作是一种"价值选择"或"文化选择"，是在注重价值抉择中人们对美好之国家、社会和人格的理想模型和价值设定。"作为历史过程中的存在，人总是不断地追求自身多方面的完善，德性既表征着人性发展的状况，又在广义上制约着人的发展；既规定着精神的发展方向，又影响着行为的选择。"①德性作为价值抉择，不仅引导着主体的精神方向，更以这种规范的方式约束着主体的行为。"德"，一方面，意味着对天命的绝对必然性的超越，确认了人的自主性和自由抉择的价值；另一方面，又将这种自主性和自由抉择的价值限定在天命的范围内，认为不能违背天命，而要顺乎天命。德性的生成正在于与天命的这种张力。同时，德性的这种规定意味着，美德不仅限于道德主体本身，还包括与主体之德性发展息息相关的社会和国家，后两者

---

① 杨国荣：《道德系统中的德性》，《中国社会科学》2000 年第 3 期。

因为作为主体的力量的延伸,是主体的人格化显现,因而也有与其相对应的人格化的美德属性。总之,对于德性属性的追寻,至少从价值层面上决定着国家成为什么样的国家;社会成为何种类型的社会,个体成为什么样的个体。

如此一来,德性问题也是政治伦理的关键节点,这也从根本上表明了"什么是善"以及"应当如何"(即"善与应当")二者之间存在着内在的一致性。价值观是正确的道德行为和美好品质的价值前提。德性作为"实践—精神"的掌握世界的方式,实际上就是人们"价值地"掌握世界的方式,因此,离开了对善恶正邪的价值判断及人类和社会生活的普遍价值标准、理想与价值目标的探索和追寻,伦理道德也就失去了其价值基础。人们首先是根据价值形态来规定行为的规范和评价的准则。唯有对善与恶有所认定,才能进而形成何者当为、何者不当为的行为规范。正因如此,传统美德自从在先秦时期确立了之后,便在漫长的传统社会塑造了国家、社会和个体的价值观念和精神信仰,不断完善,逐渐成为中华民族共同的"心理积淀",从而确立为国家社会的价值向导和民众日常生活的实践准则。

"中华文明绵延数千年,有其独特的价值体系。中华优秀传统文化已经成为中华民族的基因,植根在中国人内心,潜移默化影响着中国人的思想方式和行为方式。"①这些思想方式和行为方式都可以被看作是传统美德的显现,传统美德既是思想观念层面的,同时也是行为规范层面的。中华传统美德并不是僵死之物,而是在中华民族的历史上存在过并延续至今,在今天仍有其生命力的"美的""善的""鲜活的"价值观念和行为方式的总和。那么,延续至今并且作为中华传统道德中精华部分的传统美德,则自然是中华民族文明演进的精神渊薮。换言之,传统美德是中华民族在其自身的文明演进中所逐渐形成的关于自身内在规定性的基本特质和价值倾向。传统美德是中华文化的活标本,是中国文明道路的精神坐标,同时也是长久以来,国家安定统一,社会

---

① 习近平:《青年要自觉践行社会主义核心价值观——在北京大学师生座谈会上的讲话》,人民出版社2014年版,第7页。

和谐有序,个体心安志笃的价值依托和观念凝结。"牢固的核心价值观,都有其固有的根本。抛弃传统、丢掉根本,就等于割断了自己的精神命脉。"①传统美德正是这样一个需要追溯和维系的精神命脉。传统美德的具体内容也许会随着时代的变迁而不断更替,但其所代表的崇德向善的民族基因和以道德为重的集体意识不会变,这些会不断促使身处其中的道德主体,发展出与时代相适应的道德文化。

2. 国家、社会与个体:传统美德的结构层次

中华传统美德的内容十分广泛,从不同视角可以概括出许许多多的内容。在此,试图对传统美德从国家、社会和个体三个层面作出系统性解读。

正如希腊"四主德"所昭示的德性体系,节制、勇敢、智慧、正义四种德性分别隶属于不同的阶层和德性主体,贯通了个体到社会的德性主轴,组成了古希腊城邦伦理生活的基调和向度。中华传统美德在其价值源头之处也确立了自身的价值取向。

民为邦本的国家美德。《礼记·大学》中强调了国家美德的重要:"道得众则得国,失众则失国。是故君子先慎乎德。有德此有人,有人此有土,有土此有财,有财此有用。"德性是国家的基础,是一切政治运转的基本条件。国家该具备什么样的德性呢?《礼记·礼运》中关于大同社会的论述被历代反复引述:"大道之行也,天下为公,选贤与能,讲信修睦。故人不独亲其亲,不独子其子,使老有所终,壮有所用,幼有所长,矜寡孤独废疾者皆有所养。男有分,女有归。货恶其弃于地也,不必藏于己;力恶其不出于身也,不必为己。是故谋闭而不兴,盗窃乱贼而不作。故外户而不闭,是为大同。"

这段对理想社会的经典描述,成为中国古人对理想社会展开的经典论述,也在随后的历史长河中塑造了中国人在国家层面的价值期待和理想建构。从

---

① 《习近平谈治国理政》第一卷,外文出版社 2018 年版,第 222 页。

秦汉到清末,历代的农民起义都提出"等贵贱""均贫富"等口号,以此为改朝换代的基本诉求。太平天国运动更是明确提出建立"有田同耕,有饭同食,有衣同穿,有钱同使,无处不均匀,无人不饱暖"的理想社会。近代中国,在国难当头之际,中国人民未曾放弃寻求大同社会的方法,在接受了西方文明的影响与冲击,在中西文化的交流与冲突中,给古代的大同理想增添了时代特点,在批判封建专制、资本主义的过程中,转向寻求与开创社会主义、共产主义文化。如康有为以大同之制为蓝本,认为实现大同必须破除国界、级界、种界、形界、家界、产界等"九界","去九界"就必须废君权、兴民权、行立宪。孙中山更是认为"民生主义就是社会主义,又名共产主义,即是大同主义"。① 实际上,对社会主义道路的选择,也从深层次上反映着从精英到大众对大同社会理想的民族文化心理,这种文化心理决定了政治道路的抉择。

质言之,大同理想在两千多年的传统社会中,尤其是在近代的革命风潮中,一直是借以批判社会现实、用于返本开新的重要理论依据和政治思想资源。毋宁说"大同"作为理想社会的蓝本,规定了中国人对国家的政治轮廓的想象和价值认同的基础。"大道之行也,天下为公",意味着"公天下"的政治诉求,政治伦理的基本逻辑是不以任何个人意志或特定集团的意志为导向,而是以公共意志作为衡量的准则。也进而强调民众在国家政治中的主体作用,《尚书》就已提出"民为邦本,本固邦宁","天视自我民视,天听自我民听"等政治命题,这些价值要求奠定了中国政治伦理的价值基准。

"有德此有人,有人此有土,有土此有财,有财此有用。"(《礼记·大学》)

国家的德性在于"有人",或曰"得民心"。尤其是"西周维新"的历史转向,使得人作为政治主体的地位越来越高,人事比神事更重要。孔子提出:

"未能事人,焉能事鬼?"(《论语·先进》)

---

① 《三民主义·民生主义》,载《孙中山全集》第九卷,中华书局1986年版,第335页。

强调人与人的关系重于人与鬼神的关系,认为:

"务民之义,敬鬼神而远之,可谓'知'矣。"(《论语·雍也》)

换言之,即"以人为本"的立国理念。儒家的基本观点是:

"民为贵、社稷次之,君为轻。"(《孟子·尽心下》)

"民之所好好之,民之所恶恶之。"(《礼记·大学》)

因而,在政治治理层面,坚持以人为本的德治模式,重视人的价值的绝对优先性。在此基础上,延伸出处理国家与国家之间关系模式的王霸之辩,在"以德服人"和"以力服人"中坚定地选择王道政治。

守礼尚义的社会美德。与国家美德相应,在以伦理为本位,以群体和谐为导向的社会价值引领下,礼与义成为传统社会的首要美德。

礼首先追求实现一种社会组织方式——称之为礼治或德治。

"道之以政,齐之以刑,民免而无耻。道之以德,齐之以礼,有耻且格。"(《论语·为政》)

礼治作为对法治的重要补充,其最终目的在于实现持续富足安定的社会理想。中国古人早就意识到了法治的局限性:

"法能杀不孝者,而不能为孔、曾之行,法能刑窃盗者而不能使人为伯夷之廉。"(《淮南子·泰族训》)

法治是确保一个社会维持合作的基本保证,其目标是使作奸犯科者得到惩戒以维护社会正义。但一刀切式的硬性标准和冷冰冰的非人化(impersonal)法则,只能发挥其惩戒作用,并不能调动起人们维护它的主观能动性。而且法律也并不能覆盖到一切领域,例如法律无法关注到家庭伦理和个体美德。如果只强调法治,人们将生活在动辄得咎、密不透风的法律网络中,这样最终必将伤害到人们的自由和权利。因而法治归根到底只能是一种消极的、以防范为主的治理方式。同时,礼是社会交往的润滑剂。

"礼尚往来,来而不往,非礼也;往而不来,亦非礼也。"(《礼记·曲礼》)

礼所倡导的平等是礼尚往来的平等,更是卑己而敬人的平等,这种平等短期而言看似有等差,却在主体的互相关切和彼此尊重的长期互动中体现着更深层次意义上的平等。礼注重的是社群利益,强调的是个体义务,正好与现代社会极端重视个人权利的制度设定构成一种平衡。礼侧重的是秩序,但并不反对个人自由。礼是在规则秩序下的自由,是对无条件自由的限制。同时就平等而言,礼所追求的是更高级、更深层次的平等。通过礼来保持社会的良好秩序,通过礼来协调社会关系,社会成员互信、互尊、互爱,实现"礼之用,和为贵"(《论语·学而》)的理想,同时平等、和谐能够维护社会群体的稳定与友善,巩固社会共同体的幸福,是德福一致的体现。

同样,中华文化历来高度重视"义"的公益追求与公理正义。义在社会层面主要是"人民百姓之利",是公共利益以及出于维护公共利益所产生的规则和正义。社会之具备义德就是要"兴天下之利,除天下之害",为此倡导"有力者疾以助人,有财者勉以分人,有道者劝以教人""出入相友,守望相助,疾病相扶持"以及"使老有所终,壮有所用,幼有所长,矜寡孤独废疾者,皆有所养"的社会公益观,反对"富者田连阡陌,贫者无立锥之地"的社会不公现象,强调在博施济众和患难相恤中,社会的每个成员都能各尽其性,各得其所,得其所当得。义不仅是积极性的行善积德、社会公益,而且是公平正义的天下公理和得其应得的社会秩序。"义者,正也……天下有义则治,无义则乱",义的根本在于维护公理公义,因而管子将"礼义廉耻"并举作为国之四维。

君子理想的个体美德。 自古及今有许多被倡导和践行的个体美德要求,但无一不是围绕着君子人格而展开的,君子是中国传统文化的人格凝结。文化人类学中的"文化与人格"学派认为,一个群体的个体在人格中有共同的方面,称之为"基础人格"(basic personality)①,基础人格在一种文化中占据主导

---

① 参见拉尔夫·林顿:《人格的文化背景》,广西师范大学出版社 2006 年版。

地位,是该文化群体中所有成员所共享的人格典范和价值向导。孔子将"君子"从"位"转换为"德",从此君子不再由血统、阶层所界定,而是由修养和品德所定义,"君子"成为有德之人的象征名号,是一个人人可通过后天学习、努力而能达到的人格典范。对个体而言,君子人格不仅意味着去践行忠、孝、仁、义、礼、智、信、恭、宽、敏、惠等儒家道德品质,达到"独善其身"的内圣品格,而且君子必须发挥积极入世的品格,具有社会关怀的自觉和高度的政治责任感,以"兼济天下""博施济众"等价值目标为担当,从"内圣"达到"外王",君子人格是与社会和国家相贯通的理想人格。君子以社会大义和移风易俗为己任,最终以治国、平天下的"大同"理想为依归。因而,仁义礼智信等儒家道德德目在古代不仅是个人道德的基本观念,同时也是社会、国家的基本价值理念。在此也可见,个体、社会、国家美德的区分只有相对的理论意义,在其实践层面,这三个分属于不同主体层面的价值观念共同构成一个完整的核心价值体系。

3. 礼俗互动：传统美德的建构方法

大同理想下的民为邦本的国家美德,以社会和谐为指引的守礼尚义的社会美德,以及君子人格下诸多个体实践美德,系统展现了以儒家伦理为核心的传统美德体系。而传统美德并不是停留在经典文本或士大夫口头上的观念,更在中华文化精神的历史长河中熔炼为中华文化的内在精神结构和价值内核。如此一来,我们就要考察,传统美德如何能成为中华传统核心价值,并且深深植入民众日常实践之中,上升为国家社会的普遍价值追求和理想信念。

传统伦理精神和美德观念的具体化、形式化、实践化,离不开礼的传统。此处,礼特指"制礼作乐""礼俗互动,以礼化俗"的文化实践过程,即通过礼仪化的过程,将形而上的儒家伦理观念、美德体系以非制度化、非法律化的方式内化为人们习以为常的价值观念和行为方式。所谓礼俗,即是以礼化俗,使社会风习遵循礼治的轨道,这是治理社会的方略,也是采自风俗而对民间生活的调适。从这个意义上说,俗是礼之源,礼是俗之纲;俗是礼之表,礼是俗之质。社会精英通过以礼化俗、礼俗互动的过程把观念形态推向下层民众,从而使世俗生活理性化、礼仪化、文明化。中国古代之所以能够成为一个长期统一的社会,正在于社会精英的价值倡导与民间文化的价值认同之间形成了良性互动,使得统治者和精英所倡导的道德价值与民间社会的生活实践相互合拍,从而最大限度地实现价值共识。古代核心价值观念的顺利传播离不开礼俗互动的过程,这个过程包含着互相联系的两个方面:价值观念的世俗化以及人伦日用的伦理化。

一方面,价值观念的世俗化指将上层士大夫文化的价值观念通过教化、行为化、仪式化向民众生活推广,从而成为他们的价值信念与生活方式。

首先,礼来源于人性和人的生活,这是礼能够向民众推广的客观根据。在先秦儒家看来,圣人的制礼作乐,并非圣人的凭空想象,而是有其现实依据。

"饮食男女,人之大欲存焉。"(《礼记·礼运》)

倡导以礼制欲的儒家并非是要彻底灭绝人的欲望和情感,使人无知无欲,而是主张使人情人欲"发而皆中节"。

"夫礼之初,始诸饮食。"(《礼记·礼运》)

礼便是对人的食、色等自然生理欲望的引导和节制。

"礼者,因人之情而为之节文,以为民坊者也。"(《礼记·坊记》)

这一方面说明礼是基于血缘亲情而来的,是对仁爱孝悌之情的引申,对人伦之理的顺应。这是礼之所以产生的价值依据和心理本源。

礼虽然是源自人的天性和其自然情感,但其最终目的却是要将人的性情导向合理的境地,使其

"发乎情,止乎礼义。"(《毛诗序》)

因此,在一定意义上,礼又是对自然人性和人情的修治。

　　"圣人所以治人七情,修十义,讲信修睦,尚辞让,去争夺,舍礼
何以治之?"(《礼记·礼运》)

　　"七情"者,喜怒哀惧爱恶欲;"十义"者,君仁臣忠、父慈子孝、兄良弟悌、夫义妇听、长惠幼顺。以文明之礼来修饰自然本性和质朴情感,使人文明化、道德化,使其行为规范化、礼仪化,从而发挥人文化成的作用。

　　在中国古代,孝悌、忠信、礼义、廉耻等作为统治者和社会精英所倡导的核心价值体系,能够成为民众所遵循和认可的价值原则,正是通过将这些价值观念礼俗化来实现的。具体而言,道德价值是通过"礼"向仪、法、俗等领域渗透,实现道德价值对现实生活的塑造,从而为普通民众和民间社会所接受,并最终融入日常生活,化为人伦日用的实践。在这里,礼是道德的具象化,是价值从理念走向现实,从规范走向实践的不二途径。

　　"故制朝觐之礼,所以明君臣之义也;聘问之礼,所以使诸侯相尊敬也;丧祭之礼,所以明臣子之恩也;乡饮酒礼,所以明长幼之序也;婚姻之礼,所以明男女之别也。"(《礼记·经解》)

　　朝觐之礼、婚礼、葬礼、乡饮酒礼等礼仪的设置正是对孝、悌、忠、信等道德价值的落实,礼仪是对人们行为的模式化、固定化,在模式化和固定化的行为方式中体现伦理精神和核心价值观念。以乡饮酒礼的设置为例,

　　"乡饮酒之义:主人拜迎宾于庠门之外,入,三揖而后至阶,三让而后升,所以致尊让也。盥洗扬觯,所以致洁也。拜至,拜洗,拜受,拜送,拜既,所以致敬也。"(《礼记·乡饮酒义》)

　　乡饮酒礼是每隔三年的正月,乡人聚会招待年高德劭者,其目的是为了让人们在宴饮欢聚之时受到教化,以培养人们尊贤敬老、明长幼之序的社会风尚,进而增强乡党之间的恭敬、谦让之礼,避免争斗、诉讼之心。可见,礼是儒家道德观念与伦理精神落实化为具体可操作的实践方式。正如有学者所言,"仪式是用一套清晰的象征方式,依靠有规律的重复,在人们心里产生暗示的作用。它是把一些共同的观念和规则予以合理化方式,它所形成的观念和规

则,对仪式参与者会有潜移默化的影响。"①

另一方面,人伦日用的伦理化。日常生活承载并体现伦理价值观念,使日常生活不断文明化、礼仪化、风尚化。这是民众在日常生活中服膺并实践传统核心价值观念与行为方式的过程。重视人伦日用是儒学的重要精神特质。如"服食器用的伦理化是中国传统文化结构性的特征"。② 据学者统计,"服"、"食"、"器用"的用词,出现在《论语》和《孟子》中的频率,甚至高于儒家一贯崇奉的"礼"和"德",不能不是儒家高度重视生活价值的反映。"伦理对社会的最大的作用并不在于士大夫的观念阐述,而是在这种观念主导下的生活方式、风俗习惯对民众的影响。"③传统核心价值观的构建和确立过程,是士大夫所倡导的伦理观念不断渗透到日常生活的过程,是衣食住行等生活方式的伦理化。

就穿衣而言,"为人子者,父母存,冠衣不纯素。孤子当室,冠衣不纯采"。(《礼记·曲礼》)就饮食而言,如何排座次、放碗筷、喝汤、吃肉都有具体礼仪要求,"长者未举觯,少者不敢饮。长者赐,少者、贱者不敢辞"(《礼记·曲礼》)。在居住方面,强调通过居住的方位等标志以彰显父尊子卑的家庭伦理:"为人子者,居不主奥,坐不中席,行不中道,立不中门"(《礼记·曲礼》)。即便是对行走坐卧,也有极为细致的规范要求。如儿童行走时要端正,不可蹦跳奔走,"若父母长上有所唤召,却当疾走而前,不可舒缓"(《童蒙须知·语言步趋第二》),以示对尊长的恭敬。不仅如此,在日用器物中往往也含有隐性的价值意蕴,让人们在穿衣吃饭中践行人伦物理。例如,在古代思想家看来,衣服不仅是用来防寒蔽体的,更有通过对材质、款式、花纹等的设定以"表德劝善,别尊卑也"(《白虎通义·衣裳》)的功能。人们不仅从经典文本中接受

---

① 葛兆光:《古代中国文化讲义》,复旦大学出版社 2015 年版,第 30 页。

② 刘志琴:《思想与社会:从生活领域拓展中国思想史的新资源》,《江海学刊》2003 年第 2 期。

③ 刘志琴:《思想与社会:从生活领域拓展中国思想史的新资源》,《江海学刊》2003 年第 2 期。

伦理教化,也从人伦日用的器物中潜移默化地接受伦理观念。所谓"器以别致,然后上下粲然有伦,此礼之大经也。名器既亡,则礼安得独在哉!"(《资治通鉴·卷一·威烈王二十三年》)

日用器物不仅是满足日常生活所需的物质工具,更是体现并实践伦理的手段。日用器物和天理道德相互贯通,即道即器。而"礼之教化也微,其止邪也于未形,使人日徙善远罪而不自知也"。(《礼记·经解》)

这正是人伦日用的伦理化所达成的效果。正是通过这个礼俗互动、化民成俗的文化建构过程,传统美德才成为活的传统,成为中华文化的心理积淀,传统美德构成的各族人民的价值凝聚力和感召力,同时也成为中国文化的绵延不绝的精神力量。

二、"共同理想"的传统文化基因

"富强、民主、文明、和谐、美丽"是我国社会主义现代化建设的目标和社会主义初级阶段的共同理想,也是中国的现代国家形态的理想范型。富强即国家富足强大,是社会主义现代化国家经济建设的应然状态,也是国家繁荣昌盛、人民幸福安康的物质基础。民主是对善治善政的美好诉求,是社会主义的生命,也是创造人民美好幸福生活的政治保障。文明是衡量社会进步与否的重要标志,也是社会主义现代化国家的应有之义,是实现中华民族伟大复兴的重要支撑。和谐则作为中国传统文化的基本价值理念,集中体现了理想社会状态的局面,也是当下中国社会所指的理想目标。美丽则将人与自然的良性互动看作是全面实现社会主义现代化的内在要求。这些现代国家价值也需要囊括古典价值中的合理因素和价值向度,换言之,必须吸收和对接中华古典核心价值,才能充分展示其在现代中国的价值合理性和现实可行性。

1. "富强"是中国梦的首要目标

救亡图存进而实现国家富强是近代以来所有中华儿女最强烈、最普遍的诉求。求富求强曾是晚清洋务运动的第一口号,也是中华民族在当时历史条件下的首要追求目标,也一直是中国现代化的首要目标。直到今天,富强作为社会主义核心价值观,依然是居于首位的国家层面的价值,与其他价值相比具有根本性、基础性和优先性。根本性是指国家的富强与否对国家社会和个人等所有方面都具有决定性和支配性的影响。将富强放在价值排序的第一位是因为富强是一个国家一个民族自立与发展的根基所在,是人民幸福生活的根本保障。没有富裕和强盛,就是无源之水、无本之木,国家和民族作为一个政治实体就没有基本生存力和话语权,人民的生存没有保障,生活没有尊严,其他一切价值都毫无意义。所谓富强价值的基础性是指,富强作为核心价值对其他价值具有建基性,只有在满足了富强这一要求后,才有条件和可能满足其他核心价值的要求,这也是古典政治哲学的经验提炼。所谓

"仓廪实而知礼节,衣食足则知荣辱。"(《管子·牧民》)

作为法家的管子对此早已有深刻的认识。司马迁在总结历史经验时也说道:

"礼生于有而废于无。教君子富,好行其德;小人富,以适其力。渊深而鱼生之,山深而兽往之,人富而仁义附焉。"(《史记·货殖列传》)

东汉王充也同样意识到富足对于民众道德的重要意义,"礼仪之行,在于谷足也"①。

生存和发展是人类社会的第一价值,道德和文明进步建立在这个价值之上。国家与社会的整体面貌和文明发展状况以及人民群众价值取向和人文素

---

① 王充:《论衡·治期》,载黄晖:《论衡校释》,中华书局1990年版,第772页。

质都以国家富强为前提。富强价值的优先性在于中国社会近百年来的目标要求始终要以经济建设为中心,坚持把经济发展和人民利益放在第一位。早在1992年视察南方时,邓小平提出来了"三个有利于"的标准,即把是否有利于发展社会主义社会的生产力,有利于增强社会主义国家的综合国力,有利于提高人民的生活水平,作为对其他核心价值观具有统领引导和最终评价的功能。

富强作为首位的价值是国家这一经济主体的核心价值观。在这里富强有狭义和广义两种理解。狭义的富强就是国富民强,是仅就物质财富等经济意义上的富足强盛。在这个层面,国家富强包含着五个方面的具体内容和价值目标:第一,工业现代化。中国社会科学院发布的《2009工业化蓝皮书》认为,中国将会在2040年彻底实现工业现代化,届时将完成国家的机械工业化体系,成为工业大国。第二,农业现代化。没有农业现代化,国家现代化是不完整、不全面、不牢固的。农业现代化的主体是农业、农民、农村。农业的目标是国家粮食安全得到有效保障,农产品供给体系质量和效率显著提高,国际竞争力进一步增强。农民生活达到全面小康水平,同时美丽宜居的乡村建设也迈上新的台阶。第三,国防现代化。所谓国防现代化是指包括武装力量、人民防空、国防科研、国防工业等以最先进的科技武装国家防御体系的现代化,其核心是建立一支强大的现代化、正规化的人民军队。其具体内容包括国防观念的现代化、军队的现代化、国防科研和国防体系的现代化、国防法规体系和战争动员制度的现代化。① 第四,科技现代化。当今时代,硬实力的较量往往是科技实力的较量,科技从根本上决定着一个国家的国际经济地位和政治地位。第五,人民的共同富裕。共同富裕不是空洞的政治口号,而是社会主义经济制度的基本要求和价值目标,两极分化从根本上背离了富强的社会主义核心价值观。共同富裕事实上不是一刀切地平均分配财富,而是在尊重劳动差异基础上的包含着适度贫富差异的共同富裕。"富强中的共同富裕内含着更尊重

---

① 参见王明生主编:《社会主义核心价值观·富强篇》,江苏人民出版社2015年版,第33页。

人权、更人道和更公正进而也是更文明的分配规则,即基本权利绝对平等和非基本权利等比例平等。"①

但显然,广义而言,富强既包括经济上的富裕,也包括国家硬实力和软实力上的强大。因此自然也包括精神的富足强大。如此一来,"富强"作为一种国家的核心价值观,特别是作为文明大国的中国而言,又具备了不同的意义。不但是吸收了近代寻求富强的弱国心态,更是当下文化自信下对中国特色社会主义所寻求的富强的重新理解。此富强,对内而言不是国富民贫或两极分化的表面意义上的富强,对外而言也不是西方霸权主义的霸凌富强观,是对"国强必霸"逻辑的超越和扬弃。钱穆先生曾将奠基在农业文化基础上的中华文化与奠基在游牧商业文化基础上的西方文化作了对比。将游牧商业文化看作是趋向"富强性"的文化,其倾向于向外征服的外倾型,特点是"富而不足,强而不安",相较而言,农业类型的文化则是"足而不富,安而不强"。因此,这两类文化在文化精神上是不同的,外倾型文化将其文化精神寄托在向外征服上,内倾型文化的文化精神则寄托在自安自足上,但内倾型文化"就理论讲,其观念似较圆满,但在实践上,和平而陷于软弱,要守守不住,要定定不下,远景虽美,抵不住当前的横风暴雨"。② 对于何者才是真正的强,孔子在《中庸》作了回答:"子路问强。子曰:'南方之强与? 北方之强与? 抑而强与? 宽柔以教,不报无道,南方之强也,君子居之。衽金革,死而不厌,北方之强也,而强者居之。故君子和而不流,强哉矫! 中立而不倚,强哉矫! 国有道,不变塞焉,强哉矫! 国无道,至死不变,强哉矫!'"与人的强大相类,一个国家的富强亦是如此。国家的强大不是外倾型的霸道模式,不是穷兵黩武争强好胜式的"北方之强",将自己的价值强加于人,甚至强迫别人接受自己。这种强不仅不可持续,且会最终"强而不安"。同时,也不是内倾型文化所表现出的低眉顺眼地迎合、软弱,甚至依附于别国。而是在这两者之间的中庸之道,和而不

---

① 黄明理、程璐:《国家核心价值观之"富强"》,《当代中国价值观研究》2016 年第 5 期。
② 钱穆:《文化学大义》,九州出版社 2012 年版,第 31 页。

同,求同存异,持守中立不倚的价值立场,由足而富,既安又强。当代中国所追求的富强,既是对鸦片战争以来的民族夙愿的继承,同时也包含着更深层次的文明主体性的回归,富强不仅仅是内在的国富民强,客观上物质上的富有,国力上的强大,更是在国际社会中保持价值上的和而不同,更表现为大国的精神气度和精神状态。归根到底是建立在民族自觉和民族自信基础上的自我认同和文明号召力。

2. 民主与民本的同异之辨

民主是现代政治制度的核心话语之一,不仅是衡量一个国家政权的基准,也是判断现代社会和传统社会的重要尺度。社会主义民主的形成,既离不开西方现代政治思想资源的输入,也离不开对传统优秀政治思想资源的现代转换和创新发展。作为一个有着悠久政治传统和独立政治话语体系的政治文明大国,中国古代有宏富深远的民本思想源流,对中国传统政治思想和政治价值具有本源性和统摄性。

与现代民主概念相关的是古代的民本思想。"民本"一词的正式出现是梁启超在近代首提的,在论述先秦政治思想时,梁氏用"民本主义"概括了先秦的政治思想特质。民本思想作为一个被概括的政治特征要比民本一词意义更为广泛和深刻,因而,我们所说的主要是中国古代的民本思想。学者认为:"民本思想立于中国古代政治思想的核心,为历史上最具影响力的政治理论,也是历代王朝政治正当性得以证立的基础性观念。"①

"民本"一词最早见于《尚书·五子之歌》的"民惟邦本,本固邦宁"。民指普通民众。"本",原意为树根木干,引申为事物根本、基础之义。"民惟邦本",意即民众为国家的根本,"本"为树根,民之于邦一如根之于树。简言之,民是国家的根基,根基稳定了,国家才能安宁。这是将以民为本作为政治价值

---

① 梁治平:《民本思想源流》,《中国法律评论》2014年第3期。

的出发点,作为政权价值合理性的源泉。以此,民本思想包含着以下几点核心内容:其一,"天下为公"是传统民本思想的价值基点。古典民本观念突出强调的是"公天下",其主要是强调:

　　"天下非一人之天下,乃天下人之天下也。"(《六韬·文韬·文师第一》)

　　而所谓"天下人之天下"也即"公天下","公天下"一则是民本之"公"与统治者之"私"(私意、私情、私利)相对,是判断和衡量政治是非的标准,也是指导政治生活的根本准则,更是理想的政治图景。二则民本思想将"民"看作是国家政治的根基,体现在政治关系上,就是民贵君轻。《孟子·尽心下》有云:"民为贵,社稷次之,君为轻。"这是民本思想中立场最鲜明的观点。虽然并不能因为孟子主张民贵君轻,就将其归结为民有、民享、民治的现代民主主张,但于传统政治而言,民贵君轻思想毋宁是一套关于限制君权的规范理论,其内容主要是规定作为政治实践者的君王仁民爱物的种种天赋责任。民本思想可贵的地方在于强调了"民"在政治活动中的重要性和基础性,民的这种天然的优先性、合理性源于"天"。"《书》曰:'天降下民,作之君,作之师。'""民之所欲,天必从之。"民之重要性的形而上之根据即在此。只有重视民,才能获得永续的天命。民为政治之目的,因而要敬天保民,为政重民意、民心、民生。表面而言,政权的合法性是天,而实则民才是政权合法性的最终来源,敬天保民不仅是政治统治的目的,也是维持政治合法性的条件。于是,作为一种规范性学说的民本思想,就升华而成为一种有关政治正当性和合法性的理论。古典政治哲学中政权之归属、政治之目的、政治之原则等诸基本政治理念,都源于此。民本思想对倒行逆施者和残暴无道的当权者进行了价值合理性上的限制,也因而对鼓励明君良相的产生具有引导作用。民本对中国古代政治文明和封建政权的稳定发展都起到了巨大的作用。如果没有民本政治理念的普及和实践,中华帝国的君主专制制度就会像"利维坦"一样,自发产生无数的暴君昏君,造成巨大的政治灾难,更不可能产生"成康之治""文景之治""贞观之治"以至"康乾盛世"，可以说，这些清明盛世与古代民本思想的历史实践有莫大的关系。

民本思想所表现出的反专制主义思想成为近代民主政治启蒙的理论先河。中国古代虽无西方意义上的民主制度，却有反对专制主义的思想的深厚传统，这种反专制主义思想虽不是近代意义的民主思想，但都直接成为近代民主思想的理论来源，黄宗羲等早期中国启蒙思想家的反专制主义的民本思想对近现代中国的民主思潮和民主进程产生了深远影响。一方面，这使得民主思想很早便为中国近代知识分子和改革革命者所普遍接受；另一方面，在中国语境的理想政治下，西方的民主思想与传统民本思想形成某种微妙的嫁接，从而避免了水土不服。在此过程中，近代知识分子往往自觉地用民本思想的内核去消化和阐释西方民主政治体制，如将民选总统比附为三代的"天下为公"，将民主社会看作是"三代之治"的翻版。一方面，这种比附与嫁接使得西方民主政治思想及其政治实践从儒家"天下为公"的政治理念中获得了来自民本观念的政治合法性支持；另一方面，民主政治被置于"天下为公""民之所欲，天必从之"（《尚书·泰誓》）等本土古典民本思想的框架下所解读和传播，西方的民主制度被通俗化为三代禅让制等，这一系列的民主观念的本土化、中国化都为西方民主政治转换为中国的民主理论开展和政治实践提供了价值支撑及本土化话语合法性的支持。

这也意味着，民主传入中国之初，其原始的内涵并未成为解释中国政治的普遍分析工具，西方民主政治透过民本概念的棱镜而儒家化、中国化了。彼时的思想家是以儒家的政治价值来框定和解释民主的，西方民主政治所包含的民有、民享、民治的三位一体内涵并未完全进入到中国的"民主"语境，也就是西方的民主被传统民本思想所"涵化"了。例如，在早期改良派那里，"民主"被指称为西方共和政体的代名词。他们进而依据传统儒家"天下为公"的价值理念，将民主看作是"听于民"的政体，以此为标准分析西方民主的优劣。其优点在合乎孟子"民贵君轻"的政治理念，但同时也有违背儒家"君子不党"

的缺点,因而从民本的立场看,理想的政体并非西方的共和政体,而是体现民本,重视民众的政治参与的"君民共主"政体。这种民本对民主的最初嫁接,直接影响了民主概念在中国进一步传播和实践。在此背景下,民主的概念所指称的仍是崇公、大同、贵民、重民的民本观念,而不同于民主的原始含义所指称的西方代议制共和政体。正如学者所观察到的,"现代民主思想在中国传播的经验表明,西方民主政治的相关概念,只有在获得传统儒学政治价值和政治理想所提供的合法认可后才能立足中国,而这种合法认可,又是在西方民主政治的相关概念被进行了儒家化的解释与改造后才有可能获得。"①

自此,"民主"一词在中国的政治语境下,其含义被选择性地接收,并呈现出西方民主与传统民本相结合的特征。传统民本思想的确对现代中国的民主观念的形成产生了"濡染和改造"的影响,使得传统政治中民本观念的内容大量进入民主概念,这种影响主要表现在塑造了中国现代化民主开展的价值倾向与思维方式。因而可以说,传统民本观念作为现代民主思想在中国传播和实践所依赖的主体思想资源,既对西方民主思想产生了过滤,同时也是接榫西方民主以开展中国现代民主思想的中介。"传统政治话语体系以民本观念为发力点,源源不断地渗透和融合进民主概念中,从而出现了对原始民主涵义的整体性和倾向性误读。"②西方原始意义上的民主思想被中国本土的民本话语体系所濡染和吸附,被赋予了民本的观念内涵,毋宁说这种民主已是被改造的民本式民主。在这个过程中,传统民本的内涵在吸纳和涵化西方的"民主"概念中获得了现代民主话语扩充,一方面以西方民主的概念来表达传统民本的内涵,另一方面又使其在基本的政治价值方面,合乎传统民本的价值目标。在此过程中,二者逐渐在含义上形成了公约数,并锻造出了新的合体。传统民本

---

① 张师伟:《濡染与改造:现代民主思想中国化过程中的民本观念》,《文史哲》2016年第3期。

② 张师伟:《思想资源与观念误导——中国现代民主思想形成中的民本观念》,《探索与争鸣》2014年第10期。

观念在涵化"民主"概念时表现出了强劲的韧性和活力,民主的概念被以民本的内核和形式表达,形成了"民主"概念的民粹化。

与此同时,民本与民主之间的区别被选择性地忽略了。这点也为梁启超所注意,"美林肯之言政治也,标三介词以骦括之曰: of the people, by the people, and for the people……我国学说于 of、for 之义,盖详哉言之,独于 by 义则概乎未之有闻。"西方民主观念中的民众参与国家治理、决定国家事务的方式和途径等关于"民治"的含义被淡化或漠视,在梁启超看来这是"无参政权的民本主义"。梁启超认为这种民本主义影响了国民对民主的理解,"此理想虽不能完全实现,然影响于国民意识者既已至深。故虽累经专制摧残,而精神不能磨灭"。① 因而,在民本政治中,君主、贤相与民众之间的关系归根到底还是尊卑不等的非平等关系。到现代政治,政治主体已经由专制精英(君主以及朝野大臣)演变为公民,而所谓民本,最终还是"君本",在民本与民主之间仍存在着有待弥合的裂缝。

在以科学与民主为口号的新文化运动中,民主概念被救亡和革命的主题所遮蔽,民主被看作是达到集中的手段,并以实现民众的最终解放作为根本的政治目的。在此话语背景下,中国式现代性民主突出了人民在社会历史发展中的决定性作用,民主的目的是要建设一个服务于民众的民主国家,人民既是国家权力的终极来源,也是国家的根本目的。陈独秀即主张这种"惟民主义"的民本式民主,其言"国家而非民主,则将与民为邦本之说,背道而驰"。② 显然,这种理解其实质还是"民本",而非西方式侧重民治、程序正义及民权意识的"民主"概念。由于近代特殊的历史时代背景和政治实践趋向,将"民主"解读为缺乏民治内涵的"民本"构成知识精英和大众认知的主流。

厘清民本与民主在中国政治思想史中的上述关系,对于当下具有中国特色的社会主义民主制度的有效开展具有重要的意义。相较而言,西方式原始

---

① 梁启超:《先秦政治思想史》,东方出版社 1996 年版,第 5 页。
② 《陈独秀选集》,天津人民出版社 1990 年版,第 25 页。

民主更重个体之自由,而对社会整体和谐有所忽略,中国的民本思想则以整体的"民"作为利益整体,民在政治活动中是以"整体"(人民)的形象出场。也正因如此,在民本和民主的融合中产生了现代中国革命中的"群众路线"和"民主集中制"等民本与民主相接榫融合的产物。群众路线理论坚持"解决问题必须有根源,这叫作从群众中来;问题的解决必须能调动群众积极性,成为群众自己的事,这叫作到群众中去"的原则,不仅要求从群众中来会更有助于我们全面深入地把握"实际",而且要求解决实践针对的具体问题时应该有助于群众认同革命的觉悟提高,在实行民主时能充分展开至这"实际"中关涉到的人的精神、心理和行为感受层次。显然,群众路线中所凸显的"民"已经和中国古典传统中的"民"有了根本差别,群众路线虽是对民本的回应,但也不断开创了人民民主的新型方式。"民主是一个方法","看用在谁人身上,看干什么事情"。与民本相比,民主的历史要短暂得多。民主是一种政治程序,以保证政治过程的公平公开公正。与此同时,在民本对民主概念涵化、民主对民本进行接榫的同时,也应该从形式、程序、法治、正义、权利等方面加强民主建设。把传统民本的价值理念与自由的民主价值观相结合,以达到个人自由与社会整体利益的和谐,才能跳出历代的封建王朝"其兴也勃焉,其亡也忽焉"的历史周期律,将中国建成比西方更优越的新型民主体制。正如毛泽东对社会主义民主的自信总结:"我们已找到新路,我们能跳出这周期律。这条新路,就是民主。只有让人民监督政府,政府才不敢松懈。只有人人起来负责,才不会人亡政息。"

3. 礼义之邦与文明大国

中华民族的伟大复兴,绝不仅仅意味着建立一个政治、经济、军事强国,具有强大的综合国力,尽管这些都能够再次确立中国作为世界大国强国的地位,同时也取决于中华文明能否成为一个新型的具有其独特价值的文明体系,成为具有典范意义的现代文明,像古代中华文明那样不断为别的文明提供参考意义和临摹价值。从文明的进程和中华民族自身的历史经验而言,这才是决定中华民族能否实现其伟大复兴的准绳。

分析社会主义核心价值观中的"文明",需要我们对文明的意涵作出清晰合理的界定。总体而言,在东西方文化中,"文明"一词在其词源学意义上都与个体品质、社会状态在道德、文化上的素养和品质紧密相关。从英文中的"文明"(civilization)一词来看,其词源为拉丁文"civis",意为罗马的城市公民,含有比非城市人身份更为优越之意,后引申为一种社会和文化发展的先进状态。汉语的"文明"一词最早见于《周易》乾卦:"见龙在田、天下文明",有"光明"之意。在其他典籍中,文明一词更多指人的教养和开化,"文明"意味着使"文"明。《尚书·舜典》称赞舜:"浚哲文明,温恭允塞。"唐人孔颖达注解为:"经天纬地曰文,照临四方曰明",此处正是使"文"明起来。"是故情深而文明,气盛而化神,和顺积中而英华发外。"这里的"文明",是个人内在德行和道德情感外显为仪文,不仅体现为主体的精神状态,也体现为与客体互动时的和顺温润外在状态。从其广义而言,文明包含着物质、制度、精神三个层面,人们运用科学技术改造客观世界、通过制度协调群体关系,以及借助宗教、艺术等精神文化调节自身情感和精神需求所发展的程度。① 就此而言,文明是对历史进程的综合描述,因而具有统一的标准。物质文明、精神文明、政治文明、社会文明、生态文明等都包含于国家发展的状态之中。我们可以认为资本主义文明超越封建文明,现代文明优越于原始文明。因而,广义的文明概念可以囊括所有社会主义核心价值观的内涵,从国家、社会乃至个体。但若仅就从国家层面的核心价值观论及文明,我们必须将其缩小范围,将其包含着物质(富强)和制度(民主)的因素暂时排除,从文明的狭义着手即指社会的精神文明状态。在此,与文明相对的是"野蛮"。所谓文明不仅是指物质上的富裕,还包括国家和社会成员精神上呈现出一种高度文明状态,不仅仅是一种富足

---

① 参见陈炎:《"文明"与"文化"》,《学术月刊》2002 年第 2 期。

感,也是一种格调感和尊严感,是民众的一种体面感和自豪感的生活态度,社会有人道文明和谐的环境和风气,国民有较高的文明素质和道德素质,对未来充满信心和乐观态度。国家始终保持着其文明的内在的向心力和外在的吸引力。

中华文明在世界文明史上创造了灿烂的历史经验,值得我们接续并弘扬其文明传统。一方面是要充分理解和正确对待西方现代文明。现代文明的观念肇始于西方,是伴随资本主义兴起的产物。现代资本主义文明为全世界贡献了新的生活方式和交往范式,并且将包括工业化、商业化、市场化等"现代化"因素和自由、平等、法治等"现代性"命题确立为全球性课题,任何国家要想成为现代文明的一分子,似乎就必须接受这套现代化的文明范式。因此也导致西方文明中心主义,用西方文明的范式来解释人类一切文明的发展道路,并最终以西方文明来衡量其他文明,陷入"韦伯陷阱"之中,忽略每个文明自身的独特性和可能性。这就要求我们从另一方面重新理解和认识古典中华文明的精义。尽管现代文明似乎呈现出普遍主义的一面,被当作人类一切文明的最终归宿和共同目标,但的确应该认识到现代文明是"一项未完成的谋划"(哈贝马斯语),所谓现代文明依然包含着更多未来的可能性,迄今为止的现代文明既没有完整的理论,也在实践上面临着诸多现实挑战。因而,对于非西方国家而言,自身文明的生成和发展更多意味着在西方之外重新寻找恰当的自我定位和未来出路。对中华文明而言尤其如此。正如学者所言:"一个多世纪以来,……无数知识分子从内心深处丧失了对中国文化的自信,在中学与西学、中国文化与西方文明、古代传统与现代文明等之间的相互激荡中彷徨四顾。"①在中华民族复兴的当下,文明复兴也应当提上日程。而文明复兴最重要的任务则是寻求中华文明中那些至今仍然闪光的文明理念。这些理念包括礼乐文明的传统,包括体现在"华夷之辨""王霸之辨""人禽之辨"等伦理理

---

① 方朝晖:《从现代化到文明重建》,《文汇报》2012 年 2 月 27 日。

念中,也体现和融汇在千百年来所形成的制度模式和生活模式之中。这些理念是中华文明给予历史经验而凝结的关于人类共同体的精神理想,更是对文明史的贡献。同时,文明也表现为开放包容的气度和胸怀,是从内在德性所开显出来的外在风貌。只有经过对西方文明的接纳和扬弃,以及对固有文明成果的再理解,摆脱传统与现代、东方与西方的二元对立,才能真正为促成代表着世界文明趋势、进步的文明模式和文化类型,中国作为一种具有典范意义的国家文明才能确立。正如涂尔干在一百多年前曾预言的那样:"没有什么理由会让人相信不同类型的民族会都有一样的发展;她们走的是各种各样不同的道路。人类的发展是有具体形态的,但不是以一种直线的形式发展——所有社会都一批接着另一批向前发展,好像是最发达社会是最初级社会的发展结果与延续——而是如同一棵枝繁叶茂、长满各种枝杈的树一样。没有什么能告诉我们,明日文明只是今日向着高级阶段发展的文明的延续;或许恰好相反,可以代表明日文明的是如今我们认为低我们一等的民族,比如中国,她们将会传递出一种出乎意料的新方向。"①关于文明的思考只有在摒弃了古今、中西的桎梏,才能真正继承和发扬人类所有文明的成果,也才能使自身文明不断更新壮大,成为历史的选择者和灿烂文明的缔造者。

中华文明是人类历史上几大文明类型之一,也是人类历史上得以一直延续至今的文明类型,中华民族的伟大复兴的标志之一,就是中华文明会对人类与世界的进步发挥积极而持久的影响力,这为国际上的一些有识之士如一批诺贝尔奖获得者及文明比较学家汤因比等所期待,他们认为以儒家学说为核心的中华文明必将对 21 世纪的世界发挥重要影响。中华文明的和而不同、彼此尊重、和平主义、重德主义等核心理念和价值必将为世界各国人民所珍视并具有内在的吸引力。习近平主席提出的共建人类命运共同体思想可以说就是中华文明的基本理念在当代国家关系和建立世界新秩序方面的实践应用,愈

---

① [法]丹尼斯·库什:《社会科学中的文化》,张金岭译,商务印书馆 2016 年版,第 34—35 页。

来愈得到世界各国政要和人民的认同和支持。我们自己也必须保持高度的文化与文明自信，以自己重视价值理性、重视伦理道德的文化特色与优势，加强国家与社会的精神文明建设，不断提升社会风气和整体文明水平，不断提升国民道德素质，使中华民族及其成员，不是为世界所畏惧，而是为世界所尊重，重显作为礼仪之邦的昔日辉煌，以文明大国的形象屹立于世界东方。

4. 社会和谐与协和万邦

"和"是中华文化独特的象征符号，也是中华文明传承至今的价值基因和文化密码。将"和谐"作为国家价值既是对传统和文化和重和美德的继承，是以儒家为核心的中国传统优秀文化中的生和价值观在当代的实践应用，是我们党社会治理思想和目标的重大转变，也是对当前国际社会现状的回应和对人类未来发展目标的构想。以习近平同志为核心的党中央提出了构建"人类命运共同体"思想，在继承中贡献了中国智慧和中国方案。

"和谐"作为实质性的国家发展建设目标，首先是指国内的社会和谐、人际和谐，另外也包括协和万邦，世界和谐。

新中国成立已经六七十年，中国共产党已经从革命党转变为执政党，社会也已经从革命时期转变为建设—发展时期，因此，我们在社会治理目标上，就要以建设和谐社会作为社会建设目标，这要求我们国内注意在注重发展效率的同时，注重公平正义，注重分配公平正义，保持社会各阶层的和谐；要注意解决克服各个社会阶层的会矛盾，构建公正正义的制度安排，让建设的成果多惠及社会普通民众，解决贫富过于悬殊，避免社会不满情绪的滋生，发展社会保障事业，关心弱势群体，维护社会各个阶层的团结。另外，要正确处理地区发展的不平衡性问题，加强民族团结，反对分裂，维护各民族的大团结。在各职业团体中，在千家万户中，都要以求和谐作为价值目标与道德规范，"天时不如地利，地利不如人和"，"家和万事兴"，职业团体内部的和谐是一种强大的生产力，也是团体文化与文明的重要表征。家庭是社会的细胞和基础，家庭和谐也会促进社会和谐和事业发展。人与人之间和谐了，就会使幸福值数升高，因此，和谐成为国家在社会治理方面的重要价值目标和核心价值观的重要内容。

和，在中国文化中首先是一种世界观和方法论。"和谐"的世界观认为无论是自然还是人类社会，都是相互依存的系统整体，没有任何个体可以完全独立于关系之外而存在和发展。同时，在此基础上，每个关系中的个体也都是独特性的存在，这种独特性本身非但没有伤害到整体的和谐，反而构成了和谐的可能性和现实性。"夫物之不齐，物之情也"，事物之间本来就呈现出多元化、多样的存在样态，这种样态构成一个有生命力的整体，所谓"和实生物，同则不继"，和的状态，追求的不是同质化、单一化、标准化，这样不仅自然界无法存续，人类社会更会因此而变得缺乏文化生态的适应性和选择性，真正的和谐是"大同"，是在各自区别基础上的求同存异，交融互惠。中华文明以和平为基本理念处理各民族、各个国家间的关系，以理服人而非以威压人，以德待人而非盛气凌人。同时中国文化历来重视各个文化之间的取长补短、交流互鉴，如丝绸之路的开辟、遣唐使的大批来华，法显、玄奘西行取经和郑和下西洋等，都是在"和"的世界观下展开的历史实践。

作为一种方法论，"和谐"是认识事物的思维方式和看待事物的方法，即始终秉持一种善意的逻辑，总是从和谐共生的角度去理解和体察事物中的关系，而非对立思维、冷战思维和敌对思维。总是从好的、积极的眼光去发现对方的善意和释放的友好，并对这种友好做出积极的响应，而非从消极的、悲观的、"文明冲突"、"以邻为壑"的视角去审视和定夺事物，进而使之影响到自身和对方对形势的错误研判，导致更大的交流障碍和冲突风险，陷入"托马斯定理"①之中。"和谐"所强调的是在进化论斗争观念之外的有活力的秩序，或者说是有秩序的繁荣，可持续的稳定状态，包含了人民对安宁与福祉的理想。

———
　　① 社会学家托马斯认为："如果人们把某种情境定义为真实的，那么这种情境就会造成真实的影响。"

儒家式的"有朋自远方来,不亦乐乎",以亲仁善邻的方式去看待周遭的人、事、物,既是一种"己所不欲勿施于人"和"己欲立而立人,己欲达而达人"的忠恕之道,也体现为"亲亲而仁民,仁民而爱物"的仁爱意识,更是表现为"以人度人"和换位思考的絜矩之道以及"他者意识"。不仅儒家思想中贯穿着这样的思维方式,就连以兵法著称的孙膑也认为战争的最高境界是"不战而屈人之兵,善之善者也",而认为"百战百胜,非善之善也"。即便百战百胜,也不是一种真正的善,而是相对的善,真正的善是达到和谐的结局,双方达成双赢的局面。"对抗"或"战争"是交往关系中的下下之策,是不得已而为之,是"不善之善"。真正具有永恒价值的只有和谐共处,共生共荣。

中华民族强调以和平主义的处世理念来影响国际政治新秩序的形成。认为"和平与发展仍是时代的主题",倡导要坚持和平发展和共同发展,致力于维护国际公平正义,对外展现出更负责任、更加开放、更加具有亲和力、充满希望和活力的社会主义大国形象。

2017 年年初,习近平在联合国日内瓦总部发表题为《共同构建人类命运共同体》的主旨演讲,初步提出"人类命运共同体"的构想,演讲回答了"中国为何要推动构建人类命运共同体"、"要构建一个什么样的人类命运共同体",以及"怎样构建人类命运共同体"三大基本问题。这一演讲所贡献出的中国方案植根于公认的国际秩序原则之中,产生了广泛的世界影响。"人类命运共同体"思想其哲学基础正是"和谐"的世界观和方法论的思想精华。当年,"构建人类命运共同体"理念陆续被写入联合国决议、安理会决议,彰显了中国理念对全球治理的重要贡献。为全球生态和谐、国际和平事业、变革全球治理体系,以及构建全球公平正义的新秩序都贡献了积极可行的中国智慧和中国方案。

人类命运共同体思想还被专门写进了党的十九大修改通过的《中国共产党章程》,特别强调指出:"推动构建人类命运共同体,推动建设持久和平、共同繁荣的和谐世界。"十九大报告中指出:"构建人类命运共同体,建设持久和平、普遍安全、共同繁荣、开放包容、清洁美丽的世界。"并特别强调了"人类命运共同体"思想的核心是要做到以下几点，其一，相互尊重、平等协商，坚决摒弃冷战思维和强权政治；其二，要坚持以对话解决争端、以协商化解分歧；其三，要同舟共济，促进贸易和投资自由化便利化；其四，要尊重世界文明多样性；其五，要保护好人类赖以生存的地球家园。如此，才能真正构建起人类命运共同体的和谐世界。

5. 传统生态智慧的继承发展与美丽中国建设

继党的十八大将生态文明建设纳入"五位一体"总体布局后，在十九大报告中，习近平总书记将"美丽"纳入建设社会主义现代化强国的奋斗目标之中，提出，"为把我国建设成为富强民主文明和谐美丽的社会主义现代化强国而奋斗"[①]。在实现富强民主文明和谐的基础上，社会主义现代化还将生态文明看作衡量"现代化强国"的根本要求。"美丽"作为社会主义现代化强国的应有之义，本质上就是要建设中国特色社会主义的生态文明，实现生态优先、绿色发展，最终使中华文明生生不息，永续发展。"美丽"这一生态文明建设的新理念、新要求被列入中国特色社会主义的总目标、总任务和总体部署之中，不仅集中体现了中国人民对美好生活的追求，展现了党和国家对"全面小康"的深刻理解和笃实践行，更拓展了中国特色社会主义现代化的丰富内涵和生态文明的战略意义。

作为对人民美好生活的理想描摹，"美丽"直接指向人与自然的良性互动，即要求人们在生存发展的同时与自然保持和谐共存的关系，营造一个美丽的生态环境，进而创造更为可欲的美好生活，实现中华民族永续发展。

虽然，"美丽"是在中国特色社会主义现代化建设进入新时代，党中央倡导的一个新理念、新价值，但中华文明对人与自然之间的关系的思考从未停

---

① 《中国共产党第十九次全国代表大会文件汇编》，人民出版社 2017 年版，第 10 页。

止,中国传统中所积累的生态智慧也俯拾即是、源远流长,这些都构成我们建设美丽中国的优秀资源,中国传统生态智慧集中表现为自然观、发展观和民生观三个方面,对我们今天开展生态文明建设具有重要的理论和实践意义。

其一,"天人合一"的自然观。古代生态智慧首先是人如何对待自然万物的态度,是有关人如何与自然更好地相处的整体看法和系统观点,这就是所谓的自然观或生态观。"天人合一"是中国古代自然观的核心理念,在自然观中具有概括性、全局性,包含了中华文化在面对自然时积淀的道德智慧。

天人合一的自然观强调人与自然的和谐共处和协调一致,将人与自然看作是一个"生命共同体"。儒家是"天人合一"论的主要倡导者,认为天与人是相通一致的,同属于一个"类",因而,人与天地万物是一个良性互通互动的关系。孟子言:"尽其心者,知其性也,知其性则知天矣。"董仲舒则据此发展了一套天人感应论,将天与人看作是一类:"以类合之,天人一也。"①

既然是同类,那么人与人、人与自然之间自然是贯通一体的。孟子讲"君子之于物也,爱之而弗仁;于民也,仁之而弗亲,亲亲而仁民,仁民而爱物"。"亲亲""仁民""爱物","亲""仁""爱"虽是针对不同的对象而言,程度也有差等层次之别,却有共同的来源——人的仁、义、礼、智四端,人因有此仁心、善性,故而可将其从至亲延伸到自然万物。"质于爱民,以下至鸟兽昆虫莫不爱。不爱,奚足以谓仁?"(《春秋繁露·仁义法》)仁虽有差等,但仁是均质地遍布于万物的。宋儒张载也提出"民,吾同胞,物,吾与也"的"民胞物与"思想,将人与自然万物一同看作天地所同生。张载总结道:"性者万物之一源,非我之得私也。惟大人为能尽其道,是故立必俱立,知必周知,爱必兼爱,成不独成。"(《正蒙·诚明》)

足见,在儒家伦理那里,万物同类同性,故而,人与自然被上升为一种类人化的关系,人与自然也构成一种特殊的情感关系,而非人单方面利用或主宰自

---

① 董仲舒:《春秋繁露》,团结出版社1997年版,第1180页。

然的关系。"仁者乐山""智者乐水""君子比德于山水"等儒家观点表明，人与自然山水甚至万物在儒家那里是一种相资相生相依相伴的伦理共同体，而不仅仅是一种表面上自然共同体和生命共同体，从伦理意义上，自然先于人而存在，人将自身情感投射进自然，从而使自然万物与人构成一种先在的情感联结，土地、山水、田园等这些自然要素并不是外在于人而单纯构成一种需要改造的被动客体，而是内在于人的生命活动，是人生存、发展，甚至德性修养的一种能动性条件。

天人合一也体现在人在与自然相处中的定位——参赞顺应而不违逆自然规律上。《中庸》言："唯天下至诚为能尽其性；能尽其性，则能尽人之性；能尽人之性，则能尽物之性；能尽物之性，则可以赞天地之化育；赞天地之化育，则可以与天地参矣。"人在改造自然中也应学会顺应自然规律，辅助自然万物按照其自身的规律生长、运行，在爱物惜物中彰显自己的德行修为，在观物取象中也效法于天地万物。这也意味着在人与自然关系的根本定位上，人与自然万物是平等的，人不是绝对的主体，人也不把自然当作绝对的客体，而是一种互为主客体的关系。人与自然万物都是生命共同体中的一员，只不过人以其劳动实践使其生命活动呈现为有意识、有目的的能动活动。

此外，道家也有丰富的天人合一思想。《老子》中言："人法地，地法天，天法道，道法自然。"天地万物与自然之道相通，人的角色就是效法天地之大德。这一思想的前提是，在人与自然的关系中，人与自然万物并无贵贱高下之分，即庄子提出的"以道观之，物无贵贱"的思想，主张"天地与我并生，万物与我为一"。

"天人合一"也构成中国哲学、中国伦理学的一种极高明的境界，是人类命运共同体共享的理念。钱穆先生断言，"'天人合一'思想，是中国文化对人类最大的贡献"，"是整个中国传统文化思想之归宿处"，并由此认为"以过去世界文化之兴衰大略言之，西方文化一衰则不易再兴，而中国文化之兴衰则屡仆屡起，故能绵延数千年不断。这可说，因于中国传统文化精神，自古以来即能注意到不违天,不违背自然,且又能与天命自然融合一体。我以为此下世界之归趋,恐必将以中国传统文化为宗主"。① 钱先生将中华文化生生不息、延绵不绝的密码归结为"天人合一"这一自然观上,并将此也看作世界文化进化的大趋势。

其二,和谐共生的发展观。传统生态智慧还表现在发展观上。传统生态智慧发源于中国古人对人与自然关系的深切思考,早在周代就有有关如何正确处理人与自然关系的具体规定。如《周礼·山虞》规定:"仲冬斩阳木,仲夏斩阴木",《逸周书·大聚解》也明令:"禹之禁,春三月,山林不登斧斤",都通过制度法令对因时开发利用山林资源做出具体限定。这些制度法令背后蕴含着人与自然和谐共生的发展观。发展观聚焦于"追求什么样的发展"这一个根本命题。

"美丽"的发展理念,是要倡导和践行一种生产方式和生活方式,在满足人的生存发展需要的同时,维持生态的平衡,兼顾人的欲望与自然资源的承受限度,使人的生存发展与自然生态相平衡。

一方面,孔子主张"钓而不纲""弋不射宿"既是在反对一网打尽、竭泽而渔式的无度索取;也是在倡扬将人的欲望控制在合理的范围之内,不能任由泛滥的欲望无限制的发展。尽管人们为了生存发展不得已需要向自然索取,尽管欲望可能在短时期内有足够的条件满足,但滥杀、无度最终也会戕害到人的仁心、善性,故而应该加以坚决反对。《孔子家语·弟子行》言:"启蛰不杀则顺人道,方长不折则恕仁也",正表明了孔子所展现的对待自然万物的态度——取之有节,用之有度。因为对待自然万物的实则也检验了人对待自身的道德态度,"断一树,杀一兽,不以其时,非孝也"(《礼记·祭义》),对自然万物表现出不合理欲望的,也必然会在道德上有所欠缺。

另一方面,儒家伦理主张要因时因地合理地利用自然资源。"不违农时,

---

① 钱穆:《中国文化对人类未来可有的贡献》,载刘梦溪主编:《中国文化》第 4 期,1991 年 8 月。

谷不可胜食也;数罟不入洿池,鱼鳖不可胜食也;斧斤以时入山林,材木不可胜用也。"(《孟子·梁惠王上》)要用科学合理的态度开发利用自然,尊重其生长规律养育万物,"故苟得其养,无物不长;苟失其养,无物不消"(《孟子·告子上》),在孟子看来有节制的利用自然是"王道之始也"。同时,也要在充分认识"天有常道,地有常数"(《荀子·天论》)的基础上,"制天命而用之"发挥人的主观能动作用,因时生产,"春耕、夏耘、秋收、冬藏,四者不失时,故五谷不绝,而百姓有余食也"。(《荀子·王制》)否则再丰茂的资源也会被消耗殆尽。

正如习近平总书记所言,"人因自然而生,人与自然是一种共生关系,对自然的伤害最终会伤及人类自身。只有尊重自然规律,才能有效防止在开发利用自然上走弯路。这个道理要铭记于心、落实于行"。① 习近平总书记提出的"绿水青山就是金山银山"理念和论断正是对中华优秀古代生态智慧的继承和发展,是今天在中国特色社会主义建设中应该正确处理人与自然、经济发展与生态保护之间关系的基本遵循。因而,美丽是一种面向生态平衡面向未来的生产方式和生活方式,是中华民族永续发展的千年大计。

其三,生生利生的民生观。生态观、发展观归根到底就是民生观,"天人合一"确立了人与自然关系的基调,而发展的问题归结到最后就是发展为了什么的问题,这一问题也是关涉一种文明能不能持存,生活在其中的人是否幸福的根本所在。因而,生态观、发展观最终是政治观、民生观,传统生态智慧也最终落脚为能否实现中华民族的永续发展,如何实现人民的美好生活。

民生的根本在于与万物共生。"天地之大德曰生"(《周易·系辞传》),育养万物是天地之大德。人与天地构成"三材"辅助万物生长,自然大化流行。生生、利生就是让人和万物都能共同长久生存、和谐发展。人类终究无法独自幸福地生活在这个星球,人注定要与自然万物共享地球,与动物植物共同构成一个生态系统和生命共同体,这才是一个具有"生意"的能够让人幸福地

①　《习近平谈治国理政》第二卷,外文出版社2017年版,第209页。

生存发展的地球。生生利生的民生观是要扬弃近代以来单纯追求经济进步而忽略生态平衡的西方工业文明发展道路,将"人道"扩充发展为"自然万物的共生之道",将人的美好生活从不断被强调的物质欲望满足扩展为物质文明、社会文明和生态文明齐头并进。使"万物各得其和以生,各得其养以成"。习近平总书记指出:"人与自然是生命共同体,人类必须尊重自然、顺应自然、保护自然。"①民生之基正赖于与万物共生。

也因此,生态环境事关民生福祉。生态文明建设,不仅是经济问题,更是政治问题,是文明发展的方向问题。习近平提出"良好生态环境是最公平的公共产品,是最普惠的民生福祉"。② 中国特色社会主义进入新时代,不仅对物质文明、社会文明有更高要求,对生态文明也提出了更高的期待。

"美丽"是古代生态智慧的基本追求。可以说,中华文明之所以绵延不绝的很大一部分原因在于,从中华先民始就已经形成了较为先进和成熟的自然观或生态观。对于今天美丽中国建设和生态文明建设具有重要的继承借鉴意义。今天,亟待我们系统整理秉承中华传统生态智慧,积极推动传统生态伦理观实现创造性转化和创新性发展,以生态文明解决人民日益增长的美好生活需要和不平衡不充分发展之间的矛盾,寻求美丽的生活方式,实现人与自然和谐共生,实现中华民族的永续发展,建设生态良好持久繁荣的社会主义现代化强国,进而推动构建人类命运共同体。

三、价值共识的古今中西审视

"自由、平等、公正、法治",是对美好社会状态的生动表述,也是社会主义核心价值观在社会层面的凝练。自由是指人的意志自由、存在和发展的自由;

---

① 《中国共产党第十九次全国代表大会文件汇编》,人民出版社2017年版,第40页。
② 《中共中央 国务院关于加速推进生态文明建设的意见》,人民出版社2015年版,第13页。

平等则是公民在道德人格与法律面前人人平等,不断实现实质平等,尊重和保障人权,是人人依法享有平等参与、平等发展的权利;自由和平等是公正的前提,公正,以人的解放、人的自由平等权利的获得为条件,包括人在获得社会机会与享受权利等诸多方面的公正;法治是中国特色社会主义治国理政的基本方式和基本途径。依法治国也是社会主义民主政治的基本要求,通过完善法制建设来维护和保障公民的权利和利益,法治也是实现自由、平等、公平正义的制度保证。

1. 自由的返本开新

自由,是现代社会的基础价值标签,也是社会主义社会的基本价值追求。"自由"一词来源于日文汉字,在古代典籍中与现代的"liberty"或"freedom"并无直接相关性。现代的个体自由权利从其消极方面讲是指不受压迫和剥削、不被奴役的状态,从其积极方面讲,自由则是除了公共秩序需要遵守之外可以自由行动不受追究的状态。就此而言,现代的自由观念首先是一个政治哲学问题,不同于老庄的弃绝关系依附,摆脱心为物役和现实制度约束的自然自在的心灵"逍遥"状态,也不仅是儒家所推崇的经由道德修养和人格自律所达到的"随心所欲不逾矩"的自由境界。在我们看来,自由观念只有整合吸纳了我国儒道传统的自由观念,才可能真正在中国大地生根发芽。

鉴于各个民族国家本身的历史文化传统和现实状况,人们对于自由的理解方式、叙述形式等等有着各自的特殊性和情境性。作为社会主义核心价值观内含的"自由",势必要诉诸一种民族性和现实性表达。在此,我们必须认真面对中国传统自由观念能否现代化的问题。

首先,必须认识到包括儒家思想在内的传统自由与现代自由二者之间并不是格格不入、截然对立,确实与现代自由有诸多汇通之处,且这种汇通不同于以传统自由理论去附会现代自由观念,或用西方自由观念去框定传统自由观念,而是要使二者融会贯通,才可能使中国的现代性自由是内生性的,才不会产生新的"文化排斥"。这种非外在的"中国式"自由观念始终是非现成化的状态,也不能以任何一种现成的理论去比附,正如民主观念的本土化一样,需要通过对传统的再阐释去涵摄现代自由的理念。"一个民族的哪怕是最'现代'的自由理念,也必须从这个民族的历史文化传统精神当中引导出来。"①因此,即便我们认为,自由是现代社会的必备特性,我们也必须承认自由存在着与其传统和现实相适应的特殊性和民族性,存在着这样一个中国的自由谱系学。在此方面,近代以来的中国知识分子曾做了有益的尝试,如严复主张"以自由为体,以民主为用"②;康有为则将自由看作是实现大同理想的基础③;梁启超更是指出"自由者,天下之公理,人生之要具"④;马克思主义者李大钊则认为"真正合理的社会主义,没有不顾个人自由的"。⑤ 这些近代各家各派的知识分子都强调了自由的意义,并都试图对自由做出新的有效思考。

传统的自由观念在两方面成为现代自由观念的根基。其一,儒家将自由看作是一种自治。儒家虽然没有提供现代的政治自由,但因为对自由的本源得以廓清,而使得自由得以可能,这种可能性在于儒学提供了"本源自由"⑥,即自由的本源。今天强调自由的返本开新,意味着我们要回到自由的源头,这个源头在于儒家对主体的性质做了自由的规定,且形成了理性自治的主体性意识。无论是性善还是性恶,"人皆可以为尧舜"(孟子)、"涂之人可以为禹"(荀子)的文化预设是相同的,个体的自由根植于主体理性人格的确立,只有通过道德自治的过程才能获得人的主体性,因而才能获得自由的自律,达到自

---

① 黄德昌等:《中国之自由精神》,四川人民出版社 2000 年版,第 4—5 页。
② 王栻主编:《严复集》第一册,中华书局 1986 年版,第 23 页。
③ 康有为:《大同书》,古籍出版社 1956 年版,第 161 页。原文为"近者自由之义,实为太平之基"。
④ 梁启超:《新民说》,载张品兴主编:《梁启超全集》第二卷,北京出版社 1999 年版,第 675 页。
⑤ 李大钊:《自由与秩序》,载《少年中国》第 2 卷第 7 期,1921 年 1 月 15 日。
⑥ 郭萍:《儒家的自由观念及其人性论基础——与西方自由主义的比较》,载《国际儒学论丛》第 2 期,社会科学文献出版社 2016 年版。

由境界。主体性则离不开道德自我的反求诸己的主体精神,在于不断回归恻隐、羞恶、辞让、是非的四个善端,也在于通过化性起伪的自我教化过程,做出自主自觉的抉择,以道德理性主宰自己,实现"从心所欲不逾矩"的自由境界。正如徐复观对儒家自由的阐释:"一个人的良心理性支配自己的生活,这即是所谓'我的自觉',即是所谓'自作主宰',即是所谓自由主义。"①同时,儒家式的自由也不仅仅在于个体的自治和理性反思,以获得自由的主体内在根据。更在于在共同体层面具备判断善恶的能力,在家—国—天下的成己、成人次第中,不断与他人共同拓宽自由的边界。

在此,传统儒家的自由观与马克思主义的自由观具有一定的契合性。马克思主义认为人的本质在其现实性上是一切社会关系的总和。因而,马克思主义强调自由是一种立足于集体或共同体的自由,而非个体的原子式自由和个人主义自由。在价值判断上,马克思主义的自由观将个人自由放置在与他人自由和共同体自由的关系之中加以考量,充分意识到个体自由以及所组成的共同体即国家民族的关系。一方面着眼于个体的自由状况,另一方面将个人自由纳入共同体的普遍自由之中。也就是说,马克思主义所申言的自由是个人自由与集体自由的有机统一。这种集体主义式自由作为社会主义核心价值,既高度体现了社会主义核心价值观积极承接人类文明发展的共同成果和普遍价值追求,又高度体现了现实目标与理想目标的有机统一。

2. 平等的理想与追求

中国古代不是一个现代意义上的平等社会,尽管有各种各样的平等观念,但普遍的现代平等观念的产生只能追溯到西方文艺复兴以来人的意义的被发现。以此而论,从中国传统的古典资源中探求现代平等,无异于缘木求鱼。因为传统意义上的平等与现代平等之间有不小的隔阂。恩格斯言:"一切人,作

---

① 徐复观:《为什么要反对自由主义》,载萧欣义编:《儒家政治思想与民主自由人权》,(台湾)学生书局1988年版,第291页。

为人来说,都有某些共同点,在这些共同点所及的范围内,他们是平等的,这样的观念自然是非常古老的。但现代的平等要求与此完全不同;这种要求更应当是从人的这种共同特性中,从人就他们是人而言的这种平等中引申出这样的要求:一切人,或至少是一个国家的一切公民或一个社会的一切成员,都应当有平等的政治地位和社会地位。"①因而,关于现代的平等观念是在现代国家背景下展开的,也必须在现代社会条件下展开讨论。

即便如此,传统的平等观念和平等实践仍然给予我们两方面的启发。一则,现代中国的平等观念是从古典平等中生成而来,人们对传统平等的理解多多少少影响了今天的平等理念和实践;二则,尽管我们承认平等是一种现代价值,且具有绝对至上性,但我们同时也必须承认,现代意义上的平等实践也呈现出多元实践和地域差异,与各个民族国家的历史传统和现代境遇息息相关。就中国的现代平等实践而言,自 1912 年《中华民国临时约法》在中国历史上第一次使得平等有了法律根据。新中国成立后,更是明确将"中华人民共和国公民在法律上一律平等"载入宪法。但在一定时期内,近代以来的革命风潮同时又导致了对平等的激进主义理解,使得社会主义平等实践遭遇到了困难,社会主义平等观念也在一定程度上并没有体现出真正的优越性。但无论如何,经过历史的波折和社会思潮的涤荡,平等确然已经成为近现代中国革命的丰硕成果之一,成为当代中国的普遍共识和核心价值。在此,我们需要追问平等在什么意义上是一种现代价值,如何与传统平等观念达成一致,以及如何认识和面对当代中国平等价值观的主要困境。

马克思指出:"一切人,或至少是一个国家的一切公民,或一个社会的一切成员,都应当有平等的政治地位和社会地位。"②平等是一切理想社会的终极价值向标,从陈胜吴广"王侯将相,宁有种乎"呐喊出平等的第一声,到太平天国运动提出"有田同耕,有饭同食,有衣同穿,有钱同使,无处不均匀,无处

① 《马克思恩格斯选集》第 3 卷,人民出版社 2012 年版,第 480 页。
② 《马克思恩格斯文集》第 9 卷,人民出版社 2009 年版,第 109 页。

不饱暖"的社会纲领,中国封建社会的历次农民革命,无一不将"等贵贱、均贫富"的平等要求作为自己的价值理念和行动纲领。这深刻说明了平等是自古以来人们共同渴求的理想状态,同时也是一个社会实现和谐稳定的关键因素。尽管平等一直以来都是古今中外所有社会共同的价值理想,而真正将平等作为政治目标且使平等成为可能的是现代社会,平等表现为一种具体的社会和政治要求。"平等是拉开现代社会序幕的一系列重大革命的产儿。"①现代社会将政治平等、经济平等和社会平等作为一个"门槛"条件。平等同样也是现代社会确立的价值基准,中国特色社会主义制度的建立为实现真正意义上的平等奠定了制度基础。党的十八大把"平等"作为社会主义核心价值观社会层面的基本要求,体现了社会主义的本质要求,推动中国特色社会主义向着平等的价值目标不断迈进。

从其现代内涵上看,"平等"作为一种价值理念和价值目标,通常是指人们在政治、经济、法律、社会、文化等方面具有同等的身份、人格、地位、尊严,拥有同等的权利、责任、义务,同时也享有同等的机会、资源和社会发展成果。可以说,平等是对一种社会状态的描述,在抽象层面平等所显示的是人与人之间在价值基准上的无差别状态。在现实层面上平等则展现为多向度的综合议题,关涉人们在社会生活境遇中各方面的平等待遇。因而,毋宁说,平等是一种人类社会所坚守和信奉的信念,这种信念坚信人们应该是平等的,应该去追寻并尽可能地实现平等。这是现代平等观所持的价值基准,但具体到平等的细目清单,则具有时间和空间的相对性,因为平等的信念是一种"永不满足感",是一种朝向最终平等的开放命题。一种平等实现了,又有新的不平等需要解决,因为"物之不齐,物之情也"的原初不平等状态,和人们后天对平等的不同理解,人类社会对平等的诉求永远是一种未完成状态,质言之,任何一个社会都无法完全实现平等的信念和承诺,但这并不意味着平等的无法实现,各个民族文化的历史恰

---

① [美]亚历克斯·卡里尼克斯:《平等》,江苏人民出版社 2003 年版,第 25 页。

恰表明,平等是在人类社会的演进中不断被推进和完善的。

因而,在不同文化和传统的社会,人们对于平等的诉求有相对性和特殊性。尤其是作为社会制度的平等往往与一个社会的经济基础相应。如恩格斯所言:"希腊人和罗马人的公平认为奴隶制度是公平的。"①足见,平等作为一种价值的相对性和时代性。在此,我们同意皮埃尔·勒鲁的说法,他将平等看作是"一种原则、一种信条、一种信仰、一种宗教"。②平等作为一种信念与人们在其社会的道德感受息息相关。人们在客观条件上的平等状况固然重要,但人们在先天条件和后天经验中的不平等也是显而易见的,这可以解释为什么任何社会都很难使每个人都有充足的平等感受。也可以解释为什么即便一个人知道什么是平等,但在实践中依然无法做到平等待人。据此,对人们平等观念必须进行历史文化传统的特殊分析。

平等感的获得基于两个方面。一是关于平等的文化传统和历史叙述,中国传统的平等观理论资源丰富,主要以儒家性善论以及佛教的众生平等观念以及道家的"以道观之,物无贵贱"的"齐物论"为主,三个学术流派都将平等看作重要价值。儒家反复强调的"忠恕"之道即是平等观的核心内容。

> 子贡问曰:"有一言而可以终身行之者乎?"子曰:"其恕乎! 己所不欲,勿施于人。"(《论语·卫灵公》)

忠恕之道展现出将自己抽离出"自我"而以"他者"视角来考虑问题的普遍人格,从本质上是对"我"与"人"之间对等关系的肯定。孟子对这种对等关系做了回答:

> "凡同类者,举相似也,何独至于人而疑之? 圣人,与我同类者。"(《孟子·告子上》)

> "天下无大小国,皆天之邑也;人无幼长贵贱,皆天之臣也。"
> (《墨子·法仪》)

---

① 《马克思恩格斯文集》第 3 卷,人民出版社 2009 年版,第 323 页。
② [法]皮埃尔·勒鲁:《论平等》,王允道译,商务印书馆 1988 年版,第 20 页。

可知,儒家平等观是从"类"意识切入,关于人之为人的规定性切入,肯定了人在超越层面的平等性,隐含着人无贵贱,应该得到同样尊重的思想,"从相同性出发的人性论(性善论),以人在'德性'、'自尊'的相同性为中介,转变为指向了人的相同性(在社会政治等领域即为平等)的哲学辩护"。① 实则,无论是性善论还是性恶论,儒家在人类有本质上的同一性这点上并无分歧。人不仅在天性上是平等的,而且可以因为德行或德性而获得平等。这与现代平等观念中每个人都平等地享有人格尊严具有内在一致性。这些有关平等的思想与理论并不逊色于西方任何平等思想与理论,是中国乃至世界政治哲学中最富有的遗产。

但在另一方面,也必须看到中西平等观的明显区别。"基督教的伦理则是平均主义和抽象的,认为所有的人在上帝面前都平等。"与之相比,"中国的伦理则仅仅关心既是等级的又是互为补充的关系,而宇宙本身则似乎为此提供了例证:阴和阳、天和地、男和女、君和臣……之间的关系也相似"。② 与西方基督教式的平等来源和解读相比,中国的平等观根植于关系主义的儒家伦理之中,"儒家根本否认社会是整齐平一的。认为人有智愚贤不肖之分,社会应该有分工,应该有贵贱上下的分野……一切享受(欲望的满足)与社会地位成正比例也是天经地义③。中国传统的平等观被认为是"前民主的平等"④,这种前民主的平等承认人在德性上是平等的,具有同等的成就德性的能力;但同时也认为"劳心者治人、劳力者治于人",或者"君子"和"小人"这样的道德人格区分上的不平等也同样是必然的和合理的。但这种"不平等"所追求的是上下相安的社会状态。即

---

① 高瑞泉:《平等观念在儒家系统中的四个解释向度》,《江苏社会科学》2010年第6期。

② [法]谢和耐:《中国与基督教——中西文化的首次撞击》,上海古籍出版社2003年版,第143页。

③ 瞿同祖:《中国法律与中国社会》,中华书局2003年版,第292页。

④ [美]乔万尼·萨托利:《民主新论》,冯克利等译,上海人民出版社2009年版,第372页。

"不患寡而患不均,不患贫而患不安"(《论语·季氏》)

朱熹对此解释为:

"均,谓各得其分;安,谓上下相安。"(《四书章句集注·论语集注》)

可见,对一个国家而言,人数多少、财富贫富并非最重要的问题,最重要的问题是社会关系达到各得其分、上下相安的状态。"平等"由于其多面性和复杂性,以及在等级社会中本身就难以完全实现,于是在儒家那里,只具有相对的价值,其本身要服从于社会关系的平稳和谐。荀子也持有同样的观点,

"夫贵为天子,富有天下,是人情之所同欲也。然则从人之欲,则势不能容,物不能赡也。故先王案为之制礼义以分之,使有贵贱之等,长幼之差,智愚、能不能之分,皆使人载其事而各得其宜,然后使悫禄多少厚薄之称,是夫群居和一之道也。"(《荀子·荣辱》)

人们本来就有基于先天条件的差异,社会制度是要让每个人各安其位、各得其宜,最终才能达到社会群体的和谐状态。

显然,等级制的等差思维在这里已经非常明显了,但如果我们从儒家对于平等和社会秩序的关系来看,必须看到儒家对平等有更深层次的观察。这种观察在于,儒家并不认为平等具有绝对价值,平等只有在与各得其分的秩序相对时,才具有价值,换言之,平等与秩序是彼此依存的两面。因为人们对富贵等欲望的无止境性,而社会的地位和财富势必不足以满足所有人同等的名利要求,因而在儒家看来,全面的平等既无可能也无必要。进而,重要的不是对人们之间绝对平等的追求,而是以人们都能各安其位、得其当得,最终以社会整体的和谐秩序为目标。而这种各得其宜、得其当得与实际的平等感息息相关。平等观念是抽象的,人们对于各方面平等的追求也是永无止息的,因而,在此人们永远与社会形成一种矛盾和张力,这种矛盾和张力因为持续存在而势必会有分裂社会的危险。对儒家而言,与抽象的全面平等观相对,儒家追求的是人们实际的平等感,这种平等感是具体的,与获得感、被尊重感、被同等回馈感等伦理体验和社会关系的良性互动相关。在此,人们作为一个"类",在

道德人格以及成就德性上的平等是绝对的,正如荀子所说的,

"若夫志意修,德行厚,知虑明,生于今而志乎古,则是其在我者

也。故君子敬其在己者,而不慕其在天者。"(《荀子·天论》)

在儒家那里,先天条件的不平等是属于人力所不及的"天",这超出了平
等的范畴,平等更多的在于人们在不同的位置和条件下得到同等程度的对待。
孔子"有教无类"的教育实践,以及后世"举孝廉""科举制"等制度实践也是
儒家这种平等观的重要体现。

传统平等观对于我们建设现代平等观有诸多启示:

首先,平等作为人类社会的价值追求,往往是抽象的。剥离抽象的平等观
的外壳实际上体现出一种功利的平等观。历史和现实的理论和实践表明,将
功利的平等作为人的终极价值追求,不仅不能实现平等,而且会得出相反的结
果。因而首先应该认识到人格平等是一切平等的前提条件。平等首先是一个
道德概念,尊严权是生命权、财产权、自由权和社会福利权的基础。"人的平
等感的心理根源之一乃是人希望得到尊重的欲望。当那些认为自己同他人是
平等的人在法律上得到了不平等的待遇时,他们就会产生一种挫折感,亦即产
生一种他们的人格和共同的人性遭到了侵损的感觉。"①维系社会共同体善良
生活,人格平等起到至关重要的作用。人们不分种族、不分肤色、不分语言、不
分地域,都具有同等的人格和同等的尊严,这是平等观念的基石。"世间人人
平等,是指他们作为人在尊严上的平等。……人生而平等的说法是真实的只
限于能够实际证实人与人平等这个方面。也就是说,他们都是人,都具有人种
的特性,尤其是他们都具有属于一切成员的特殊性质。"②如果以"人格"为核
心的平等观无法得到认同,那么即便人们具有同样的经济、政治平等权,这种
平等也只能是表面的、暂时的。平等具有复杂性和多面性,但是人格和尊严平

① [美]E.博登海默:《法理学:法律哲学与法律方法》,邓正来译,中国政法大学出版社
2004年版,第311页。

② [美]莫蒂默·艾德勒:《六大观念》,郗庆华译,三联书店1998年版,第200—202页。

等是人类社会所有平等的前提,也是衡量其他平等是否真实的标准。平等的关键是如同像对待自己一样对待他人。正如德沃金所说:"一种尊重是平等,这种平等是不考虑人们的社会地位而应该平等地给予所有人的。"①在人们的政治平等、经济平等快速增长的今天,平等的多向度性和"无止境性"使得对平等的诉求不断深入其本质,人格平等、被尊重的心理需求随之越来越迫切,更应该引起道德哲学的重视。

其次,平等观是历史文化传统的产物。真正的平等观念是历史语境下的,且形成于后天的环境,对于平等的共识观念是历史传统和社会共同体的共同产物。这意味着我们必须重视平等的文化土壤,深入平等观念的价值内核。正如恩格斯所说的:"平等的观念,无论以资产阶级的形式出现,还是以无产阶级的形式出现,本身都是一种历史的产物,这一观念的形成,需要一定的历史条件,而这种历史条件本身又以长期的以往的历史为前提。所以,这样的平等观念说它是什么都行,就不能说它是永恒的真理。"②每一次有关平等的观念更新和实践都会使人们产生对平等新的期待,同样也会促使人们将平等推向更深、更广的社会领域。实际上即便是传统等级社会,仅从中国传统的平等实践而言,对于平等的推进也一直从未止步。"中国历史发展的大势似已表明:中国的社会上更多地朝向扩大平等的方向发展的。或者说,从一个王朝之内的多趋势来说,由于自然兼并和两极分化,后期往往要比前期差别要大,但从这两千多年的整个长趋势来说,几乎每一循环的打破都使中国离平等更近一步,历史的总趋势是朝向平等发展的。"③

最后,现实生活中的平等是具体的、现实的。重视平等的微观指标,如资源、教育、就业、收入、地域。由于平等的观念往往产生于具体的不平等的体

① [美]罗纳德·德沃金:《认真对待权利》,吴玉章译,中国大百科全书出版社 1998 年版,第 238 页。
② 《马克思恩格斯文集》第 9 卷,人民出版社 2009 年版,第 113 页。
③ 何怀宏:《选举社会及其终结:秦汉至晚清的一种社会学阐释》,生活·读书·新知三联书店 1998 年版,第 122 页。

验,所以,任何具体的不平等现象,都会直接影响和塑造我们对平等的总体判断,因而平等感的获得和消除歧视、偏见等同样重要。只有在现实中,平等才可以被感知,被认识,被理解。人们对于平等与否的感受总是夹杂着自身的经验,具有个体性和差异性,偏见、偏爱会影响人们对具体平等的价值评判,因而,即便人们面对同样的平等,但还会有人觉得不平等。因而,大众的平等观念在认识方面完全一致是不可能的,同时层出不穷的不平等现象,会形成因为一方面不平而导致民众对其他平等的误判。

当下消除歧视、消除偏见,对于建立健康、理性的平等观异常重要。重视人们现实中的相互平等关系,消除城乡差距、地域差异等现实存在的不平等,会更有利于培育人们健康理性的平等观。"社会主义比资本主义更真实、更广泛地在实现平等,社会主义的平等价值比资本主义的平等价值更为优越。"①真正的平等"不在于追求'均等'和'同一'而是在承认、尊重差别的前提下,使得因天赋、能力、机会、地域以及个人努力等不同所造成的社会成员有分别的境况得其所、安其分、实现最大限度的共存共荣的可能"。② 也就是说历史、真实的平等就是得其应得的平等,而不是绝对平均主义,人类文明在这一点所取得的认识是一致的。

3. 公正观的当代创新

公正属于伦理学的基本范畴,即公平正义。学界普遍认为,今天中国学术界所界定的公正是对西文"justice"的移植,其义为公平、正当、合理、正义等。西方的公正思想源远流长,自古希腊时期就奠定了探讨城邦正义的学术基调,"得其应得"的公正观被广泛接受。柏拉图就认为正义是"一个人应当做他的

---

① 建宁主编:《社会主义核心价值观基本内容释义》,人民出版社 2014 年版,第 86—87 页。

② 袁祖社:《"中国价值"的文化发现及其实践意义》,《中国社会科学》2017 年第 8 期。

能力使他所处的生活地位中的工作"。① 亚里士多德说:"公正就是比例,不公正就是违反了比例,出现了多或少,这在各种活动中是经常碰到的。"②之后的古罗马法学家乌尔比安也认为:"正义乃是使每个人获得其应得的东西的永恒不变的意志。"③这些思想构成了西方公正观的主流。

国内对于现代意义上公平正义的关注和研究起始于对罗尔斯《正义论》的引进,该书将"作为公平的正义"看作是社会制度的首要美德。据此,公正被看作是一个影响社会之存续发展的基本价值。"正义与自由、平等、权利、善、幸福、秩序等概念密切相连,作为一种价值理想的崇高性与神圣性关乎人的尊严和主体价值,正义也就成了一定社会制度的最高的善,是评判社会制度是否文明进步的最高价值尺度。"④从广义上看,公正包含了平等之义。平等是公正的前提,平等是人们在特定历史时期的客观存在状态和相互关系,公正又不止于平等,公正即是将这种关系确立为普遍性的规则制度体系,是按照一定的社会标准和正当的秩序合理地安排社会关系。与平等相似,人类处在不同的历史发展阶段和不同的社会政治条件,对于公正的标准也呈现出多样性,同样基于不同的时代背景和社会结构,也会形成不同的公正观。中国古典的公正观尽管诞生在传统等级社会,但关于公正的基本诉求则一以贯之,而且渗透到广大民众对于公正的普遍想象和理解之中,因而了解古典公正的基本含义对今天中国公正观的确立和维系社会治理中的公正具有重要意义。

在汉语系统中,"公正"一词出自《荀子·正论》:"故上者、下之本也。上宣明,则下治辨矣;上端诚,则下愿悫矣;上公正,则下易直矣。"在"故上者、下

---

① [美]E.博登海默:《法理学——法律哲学与法律方法》,邓正来译,中国政法大学出版社2004年版,第8页。

② [古希腊]亚里士多德:《政治学》,吴寿彭译,商务印书馆1965年版,第94页。

③ [美]E.博登海默:《法理学——法律哲学与法律方法》,邓正来译,中国政法大学出版社2004年版,第277页。

④ 万斌、赵恩国:《公平、公正、正义的政治哲学界定及其内在统一》,《哲学研究》2014年第9期。

之本也"的语境下,公正与"宣明""端诚"等一样,是身为上位为政者的基本德性。只有为政者做到"公正",臣民才能坦荡正直,易于管理。此外,在士君子之间的论辩行为中,荀子认为同样也应该持守"公正"之德,要"以仁心说,以学心听,以公心辨","故能处道而不贰,咄而不夺,利而不流,贵公正而贱鄙争,是士君子之辨说也"(《荀子·正名》)。这也是因为士君子在立论辩说时必须秉持公心,而不能夹杂私心私利,防止邪说歪理。因此,在古人那里,无论"为政"还是"为学"都是天下之"公器",因而"公正"既是为政之德,也是士君子在论证立说之时所应秉持的基本德性。

在此,我们将"公""正"分而论之。就"公"而言,公与私相对。《诗经·召南》说:"被之僮僮,夙夜在公。"在此,"公"指公事、公务。《管子·桓公问》中"毋以私好恶害公正",《墨子·尚贤》在提及选贤的标准时说道:"有能则举之,无能则下之,举公义,辟私怨",在这些文献中"公"都被作为与"私"相对的概念予以使用。汉初贾谊也从与私相对的层面对"公"下定义:"兼复无私之谓公,反公为私。"(《新书·道术》)《礼记·礼运》则从正面肯定"大道之行也,天下为公"。在此,"公"已经具有了充分的伦理意蕴,与家天下、私天下不同,"天下为公"中的公强调的是公心、公义、公共之意。因而,"公"的核心意思就是"无私",换言之公意味着要"辟私怨"、"辟私情",正如东汉荀悦在《申鉴·杂论》所说:"不任不爱谓之公"。

至于"正",《论语·颜渊》道:"政者,正也。子帅以正,孰敢不正?"孔子将"政"看作是自正和正人的活动。自正即以"正"的标准来要求自己,是政治的前提和基础。此处的"正"有何内涵呢?《管子·法法》篇曾对此有所阐明:"政者,正也;正也者,所以正定万物之命也。是故圣人精德立中以生正,明正以治国,故正者所以止过而逮不及也。过与不及也,皆非正也。非正,则伤国一也。勇而不义,伤兵。仁而不法,伤正。故军之败也,生于不义。法之侵也,生于不正,故言有辩而非务者。行有难而非善者;故言必中务,不苟为辩。行必思善,不苟为难。"在管子看来,"正"是"正定万物之命",即,"正"具有使万物都能各循其天性顺利生长繁育的功能。而"立中以生正",说明"正"源于"中"。"中"被孔子称为"至德","中庸之为德也,其至矣乎"(《论语·雍也》)。"中"意为"无过也无不及"。例如朱熹就认为:"中者,无过不及之名也。"(《论语集注》)又道:"不偏之谓中。"(《中庸集注》)"中"所强调的是不偏不倚、无过无不及的最高智慧与德性。"正"既源于"中",也同样具备了"中"的内涵。合而言之,"公"即"无私",具体表现为"不任不爱",无偏私、无私情,"正"则蕴含着"中"不偏不倚的内在要求。因此,可以说,公必须在正的不偏不倚中才能求得。

古典公正观具有以下特点:

一方面,公正是为政者的基本德性,也是政治的基本目标。中国古代以"公"为前提的"公正"观,主要是对执政者的要求。是人君的执政理念、为政之要,也可以说是人君的执政德性。《吕氏春秋·贵公》说:"昔先王之治天下也,必先公。……有得天下者众矣,其得之以公,其失之必以偏。"并引述《尚书·洪范》以明"公"义:"无偏无党,王道荡荡;无偏无颇,遵王之义。"可见,对古代政治哲学而言,"公"是政治的基本属性。因而也是所有政治哲学的起点,自三代政治"公天下"共识确立后,对"家天下"和"私天下"的拒斥成为古典政治的普遍诉求。尤其是对公器的使用者和权力的掌管者而言,"公"是对其基本的伦理约束。现代制度也证明,只有执政者的公平公正才能最终导向一个公平正义的社会。近代以来孙中山的革命正式以"天下为公"为旗号,将政治解释为"管理众人之事",进而力图恢复和复兴古典政治"公天下"的精义。在此历史背景下,"大同"的社会理想成为现代中国立国的基本蓝图。

另一方面,公正理想以"中"为价值导向。正如我们对"正"所作的阐释,"中"是公正的内在要求与实践原则。以"中"为价值导向的公正,其所追求的既不是平均主义,更不是两极分化。"中"的价值导向将衡量社会的公平也看作是"过犹不及",两极分化的马太效应很明显与公平背道而驰,不予讨论。相反,平均主义的"大锅饭"也同样被历史所证明无法实现真正的公正。早在革命时期毛泽东就意识到:"我们赞助农民平分土地的要求,是为了便于发动广大的农民群众迅速地消灭封建地主阶级的土地所有制度,并非提倡绝对的平均主义。……现在农村中流行的一种破坏工商业、在分配土地问题上主张绝对平均主义的思想,它的性质是反动的、落后的、倒退的。"①在生产力还无法提供足够的财富来满足全体民众的平均需求下,平均也只能是"共同贫穷"的平均。而即便是生产力高度发达、财富总额高涨,但面对社会不同的需求层次,平均主义在实际上也难以完全实现。古典公正不仅是一种观念,也是在此观念下所展开的一系列制度创新和实践。荀子也曾将"中"解释为礼义,"曷谓中?曰:礼义是也"(《荀子·儒效》)。

"中"既是"礼"之核心义理,而"礼"显然就是"中"的外在化规范与准则。这里,荀子已经意识到公正并不仅仅是价值观念,同样更应该落实为制度实践。正如学者所注意到的,即便在后世,对于公正的寻求,儒家政治哲学也并非停留在观念层面。在我国的历代王朝中,大都具有较为完备的谏议、监察等制度。如"不杀白衣卿相"的宋代,更是以其完备的台谏制度著称,不仅士大夫的弹劾对君臣都有着较为重要的警诫作用,其监察制度、"公用钱""券食"等管理机制更是对权力运用有着较好的制约。正如学者所言:"儒家学者把匡正权力……当成是士人的权利和义务……儒家不断尝试建立起一整套完整、系统的权力制约机制……发展出一套包括保傅、宰相、封驳、台谏、三司、经筵、制举、轮对、清议等内容丰富的权力制约机制和权力匡正制度。"②正如科举制等一系列古代制度创新所呈现的,是社会资源向所有人呈现出的开放姿态,这是公正的基本前提。

经过对古典公正观的考察,我们看到中国很早就将公正作为政治的基本目标和为政者的基本德性。虽然其中的一些观点和举措已不适用于今天,但无论是对为政者个体的约束,还是对"公天下"政治理想的普遍诉求,古典的

---

① 《毛泽东选集》第四卷,人民出版社1991年版,第1314页。

② 彭永捷:《论儒家政治哲学的特质、使命和方法》,《江汉论坛》2014年第4期。

公正观念早已经成为中华民族一以贯之的伦理精神与文化基因。"正义……无非是所谓否定的和过渡性的思想;它提出各种社会问题,但是并不去周密地考虑它们,而只是指出一条解放人的唯一可行的途径,就是通过自由和平等使社会人道化;只有在日益合理的社会组织中才可能提供积极的解决办法。这是非常合乎期望的解决办法,是我们的共同理想……这是通过普遍团结所达到的每一个人的自由、道德、理性和福利——人类的博爱。"①人们不断追求的自由、平等,就是为了最终实现公正,而也因此,正如自由、平等的无限性一样,公正的社会似乎也永远作为一个高悬的理想而成为人类所有社会的政治目标,以"中"为导向的公正也需要"随时而处中",其具体规定永远是一个动态的过程,而非固定的标准,如朱熹所言:

> "公者,心之平也;正者,理之得也。一言之中,体用备矣。"(《朱子语类》卷二十六)

"公"是"体","正"是"公"之"用"。而面对新时代的各种新问题与无限可能的未来,传统的"公正"观念依然有其独特的借鉴价值。只有秉持"公心",在处事中做到"无偏无党",才能"得理"进而实现公正。因此,"公"是实现"正"的前提,"正"是"公"所要达到的目标和结果。

综上所述,中国传统公正观侧重在公正理想在政治治理上和为政者个人品质上如何实现,更多地体现出一种道德规范和品质,在培育与弘扬社会主义核心价值观的过程中,要继承中华优秀传统文化中的公正观念的实践性、规范性,才能创新发展出具有当代中国特色的公正观,才能推动中国社会公正价值理想的实现。

4. 德法并举的中国治道

2016 年 12 月,在中央政治局第三十七次主持集体学习时,习近平总书记

---

① 《马克思恩格斯全集》第 18 卷,人民出版社 1964 年版,第 508 页。

特别指出改革开放以来,在深刻总结我国社会主义法治建设的成功经验和深刻教训的基础上,"把依法治国确定为党领导人民治理国家的基本方略,把依法执政确定为党治国理政的基本方式走出了一条中国特色社会主义法治道路","这条道路的一个鲜明特点,就是坚持依法治国和以德治国相结合"①。

在两千五百多年的世界文明发展中,一共产生了欧洲大陆法系、英美法系、阿拉伯法系、印度法系、中华法系五大法系,在这五大法系下也形成了各不相同的国家治理模式和社会组织路径,根据其不同特点,可以将其大致分为三种:其一是所谓法律—宗教模式,以英美法系、欧洲大陆法系为代表;其二是法律与宗教合一模式,以阿拉伯法系、印度法系为代表;第三种则是由中华文明所独创,在东亚国家得到实践的法治—德治模式。

法治何为? 概而言之,法治是一种现代治理方式,是现代社会的秩序基座和国家治理的根本,法治也被认为是人类社会迄今为止最好的治理方式。当代中国的党和政府将依法治国确立为党领导人民治理国家的基本方略,更将依法执政确定为党治国理政的基本方式,逐渐摸索出了一条中国特色社会主义法治道路。

关于法治的认识也经过了曲折的过程。从我国当前现行宪法——1982年宪法开始,就将"不断完善社会主义的各项制度,发展社会主义民主,健全社会主义法制"作为基本规定。随后的1999年,第九届全国人民代表大会第二次会议通过的宪法修正案中又增加了"中华人民共和国实行依法治国,建设社会主义法治国家"的条款。2014年,《中共中央关于全面推进依法治国若干重大问题的决定》在党的十八届四中全会通过,提出要全面推进依法治国,强调把法治作为治国理政的基本方式。2017年,党的十九大报告明确提出,全面依法治国是中国特色社会主义的本质要求和重要保障。2018年3月,第十三届全国人大一次会议表决通过的宪法修正案,将《宪法》序言第七自然段

---

① 《习近平谈治国理政》第二卷,外文出版社2017年版,第176页。

中"健全社会主义法制"修改为"健全社会主义法治",从"法制"到"法治",一字之差,体现了治国理政之理念的更新,既是对中国特色社会主义法治体系的完善,同时也对加快实现国家治理体系和治理能力的现代化提供了根本性、稳定性、全局性和长期性的制度保障。

"法制"和"法治"虽差一字,但二者含义实有重大不同。首先,法制相对于经济制度、政治制度,强调的是法律、法规、规章等制度因素。与之相比,法治则是一种治国的理论、原则和方法。同时,这也是古代先秦法家所倡导"不务德而务法"之"法制"与现代意义上法治的根本不同之处。现代意义上的法治是国家组织管理、运行的客观模式和标准,法治本身是目的,而非法家所倡导的"法"、"术"、"势"相配合的统治手段,与作为帝王个体人格化的律令条例相比,法治是人民大众集体意志的具体化,是人民当家作主的制度化、法律化,包含着人权、自由、平等、正义、民主等原则,也是人民当家作主的形式和途径。其次,法制主要是指法的规则和体系,是静态的。而法治则不仅是静态的规则制度,更包含着动态的立法、司法、行政、执法及守法等与法律相关的一系列活动。最重要的是,法律本身代表着公平正义的价值追求,以惩恶扬善,维护社会基本秩序,限制公权力、保障私权利等终极善为目的。归根到底,法治不仅仅是照章办事,循例依规,而是意味法律本身必须首先是良法,对善恶有明晰的划界和判决。正如亚里士多德在《政治学》一书中讲道:"法治应包含两重意义:已成立的法律并获得普遍的服从;而大家服从的法律又应该是本身制定的良好的法律。"①

何为德治?首先必须指出,从未出现过所谓纯粹的德治社会,只是中国古人在长期的治理实践中,早就看到德治具有比法制更重要、更深刻的治理价值。中国古代的德治理念和实践至少起源于两千多年前的西周时期。针对殷商的覆灭,周公提出"敬德保民""明德慎罚"等一系列德治的理念和举措。孔

---

① ［古希腊］亚里士多德:《政治学》,商务印书馆1988年版,第36页。

子开创的儒家学派更是明确提出"为政以德"的德治主义政治伦理,主张社会治理要"宽猛相济"、德法并用。

此后的儒家都以此作为基本的政治主张,例如孟子认为"徒善不足以为政,徒法不能以自行"(《孟子·离娄上》),荀子也主张要"隆礼重法"。到了汉代,罢黜百家独尊儒术之后,德治的主张从理论走向了实践,贾谊认为,"然而曰礼云礼云者,贵绝恶于未萌,而起教于微眇,使民日迁善远罪而不自知也。孔子曰:'听讼,吾犹人也,必也使毋讼乎!'"(《汉书·贾谊传》)汉代董仲舒提出"阳为德、阴为刑",主张治国要"大德而小刑"。司马迁在其自序中也说:"夫礼禁未然之前,法施已然之后;法之所为用者易见,而礼之所为禁者难知。"(《史记·太史公自序》)

同样的说法也见于《大戴礼记·礼察》:"凡人之知,能见已然,不能见将然。礼者,禁于将然之前;而法者,禁于已然之后。是故法之用易见,而礼之所为生难知也。"足见在汉代,重视德治,或至少支持德法并举已经成为政治治理的共识,这一共识一直贯穿于中国古代政治文明的始末。到了唐代,《群书治要》提出"爱待敬而不败,德须威而久立,故制礼以崇敬,作刑以明威也",既通过"贞观修礼"推行德治,同时制定出中国古代最早、最完整的一部法典——《唐律》。宋、元、明、清时期基本延续了"德主刑辅"、德法合治的传统。

"德治"具有人本性。道德治理强调以人们在心理上、情感上的认同为特点,并不像律法条例那样以统一的、一刀切的方式制约人,而是更重视主体的情境性特点,强调在共同体中多数人在心理上认同、在情感上主动接受的行为规范,其根本精神上蕴含着对人、物的尊重。道德不同于法规或制度的地方在于,是被人们从心理上所广泛接受的行为方式和价值准则,换言之,德治是以人与人相互尊重的行为方式展开的。正如孔子所发现的德治的基本逻辑:"导之以政,齐之以刑,民免而无耻;导之以德,齐之以礼,有耻且格。"(《论语·为政》)

法律和惩戒并不能从根本上维护社会秩序,一味地依靠刑罚等外在的强制手段惩戒人,会导致社会形成繁杂冗余、密不透风的法律之网。一方面,这会使得人们不会从内心深处意识到其错误,并且不会因此而不再违反法律,最多引起的是对法律惩罚的畏惧和警戒;另一方面,"法令滋彰,盗贼多有",人们会竭力逃避法律的惩罚,并想方设法钻法律的空子,甚至会因此犯更大的错误。在这里,单纯依靠法律所呈现的治标不治本之特性已经很明显了。

而德治之所以能起到治本的作用,一方面是真正从以人为本、尊重人的角度设计的良好制度,即,从养人之欲、顺人之情等激发善意的方式来引导社会,塑造和凝聚为人们所普遍认可的道德规范,形成好的习俗传统。这种自下而上的方式更易为人所接受。另一方面,德治的约束力以强大的社会舆论和人情关系为后盾,将违法乱纪者置于良心和生存的双重拷问之中,让人们从内心树立道德感和尊严意识,使人树立羞耻心和自我检省意识,更易产生由内而外的约束力。与法律事后消极性的弥补正义相比,德治从一开始就将邪念歹心消磨于无形,从而自觉地建立和维护社会秩序,是更加治本的解决之道。从这方面而言,所有法律的设定无不是以"人性恶"作为其逻辑起点,将每个个体都看作是"潜在的犯罪者"和为了利益无所不用其极的"自私自利者"。正如学者所言:"当一套体制把人当作追求利益的动物,处处防范,时时警戒,它就体现了法家的特征。这时人们相互争抢、毫无退让,而整个体制也成了失去了精神的机器、丧失灵魂的躯壳。反之,如果一套体制把人当作高贵的生命,处处引导,时时激励,它就体现了礼制的特征。"①因此,德治是建立在"人性善"的善意的逻辑结构之上,相信人们能够完成自我约束,相信每个人都有成为好公民的可能。无疑,这种逻辑是将人的尊严和人的主体性看作社会治理中至关重要的因素,并以尽可能在制度安排中保护和鼓励人对自己尊严和德性的主观努力为原则。也因而,"礼治(德治)和法治的另一重要区别在于,法治只对当前的这事情(指纠纷)负责,而礼治要把当前的这事情(如纠纷)和整个社

---

① 方朝晖:《礼治与法治:中西方制度的基础研究》,《邯郸学院学报》2015 年第 1 期。

会秩序的追求、甚至和宇宙的和谐等联系在一起。所以礼治可以满足中国人在心理上的更大的安全需要"①。

"德治"还将统治者的德性作为社会治理的前提,同时也看作是政治治理的总纲,所谓"纲举而目张"。德治首先是对为政者的品格要求。在古代选拔政治人才的活动中,几乎都将"德"放在首位。《周礼》记载,乡大夫对本乡人才每年进行考察,要"考其德行,察其道艺","考其德行道艺,而兴贤者能者"。先秦诸子百家谈到选拔人才的标准,也都主张以德为先。孔子言:"政者,正也。子帅以正,孰敢不正?","为政以德,譬如北辰,居其所而众星拱之"。为政者以身作则,以道德来行事,就会像北极星一样,其他人都会环绕着他,这就是"为政以德"的力量所在。将为政者自己的德行看作政治治理的前提,这在先秦时代得到了思想家们的广泛认可:

"子欲善,而民善矣。君子之德风,小人之德草。草上之风,必偃。"(《论语·颜渊》)

"大德不至仁,不可以授国柄。""见贤不能让,不可与尊位。"(《管子·立政》)

"惟仁者宜在高位。不仁而在高位,是播其恶于众也。"(《孟子·离娄上》)

"决德而定次,量能而授官。"(《荀子·正论》)

道德与法律各有其不可替代的社会功能。法律凝结着社会基本价值取向,是社会的道德底线,遵守法律也意味着遵守最低限度的道德。法律是现实主义的,以行为后果为根据,以事实为准绳,事后处理或惩罚,其判决通过强力机关执行,因而道德不能绑架法律;道德观念则呈现出应然性、价值性,是一种理想状态的标准,靠引导、监督和舆论谴责,通过道德教育可以提高人们的道德自觉。遵守道德不作恶的人是因为将道德内化,并不是因为害怕法律惩罚

---

① 方朝晖:《礼治与法治:中西方制度的基础研究》,《邯郸学院学报》2015年第1期。

而不犯法,不仅如此还会做出见义勇为、杀身成仁、舍生取义的崇高道德行为,即便法律条款没有具体规定,这正是道德教化不同于法律强制的作用。习近平总书记指出:"要重视发挥道德的教化作用,提高全社会文明程度,为全面依法治国创造良好人文环境。"①依法治国和以德治国可以形成强大合力,释放强大正能量。二者不仅不对立,而是互相补充的。纵观人类的政治治理经验,法律和道德之间的界限并不总是固定不变,而是呈现一种流动的边界。尤其是在现代化进程中,道德规范"下降"落实为法律规范,法律规范"上升"为道德规范是常有之事,法律和道德之间的流动充分说明法律和道德二者并非截然可分,而应当综合运用于时代的社会发展需要。法治是道德的制度支撑。良好的法律法规,有助于社会良序运行,具有明确的道德导向。立法、执法、司法的各个环节必然要体现社会主义道德规范。这样人们才能将法治确立为一种信仰,形成全社会对法治之价值观高度认同的心理机制,激发人们以法治观念指导和规范自身行为。

通观我国古代治理经验,法治和德治运用得当,社会大多就能出现较好的治理和发展局面。儒家治国理政思想既强调"以德治国",又不单纯排斥"法治",而是主张"礼法合治"。法治和德治是殊途同归的,都是为了达到一个善治社会。中国古代"礼法并用、德主刑辅"(法治—德治)的二维结构治理实践充分证明,社会治理模式要充分考虑到历史文化传统和民众的文化心理结构,才能最终达到社会善治。习近平总书记曾多次引用卢梭的经典名言:一切法律中最重要的法律,既不是刻在大理石上,也不是刻在铜表上,而是铭刻在公民的内心里。

总体而言,法律是成文的道德,道德是内心的法律。法律和道德在国家治理中都有其不同的地位和功能。法治,就是强调法律的权威性和强制性,重视发挥法律规范作用,用法律准绳规范社会行为、社会生活、国家治理。德治,以

---

① 《习近平谈治国理政》第二卷,外文出版社2017年版,第176页。

其理性和情感的说服力和引导力提升社会成员思想道德觉悟,发挥道德的教化作用,引导规范社会成员行为,调节社会关系。法律和道德都不能独自发挥作用,法律要发挥作用,首先要以法治为信仰,这需要相当的信念积累和社会心理条件。道德要发挥作用,则必须提升全社会的道德素养,凝聚人们主动向善的积极性。

法治与德治相结合也是中国传统文化之治理经验的智慧凝结。中华文化不借助宗教,就能在解决人的终极精神需求上有所助益,从而在经受各种意识形态冲击下,仍能保持中华文明的基本特性。因而要认真对待法治和德治相结合的中国政治文化基因和政治治理经验,所以,"我们既不能走西方法律和宗教相结合的道路,也不能走阿拉伯国家政教合一的道路,我们要走出一条新路,这就是中国特色社会主义法治道路。"①正如习近平总书记所指出的:"强调法治和德治两手抓,两手都要硬。这既是历史经验的总结,也是对治国理政规律的深刻把握。"②在建设现代法治国家的大前提下实施德法并举,这是为历史实践所证明的合理中国治道,也是中国特色社会主义道路的特点之一,更是社会主义核心价值的重要内涵。

四、公民道德的传统美德基础

孙中山曾指出:"大凡一个国家所以能够强盛的原故,起初的时候都是由于武力发展,继之以种种文化的发扬,便能成功。但是要维持民族和国家的长久地位,还有道德问题,有了很好的道德,国家才能长治久安。"③在中华民族伟大复兴的征程中,道德是维系族群和谐、社会经济繁荣、国家长治久安的助

---

① 徐显明:《坚持依法治国和以德治国相结合——学习习近平总书记关于法治与德治关系的重要论述》,《求是》2017年第6期。
② 《习近平谈治国理政》第二卷,外文出版社2017年版,第134页。
③ 孙中山:《三民主义·民族主义》,载《孙中山全集》第9卷,中华书局1986年版,第242页。

推器,公民美德的养成和伦理观念的现代转化在国家的现代化中有举足轻重的作用。传统美德现代转化的核心和关键还是在普通公民的自觉意识和自我践行上。如钱穆先生所言:"我们每一人,故不能代表中国文化,但亦究是代表了中国文化。只不能代表中国文化之全,与其深与大。然而我们就是生在中国文化传统之里面,而成为一中国人,那么中国文化岂不就在我们身上。"①中国优秀传统文化是一个"活传统"或真传统,每一个人都是文化传统的承载者,用传统美德培育现代公民,提高公民道德素质和公民涵养应该成为培育社会主义核心价值观的最终归宿和最高目的。

"爱国、敬业、诚信、友善"是公民的基本道德规范,也是从个人行为层面出发对社会主义核心价值观基本理念的概括。它覆盖社会道德生活的各个领域,是公民必须恪守的基本道德准则。爱国是公民个体对祖国的深厚情感和价值依托,也是调节个体与国家关系的基本行为准则。其基本要求是,以振兴中华为公民的基本目标,促进民族团结、维护祖国统一、自觉报效祖国。敬业则是公民从事职业活动的基本道德精神与准则,要求公民在岗位中忠于职守,克己奉公,服务人民。诚信是公民在社会公共生活中应该着力履行的现代道德原则,也是人类社会千百年传承下来的道德传统,强调信守承诺、诚恳待人。友善是公民人际间相互交往与相待的伦理精神原则,强调公民之间应互相尊重、互帮互助、和睦友好、共享共荣的联结情谊,努力形成社会主义的新型人际关系。

1. 传统忠德与爱国主义

关于中国的爱国主义,英国哲学家罗素在 20 世纪 20 年代曾经写道:"中国首先应当注重的是爱国主义思想。这种思想当然不是像义和团那样盲目地排外,而是秉着开明的态度,向他国学习但又不受其支配。日本的侵略残酷地

---

① 钱穆:《中国文化精神》,九州出版社 2012 年版,第 19 页。

教会了知识分子和商人这种思想倾向。爱国主义的危害性,在于当它达到了足以抵御外侮的程度之后,会转而导致侵略外国。中国物产丰富,人口众多,完全能一跃而成为仅次于美国的世界强国。值得担心的是,中国在变得富强以保持自身独立的过程中,或许会因其强大而走上帝国主义的道路。应当大力弘扬爱国主义以保家卫国,而不是入侵异族。有了这个附加条件,我认为爱国主义精神是中国复兴所必不可少的。寻求政治独立本身并不是最终目的,而是实现中国的传统美德和西方的技艺结合的一条途径。如果达不到这个目的,那么,政治上的独立也没有什么太大的价值。"①罗素对彼时中国的观察是敏锐的,也是极具启发性的。近现代以来的中国的革命、改革、发展无一不与爱国主义思潮有着密切的联系,也可以说,中国近现代以来的重大变革都或多或少是在爱国主义的背景下展开的。

古代有丰富的爱国思想,集中体现在"忠"的意识上。忠不仅是我国传统道德的重要道德,而且今天仍需要正确认识、批判地继承和弘扬发展。在"家国同构"的社会里,父子君臣关系是最重要的伦理关系之一,因而忠与孝构成人最重要的两个道德义务。为人子要孝,为人臣要忠,忠孝是维持"三纲"中的君为臣纲、父为子纲的根本精神和伦理原则。

"忠"在历史上主要有两层含义:一是广义,作为普遍的道德要求,就是在做人做事时尽心竭力;二是狭义,即尽心尽力为君主服务。孔子说"与人忠"(《论语·子路》),曾子说"为人谋而不忠乎"(《论语·学而》),这都是从广义上说忠,朱熹概括为"尽己之谓忠"(《四书集注·论语》)。孔子说"臣事君以忠"(《论语·八佾》),郑玄说"死君之难为尽忠"(《孝经注》),这是从狭义上说忠。这两层意思是有内在联系的,但在后来的中国历史发展中,主要强调忠作为臣子道德的狭义忠,经过五四运动和我国现代社会长期以来对传统道德的批判,人们似乎只看到了愚忠的消极性,忘却了忠最初的一般社会伦理意

---

① [英]罗素:《中国问题》,秦悦译,学林出版社1996年版,第191页。

义。今天我们倡导爱国，便要从根本上回归忠德的原始含义，正本清源以作为涵养社会主义核心价值观的源头活水。

首先，在战国以前，忠不仅是臣德，更是一种君德。传世文献中关于忠德的最早定义和解读是："所谓道，忠于民而信于神也，上思利民，忠也。"（《左传·桓公六年》）这里为君之"道"就是要忠于民和信于神。在上位的君要忠的对象是民，忠的方式是"思利民"，同时也只有忠民利民才有可能"信于神"。可见，在春秋初期产生的"忠"，首先是作为君主的为政之德出现的，内涵是要求君主"思利民"，忠主要是用来规范君主对民的态度。

其次，春秋时期，忠作为政治伦理的主要德目，主要是指忠于社稷、国家，公家之事。《左传·僖公九年》说："公家之利，知无不为，忠也。"这里是指对"公利"、"公家"要忠。在《左传·昭公元年》中还有这样的话："临患不忘国，忠也。"则意味着对国家危亡的时刻能挺身而出也是忠德的内在要求。

最后，忠在其早期可以说是君臣之间一种相互的道德要求，而并非像后世一样是臣对君的一种单方面的义务。春秋时的晏子甚至主张"君者择臣而使之，臣虽贱亦得择君而事之"（《晏子春秋·内篇·问上》）。同样，孔子也主张"君使臣以礼，臣事君以忠"（《论语·八佾》）。

君臣之间的伦理关系对双方均提出了同等的道德要求，孟子则进一步认为，臣对君的态度完全取决于君对臣的态度。其言"君之视臣如手足，则臣视君如腹心；君之视臣如犬马，则臣视君如国人；君之视臣如土芥，则臣视君如寇雠"（《孟子·离娄下》）。

可见，在儒家那里，忠并非是毫无前提的道德原则，相反，是君臣相互对等的产物。基于大一统的政治需要，忠在封建统治之下逐渐片面化。在法家韩非子的权威主义解读下，忠逐渐变为臣对君的单方面义务。"臣事君，子事父，妻事夫，三者顺则天下治，三者逆则天下乱。此天下之常道也。"（《韩非子·忠孝》）特别是到汉代封建大一统的确立，董仲舒对韩非子的忠君思想进一步发挥改造，忠作为臣之单方义务的含义逐渐成为主流。董仲舒关于"忠"

的理论中最引人注目的观点是所谓"一中为'忠',二中为'患'"之说。在《春秋繁露·天道无二》中董仲舒言:"心止于中者一,为之'忠';持二中者,谓之'患'。"强调了忠德"一心一意"的内涵,"二心二意"则意味着隐藏着祸患。至唐宋时期,"忠"之伦理范围不仅严格地局限在"君臣"之伦,而且"愚忠"的成分逐步增强。唐太宗李世民说:"君虽不君,臣不可以不臣。"(《旧唐书·太宗本纪上》)将忠德单方面规定为为臣之德。到了宋儒,认为"事君须是忠,不然则非事君之道"(《朱子语类·卷十三》)。

如此一来,封建帝国体系的成熟逐渐也使得"忠"成为一种无条件的绝对伦理,如同君臣之不对等的关系一样,不能加以思考或怀疑,忠也因而成为强加在臣民头上的道德捆绑,其所具有的原始对等伦理意蕴趋于消亡。

明清之际至近代以来,对于"忠"之原始意义的回归对近代中华民族和国家观念的形成发挥了巨大作用,同时也助推了现代爱国主义情感的生成。首先,明清之际,进步思想家如黄宗羲、顾炎武、王夫之等对受君主专制荼毒的思想进行了反思。特别是顾炎武和王夫之,提出了区分"国"与"天下",辨析"一君之私"和"天下大公"的政治观念。这种宣传对抑制"忠"德的绝对化和极端性,反思君臣伦理的不对等性,回归"忠"双向约制之原始意义有巨大作用。近代以来,对维新、五四和革命浪潮产生巨大影响的思想家,包括严复、谭嗣同、梁启超等人都继承了明清早期启蒙思想家的观念,主张将"忠君"和"忠国"区分开来,将"忠"更多地指向与"国"而非与君联系在一起,强调个体对国家尽"忠"是一种本务和天职。梁启超进一步指出,与人民对国家的"忠"相比,国君更有对国"尽忠"的责任。因为人民"仅在报国之一义务";而国君则作为人民选举委托管理国家的对象,"兼有不负付托之义务",所以,"君之当忠,更甚于民"。[1] 这些思想成为在中华民族抵抗外侮,生成近代民族国家意识时重要的思想资源。孙中山先生在《三民主义·民族主义》第六讲曾说:

---

[1]　参见梁启超:《新民说》,中州古籍出版社1998年版,第71页。

"我们现在说到忠于君,固然是不可为;说忠于国是可不可呢? 忠于事又是可不可呢? 我们做一件事,总要始终不渝,做到成功,如果做不成功,就是把生命去牺牲,亦所不惜,这便是忠。"可见,忠于国家就是爱国主义,爱国主义也首先表现为对国家的忠诚如一。忠与爱国有着根本上的一致性和继承性。

除了对忠德的反思和继承之外,爱国主义在今天又增添新的表现形式。"爱国"顾名思义,是对国家的爱,是一种对待祖国的强烈情感,这种情感既有天然的因素,更离不开后天的历史建构。作为一种天然公共性情感,爱国与"同胞之爱"息息相关。一个人生下来在哪里是不由自己决定的,也因而,爱国与热爱自己的亲人一样是一种近乎天然的情感,这种天然情感正如人们对父母的依恋情感是先在的,也是无条件的,不过这种爱不同于对父母等私人性的爱,而是一种公共性的爱。托克维尔曾对这种爱作了说明:"有一种爱国心,主要来自那种把人心同其出生地联系起来的直觉的、无私的和难以界说的情感。这种本能的爱国心混杂着很多成分,其中既有对古老习惯的爱好,又有对祖先的尊敬和对过去的留恋。怀有这种情感的人,珍爱自己的国土就像心爱祖传的房产。"[①]在托克维尔的界定中,我们发现至少有三重因素参与了爱国情感的生成,即共同的传统、信仰和地理空间共同参与了爱国这种公共性的情感。显然,这三种因素使得爱国以近乎天然的形式形成了对同胞和共同体的认同。同时,对爱国主义而言,后天环境的历史建构也至关重要。对于祖国这种公共性的爱只有在与国家相关的公共性事件发生的特殊时刻才会显现,这种公共性事件会使得所有公民都产生一种不能置身事外的责任感,并经由舆论发酵迅速产生伦理上的共同体感。共享的历史传统和命运上的连带感在不断被强化的有关民族和国家的道德教育中逐渐生成,关于民族、国家的共同体的"想象"使得同一时空下的人们加强了"我们"感和一体感。民族英雄的故事被广为传诵,而卖国者或叛逃者被不断谴责,人们形成同样的在国家荣辱

---

① [法]托克维尔:《论美国的民主》,商务印书馆 2013 年版,第 294—295 页。

存亡等大是大非问题上的道德观念,在此,爱国不仅表现为一种强烈的主观情感,同时也是人们理智的行为抉择和道德选择。

如今,爱国作为政治共同体存续的基本价值,作为公民的首要美德①,尤其要警惕和防范两种极端的思潮,一是个体主义的思潮,二是狭隘的民族主义。

个体主义完全将个人抽离于集体,将个体视为独立存在的、完全自主的主体,否认个体和其共同体之间的联系,这种个体主义的观点认为:"一个人的国籍可以被描述为是道德上任意的,这是因为在大多数情况下,这个人将不能为她的国民资格担负道德上的责任——人们仅仅是生在那个国家,并且毫无选择随着自己的成长而获得那个国民资格带来的好处和坏处"②。这种观点从本质上将个体和共同体之间的联系视为偶然的、任意的联系,进而将之视为不必然的,且可以随意更改的,因而对其所出生的国度没有相应的责任和义务,更不必为了共同体的利益而奉献或自我牺牲,认为每个个体都有自足而完整的意志自由,是一个独立而理性的原子化存在,因而认为"爱国主义已经变成一种道德上可疑的事物"③。或者说,爱国抑或不爱国并不具有美德的意义,只取决于个体的自我抉择,无论他如何抉择,只要出于自由意志的价值抉择便无可厚非。在这里自由主义者将个体的价值看作至高无上的,在和国家以及共同体的价值较量中,任何宏大的价值话语都要让位于个体的自由选择权。显然这种以自由主义为其基调的观点已然将集体或共同体看作是工具,将个体看作除了利益关系之外无其他任何隶属关系的绝对化、自由化存在,这种自由化存在否认了个体与其周围环境的交互性关系,也否认了个体自我认同的文化政治背景,从而彻底将个体孤立为理性的经济人或自私自利的原子

---

① 万俊人:《爱国主义是首要的公民美德》,《道德与文明》2009年第5期。
② 徐向东:《全球正义》,浙江大学出版社2011年版,第220页。
③ [美]史蒂芬·B.斯密什:《耶鲁大学公开课:政治哲学》,贺晴川译,北京联合出版公司2015年版,第280页。

式个人。"现代生活已经把每一个现代人都塑造成布尔乔亚人，塑造成以自爱为最高生存原则的'原子'个体。"①这种布尔乔亚式的个体将国家或民族看作是一种恶，因而倾向于无国界主义或无政府主义，或从积极意义上看，产生了将自己看作是"世界公民"的幻象。其实质是一种虚无化的世界主义。实际上，正如卢梭所言："我们应当根据我们的特殊社会来设想我们的普遍社会；根据小共和国的建立来设想大共和国。只有在成为公民之后，我们才真正开始成为人。根据这个道理，我们对那些所谓的以全球为家的人应当抱怎样的看法，就很清楚了。他们自称爱人类就是爱祖国；他们吹嘘他们爱所有的人，而实际上他们对谁也不爱。"②这种虚幻的世界主义思想从根本上瓦解着共同体生活的心理基础，在一个虚弱的共同体内最终也无法保证个体自由的相对实现。

狭隘的爱国主义往往体现为民族主义。中国的近代化历程起步于内忧外患的历史关头，"赶英超美"甚至"落后就要挨打"的发展焦虑一直伴随着中国走向现代化的过程。这种对共同体的深层焦虑化作民族主义的爱国激情。改革开放后，中国人逐渐走出"五四"式的民族悲情，重新拥抱全球化、市场化的浪潮，但那种夹杂着朴素爱国情感的"受害者"心态仍然时不时地情绪化流露，且为强烈的民族情感所吞噬，使得少部分人无法理性客观地对待世界，"正像极'左'思潮总是以冠冕堂皇的口号和理论装扮自己而不容易遭到攻击一样，狭隘民族主义将本民族中的落后和荒唐的东西用神圣的包装掩盖起来，使之免受现代化的冲击"③。少数人以爱国的名义，却实际上展现出夜郎自大或盲目排外的面目，裹挟着舆论产生与外部环境做出势不两立之姿态，产生狭隘的民主主义情绪和非理性的爱国主义，最终走向反抗现代化和全球化浪潮

---

① 尚文华：《道德与政治的分野与互动》，《哲学研究》2017年第2期。
② ［法］卢梭：《卢梭全集》（第4卷），李平沤译，商务印书馆2012年版，第179页。
③ 顾速：《狭隘民族主义，还是理性爱国主义？——改革开放时代中国人的选择》，《开放时代》1997年第2期。

的逆流。在市场化、全球化的时代浪潮之中,技术、资源、资本和人口等生产资料在世界范围内大规模流动,国与国之间已被联结为密不可分的整体,不同文化之间的交流融合逐步加强,经济全球化和文化多元化已成既定事实,任何一种狭隘的民族主义或情感封闭的爱国主义,都很难真正站得住脚,真正的爱国主义势必体现出理性开放包容的胸襟和向世界敞开的眼光,而爱国作为一种公民美德,绝非仅仅体现为强烈的情感,更是以一种"开眼看世界"的理智心态和共存共荣的大国眼界与外部世界进行互利互惠、有理有据的理性交往。

传统忠德以及近代以来所产生的爱国主义情感,是国家政治认同基础。国家不仅是个体生存和发展的内在需求和现实庇护所,更是每个公民获得尊严实现安身立命和自我认同的精神家园。忠于祖国,并且热爱和维护国家的利益和尊严是公民的"自然义务"和政治伦理,今天我们要以传统忠德的普遍含义作为文化资源,大力弘扬爱国主义精神,为公义、公道尽心竭力,要求我们每一个人自觉为国出力、爱国报国,同时,更是对中华民族族群的自信和对文化存续的自信,显然,包含传统忠德在内的爱国主义是今天实现民族复兴的强大动力。

2. 传统敬德与现代敬业精神

"执事敬"是中华民族的优良道德传统。"敬",在中国伦理史上,是出现较早的德目之一,"夏上忠、殷上敬,周上文"①,在金文中已有"敬"字。殷人以敬神为主导价值,西周已意识到"惟不敬厥德,乃早坠厥命",将"敬神"转化为"敬德",正如徐复观所言,"敬"是"直承忧患意识的警惕性而来的精神敛抑、集中及对事的谨慎、认真的心理状态"。② 敬是人道德意识觉醒和伦理精神彰显的心理基础,对其他德性具有原发性作用,"敬,德之聚也,能敬必有德"(《左传·僖公三十三年》)。

---

① (汉)班固:《汉书·董仲舒传》,中华书局 1962 年版,第 2518 页。
② 徐复观:《中国人性论史(先秦篇)》,上海三联书店 2001 年版,第 20 页。

敬之所以是所有德性的集合,同时也能够生成其他诸德,乃在于敬"既是一种外在态度,更是一种内在情感,源起于巫术礼仪中对上帝鬼神的尊敬畏惧,理性化后转为生活态度和情感要求,成为人性塑造的一个部分"。[①]"敬"所彰显的是道德主体反求诸己的自律精神,是道德情感和道德实践得以产生的心理基础,因而敬可说既是一种道德德目,也是道德心性基础与实践工夫,使其他德性得以可能。据此,我们看到敬在古代伦理学中的核心地位。敬几乎是所有道德规范的始发点和落脚点。仅对《论语》的检索考察而言,共有二十余处提到"敬"。涉及对事("敬事而信"、"其事也敬")、对他人("久而敬之""敬而无失")、对父母("不敬,何以别乎?""又敬不违")、对礼仪规则("为礼不敬")、对鬼神("敬鬼神而远之")等。在古代伦理学中,"敬"可以说是一个人由内而外所当遵循的基本行为规范,也是一个人道德行为的源头,所谓"修己以敬"、"居敬而行简",就是通过自我修养最后达到强烈的事业心和责任感。

在中国古代,敬业是一种广泛的社会道德,"敬业"一词出自《礼记·学记》,"三年视敬业乐群",本意为进入大学学习三年后,学生应知道专心于学业、与同学和睦相处,后敬业演变为对所执之事认真负责、专心致志的态度。从现有文献来看,"敬"作为一种临事执业的态度、精神、行为规范,具体包含如下几层含义:

其一,严肃认真,谨小慎微。"敬之哉,无废朕命"或"敬夙夜,勿废朕命"[②],是周天子分封时,西周策命铭文的常用结束语,正是要求被封地授职的人须严肃认真地对待任命,履行责任。《论语·学而》:"子曰:道千乘之国,敬事而信,节用而爱人,使民以时。"在这里"敬事"也是指严肃认真对待政事。冯友兰在其《新世训·存诚敬》中也曾对敬做过一番深刻的讨论:"有真至精神是诚,常提起精神是敬。粗浅一点说,敬即是上海话所谓'当心'。《论语》

---

① 李泽厚:《论语今读》,生活·读书·新知三联书店 2004 年版,第 32 页。
② 董芬芬:《春秋辞令文体研究》,上海古籍出版社 2012 年版,第 173 页。

说'执事敬'，我们做一件事，'当心'去做，把那一件事'当成一件事'去做，认真做，即是'执事敬'。"同时，敬也是指要做到谨小慎微，防患未然。《诗·大雅·板》："敬天之怒，无敢戏豫。敬天之渝，无敢驰驱。"只看这二、四句中的"无敢"，便可知敬天之敬含有审慎畏惧之意。只有敬畏天地万民，才会办事谨慎，不敢放松怠慢。《左传·昭公五年》叔向曰："敬始而思终，终无不复。"《左传·襄公二十九年》大叔文子引《书》曰："慎始而敬终，终以不困。"都证明敬与慎几乎同义，都是对待事物如临深渊，如履薄冰，谨小慎微、严肃认真之意。

其二，主一专心，心无旁骛。宋儒陈淳在其所著《北溪字义·敬》中说："程子谓'主一之谓敬，无适之谓一'。文公合而言之，曰'主一无适之谓敬'，尤分晓。……所谓敬者无他，只是此心常存在这用，不走作，不散漫，常恁地惺惺，便是敬。主一只是心主这个事，更不别把个事来参插。若做一件事，又插第二件事，又参第三件事，便不是主一，便是不敬。"①可见，敬，首先是指对事情一心一意、全心全意的心理状态，而不可三心二意、见异思迁。敬之要义在于全神贯注、聚精会神地投入所做之事、所执之业中。

其三，勤勉不怠，立诚守敬。懈怠是敬的反面。《周礼》郑注："敬，不懈于位也。"指在本职工作上不懈怠，《说文解字》中正是以轻慢和怠惰来反释敬："惰，不敬也，慢，隋也。怠，慢也，懈，怠也。"可见，敬不仅是积极方面的严肃认真、谨小慎微、聚精专注，从其消极方面而言，是要抵制怠惰、简慢不严肃的态度，对敬的这层意思，朱熹也认为：

> "凡人所以立身行己，应事接物，莫大乎诚敬。诚者何？不自欺不妄之谓也。敬者何？不怠慢不放荡之谓也。今欲作一事，若不立诚以致敬，说这事不妨胡乱做了，做不成又付之无可奈何，这便是不能敬。人面前底是一样，背后又是一样；外面做底事，内心

---

① （宋）陈淳：《北溪字义》，中华书局1983年版，第35页。

却不然;这个皆不诚也。学者之心,大凡当以诚敬为主。"(《朱子语类·训门人七》)

敬来源于"诚"这个本体,无诚不敬。所谓"诚者,真实无妄之谓,天理之本然也"①,敬归根到底是要回归本心,做到真实无妄,从而由内而外表现出庄重之心和敬畏之心。

现代化大生产由于明确而细致的分工,每个人都是社会合作链条中不可缺少的一环,要求每个人都将敬业作为自我安身立命的基石,因而敬业的价值毋庸讳言。就此来看,敬业是现代公民道德对公民所做的基本道德要求。今天发挥传统敬业的美德,应该将敬业纳入两个维度来考察:

一是立业。儒家所谓的"业"是对道义之事的持守。在儒家看来,立德、立功、立言的"三不朽"事业是最终极的事业,广而言之,即能造福人民,广德崇业,开物成务之事都在儒家的"事业"范畴之中,"化而裁之谓之变,推而行之谓之通,举而错之天下之民谓之事业",②"不义而富且贵,于我如浮云"(《论语·述而》)。质言之,立业的目的并不仅仅在一己之私利,而要考虑到国家百姓人民之利,甚至子孙后代之利,只有这种对事业的严肃认真态度才能叫敬业。显然,在今天,任何一个普通的岗位都是弥足珍贵的,事业并不因位高权重而显得重要,乃在于真真实实地在普通的工作中作出了贡献,站好了每一班岗。

二是乐业。敬业不仅在兢兢业业地做好本职工作,从根本上,敬业也代表着乐业,即享受在认真工作时付出和创造的愉悦。这意味着,敬业不是一种外在的约束,而是内在于自我的实现需要,是在对事业和工作中,体会到人生的意义感和工作后所获得的成就感。"爱而不敬,非真爱也;敬而不爱,非真敬也。"③敬与爱是同一的,敬业不是一种被动的服从和道德他律,而在于对其所

---

① (宋)朱熹:《四书章句集注》,中华书局1983年版,第31页。
② 周振甫:《周易译注》,中华书局1991年版,第249页。
③ (宋)黎靖德:《朱子语类》(卷23),中华书局1986年版,第564页。

做之事的主动热情投入,以及随之而自然生发的责任感与使命感,只有如此,才最终因此而安身立命,实现人生的价值。

3. 传统信德与现代诚信

信是传统美德体系中的"五常"德(仁、义、礼、智、信)之一,孔子专门把"信"列为对学生进行教育的"四大科目"(文、行、忠、信)和孔门"五大规范"(恭、宽、信、敏、惠)之一,也是传统的"五伦"(君臣、父子、兄弟、夫妇、朋友)中处理"朋友"之伦关系的重要德目。因而,与"五常"中其他四个德目相比,信更具社会道德意义。无论是民间的关公崇拜,还是重然诺的游侠义气,都将信作为最重要的道德。正如学者所言:"'信'在小传统中的价值排序之位置,要高于在大传统中的五伦排序。"①在现代社会,诚信构成社会合作和社会公共生活的伦理基础,民法更是特地将诚实守信看作重要条款,《民法通则》第四条明确规定:"民事活动应当遵循自愿、公平、等价有偿、诚实信用的原则。"这充分显示了诚信对于社会生活的基础意义。诚信理应成为现代人格的基础构成要素。如何使诚信成为人们的普遍道德共识,如何重建信德,与其他社会美德一样,无法"平地起高楼",我们也要从传统信德中汲取思想观念资源。

信,作为人的一种规范和美德要求,其含义主要包含如下几层:真诚无妄;心口一致;言行一致,以及行为一贯。

信与诚,在古代是互训的,含义相同。许慎《说文》言:"诚,信也。"又说:"信,诚也。"二程也认为:"诚则信也,信则诚也。"(《河南程氏遗书》卷二十五)

诚与信的相通与互释,使得诚与信逐渐成为"诚信"这一统一道德范畴。所谓诚,即是诚实不欺,真诚无妄,表里如一。所谓信,最初是指对神祈祷时不妄言,心口如一。后来,用在人际关系上,指不说谎话骗人,言行一致。所谓"内诚于己,外信于人",诚是人内在的德性,信则是诚的外在表现。"诚"是一

---

① 高瑞泉:《重建"信德":从"信"的观念史出发的考察》,《学术月刊》2017年第7期。

种真实、诚恳的内心态度和意志品格，是"心"德；而"信"则涉及外在言行，涉及与他人的关系，是"行"德。"诚"重心在"己"，关心的主体的身心一致状态，强调本心的显现。"信"字则重心在"人"，涉及主体的言行对他人的影响，强调的是对他人的态度。因而，与"诚"不同，"信"发生在至少两个人以上的关系之中，是一个关系性的道德范畴，在古代美德体系中，信德有如下意蕴：

首先，信是政治的基础，是统治者的首要道德。

"子贡问政。子曰：'足食，足兵，民信之矣'。子贡曰：'必不得已而去，于斯三者何先？'曰：'去兵'。子贡曰：'必不得而已而去，于斯二者何先？'曰：'去食。自古皆有死，民无信不立。'"（《论语·颜渊》）

在政事中建立人民对政府的信任具有极端重要性。在孔子看来，与军事和经济相较，"信"是政治合法性的前提，是无条件的。君主和政府不失信于民，人民才能对其产生信任并树立信心，而人民对政府的信任和信心，乃是国家政权是否稳固的根本。政府能取信于人，也是人民之间是否能够形成良好的诚实守信风气的前提，这便是所谓：

"上好信，则民莫敢不用情。"（《论语·子路》）

"夫君能尽礼，臣得竭忠，必在于内外无私，上下相信。上不信，则无以使下，下不信，则无以事上，信之为道大矣。"（《贞观政要·诚信》）

如果将此种的"上"理解为国家，而非君主，那么，这意味着政治的合法性来源于在"上"国家的信誉和在"下"的人民的信任状况两个方面。在国家层面，"信"意味着不轻易或频繁地改变对民众的承诺，将政治承诺看作是国家政治合法性的根本，也只有这样，才能得到人民的信任。商鞅立木取信的典故正说明了获取民众信任对政治的重要意义。一个健康的现代社会，必定需要较高的社会信任关系，这种信任关系的建立是自上而下式的，国家政治的言行一致、有始有终会成为信任关系建立的基本条件，其他经济活动和社会活动都会在高度信任中良性运转。就当下社会信任的恢复与扩展而言,建设一个权威、透明、可靠且具有自身连续性的社会的公共管理系统是至关重要的环节,通过稳定和可靠的政府政策和法律法规,推动法治建设,最终才能建设成为一个高度信任和高效运转的体制机制。

其次,信是社会秩序正常运转的道德基础。《吕氏春秋·贵信》篇说:"君臣不信,则百姓诽谤,社稷不守。处官不信,则少不畏长,贵贱相轻。赏罚不信,则民易犯法,不可使令。交友不信,则离散郁怨,不能相亲。百工不信,则器械苦伪,丹漆染色不贞。"信对任何一种伦理对偶关系而言,都是不可或缺的,《老子》谓"信不足焉,有不信焉",怀疑的缺口一旦打开,不信任就会蔓延。

> "若君不信以御臣,臣不信以奉君,父不信以教子,子不信以事
> 父,夫不信以遇妇,妇不信以承夫,则君臣相疑于朝,父子相疑于家,
> 夫妇相疑于室矣。小大混然而怀奸心,上下纷然而竞相欺,人伦于是
> 亡矣。"(《群书治要·卷四十九·傅子》)

显然,信德的缺失可以即刻瓦解人们的社会关系,怀疑、隔阂会成为腐蚀社会的力量。诚信的核心价值需要建立起相互信赖的社会和谐关系。

但社会层面的信任,不仅是外在的信任关系,外在的信任只是一个结果,信任以共同的信念为前提。信在儒家那里并不是最高价值,其价值是有前提的。所谓:

> "信近于义,言可复也。"(《论语·学而》)
> "言必信,行必果,硁硁然小人哉!"(《论语·子路》)

同样孟子也认为,

> "大人者,言不必信,行不必果,惟义所在。"(《孟子·离娄下》)

上述都表达的是同一个意思,信应该是以"义"为前提,不义则不信。这说明,"信"只有转变为内在的信才能持久,而所谓内在的"信"即受"义"的约束和统合,即主体的应该以某些基本的共同道德信念为前提,正是这些道德信念支撑了个体对社会、他人的信任关系的成立。因而,信任必须上升为信念,

才可能成为真正的信。这也意味着社会必须确立基本的社会信念，这些社会信念为人们所普遍接受，如此，作为社会信念延伸的社会信任才是可能的。从这点而言，"信什么"比"信不信"更重要。社会信念要引导人们去信该信的东西，将社会关于是非善恶的基本价值确立为社会共同信念。只有在此基础上，社会信任才能真正成为可能。从此意义上也彰显出我们培育和弘扬社会主义核心价值观的重要性，一个社会的核心价值观就是这个文化与政治共同体人民的共同信仰，如果每个共同体成员的精神都能够统一于此，那就会达成"人民有信仰、国家有力量、民族有希望"的效果。可见在培育社会主义核心价值观和当代道德建设中，加强信德建设的重要性。

最后，信为个体安身立命的根本。"子曰：'人而无信，不知其可也'。"（《论语·为政》）这是说，人若无信，似乎就不具备人的基本规定性了，将不知他是怎么回事了，换言之，信是人最基本的道德。"失信不立。"（《左传·襄公二十二年》）守信方能立足于社会。孔子说："信则人任焉。"（《论语·阳货》）。《论语·卫灵公》记载孔子说："言忠信，行笃敬，虽蛮貊之邦，行矣。言不忠信，行不笃敬，虽州里，行乎哉？"只有言而有信，才能获得他人的信任，虽在荒蛮之地，行为也会行得通；讲话不忠诚信实，行为不恭敬实在，就是在本乡本土，行为也会处处受阻，无法达到自己的目的。

"君子不亮（同谅，即信），恶乎执？"（《孟子·告子下》）

"人不信实，诸事不成。"（石成金《传家宝》）

"言非信则百事不满。"（《吕氏春秋·贵义》）

这些观点都将信看作是一切事业得以成功的保证，从不同层面对信德的工具价值作了论证说明。外信于人，内诚于己。《礼记·中庸》将诚看作天道："诚者，天之道也；诚之者，人之道也。诚者不勉而中，不思而得，从容中道，圣人也。诚之者，择善而固执之者也。"诚是对善的体认和坚守，如张载所云：

"志仁无恶之谓善，诚善于身之谓信。"（《四书章句集注·〈孟子

集注〉卷十四》)

朱熹也把忠信看作是人安身立命的根本,不如此,便失去了做人之道。他说:

"人道惟在忠信,如木之无本,水之无源,更有甚的,一身都空了。"(《朱子全书》)

陆九渊同样认为:

"人而不忠信,何以异于禽兽者乎?"(《陆九渊集·主忠信》)

可见,在信德的个体层面,信最终体现为个体对善的信仰和遵循。因而,信的问题在终极意义上指向了信仰,以意志专一的方式表达着对善的笃信和固执。

信德的重建必定涉及伦理学,但又不仅仅是伦理学的问题,更与社会结构、政治治理、民族文化心理等多个层面有着密切的关联,因而要推动对诚信的多视角探讨。

一方面,在建设现代诚信体系时,首先应当明确传统诚信观与现代诚信思想有一定的差别,例如对个人道德品质的要求是传统诚信观的主要内容,并非制度性、规范性安排,而且传统诚信观的范围更加依赖于熟人社会。

现代诚信的作用范围则大大超出以往的社会关系范围,是在一个普遍陌生的社会中如何建立信任关系的问题,必然要求在全社会形成普遍的基本合作关系。在现代市场经济的社会交往中比较强调信用的关系性和制度性,因而信就不仅是个道德概念,更是个法权概念,因而要以法治精神为基本向度。市场经济本质上是契约经济,固然现代诚信要以传统诚信的人的品质作为基础,但是还要对传统诚信进行现代性转化,即要努力使诚信关系更加普遍化、制度化,建立在平等的契约关系基础之上。在市场经济行为中,坚持诚实信用原则以协调当事人之间的利益冲突以及当事人之间的利益和社会公共利益之间的冲突。维护最低限度的市场交易道德要求。市场经济的发展与运行不是导致失信的必然原因,唯独在市场发展不充分、不完善的情况下,才会滋生失信行为。这样的二重性，更促使我们构建诚信，这是市场经济的内在要求与必然规律，也需要我们不断推进市场经济的法治化建立，以形成良好的市场经济所需要的诚信环境，这构成了完善的市场经济秩序的一个重要组成部分。

另一方面，也应看到，高信任度的社会也必然要求社会成员普遍拥有较为一致的共同体信念。转型过渡时期的社会之所以会呈现为价值观撕裂和信任缺失，其深层的原因在于社会联结关系的急剧变动，使得信念上的龃龉加剧，反映为利益冲突。从最深层次上解决社会信任危机，构筑诚信社会就必须重视社会共同信念的形成，使社会公民形成最基本的价值认同和信念体系。事实证明，只有以持久的信念对待社会主流价值，以具体实践规范个人言行，人与人之间才更加容易建立信任关系。与此同时，社会关系的高度诚信，社会中个体成员才更容易从彼此的诚信互动中获得高度的认同，反过来强化主体间的信任关系。公民会因为共同的信念而自觉到自己的社会依赖属性和社会价值，自觉到自己的尊严。只有尊严、信仰及共识的确立成为可能，社会诚信才会真正有确立的可能。

4. 传统仁爱与现代友善

友善是指像朋友一样充满友爱和善意地对待他人的情感，这种友爱与善意，不仅是一种个体的美德，更是社会公民所应遵循的基本道德规范。西塞罗说："如果从生活中排除掉亲爱和情谊，那么生活也就会失去一切乐趣。"①友善基于爱，传统美德中的仁的基本含义也是"仁者爱人"，因此两者之间有内在的一致性和继承性。

英国法学家梅茵曾指出，传统到现代是"从身份到契约"的运动，其实质是推翻了一种基于家族身份制和社会不平等的支配依附关系，人们从身份共同体的束缚中解放出来，成为具有权利、义务的自由个体。但"失去共同体，

---

① ［古罗马］西塞罗：《论友谊·西塞罗文集》（政治学卷），王焕生译，中央编译出版社2010年版，第318页。

意味着失去安全感,得到共同体的保护,意味着将很快失去自由"。① 与此同时,个体也失去了传统共同体中彼此亲密、信任的关系,自由竞争和弱肉强食的丛林法则甚嚣尘上,消耗着人们之间的和谐互助和信任共识。可见,作为现代性后果的二律背反,个人与共同体之间始终存在着难以成全的关系。为了缓解个人从共同体脱离后的孤立无援,人们不得不形成新的共同体,而这种新的共同体既要能使个体有安全归属感,又不至于像传统共同体那样剥夺个体意志、牺牲个体自由和权利,使得个体得以在安全与自由之间获得相对调和,因此就必须具备"友善"的属性。友善价值观是对追求个体主义和自由解放的现代社会趋向的必要补充,有助于我们矫正扭曲的个人主义思维,使个体以友善之心待人,形成与他人友好互信、团结互助的共同体格局。

与现代友善价值相对接的价值是古代的仁爱思想,就古代仁爱所包含的几重价值而言,古代伦理思想所倡导的仁爱依然对当今所倡导的友善具有示范和启示意义。

仁爱是中国古代思想,尤其是儒家思想推崇备至的人际美德,是孔子及其儒家学说的中心范畴,也是中华传统道德的首要道德。早在春秋时期,"仁人"、"仁者"就已被指称为有道德的人,而"不仁"、"非仁"便用来谴责那些不道德的人和事。在上千年的伦理话语中,"麻木不仁"甚至成为广为流传的民间用语,可见仁在传统道德中的理论和实践地位。

《论语》492 章中论及仁者达 58 章,仁字一共出现 105 次,远高于孝、忠、礼等其他道德范畴。孔子将此前有关仁的诸多论说、诸多含义凝聚到一个"爱"字上,使"仁"成为儒家伦理中至高的道德理想和人生境界,并以此为核心创立了一个博大的儒家伦理思想体系。在孔子那里,仁既被看作是一种具体的道德,又被看作全德之名。仁爱不同于博爱,是由亲疏远近推扩而来的等差之爱。

---

① ［英］齐格蒙特·鲍曼:《共同体》,欧阳景根译,江苏人民出版社 2003 年版,第 6 页。

首先,作为具体德目的仁,其最核心的含义就是"爱人"。孔子、孟子都曾明确将仁解释为"爱人"的道德情感。如,"樊迟问仁,子曰:爱人。"(《论语·颜渊》)"仁者爱人。"(《孟子·离娄下》)

这种对仁的直接解释在思想史上得到了广泛认同,以"爱"释"仁"是历代儒家诠释仁德的主要意蕴。仁者爱人,仁为"心之德,爱之理"。仁爱的情感,首先表现为对作为己之对偶关系的其他人的一种亲近、喜欢、依恋、需要和关心。与自爱相对,仁爱是直接指向他人的,是以他人为目的的一种爱。因而这种不包含工具性目的的爱具有纯道德的性质,以仁爱为内核的儒家伦理从一开始就奠定了中国伦理的利他主义价值导向。

同时,爱不仅是一种感情意向,作为一种主体的意志品格,也必须化为行动,上升为一种道德义务。因为心中有了爱,就必然为爱所驱使,为所爱的人做奉献、尽义务,关心他、爱护他。没有爱的行动和责任,所谓"爱"就只能是一种空洞的情感。因此,爱不仅是一种感情,也是一种义务,只是这种义务是出自爱之至诚、自觉与内发。因而,人们并没有感到为所爱的人所做的一切是一种义务,而只是一种爱情之自然流露与表现。这正好表现出了爱之义务的纯道德性质,有高度的自觉性,只求奉献,不求索取,只尽义务,不以获取权利为前提,这正是道德义务的特点及高尚之处,爱的义务是一种典型的道德义务。

其次,仁爱作为"全德之名"在儒家推崇的诸德目中具有"月映万川"般的统领作用,高于诸德,并能统摄、涵盖其他德目,而其他德目则分别是仁在不同方面的表现,从不同的方面体现了仁的原则和精神。可以说,仁德是道德基准,一旦具有仁德,便会具备其他德性。因为利他或牺牲是所有道德行为的共同点,成为践行道德的基准。所以,仁不仅是爱人的情感,更是所有道德的发端。孟子将怵惕恻隐之心看作是"仁之端也"。从儒家人性论的角度言,仁爱的道德情感是产生于孟子所说的"恻隐之心",即人对他人痛苦的一种感同身受的同情与关切,这种同情就是孟子所言的"四善端"之一的恻隐之心,它是对他人痛苦的体恤、不忍、怜悯、怜爱，简而言之即同情与关切，归根到底是对他人的共情感受力。"恻隐之心"是指向他人的，是对他人的一种忧虑、担心和关切，这种感情具有纯粹道德的性质，因为它纯然出自一种对他人的关切，而完全不是为了满足自己的欲望，不是为了使自己获得某种利益。富于同情心以及对他人的共情能力，这些共同构成道德最基本的人性前提，是个人道德意识的源头，也是道德行为活动的最初动力。

最后，仁爱是由近及远的等差之爱。儒家认为，爱的这些层次、差等，表现了人真实的自然感情，是人的本性的自然流露和有序扩散。尽管爱不仅是个体的小爱，也是民胞物与的大爱，但爱总是从具体之爱开始的，只要从具体之爱开始，便遵循着亲亲——仁民——爱物的次第推扩过程。因为亲亲，即爱父母，是人的自然本能行为。"爱莫大于爱亲"，亲亲之孝乃是"行仁之本"和众爱之源。孟子也说："亲亲，仁也。"（《孟子·尽心上》）"仁之实，事亲是也。"（《孟子·离娄上》）

许慎《说文解字》释"仁"曰："仁，亲也。"可见，儒家从自然人性的视角切入，将"亲亲"规定为仁的源头和发端，将血缘亲情看作仁的自然心理情感基础，认为仁产生于爱亲这一自然情感，这种自然主义的视角不仅没有使儒家的仁爱像墨家的兼爱一样显得大而无当，最终无法施展；反而因其根植人性的自然基础，使仁爱的思想更具现实性有效性和实践的可开展性。因而，仁也须从"爱亲"做起，才能让爱的情感落地生根。《礼记·祭义》述孔子之言曰"立爱自亲始"，《论语·学而》亦载有子之言曰："孝弟也者，其为仁之本与"，正是对这种思想的继承和发挥。

但儒家并不主张将仁爱止于亲亲，而是提倡将这种私人之爱按层次逐步推扩，波及朋友、众人，也提倡"泛爱众"，以至于"天下一家，中国一人"，而达致宋儒所言的"民胞物与"（张载），"仁者，以天地万物为一体"（《河南程氏遗书》卷二）之境界。在此，孔子提倡"仁者爱人""泛爱众"；孟子的"仁民而爱物"等思想使仁爱的内涵超越了私人之爱，甚至人际互助美德，更是容纳了处理人与自然关系上的生态友善。爱的"推扩思维"正是儒家不同于墨家,或西方基督教博爱思维的地方。基督教中的博爱思想,是以"上帝面前人人平等"为基础,以宗教团体内兄弟姐妹为理论根基。相比之下,儒家的差等之爱,虽然具有不同的层次性,但是其符合中国文化的人情与社会结构。儒家的伦理思想能够在中国长期居于主流地位,与其具有的实践性、可操作性密切相关,也被民众信服,然而墨家却无法达到这一高度。

以仁爱来看社会主义核心价值观中的友善价值观,我们可以将其分解为两个维度:私人生活和公共生活。

在私人伦理生活领域,友爱表现为友情、爱情和亲情,基于友爱会产生一系列纯粹的情谊行为。私人情感是所有社会情感的前提,个体对具体情感状态的体验会影响到社会情感的判断和和谐的公共情感的形成。在此应借鉴仁爱所倡导的"爱由亲始"的情感逻辑和推扩思维。尽管私人情感是社会伦理无法介入的层面,但应该尽力做到政治制度和法律文化至少不违逆、破坏私人情感,因为王法也无非人情。在以往的历史实践中,过于强调以阶级斗争为目标,对家庭情感的瓦解和人与人之间真情厚谊的消解使得友善成为社会的稀缺情感。因而维护和倡导人们维系真实情感的价值在今天的中国社会尤为重要和迫切。亚里士多德曾将友爱分为基于善的友爱、基于有用的友爱和基于快乐的友爱,认为只有基于善的友爱才最持久稳定,最值得追求。所谓基于善的友爱是自我与他人之间的人格和道德上的相似性,共享着共同的目标和价值,是人们基于同样的道德追求而发自内心的彼此尊重和欣赏。这也应成为私人友爱所要追求的价值标准。

同时也应看到,友善基于仁爱,但与仁爱又有所区别。仁爱是宗法社会血缘伦理的产物,在以"陌生人社会"为背景的当代中国社会,强调友善更多的是作为公民基本道德规范的友善,具体而言是相互尊重和彼此具有他者意识的公民伦理。但是,友善的实现离不开个体对友善的价值觉醒。在当下尤其要关注友善价值如何从个体价值向社会价值转化。

在公共生活领域,友爱是指行为人以建立、维持或增进与他人的相互关切、爱护为目的。社会价值观层面上的友善不是指个人的情感维度,尽管社会友善最终倾向于更亲密的个体友爱,要朝向每个公民个体之间的真情厚谊,但友善首先倡导且应该达到的是社会公共生活空间以及公共交往行为中的友善。"公民之间必须建立公共意识,在社会生活中不能只关切自我利益的实现,必须将他人纳入自己的视野。友善作为公共道德,要求人们能够明晰自我权利与他人权利之间的边界,在维护自我权利的同时也维护他人权利。"[1]在这个层面,友善是一种公共善,作为一个公共价值,友善应具备以下几个基本维度和属性:

一是互相尊重。这是建基于平等价值交往之上的关系。相互尊重是社会的底线伦理,尊重是伦理关系中最重要的价值。尊重不建立在任何外在的条件之上,也不以对象的不同而不同,质言之,尊重是一个十足的现代价值,是建立在人格平等之上的人和人之间交往的基本态度。在现代法权视野下,尊重是将他人当作与自己一样的人,是面对他人的人格尊严及其他权利时的基本态度。"友善"所倡导的"互以对方为重"的价值观为公民增加第三人称的视角,引导人们将社会中的其他人作为共同生活的合作者、参与者和共享者,而非仅仅是扩大自我利益的手段。鼓励人们以善意和理解填充人己、人际、个体与群体之间的罅隙,以建立良好的社会交往关系。

二是团结互助。友善的核心要求是团结互助。在社会公共生活中,公民个体之间都负有团结互助的义务,尽管这种义务可能并未由法律确认,但至少是基于现代伦理之上的。例如,危难之际的救助与帮扶、对帮助的回馈、对社会公益的关注,对人们的善心、善行的守护,对公序良俗的维护等,团结互助是人们在友善价值观下的伦理义务,这种义务不出于强制,却是人们参与社会共同体时的默许契约。在市场经济条件下,自由竞争所带来的工作和生活压力

---

① 李建华:《友善:必须着力倡导的价值观》,《光明日报》2013 年 7 月 6 日。

不可避免地导致人际关系的紧张龃龉，但是团结互助的情感共同体形成有助于人们消除对社会关系的成见，从而将自身看作良好人际关系不可或缺的一环，为促进社会和谐维护社会秩序、缓解社会冲突贡献公民个体的力量。

三是宽容共存。多元共存的世界需要将宽容确立为基本的美德，以应对日益复杂化的矛盾冲突和意识形态龃龉。由于现代社会价值观念的多元化，人们对同一件事情往往持不同观点。社会往往呈现出主流文化与非主流文化，官方与民间、个体与社会等不同的层面，因而宽容显得异常重要，任何一种偏见或歧视都可能会发酵而引发社会共同体的震荡。价值观念的多元化导致的生活方式、价值信仰等精神文化方面的差异性增强，因而造成各类社会矛盾凸显，归根结底，友善价值在社会生活中的缺失是重要的原因。因而，对社会主义核心价值观的强调，最重要的是推进对社会共识的凝聚，在此基础上，宽容意味着容纳不同的观点、容纳新事物。"友善"价值观引领人们要以开放、包容的心态对待公民在文化、生活方式、价值选择等方面的差异，尊重对美好生活的多元期待，在社会生活中确立求同存异的基本视点。

第四章　传统美德与新时代道德建设

　　党的十九大报告明确了中国特色社会主义迈入新时代,经济社会的全面发展,物质和科技文明的初步繁荣以及法治建设的逐步完善都初见成效,对社会主义精神文明,尤其是伦理道德治理状况也提出了相应的理论和实践要求。我们要正视新时代道德建设所面临的新情况和新问题,诸如对当前社会普遍存在的信仰缺失、诚信阙如等道德现象的进一步整治;社会主义核心价值观的进一步构建和凝聚;以及在现实层面关于社会道德、家庭美德和职业道德如何与传统美德相对接等问题,这些都是新时代的道德建设需要回应的理论重点。道德建设、精神文明建设并不会随着经济社会的繁荣发展而自然变好,道德建设不仅必要而且极为紧迫。习近平总书记在中国共产党第十九次全国人民代表大会上作了《决胜全面建成小康社会,夺取新时代中国特色社会主义伟大胜利》的报告,指出要"加强思想道德建设。人民有信仰,国家有力量,民族有希望。要提高人民思想觉悟、道德水准、文明素养,提高全社会文明程度"。道德建设在中国特色社会主义新时代的重要性不言而喻,是文化—社会治理的核心任务之一。

　　那么,今天我们进行当代道德建设,所处的时代与社会环境是怎样的? 价值观念与伦理观念发生了哪些巨变? 这是我们首先要思考的问题,同时还需要对我们国家这几十年来的道德建设的历史经验进行反思总结。在此基础上,我们认为中华传统美德主要是在日常生活伦理层次有助于重铸民族道德之魂,当代的个体美德、家庭道德、职业道德、社会公德建设都需要从传统美德中汲取营养,实现当代道德与传统美德的承担,并与时俱进、创新发展。

一、时代挑战:现代社会的价值与伦理危机

弘扬中华传统美德,促进当代道德建设,都需要我们重视现代社会和现代性观念,这是新时代道德建设的历史文化背景。现代性自其诞生以来,已经引起了诸多文化和价值后果,对伦理和道德构成了现实上的诸多挑战。对于现代人而言,现代性似乎是无法选择也无可逃避的必然命运,正如哈贝马斯所言:现代性"并非某种我们已经选择了的东西,因此我们就不能通过一个决定将其动摇甩掉"①。因而,面对现代性的言说,最明智的态度莫过于洞悉和体察,而非排斥和抗拒。唯有如此,才能在清醒地意识到现代性的同时,尽量规避其片面化发展所导致的负面效应,并最终对正在进行的中国现代化伦理经验进行正向范导和文化预警。

现代化是一个多维度的历史过程。从最广泛的意义而言,现代化可以通过社会学、经济学等社会科学的标准范畴进行可量化判断,例如可以通过产业比重分布等社会经济指标划分农业社会和工商业社会,就此而言,现代社会是现代社会或工业文明的代名词。现代社会不仅是指从农业社会走向工商业社会,从封闭走向开放的世界历史进程,而且涉及在社会形态上工业生产与市场经济的经济制度的确立,以及在政治形态上包括民族国家和民主制度等现代政治安排的形成等。依据这一标准,现代性意味着"西方现代性",是一个彻底发源于西方的概念范畴。历史地看,"现代化是社会、经济、政治体制向现代类型变迁的过程。它从17世纪至19世纪形成于西欧和北美,而后扩及其

---

① 包亚明:《现代性的地平线——哈贝马斯访谈录》,李安东译,上海人民出版社1997年版,第123页。

他欧洲国家,并在19世纪和20世纪传入南美、亚洲和非洲大陆。"①与其相似,吉登斯同样认为:"现代性指社会生活或组织模式,大约十七世纪出现在欧洲,并且在后来的岁月里,程度不同地在世界范围内产生着影响。"②

从哲学的视角来看,"现代性"无疑是从传统向现代这一转变的主要概念和核心范畴。我们可以说"现代化"是从传统到现代社会的历史进程,包括政治的、经济的、社会生活以及科学技术等的生产、生活方式上的变革。而"现代性"则是描述从传统到现代的过程的,是对现代化作为一个经济学、社会学范畴的抽象把握。哲学意义上的现代性则深入到现代社会的内里,着重从本质特征上把握现代社会。关于何为现代性有两个代表性的解答,其一是哈贝马斯。其将现代性看作是主体价值的彰显,认为"主体性原则决定着现代文化","在现代性中,宗教生活、国家、社会,以及科学、道德和艺术,都被转换为主体性原则的具体形态"。③现代性用一种新的模式和标准取代了传统的社会知识和模式。其二是福柯则将现代性视为"一种态度"与当代现实相联系的模式。"一种由特定人民所作的志愿的选择,……一种思想和感觉的方式,也就是一种行为和举止的方式,在一个和相同的时刻,这种方式标志着一种归属的关系并把它表述为一种任务。无疑,它有点像希腊人所称的社会的精神气质(ethos)。"④

有学者正是在此基础上区别了现代化和现代性,现代性是现代化的属性或本质特征。"现代化主要以社会在不同领域及层面的历史变迁为内容。"而现代性则是"内含于现代化过程的一般趋向和原则"⑤。现代性的成果以及后

---

① [以]艾森斯塔德:《现代化:抗拒与变迁》,张旅平等译,中国人民大学出版社1988年版,第1页。
② [英]吉登斯:《现代性的后果》,田禾译,译林出版社2000年版,第1页。
③ *The Philosophical discourse of Modernity*,the MIT Press,1996,pp.17,18.
④ [法]福柯:《何为启蒙》,转引自汪晖:《文化与公共性》,生活·读书·新知三联书店1998年版,第430页。
⑤ 杨国荣:《现代化过程的人文向度》,《云南大学学报》(社会科学版)2003年第3期。

果,广泛地为身处现代化进程中的先发及后发国家所共享或分担,区别在于每个国家在走向现代化的道路有所不同,其所收益的成果和所产生的后果也呈现出差异。

"现代化的过程不仅仅展开为一个借助科学和技术的力量以支配、征服自然的过程,也并非只是指向理性化的社会体制,而是同时涉及文化层面。"①现代化的进展内在地需要有一套与之相匹配的制度和文化价值观念。前者意味着经济上以自由市场秩序和经济效益为追求的市场体制,政治上以民主化以及科层制的组织管理模式。后者则是指个体化、自主性、多元化的价值观念格局的确立,以及与其相对应的"宽容""平等""批判"等现代性价值对权威主义价值体系的取代。

现代性在经济、政治甚至社会层面的表现和影响都得到了较为深入的研究,这些研究均试图从各自的学科领域来把握现代社会的显性制度变革。与此相应,在文化—伦理层面所关注的现代性则强调现代社会—文化的变革及其隐形价值观念。

文化—伦理变革构成传统社会向现代社会转变的重要内在逻辑,并最终支撑和推动现代性社会的形成和确立。换言之,从文化—伦理的视域来看,一方面现代性社会造成的文化观念变革需要相适应的素价值观念和公民品德与之相配合,另一方面这种变革同时又必须与传统社会达成某种继承衔接关系,以防止过于剧烈的价值断裂,从而导致意识形态的震荡和价值虚无主义的蔓延。

马克思对现代性社会有如下描述:"生产的不断变革,一切社会状况不停的动荡,永远的不安定和变动,这就是资产阶级时代不同于过去一切时代的地方。一切固定的僵化的关系以及与之相适应的素被尊崇的观念和见解都被消除了,一切新形成的关系等不到固定下来就陈旧了。一切等级的和固定的东

---

① 杨国荣:《现代化过程的人文向度》,《云南大学学报》(社会科学版)2003 年第 3 期。

西都烟消云散了,一切神圣的东西都被亵渎了。人们终于不得不用冷静的眼光来看他们的生活地位、他们的相互关系。"①

　　查尔斯·泰勒总结了现代性的三个价值隐忧:"第一个担心的是关于我们可以称作意义的丧失、道德视野的褪色的东西。第二个涉及在工具主义理性猖獗面前目的的晦暗。第三个是关于自由的丧失。"②学者万俊人则认为西方现代性体现为相互联系的三个方面:个人主义、市场经济和民主政治,隐含在这三者表象背后的则是自由主义的核心价值理念。更具体地体现为个人主义的权利观念和价值转向,在此基础上也形成了自我中心主义的行为逻辑和道德心态。③ 本书认为现代性社会面临着三重伦理困境:包括价值观上的个人主义、价值多元主义,以及在道德信仰上的去神圣化(祛魅)、去权威化。

　　首先是个人主义。英国法学家梅因在其《古代法》一书中提出了著名的"从身份到契约"的现代性命题,即较之传统社会,现代社会"个人在社会中的地位……更广泛地受到特别团体、尤其是职业团体的支配。……过去一度由家庭这个发源地担任的任务,在将来要由工团这个发源地来担任了"。④ 个人被从家庭和集体的束缚中解放出来,从固定的身份等级中释放出来,投入到新的契约式的个人关系中,这个"从集体走向个人的运动"⑤使得强调个体主体性、自我意识、自我决断以及自我实现的"原子式的个人主义"(atomic individualism)成为普遍的价值诉求,对主体性的至上寻求、对自我欲望和私人利益的追逐成为个人主义的基本趋向。"从哲学上说,个人主义意味着否认人本身与其他事物有内在的关系,即是说,个人主义否认个体主要由他(或她)与

---

① 《马克思恩格斯文集》第 2 卷,人民出版社 2009 年版,第 34—35 页。
② [加]查尔斯·泰勒:《现代性之隐忧》,程炼译,中央编译出版社 2001 年版,第 12 页。
③ 万俊人:《现代性的伦理话语》,《社会科学战线》2002 年第 1 期。
④ [英]梅因:《古代法》,沈景一译,商务印书馆 1959 年版,导言第 18 页。
⑤ [英]梅因:《古代法》,沈景一译,商务印书馆 1959 年版,导言第 18 页。

其他人的关系,与自然、历史,抑或是神圣的造物主之间的关系所构成。"①"个人主义的黑暗面是以自我为中心,这使我们的生活既平庸又狭窄,使我们的生活更贫于意义和更少地关心他人及社会。"②道德心理学的研究也证明,在近60年间,无论哪种语言和文化,价值观都朝向着个体主义发展,且文化之间的变异逐渐缩小。③

个人主义要求超脱出伦理关系的束缚,潜在地造成了社群价值的解构和疏离,"类"意识的缺乏与"我们"感的贫乏,最终会使得社会作为一个伦理实体在整体上缺乏向心力和聚合力。"整体趋势是生存的个体化形式和状况的出现,它迫使人们为了自身物质生存的目的而将自己作为生活规划和指导的核心。"④个人主义所产生的根本伦理问题在于,个体如何能重新更好地以另一种现代方式黏合为一个相互依赖的共同体,或简而言之,"我们,如何在一起"⑤成为当下伦理学所亟须回答的问题。显然以个人主义的发展趋向而论,个体终究无法完满地各自独立解决自身的欲望和需求,无论是物质上的,还是精神上的。最终,原子式的个人也不免要以集体为其前提,既然集体是无法回避的必然,那么如何使人们成为更好的集体便是唯一的问题。

其次是多元主义。现代性同样造就了道德合理性的危机。其表征是多元化价值的竞相角斗,道德相对主义盛行,道德权威的丧失,价值观念从总体上呈现多元共存互竞的局面,各价值之间缺乏公度性。道德权威的丧失也意味着个体理性的极度膨胀,理性以更自由的方式出场,却越来越表现为不受约束的狡计和欲望。他者的被边缘化,导致了"伦"观念的隐匿甚至消失,"理"成了无处寄居的抽象之物。以此,"伦理"作为人伦关系的理性共识却愈来愈沦

---

① [美]大卫·雷·格里芬:《后现代精神》,王成兵译,中央编译出版社1998年版,第4页。
② [加]查尔斯·泰勒:《本真性的伦理》,程炼译,上海三联书店2012年版,第5页。
③ 喻丰、彭凯平:《文化从何而来》,《科学通报》2018年第1期。
④ [德]乌尔里希·贝克:《风险社会》,何博闻译,译林出版社2003年版,第106—107页。
⑤ 参见樊浩:《"我们"如何在一起》,《东南大学学报(哲学社会科学版)》2017年第1期。

为个体理性的独角戏。正如黑格尔所言："良心如果仅仅是形式的主观性，那简直就是处于转向作恶的待发点上的东西，道德和恶两者都在独立存在以及独自知道和决定的自我确信中有其共同根源。"①道德判断沦为主观性、情感性的选择和价值独白，统一的价值意义系统解体，社会不再有合法性的资格提供给人们普遍同意的客观标准，每个人可以依据自己的主观好恶作出道德裁决。"不承认任何外界的权威，不管这种权威是什么样的。宗教、自然观、社会、国家制度，一切都受到了最无情的批判；一切都必须在理性的法庭面前为自己的存在作辩护或者放弃存在的权利。思维着的知性成了衡量一切的唯一尺度。那时，如黑格尔所说的，是世界用头立地的时代。"②这进而导致了道德分歧在社会中普遍存在，谁也无法说服谁，任何一方都难以提供足够令人信服的道德解释。"在各种'不可公度的'概念图式与相互排斥的信仰体系和不相容的生活方式之间所产生的问题，就使得现代社会处在认识论和道德危机之中。"③例如，仅仅在西方启蒙运动下诞生的规范伦理学体系内部便有功利主义和义务论之间存在着的"善与应当"之间紧张关系，加之德性伦理学复兴以来与规则伦理学之间的龃龉抗衡，更毋论自由主义与社群主义的对垒，更是愈发凸显了现代性价值多元化的伦理分裂症候。

　　价值观念的多元主义固然是道德自由度在现代社会不断得到伸张的结果，但在展示了极大的自由度的同时，价值和伦理的公共性非但没有得到更多的承认，价值之间罅隙更加区隔。而且多元的价值观已然造成价值系统的紊乱，不同性质的价值之间根本无法实现不正当的通约关系。然而，在资本主义逻辑之下，价值越来越变得突破固有的价值壁垒，成为可以相互置换的东西。例如，金钱作为"多才多艺的妓女"（安东尼·吉登斯语）成为通约一切价值的

---

①　[德]黑格尔：《法哲学原理》，范扬、张企泰译，商务印书馆1961年版，第143页。

②　《马克思恩格斯文集》第3卷，人民出版社2009年版，第523页。

③　高国希：《走出伦理困境——麦金太尔道德哲学与马克思主义伦理学研究》，上海社会科学院出版社1996年版，第49页。

"硬通货",包括爱情、亲情等道德情感在内的无法量化的价值也逐渐被资本价值所侵蚀。理性化过程,特别是市场经济的宰治性影响和经济理性的泛化对现代生活的扩张性影响,与超越性的文化价值和道德理想构成天然的内在紧张关系。显然,任由这种互不相容的无序化的价值多元主义蔓延,只会使现代社会的道德价值共识越发难以实现。

最后是道德信仰危机。现代社会信仰经历着知识理性和工具理性的双重拷问。现代理性主义的知识普遍性和对普遍知识的真理吁求构成了对现代信仰的巨大挑战,如"元伦理学"(meta-ethics)的出现使得伦理学、宗教学、美学等"非科学的知识"失去了普遍真理的客观性质,不再具有知识合法性和理论逻辑上的合理性,从而在认知上对道德、信仰、审美等统一的文化价值形成挑战。同时,经济理性所追求的效益最大化以及当时当下的利益计算,将人们的行为和价值选择置于"经济人"的"算计理性"之中。经济理性泛化为理性本身,成为忖度一切价值的行为圭臬。价值和信仰很大程度上被实利化和物化,物化和实利化的精神和价值逐渐成为信仰的替代物。丹尼尔·贝尔认为"现代性的真正问题是信仰问题",是"精神危机"[1],这种新旧价值交替所产生的真空会逐渐将人带回到虚无主义的境地。

无论信仰危机是不是"现代性"的必然结果,抑或是其过度发展的副产品,信仰危机既普遍出现在先行的现代化国家和地区,也同样出现在后发的现代化国家和地区,甚至出现在具有统一宗教文化传统的国家。这表明,现代性即便不是信仰危机的直接原因,普遍性的信仰危机也或多或少地与现代性在世界范围内的极速扩张和过度伸张相关。正如马克斯·韦伯所总结道的:"我们的时代,是一个理性化、理智化,总之是世界祛除巫魅的时代;这个时代的命运,是一切终极而最崇高的价值从公众生活中隐退——或者遁入神秘生

---

① [美]丹尼尔·贝尔:《资本主义文化矛盾》,严蓓雯译,人民出版社2010年版,第28页。

活的超越领域,或者流于直接人际关系的博爱。"①

当然,现代性的价值观念变革并不完全是负面的。以现代性规范为例,"现代性"肯定了个体主体性、个体尊严、权利、自由、理性、平等、民主、法治等一组可以沿着这个方向拓展的基本价值。"现代性"所肯定的这些价值直接针对的是农耕文明时期所肯定的基本价值,呈现出更能满足人类普遍需要这一人类社会进步的特点。② 而且,国内外研究均认为,现代性社会的重要特点之一是公共性。它倾向于要求公民在公共领域中越来越具备自主性、理性化、契约化、自律化等现代公民品格。如此一来,现代性的伦理—价值后果便是,在现代社会,合乎伦理道德的善治社会如何可能,这样的社会如何形成,人们如何在个体主义、价值多元和信仰危机的多重考验中重新突围,并凝结为一个超越现代性负面后果的整体?

二、当代中国道德建设的历史经验

近现代以来,中国人民在谋求富强的同时也提出了"新民"的任务,中国的道德建设更有其自身的内在逻辑和发展理路。因而,中国的近代化或现代化进程从一开始就提出了道德、精神层面的要求,也即,现代化从来不仅仅是指物质的繁荣和科学技术的进步,更包含其精神文明向度。改革开放以来,中国的社会主义建设进入新时期。中国融入了世界文明的发展潮流,实现了物质的极大丰富,也带来了前所未有的人的自由状况,从思想文化和价值观念上也培育和呼唤着新的现代文明国家的建设者。对精神文明或人民道德水准的强调几乎伴随着新中国的历程。中华人民共和国成立之初,就极端重视人民

---

① [德]马克斯·韦伯:《社会学文选》,转引自贝尔格:《神圣的帷幕》,高师宁译,上海人民出版社1991年版,第16页。
② 冯平、汪行福等:《"复杂现代性"框架下的核心价值建构》,《中国社会科学》2013年第7期。

的思想道德问题,共产党人充分组织和调动群众开展活动,民众对党和国家具有高度的信任,同时也展开了对中国传统伦理的批判,以期建立与新中国相称的新的共产主义道德和集体主义伦理,以塑造和培养社会主义新人为道德建设目标。社会主义实践不仅在思想上高度关注共产主义新人的培养,更是基于此思想指导开展了一系列大规模的道德建设实践活动。

将道德问题和精神文明作为一个核心课题,是改革开放之后的历史新时期。社会主义精神文明建设以及道德文明建设在中国不断改革开放和现代化建设的进程中应运而生。十一届三中全会后,党和国家对思想道德建设的认识逐渐深化、推进。1979 年 9 月 29 日,在此拨乱反正的历史背景下,叶剑英《在庆祝中华人民共和国成立三十周年大会上的讲话》中首次提出了"社会主义精神文明"的这一命题。1982 年 7 月,针对改革开放所带来的一些负面问题,邓小平首次提出"两手抓,两手都要硬"的战略思想和加强精神文明建设的一系列重要论述,指明要将思想道德建设的落脚点放在社会主义"四有"新人的培养和全民族素质的提高上。在随后的 1986 年,邓小平进一步指出:"抓精神文明建设,抓党风、社会风气好转,必须狠狠地抓,一天不放松地抓,从具体事件抓起。"①该年 9 月,党的十二届六中全会通过了《中共中央关于社会主义精神文明建设指导方针的决议》,首次明确提出将"精神文明建设"规定为包括"思想道德建设"和"教育科学文化建设"两个方面,认为"社会主义精神文明建设的根本任务,是适应社会主义现代化建设的需要,培养有理想、有道德、有文化、有纪律的社会主义公民,提高整个中华民族的思想道德素质和科学文化素质"。将社会主义道德建设的基本要求规定为"爱祖国、爱人民、爱劳动、爱科学、爱社会主义"的社会主义新人。"思想道德建设"作为社会主义建设新时期中产生的新命题得到社会的重视对待。

1996 年,党的十四届六中全会通过《中共中央关于加强社会主义精神文

---

① 《邓小平文选》第三卷,人民出版社 1993 年版,第 152 页。

明建设若干重要问题的决议》,该决议明确了社会主义思想道德建设的根本目标和基本任务:"坚持爱国主义、集体主义、社会主义教育,加强社会公德、职业道德、家庭美德建设,引导人们树立建设有中国特色社会主义的共同理想和正确的世界观、人生观、价值观。"

此后,针对精神文明建设,中共中央先后颁发了《关于加强和改进思想政治工作的若干意见》(1999)、《公民道德建设实施纲要》(2001),后者作为思想道德建设的重要文献,将公民道德建设的基本要求概括为"爱国守法,明礼诚信,团结友善,勤俭自强,敬业奉献",更是首次提出了"把法制建设和道德建设、依法治国和以德治国紧密结合起来"的社会治理方略,将形成与发展社会主义市场经济相适应的社会主义道德体系作为 21 世纪道德建设的主要目标。

21 世纪以后,面对现实中道德文明水平和精神伦理方面的变化,党和国家不得不在工业、农业、国防、科学技术的"四化"之外重新审视道德、文明和精神、文化等问题,不断将道德建设问题置于重要地位。党的十六大报告中明确提出:"要建立与社会主义市场经济相适应、与社会主义法律规范相协调、与中华民族传统美德相承接的社会主义思想道德体系。"随后,2004 年 2 月,《中共中央 国务院关于进一步加强和改进未成年人思想道德建设的若干意见》颁布;2004 年 10 月,中共中央、国务院颁发的《关于进一步加强和改进大学生思想政治教育的意见》强调,要从战略和全局的高度加强和改进大学生思想政治教育,把"培养什么人""怎样培养人"这一重大课题摆在重要位置。到了 2006 年,则正式提出了"八荣八耻"社会主义荣辱观。

2007 年,党的十六届六中全会通过的《中共中央关于构建社会主义和谐社会若干重大问题的决定》第一次明确提出"建设社会主义核心价值体系"的科学命题,提出将社会主义荣辱观纳入社会主义核心价值体系建设。党的十七大报告再次强调:"加强文化建设,明显提高全民族文明素质。社会主义核心价值体系深入人心,良好思想道德风尚进一步弘扬。"并进一步指出,要"加强社会公德、职业道德、家庭美德、个人品德建设",由此强调"个人品德"与社会主义道德规范体系中的"三德"同样重要。

2012年,党的十八大明确提出了"倡导富强、民主、文明、和谐,倡导自由、平等、公正、法治,倡导爱国、敬业、诚信、友善"的社会主义核心价值观,倡导要积极培育和践行社会主义核心价值观。社会主义核心价值观力图将涉及国家、社会、公民的价值要求融为一体,传承中国优秀传统文化的基因。

2017年,党的十九大上,习近平总书记提出了道德建设的总体思路:"加强思想道德建设。人民有信仰,国家有力量,民族有希望。要提高人民思想觉悟、道德水准、文明素养,提高全社会文明程度。"①

如上引述表明,改革开放新时期以来,道德建设问题逐渐突显出其重要性和紧迫性,道德建设的诸多举措也展现了党和国家对道德问题的重视,道德建设从精神文明到社会主义核心价值体系的建立,关于道德建设的理论不断深化、举措细化,为我国道德建设积累了宝贵的理论和实际经验。这主要表现为:

第一,认识到道德问题不会随着经济、社会的发展而自然得到解决,必须自觉加强道德建设。

改革开放以来,党和国家虽然一直对道德伦理问题极为关注,且一直倾力于推动道德建设和精神文明建设,致力于转变社会风气、提高公民道德水平;但也存在一种声音认为,道德不需要建设,不需要人为地介入和政治干预,随着现代化的经济发展、物质水平的提高,道德、信仰问题便会随之解决。这种看法无疑将道德问题和精神伦理问题转化成了完全不同的经济问题和社会制度问题。或者说我们可以断定其为一种简单化的机械唯物主义观点。

尽管经济和社会发展状况的确会影响到人们的价值观念和现实的行为取向,一定的经济、社会发展状况的确会影响和制约人们的道德水准和文明程

---

① 习近平:《决胜全面建成小康社会　夺取新时代中国特色社会主义伟大胜利——在中国共产党第十九次全国代表大会上的讲话》,人民出版社2017年版,第48页。

度,丰富的物质生活和经济状况也的确会让人们以更加积极饱满的姿态投身道德生活,但显然没有理由相信,经济会对道德有绝对的促进或阻碍作用。高度的物质经济繁荣不仅不会必然产生高思想觉悟和高道德水准的社会公民,相反,如果在"金钱万能论""拜物教""消费主义"这些现代性迷思中浸淫过久,反倒极易在短时间内败坏人们的德性,使得道德迅速蜕变成换取利益的摆设和装饰。即便是在道德建设中高扬道德理想,强调道德价值,而实则并未将道德作为与经济社会发展看作齐头并进等量齐观的社会治理因素,这样的道德建设策略也终归会于事无补。

从上述逻辑出发,道德建设又由"高标道德"走向"底线伦理"。人们变得不再谈论道德理想,退而转变为坚守底线伦理。"底线伦理"成为道德建设的路标。然而,基于"底线伦理"而达成的微不足道的共识,不仅使人的道德世界大大萎缩而贫瘠,而且使得道德理想和信念伦理成了一种被嘲弄的对象。

"底线伦理"的理论根基在于,通过底线共识和底线伦理的达成,来使人形成基本的社会合作体系,符合基本的道德规范。归根到底,是相信制度对于道德的规范和导向作用。其可取之处在于,看到在向现代社会转型的过程中,社会氛围所普遍展现出的对道德义务和社会正义的关注,对道德主体的普遍尊重和平等要求成为现代社会的基本特征。底线伦理"既是对诸如'文革'一类劫难的反思,又是对新出现的市场经济和社会转型带来的各种严重问题的反应"。① 与此相应的,高不可攀的高蹈式道德已经无法普遍地适用于所有人。个体的高尚美德的匮乏以及全世界范围内对道德底线的突破和冲决,并对之做出了"退一步"式的快速回应。以"不欺诈""不作恶""不伤害""权责相符""平等相待"等具体的要求来替代"广行善"、"成圣成贤"等这样一些空泛的道德信仰。与追寻理想的道德境界相比,将"道德底线"看作是具有逻辑上的优先性,认为正如盖一栋房子必须先从基础开始一样,道德的基础也应当

---

① 何怀宏:《底线伦理的概念、含义与方法》,《道德与文明》2010 年第 1 期。

是可以为有各种合理生活计划的人普遍共享的，"不宜从一种特殊的价值和生活体系引申出所有人的道德规范"。① 所以，今天倾向于认为将道德规范理解为"遵守法律几乎就等同于遵守道德"。② 这种思路将道德理解为刚性的律令和法则，从而最终否定道德价值的理想性和应然性。

在笔者看来，所谓"底线伦理"的道德建设方案面临着三重困难：其一是我们势必很难找到普遍有效的道德底线。即便是同一个文化传统下对死刑存废、堕胎等问题都不可能做出一致的回答。其二，即便存在一些道德底线，但对于这些底线的界定和解释也很难达成一致，例如关于人权、人道等问题，从不同的价值基础出发完全会引发价值冲突，这样一来这些道德底线仅仅是一些形式上的口号，而毫无实际的规范约束作用。其三，道德底线仅仅是寻求确立社会的最基本秩序和公共生活，但这样的秩序取决于法律而非道德，这种思路明显混同了法律和道德，法律的作用是惩罚，而道德是确保人们的德福一致，并最终实现"好生活"。在这样的底线秩序下人们只会寻求越来越低的道德底线，以法律作为最终依据，认为只要不违法就是道德。显然，由于法律的烦琐化、教条化以及钻法律空子的行为的出现，这种逻辑主导下的社会状态本身就蕴含着风险性。在此情况下，道德虚无主义乘虚而入，一时间，人们道德理想迅速滑落为绝口不提美德，至此，道德的神圣感不复存在，价值感和意义感在生活中消亡，眼前利益、"跟着感觉走"就会成为普遍的人生价值常态。

第二，在突出部分人群的模范带头作用的基础上将所有公民都看作道德建设主体。道德建设的目的在于社会主义公民，最终目的是培养社会主义新人。道德建设是更广泛的精神文明建设的组成部分，是精神文明建设中的核心。而精神文明的核心目标是促进人的生存状况的整体跃升，并最终实现人的自由全面发展。

在道德建设中最核心的问题是要厘清建设的主体和客体。主体必须是道

---

① 何怀宏：《一种普遍主义的底线伦理学》，《读书》1997年第4期。
② 何怀宏：《良心论》，上海三联书店1998年版，第422页。

德上的"先觉者",所谓"先觉带动后觉"。也即,道德建设的推动者自身必须是道德上的先锋者和示范者。这种模式脱胎于古代的"教化"传统。值得指出的是,学者认为,与传统的威权社会不同的是,现代社会不再是自上而下的单向"统治"(government),而是多个社会群体层次的共同"治理"(governance)。① 这意味着,道德治理由主体推动客体转变为主体和客体共同推动,这种道德共治的模式,成为当代道德建设的主流。

近年来,党和政府将道德建设作为国家—社会治理的重要课题,党内重视党风廉政建设,注重对党员、官员的政德提升,引导广大党员、干部坚定理想信念、坚守共产党人精神家园,不忘初心,不断夯实党员干部廉洁从政的思想道德基础,筑牢拒腐防变的思想道德防线。这种重视"道德示范"的道德建设思路,一直是中国共产党在道德建设中所积累的宝贵经验。无论对于道德动员,还是对于社会道德的普遍提升而言,重视党员的先锋模范和道德榜样的力量都是推动道德建设的重要途径。同时,也必须调动全体人民道德建设的自觉性与主动性,使全民都成为道德建设的主体,这首先要使民众认识到道德是与他们的生活是息息相关的,道德是构成他们幸福生活的条件之一,也要求我们的道德建设必须面向民众、面向生活、面向实践,才能真正使民众成为道德建设的主体,人民群众是历史的创造者,只有依靠人民群众参与道德建设,不断提高自身道德素质,才能从根本上改变社会风气,提高整个中华民族的道德素质。

第三,统筹政治信仰与生活伦理。道德建设的经验提醒我们,任何缝缝补补的道德,都无法最终在体系上构成和谐的一体。要认识到价值是一个不可分割的系统体系。道德体系的内在和谐是要求正确处理政治意识形态和日常生活伦理的关系。

有学者指出:"由于我们在相当长的时间内把道德伦理问题仅仅看作是

---

① 高国希:《现代性与公民品德》,《上海财经大学学报》2013 年第 3 期。

社会意识形态和国家上层建筑内的问题,忽略了道德伦理作为社会文化精神的普遍意义,因而不可避免地把西方伦理学知识化约成了西方资本主义政治原则本身,始终对其保持着高度的政治警惕和文化抵触。"①这种意识形态论道德视角造成的"副作用",也导致了我们对道德泛政治化的狭隘理解,无助于完成全球范围内伦理道德文化资源的相互增进和道德价值观念的互竞共生。同时还应看到的是,意识形态论的道德观不能替代作为日常生活秩序的日常道德,日常道德也无法替代制度和政治信仰。二者分属于教化道德和生活伦理这两个领域,这两个领域虽不是截然分开,但在当下,政治治理趋于稳定、追求日常幸福成为社会普遍吁求的时代,事关人们幸福的生活伦理已经居于主要地位,作为宣扬政治信仰和政治动员的教化道德已无法占据人们道德生活的全部,二者又各自呈现出自然的分离态势。由于政治信仰只是且只能是信仰的一部分,而民众的道德信仰和生活价值信仰则是信仰的前提和基础,因为两种信仰的合理性源于人们千余年来的价值认同和生活习俗。而且,"从大的宏观制度和顶层设计层面来说,中国特色社会主义作为一种政治信仰不存在所谓的危机,认同度也将越来越高。但'高、大、上'的政治信仰和社会生活中人们对中观层面的制度、规则、理念的确信之间恐怕还有不小的距离,而与个人精神和心灵生活中所渴望的精神权利则相去甚远。我们不得不承认,社会政治理想和信仰上的相对稳定性并不完全等同于对具体制度、规则和基本价值理念的确信,更不能用来代替安妥今生的个人信仰"②。因而,关于中国特色社会主义的政治信仰(或意识形态信仰)在可以预见的未来,仍然将是中国民众的普遍追求。但在此之外,人们对日常生活秩序的信仰仍然缺乏根基,尤其是个人安身立命的信仰危机并未因政治信仰的确立而得到解决。因此,关于生活伦理和安身立命的信仰危机的困境,最终也会影响到政治信仰

---

① 万俊人:《道德谱系与知识镜像》,《读书》2004 年第 4 期。
② 黄凯锋:《安妥今生——信仰生活的价值观研究》,上海社会科学院出版社 2016 年版,第 3 页。

的合法性和稳定性。

教化道德和生活伦理之间的区别在于教化道德的基础在于官方的意识形态和执政党和国家治理的合法性上,而生活伦理的根基则在于现实社会生活中伦理关系所规定的个人权利和义务,以及由传统社会以来深植于民间生活的信仰和人生信念,所提供给人们的秩序感和意义感。这些都与传统上人们关于"何谓幸福生活"以及"如何过好一生"等问题相关联的,是日常生活伦理秩序和人生道德经验的积累。其合理性和合法性的来源与生活伦理至少是不一致的。如果依旧将二者混同,并以此代彼,可能会重犯道德观念仅仅停留在高喊口号的死循环上,对于解决当下中国社会的道德危机和信仰危机并无裨益。其结果是,道德标准的混乱不清,人们对日常生活秩序的伦理安排和道德抉择缺乏足够的知识供给和价值抉择标准。

因而,将社会道德发展与政治意识形态等量齐观,协力发展是当下道德建设的重要方面。亟须建立与社会主义市场经济相适应、与社会主义法律规范相协调、与中华民族传统美德相承接的社会主义思想道德体系,从而进一步将社会主义价值观念和道德落实刻不容缓。

三、社会主义道德建设要与传统美德相承接

"美德伦理有其永恒持久的文化生命力,只要我们还必须持守我们自身人之为人的本质,并且保持我们的人性人道,只要我们不想放弃对人类生活的温情和温度的期待,传统美德伦理的作用就是不可替代的。"[①]因而,在传统美德伦理视域下,道德建设的主要目的不再热衷于制定规则、规范,以规约主体,而是把道德看作是与个体的人生规划、价值意义相关联的。将个体的美德置于道德文化共同体之中或其文化传统脉络之中,从道德特殊主义和道德历史

---

① 万俊人:《传统美德伦理的当代境遇与意义》,《南京大学学报(哲学·人文科学·社会科学)》2017年第3期。

主义视角出发来重返道德发生学的源头活水——道德的人,对于一个缺乏美德的人而言,即便存在着再普遍的道德规范,也无法让他做出道德之事。

也因此,道德建设并不意味着要把道德制度化、法律化、条例化。相反,伦理学视域中的道德建设所强调的并不是依赖外在的强制性规范。换言之,伦理学视域的道德建设,并不注重人们在形式上对规则的遵守,这种使人“免而无耻”的思维恰恰是道德不同于法律的地方,道德旨在使人“有耻且格”。人们不能只知道遵守规则,而不知为何要做这件事以及不对这件事本身做出好或坏的评价。只注重形式合理性和后果合理性的是法律,正如亚里士多德所说的,法律是“没有感情的智慧”,而非道德。人并非遵守规则的机器,而是富有道德情感和道德责任的能动主体,“人的外在行为可以被伦理规范、法律制度所约束、强制,但人的内在心灵、道德理想、内心信念、修养境界这些更为根本的东西,又该如何强制呢?”①

在道德建设的领域布局中,主要体现为公民个体、家庭、职业和社会公共空间这四大现代伦理实体之中。人们的道德实践围绕着这四个伦理角色和场域而开展。因而道德建设也重在四个方面:一是公民品德;二是家庭美德;三是职业道德;四是社会公德。传统美德作为中华优秀文化的核心与灵魂,它会被中华儿女加以传承发展,可以成为当代道德建设特别是日常生活伦理建设的价值渊薮和精神滋养,成为我们应该重视的精神宝藏。

1. 公民品德

“公民”(citizen)或“市民”的称呼源于古希腊和古罗马,在希腊文中为Polites,意为“属于城邦的人”。特指的是一部分享有特权的奴隶主和自由民。柏拉图和亚里士多德都论述过公民,亚里士多德在其《政治学》中认为公民是“凡得参加司法事务和治权机构的人们”,“有治人的能力也能被治的人

---

① 赵庆杰:《现代性社会的伦理命运与道德困境》,《道德与文明》2008 年第 4 期。

们"。① 这种定义至少表明,"公民"是一种被赋予的法权角色,既有参加公共
事务的权利,亦有接受被统治的义务。而在漫长的中世纪,公民的历史被封建
等级制所中断。"所谓古代希腊遗产,就人格这个侧面而言,首先就是个人拥
有主见和比较可能独立选择人生道路的权利问题的提出。"②现代意义上的公
民诞生于近代西方的启蒙运动,"主权在民"、"天赋人权"等所阐发的自由、平
等、人权等现代公民理念经由美国《独立宣言》(1776)、法国《人权宣言》
(1789)等立国文书得以确立,资本主义的现代公民因此"诞生"。汉语中的
"公民"一词,也是在辛亥革命时期作为外来词汇从西方传入,作为与古代的
人身依附的"臣民"相对应的概念,"公民"用"公"来修饰"民",构成偏正结
构,展现了与 citizen 同义的现代之"民"所具有公共属性和国家属性。

    道德建设的主体是公民。寻求公民的理想人格是道德建设的始发点和归
宿点。从个体的自然人到公民再到具备公民资格和基本品德,是一个不断塑
造和建构的过程,道德建设必须参与其中。与此同时,在现代社会的伦理——道
德发展过程中,人们逐渐认识到,必须在现代性制度和程序的设置之外,关注
在制度和程序之中的主体——公民的素质、行为倾向、身份角色等诸多主体德
性问题。公民主体所展现出的信任能力、参与愿望、群体关怀等。这种从关注
制度到公民品德与公民身份对于民主政治是重要而独立的要素。

    公民道德建设究其本质而言是对公民人格和公民德性的关注。对公民人
格、公民德性以及公民资格的关注已成为国际社会的共识,公民的主体品格被
看作是与制度架构和民主程序等社会基本结构同等重要的因素。制度旨在规
约公民的权利义务,而公民身份的确立以及公民品德、公民意识、公共精神的
形成则与公民的道德导向和培育息息相关。美国文化和社会心理学家英格尔
斯指出:"那些完善的现代制度以及伴随而来的指导大纲、管理守则,本身是

---

① 参见[古希腊]亚里士多德:《政治学》,商务印书馆 1995 年版,第 111、7 页。
② [苏]伊·谢·科恩:《自我论:个人与个人自我意识》,生活·读书·新知三联书店 1987
年版,第 114 页。

一些空的躯壳。如果一个国家的人民缺乏一种能赋予这些制度以真实生命力的广泛的现代心理基础，如果执行和运用着这些现代制度的人，自身还没有从心理、思想、态度和行为方式上都经历一个向现代化的转变，失败和畸形发展的悲剧结局是不可避免的。"①其所强调的乃是在制度之外的公民人格的现代化问题。即便外在的制度已实现现代化，甚至已被全盘挪用，但公民内在的德性和人格资质还不足以支撑起整个现代化的制度，现代化的制度必须以经过现代化观念熏陶的现代人格作为先在条件。否则，即便是现代化的制度，也会在不合时宜的价值观念和人格德性面前败下阵来。现代国家本质上更需要有德性的公民对国家事务和政治活动的广泛参与度，因而，"那些先进的现代制度要获得成功，取得预期的效果，必须依赖运用它们的人的现代人格、现代品质"。②

要之，公民品德的培育可以减少被动强迫的公民行为，增加积极主动的行为，不仅使得公民的参与意识、公共精神得到提升，自由意志得到扩展，也会使得复杂的公共制度设置相对简化，使得耗费公共资源的消极方面得到遏制，公民的权利义务、公民的参与和自觉意识得到培养。德性对于减少对公民的规则、法律的依赖乃至过分迷信有重要作用，人的诚信德性的提升，公民便更少受严苛的刚性规则所限，道德自由度得以扩充，"被迫"的行为更少，公民的道德信任感和道德自由度就会得到提升。

公民人格和社会环境是相辅相成的结构性关系。"作为一种文化的存在的人也是一种历史的存在。这蕴涵着双重意义：他既有高于历史的力量又依赖于历史；他既决定历史又为历史所决定。"③社会的变化会影响到人格的变异，因而必须在历史变迁和社会结构性调整中去考察人格变迁及其趋向。当代中国的公民德性和公民人格，面临着"边际人"的人格困境。"边际人"的状

---

① ［美］阿历克斯·英格尔斯：《人的现代化》，四川人民出版社1985年版，第3页。
② ［美］阿历克斯·英格尔斯：《人的现代化》，四川人民出版社1985年版，第5页。
③ ［德］米夏埃尔·兰德曼：《哲学人类学》，上海译文出版社1985年版，第221页。

态仍将持续主导着公民人格的类型。1928年罗伯特·帕克提出了"边缘人"（marginal man，亦译为"边际人"）的概念，帕克指出："边缘人是一种新的人格类型，是文化混血儿，边缘人生活在两种不同的人群中，并亲密地分享他们的文化生活和传统。他们不愿和过去以及传统决裂，但由于种族的偏见，又不被他所融入的新的社会完全接受，他站在两种文化，两种社会的边缘，这两种文化从未完全互相渗入或紧密交融。"①国内学者周晓虹曾将"边际人"划为两种类型历时态边际人和共时态边际人两类。前者指处在两种社会形态的过渡期或两种时代交接处的特定人格；后一种则是处在两种文化接壤、交融处的特定人格，如因国际联姻、留学、出访、移民等原因而生活于两种不同的文化中的人。② 当代公民人格既处于传统向现代的转化过程中，传统与现代的交叠同时在影响着人们的价值选择；同时，又由于中西文化的交流融通，观念的混杂和价值的撞击导致了更多的价值冲突和伦理困境。这使得当代中国公民人格呈现出了历史和现实的复杂性。这种复杂性表现了公民人格在转型时代的认同焦虑和调适危机。

传统美德对转型时期的公民人格具有认同凝聚和纾解焦虑的作用。边际人格既意味着风险，也意味着新的可能。边际人既可能转变为进退失据的价值困惑和道德冲突，甚至病态人格，但与此同时，边际人也对价值认同极度渴望，并期望投入新的价值体系中去建构新的信仰模式和心灵秩序。在面对"传统人格'失效'，现实人格'失范'，理想人格'失落'"③的"人格危机"时，面对价值虚无主义的蔓延，必须加以及时的伦理介入。传统美德伦理对于"边际人格"具有以下治疗作用。

一是有利于培植健康的社会心态。党的十九大报告提出"加强社会心理

---

① 转引自贺晓星、仲鑫：《异乡人的写作——对赛珍珠作品的一种社会学解释》，《南京大学学报》2003年第1期。

② 周晓虹：《现代社会心理学——多维视野中的社会行为研究》，上海人民出版社1997年版，第532页。

③ 余潇枫、盛晓蓉：《论公民人格》，《浙江大学学报》1998年第2期。

服务体系建设,培育自尊自信、理性平和、积极向上的社会心态"。首次将"社会心态"这一道德心理范畴看作是社会治理的内容。显然,正确良性的社会心态有助于引导人们以平和理性的态度看待各种社会现象,进而以积极的心态参与到对社会治理的方方面面之中,这不仅对于形成风清气正的社会环境具有重要作用,而且会让人们在积极参与社会治理的过程中不断增强凝聚力和对社会进步的信心。传统美德中所倡导的"君子求诸己,小人求诸人"(《论语·卫灵公》)、"己所不欲,勿施于人"(《论语·颜渊》)、"仁者爱人,有礼者敬人。爱人者,人恒爱之;敬人者,人恒敬之"(《孟子·离娄上》)、"天下之人皆相爱,强不执弱,众不劫寡,富不侮贫,贵不敖贱,诈不欺愚"(《墨子·兼爱中》)。这些语句倡导反躬自省的同时,关心、同情、爱护他人,主张身心和谐、人际和谐、社会和谐之道,对于调适民众的社会心态,引导社会舆论在面对各种社会事件时以更有建设性的姿态面对层出不穷的社会问题,具有潜移默化的积极作用。

二是凝聚对共同体的价值信仰。"人格脱离了人,自然就是一个抽象,但是人也只有在自己的类存在中,只有作为人们,才能是人格的现实的理念。"①公民人格也是一种集体人格,是公民作为一个群体的稳固的心理倾向和品格特征。公民人格不同于个体人格的差异化、多样化,是个体人格对国家和文化共同体的认知定向、情感认同和意志信念。以此来讲,公民人格也是衡量个体是否能够被赋予社会权利义务的主体的标准之一。公民人格的实现最终通过爱国主义的行为得以达成。中华传统美德积累了丰富的爱国主义传统。无论是"国而忘家、公而忘私"(贾谊《治安策》),还是"保国者,其君其臣,肉食者谋之;保天下者,匹夫之贱,与有责焉耳矣"(《日知录·正始》)。以国家、社会、民族为本位的整体主义伦理观贯穿了中国的历史,成为中国传统道德的核心内容。这些对群体和共同体价值的强调以"爱国主义"为鲜明的特点,以群

---

① 《马克思恩格斯全集》第1卷,人民出版社1956年版,第277页。

体价值为最终依归的"爱国主义"作为价值共识而凝聚为中华民族的价值信仰。这种社会价值的共识与共享不单是社会规范伦理和政治理念层面的,也是对中华文化和中华文明几千年历史传统的社会文化的信仰。当今的公民人格除了在接纳西方公民自由、平等的公民精神之外,更要以"公""忠"的信念为依托,铸就公民的爱国信念。

三是塑造完善的公民德性。"好政府的第一要素既然是组成社会的人们的美德和智慧,所以任何政府形式所能具有的最重要的优点就是促进人民本身的美德和智慧。对任何政治制度来说,首要问题就是在任何程度上它们有助于培养社会成员的各种可想望的品质——道德的和智力的品质。"①显然,当代社会公民德性问题已不仅仅是个体的意志或兴趣,公民德性与好的社会治理之间形成互动关系。在传统美德伦理的视角下,个体的道德成长是从"具有德性潜质的人"向"拥有德性的人"转化的过程,也即是从"自然人"向"社会人"或从"自然生命"向"社会生命"的转化过程。此一过程即是公民人格的形成过程。在现代社会,个体生命的德性规划与公民资格的获得、公民的道德能力、信任能力、正义感、参与感、责任感乃至奉献感息息相关。德性的成长和完善是指向并凝结为更好的社会共同体的,而好的共同体也会以优良的制度设计去培养好的公民德性。传统美德也有丰厚的成德之道。包括"忠恕之道"和"絜矩之道"在内的推己及人的道德成就方法,对于克服现代社会愈加严重的冷漠、不合群、孤独等"公民的私人化症状"(哈贝马斯)具有诊治作用。"合群"、"关怀"、"和谐"等公民品德,有助于把松散的自由个体凝聚成好的社会共同体,从而在好的共同体下培养出更具德性的公民,使得在公民—社会相互促动下,实现更好的道德治理局面。马克思曾提出了人格发展的三种历史形态。即第一是"人的依赖关系"的最初形态,第二是"物的依赖性为基础的人的独立性"的人的第二形态,第三是"建立在个人全面发展和他们共

---

① ［英］约翰·密尔:《代议制政府》,汪瑄译,商务印书馆1982年版,第28页。

同的、社会生产能力成为他们的社会财富这一基础上的自由个性"第三种人的形态。① 这三种人的形态对应着依附性人格、独立性人格和自由全面发展人格。真正的公民人格应属于第三种人的形态。个体自由而全面的发展,德福一致,既是美德伦理的初衷,也是社会主义道德建设的最终目的。

2. 传统家庭美德与当代家庭道德

家庭是自然伦理关系的产物,基于爱的情感、血缘关系,经由家庭教育的传承,而建构为一个稳定的自然伦理实体。黑格尔认为家庭关系是一类特殊的伦理关系,"在此种关系中,对立面的同一性不是表现为一方对另一方的征服,而是表现为完全有伦理内在的同一性"②。这直接表明了家庭作为血缘—情感共同体的本质,即家庭成员不同于一般的共同体,不是以利益、信仰等因素连接在一起的,而是以血缘亲情的先天伦理同一性而内在地联结在一起的。家庭是社会的基本单位,既是人口生产、物质生产的基本单位,同时也是道德伦理等精神文化的生产的基本单位。对于中国传统伦理的进展而言,家庭伦理在伦理道德建设中更有其特殊作用。"在漫长的历史进程中,中国的社会结构发生过种种变迁,然而,由血缘纽带维系着的宗法制度及其遗存和变种却长期保留着,并给予社会生活的方方面面以深刻的影响。从这个意义上讲,我们可以将古代中国视作世界文明史上相当典型的宗法社会。"③在家国同构的宗法制基础上建构道德,是中国传统伦理的核心思路。

传统中国"伦理本位"的社会在很大程度上是家庭本位的伦理。孟子所提倡的古代"五伦"关系之中,除君臣、朋友外,父子、夫妇、兄弟均是家庭伦理。汉代确立的"三纲五常"的传统伦理秩序中,三纲除"君为臣纲"之外,"夫为妻纲"、"父为子纲"均是家庭伦理。而"仁义礼智信"则是从家庭的道德践

---

① 《马克思恩格斯文集》第8卷,人民出版社2009年版,第52页。
② 张颐:《张颐论黑格尔》,侯成亚等译,四川大学出版社2000年版,第29页。
③ 冯天瑜:《中国文化简史》,上海人民出版社1993年版,第63页。

履开始的：

"孝悌也者,其为仁之本与。"(《论语·学而》)

"弟子入则孝,出则悌,谨而信,泛爱众,而亲仁。"(《论语·学而》)

家庭道德("孝""悌")从整体上影响着道德,为道德建立了牢固的基础。因为,"人一生下来,便有与他相关系之人(父母、兄弟等)……家人父子,是其天然基本关系,故伦理首重家庭。父母总是最先有的,再则有兄弟姊妹"①。伦理本位的社会既不是把重点放在个体身上的个体本位,更不是把重点放在社会上的社会本位,而是将重点放在"关系"上,所以"伦理本位者,关系本位也"②。家庭的伦理关系构成了整个社会关系的基本范式,家庭成员的相与之情以及"互以对方为重"的义务本位也构成了中国社会伦理关系的基本构造原理。"家国同构"的伦理—政治确保了家庭与国家在结构上的统一性,同时,家庭伦理关系对社会交往关系具有深刻影响。

以"爱"的情感为伦理基座,是个体从生命的开始就培养了道德共情的能力和公共的道德共通感。在中国传统伦理中,这种基于家庭的爱的能力和趋向可以通过推扩而被转化为社会公共秩序。这使得"亲亲而仁民,仁民而爱物"(《孟子·尽心上》)的伦理推扩成为可能,家庭承担了大部分的道德功能。"家庭伦理不仅调控着家庭成员之间的伦常关系,而且它还承担着化生社会道德规范的功能,即许多社会道德规范要求也是通过移植或延伸家庭道德律则而完成的,家庭伦理与社会伦理的这种关系既是中国社会家国同构模式的前提也是其结果。"③以此,我们可以说家庭伦理是中国传统伦理关系的"原型"。

在传统家庭伦理关系中,尤以夫妇、父子二伦为重。"父子者何谓也？父者,矩也,以法度教子；子者,孳孳无已也。"故《孝经》曰：

---

① 梁漱溟:《中国文化要义》,上海人民出版社 2005 年版,第 72 页。

② 梁漱溟:《中国文化要义》,上海人民出版社 2005 年版,第 72 页。

③ 周俊武:《论中国传统家庭伦理文化的逻辑进路》,《伦理学研究》2012 年第 6 期。

"父有争子，则身不陷于不义。""夫妇者何谓也？夫者，扶也，以道扶接也；妇者，服也，以礼屈服。"(《白虎通·三纲六纪》)

家庭美德的核心在于各正其位，各尽其责。

"父父，子子，兄兄，弟弟，夫夫，妇妇，而家道正。"(《易·家人》)

无论是夫妇还是父子关系，所强调都是互为义务的"双向义务"关系。虽然存在着夫权、父权的种种压迫，但这种双向义务关系仍是主流。学者指出："'双向义务'结构是中国传统家庭伦理调节家庭成员关系的基本模式和伦理节制，体现为父慈子孝，兄友弟恭，夫和妻柔，姑慈妇听，长惠幼顺。"[1]双向义务的伦理实质强调了在家庭伦理中义务所具有的超功利性和超条件性。在传统中国伦理中，夫妇、父子之间并非利益的结合体，而是情感的有机体。区别在于前者会因共同利益的有无而聚合离散；后者则是无条件的"天伦"关系。从这种对家庭伦理关系的设定出发，伦理的互动性不言而喻。所谓"父不慈则子不孝，兄不友则弟不恭，夫不义则妇不顺矣"(《颜氏家训·治家》)，即表明了这种道德义务的对应性和互动性。

传统夫妇伦理的主要特征是夫妇有别。

"人之有道也……父子有亲，君臣有义，夫妇有别，长幼有序，朋友有信。"(《孟子·滕文公上》)

"别"有内外之别，

"家人，女正位乎内，男正位乎外。男女正，天地之大义也。"(《周易·彖》)

"利女贞者，欲先正乎内也。内正则外无不正矣。"(朱熹：《周易本义》卷二)

在"夫妇有别"的伦理分殊下，夫妇承担有不同的道德责任，

"何谓人义？父慈、子孝、兄良、弟弟、夫义、妇听、长惠、幼顺、君

---

① 朱贻庭：《传统亲子、夫妻伦理的现代价值》，《探索与争鸣》1998年第7期。

仁、臣忠，十者谓之人义。"(《礼记·礼运》)

"夫义妇听。""夫和而义，妻柔而正。"(《左传·昭公二十六年》)

上述这些无一不强调了夫妻在家庭伦理中不同的道德义务和功能，对今天夫妻关系的伦理建构依然具有启示意义。

在当今，家庭结构演变的趋势由主干家庭向核心家庭转变，家庭中心由父子关系向夫妻关系偏移。两性伦理在家庭伦理中的位置有所上升，甚至成为主要的家庭道德。现代婚姻已不单纯是为了传宗接代、生儿育女，男女的爱情意识和个体生理、心理等需求已经成为婚姻关系的价值主轴，婚姻的情感功能与生育功能、经济功能相比有所上升。夫妻关系成为维系婚姻、家庭的主要因素，也因此"家庭关系由血缘关系为核心转变为以姻缘关系为核心"①。如此一来，两性道德更加注重夫妇双方的互尊平等和相爱相与，"离婚自由"也保证了人们对于婚姻质量和家庭幸福的追求成为可能。与此同时也应看到，近年来中国社会离婚率的持续、急剧攀升也同时提醒我们注意这种转变的负面结果。"单亲家庭"的日益增多，以及因剧烈城市化而导致的农村家庭分离化（如留守儿童问题）、农村家庭"空巢化"，这些都造成了家庭生活的不稳定。一方面，以追求爱情主要目标的婚姻关系，其自由度和自主度都有显著提升；另一方面，婚姻关系却相应缺乏了伦理稳定感和内在的调适机制，婚姻关系和家庭关系正日益变得脆弱，家庭极易因偶然因素影响而破裂。这种婚姻伦理状况应该得到相应的伦理反思。

正如韩非子从"爱"的角度分析夫妻关系的至理之言："夫妻者，非有骨肉之恩也。爱则亲，不爱则疏。"(《韩非子·备内》)"感情"在作为婚姻家庭关系唯一价值尺度的同时，两性关系也缺乏了相应的伦理承诺和情感保障。就此而言，传统家庭美德中"相敬如宾"、"琴瑟和鸣"式的婚姻价值观念依然具有其现代价值。随着女性走出家庭，生育与性爱的剥离，经济地位的增长，男

---

① 李桂梅：《中国传统家庭伦理的现代转向及其启示》，《哲学研究》2011 年第 4 期。

性对女性所可能有的"道德优越感"已无存在的土壤,但精神上的伦理分工依然是必要的,"男女有别"的夫妻伦理应该得到更多的关注,对今天夫妻在婚姻关系中的道德角色和相处方式都具有伦理再生性的启发意义。

父子关系在今天体现为代际关系。代际关系的维持与传承则重在家风家教。《说文解字》云:"育,养子使之善也。"家庭道德教育是传统道德教育中最重要、最基础的环节,是为个体奠基道德习惯的主要途径。家训是中国传统家庭伦理文化的主要载体。家训也称家法、家规、家教,是家庭(族)长辈对后辈在为人处世方面的教诲或训诫,主要集中在道德教化方面,有身教也有言教,涉及家庭成员在学业、生活、工作、处世等各个方面的内容,旨在直接引导子孙后世践行道德承诺。家教是代际传承的主要形式。个体终究要从家庭走向社会,一方面,家教是美德的摇篮,可以为公民道德奠基,是社会教育的第一环节,直接决定着教育的底色和基础。另一方面,家教是淳化民风的途径,对于开启民智、淳化民间风俗具有重要作用。古代许多家风、家教淳厚的大家庭对地方社会总有榜样号召之力,将其好的治家教养经验传向四邻八方,从而成为砥砺地方民风的示范。

中国具有重视家教的传统。家教、家风至少从西周时期就成为中国伦理的文化自觉,如《诗经·小雅·小宛》就有"教诲尔子,式毂似之"之语,强调要继承祖先的好的德行。据不完全统计,仅《中国丛书综录》家训部分收集的中国古代家庭教育典籍就达117种之多。周公训诫其子伯禽的《诫伯禽书》被认为是中国第一部家训。南北朝时期的《颜氏家训》则被认为是中国历史上第一部完整的家训,周公训子、孟母三迁、孔明诫子、岳母刺字……这些家喻户晓的家教故事都反映了中华民族源远流长的家教史。

这种重家教、家风的传统一直延续至近现代,如毛泽东、王稼祥、叶剑英、任弼时、吴玉章等老一辈革命家的"革命家书"也是继承了中国传统家风家教的优良传统,在伦理变迁中对人民从家庭走向社会,支援革命,奉献国家,形成人民意识,构建现代民族国家起到了重要作用。正如习近平总书记所言:"家庭是社会的基本细胞，是人生的第一所学校。不论时代发生多大变化、不论生活格局发生多大变化，我们都要重视家庭建设，注重家庭、注重家教、注重家风。"①2015 年 10 月 18 日，中共中央印发《中国共产党廉洁自律准则》，首次将廉洁齐家列为党员领导干部廉洁自律规范的重要内容之一，以党内纪律的方式将树立良好家风列为党员领导干部的必修课，力图开创党风、政风、社风建设的崭新局面。将党员干部的家风建设放在重要位置，是廉洁的前提。家风与党风、政风直接相关，党员干部的道德标准要高于普通公民，领导干部则更应该高于普通党员。党员干部的家风建设对于廉政建设有重要意义，党员干部的家风是提振党风、化解歪风邪气的重要途径。

现代社会日益受到各种各样的挑战，从现实性上讲，现代社会秩序留给家庭的伦理空间并不多，家庭的核心化（小型化）、功能的社会化、价值观念的自主化这些构成家庭变迁的核心特征。同时，现代社会的组织方式和日益工具化、技术化的运作机制，进一步挤压了家庭的伦理空间和道德功能。

家庭伦理是国家伦理的重要补充，也是日常生活伦理的主要寄生之所。同时，家庭也是社会伦理的开端和养成之所。重新恢复家庭的德育功能，重新重视家教、家风、家传、家学是家庭美德得以传承、社会道德得以生成的首要条件。如学者所言："无论是重新为现代道德规范奠立有效性基础，还是回复到道德生活的本源性开端，家庭生活中的情感因素与行为习惯的训练、养成就成为重塑现代伦理秩序的经验基础。"②家庭也是伦理的源头活水，是重新确立良性互动的社会伦理关系的根源。人们在家庭中感受到的是人相互依赖的伦理本质以及作为关系性存在的伦理属性。"在家庭中，人们的情绪就是意识到自己是在这种统一中，即在自在自为地存在地实质中地个体性，从而使自己在其中不是一个独立的人，而成为一个成员。"③因此，我们在当代社会的家庭

① 习近平：《在二〇一五年春节团拜会上的讲话》，《人民日报》2015 年 2 月 18 日。
② 王强、于海燕：《论家庭伦理的现代形态及其逻辑结构》，《道德与文明》2016 年第 4 期。
③ ［德］黑格尔：《法哲学原理》，范扬、张企泰译，商务印书馆 1996 年版，第 175 页。

伦理建设中,仍然要继续发挥中国人与中国文化重视家庭与家庭伦理的优良传统,汲取其中父子有亲、夫妇有别,长幼有序的优良传统,搞好家庭伦理建设,使家庭成为培育优良社会公民的摇篮,和谐社会的基础,良好人格的学校,人民幸福生活的家园。

3. 传统美德与职业道德

社会分工古已有之,"凡民自七尺以上,属诸三官。农攻粟,工攻器,贾攻货。"(《吕氏春秋·上农》)职业分工呈现出更加细致和专业的特点。职业活动和职业分工是现代人的标志之一,它具有"公共性",体现社会成员的社会价值。西方现代意义上的职业道德起源于宗教改革和职业分工。最早的职业道德在政府公务人员、军人、律师、教师等职业中首先被确立起来。职业道德是现代社会人们道德生活的重要内容,职业活动甚至占据了人们的大部分生活,最早关注职业道德的涂尔干就指出:"我们决不能忽视以职业为代表的大部分生活"[1]。在职业活动兴起的初期,涂尔干就已观察到,"正因为经济事务主宰了大多数公民的生活,成千上万的人把整个精力投入在了工业领域和商业领域。这样一来,一旦这种环境的道德色彩不浓,许多人就会越出一切道德范围之外"[2]。

职业道德在许多方面取代了一般的道德规范,而成为各行各业的"规定动作"。"行有行规"表明,职业道德已不是一般的道德要求,而是依据其工作属性所特别要求的职业操守和工作态度。但同时,职业活动也体现了道德的一般性,从整体上具有道德共通性。

职业道德的行业性、技术理性、价值中立等特性主要引发了职业道德的

---

① [法]爱弥尔·涂尔干:《职业伦理与公民道德》,渠东、付德根译,上海人民出版社2006年版,第23页。

② [法]爱弥尔·涂尔干:《社会分工论·序言》,渠东译,生活·读书·新知三联书店2013年版,第16页。

"非道德化倾向"。体现在其一,职业道德中缺少传统道德的善恶评价功能。
一个人因违反职业道德而受到处罚并不会影响对这个人本身的德行的评价。
正如涂尔干所观察到的,"这种处罚并不会严重损害当事人的名声,除非他同
时侵犯了公共道德"。① 换言之,对于职业道德的违反似乎只是一个技术不合
规的问题,主体只是在作为一个流水线上的一环所犯的错误,这种错误与其说
是道德问题,倒不如说是技术问题。职业道德隐去了主体的德性问题,将善恶
对错这些道德评价从职业道德中取消了,善恶对错只是对是否符合技术规范、
是否合乎操作流程而言的。道德评价更像是一种事实评价,而与人的价值无
关。其二,职业以及职业道德在精神维度上的萎缩。职业道德附属于职业,当
职业本身并不作为目的,而只是一种谋生的手段,职业道德本身也变成了技术
规范和操作流程工具属性。职业分工产生初期的与个体的人生目的和精神信
仰深度结合的精神维度,以及职业道德发轫初期所展现出了"天职"观念,这
些似乎都烟消云散。精神性维度被从职业活动中剔除了。其三,职业道德呈
现出支离破碎的状况,缺乏普遍的标准。职业道德因不同的行业、职业之间的
差异,呈现出不同的标准要求和道德尺度,一个行业的道德标准很难将其对应
于其他行业。因而,即便各行各业都有职业道德要求,但这些要求呈现出各自
为政的困境,相互之间无法形成道德共识,进而对社会道德建设也不具有价值
凝聚的作用,甚至会形成多重标准,最终使职业道德走向相对主义。

　　与此同时,在以理性化为标准的技术时代,个体的价值、情感被隐匿,每个
人都是无数社会分工的一环,"职业道德具有越来越完备的技术规范,因而也
越来越缺少个人特征,既不能为非作歹,也不能进行道德创造,他唯一应做的
事就是按章行事,这才是具有良好职业道德的体现"②。职业道德关注事实规
范的操作性,却很少反思规范背后的价值问题。职业行为合乎道德与否,取决

---

　　①　[法]爱弥尔·涂尔干:《职业伦理与公民道德》,渠东、付德根译,上海人民出版社 2006
年版,第 7 页。
　　②　李育书:《职业道德:兴起、困境及其化解之道》,《伦理学研究》2018 年第 3 期。

于是否符合该职务本身的操作规范,是否有利于推进工作的顺利开展,而关于工作本身的道德意义和价值则被忽略。

针对上述困境,从传统美德伦理的视域来看,职业道德与人们的道德品质相关,是一体的,而不仅仅是不同角色所产生的具体道德要求。化解职业道德的当代困境,推进职业道德建设应该从以下方面着力。

其一,从美德伦理的整体视角来看待现代职业道德。这意味着将人本身作为道德评价的主体,职业道德的技术化标准要服从于人整体的道德品质,人的整体德性是职业道德所依附的"母体",而职业道德是人的德性品质的表现。当代职业道德所呈现出的支离破碎状态,忽视了德性的统一性。条条框框的职业操作规范之外,必须考虑发挥工作主体的能动性。因而,就传统美德的继承而言,现代职业道德仍需注意到职业活动中的关键——从业者的德性问题。例如,"敬"是从事任何职业都必须具备的德性,是职业道德的总纲。明代儒家学者王阳明指出:

> "古者四民异业而同道,其尽心焉,一也。士以修治,农以具养,工以利器,商以通货,各就其资之所近、力之所及而业焉,以求尽其心。其归要在于有益于生人之道,则一而已。士农以其尽心于修治具养者,而利器通货犹其士与农也;工商以其尽心于利器通货者,而修治具养犹其士与农者。"(《王文成公全书》卷二十五)

敬是恭敬谨慎、尽心竭力的态度,任何职业都赖此德性之基。

> "敬事而信。"(《论语·学而》)

> "君子敬而无失。"(《论语·颜渊》)

> "执事敬。"(《论语·子路》)

> "事思敬。"(《论语·季氏》)

> "谨而信。"(《论语·学而》)

这些都表达了"敬"作为"心德"要以恭敬谨慎、严肃认真和诚实守信的态度对待工作。

其二,职业道德应当重视行业自律。当前社会失范现象中,有很大一部分是因为职业道德失范,恰恰说明即使再严密的制度规则,也要靠自律的职业主体去遵循。

职业道德所指的是特定行业内的道德规范及行为准则,其适用范围是某一特定职业群体。随着现代社会分工越来越多样化与普遍化,职业道德也随之扩大范围,成为一种"全民化"的要求,每个社会公民在从事某种职业时,都必然遵循相应的职业道德,职业道德必然存在于社会道德体系中。身处不同职业群体中的公民,必然也必须遵守一套相对完整的道德规范。职业活动是个体参与社会的主要形式,因而,对职业活动加以规定的职业道德必须与社会道德相协调、统一。对职业活动加以限制的职业道德,最终所赖以存在的是行业协会和自律协会。这虽与传统美德无关,但与古代行会制度下所产生的一系列道德实践相关。涂尔干通过研究认为,只有恢复法人团体组织才能有效遏制职业道德的衰败,他认为法人团体"是构成我们社会结构的基本要素。在我们这个时代的群众组织里,如果不存在任何一种行会制度,那么剩下的便只能是一个真空,这是任何语言都无法形容的"。[①] 因而必须依赖自治性的行业组织进行职业道德的自我管控。公共权力往往无法深入有效地干预到职业规范,与此相比,行业协会或法人团体则因为更了解自身行业的特点,因而能够行之有效地推进职业道德的制定。

其三,将职业道德与使命感和意义感相关联。职业不仅是作为个体维持养家糊口、生命存续的工作,更有其安身立命、创造社会价值的崇高意义,解决职业道德问题的终极之途是将职业与更深、更广的使命感和价值感相连接。职业道德中的诚实守信、廉洁奉公、敬于职事等道德,无一不是根植于职业主体对职业活动本身的社会意义、人生意义的醒觉之上的。换言之,职业道德建立在主体的荣誉感、价值感等道德体验和道德信仰之上。

---

① [法]爱弥尔·涂尔干:《职业伦理与公民道德》,渠东、付德根译,上海人民出版社2006年版,第41页。

"以义制利"和"利民济世"是职业活动必须树立的道德信仰。在道德和利益之间进行抉择是职业道德永恒的话题。"义"所代表的不仅是合宜的行为,更是"国家百姓人民之利",是集体和社会利益的代称。因而,在个体和社会利益发生龃龉时,毫不犹豫地以"义"为选择,这是职业活动的道德基准。孔子倡导"见利思义"或曰"见得思义"(《论语·季氏》),并强调富贵贫贱要在是否符合道义的标准上取舍,"富与贵是人之所欲也,不以其道得之,不处也;贫与贱是人之所恶也,不以其道得之,则不去也"(《论语·里仁》)。

各行各业的职业活动通过为人们生产、生活提供各种各样有形和无形的服务而存在。任何职业都在参与社会活动,贡献自身的价值。这种价值与他人发生关联,同时这种关联组成了全部社会活动。每个人都是职业活动中的一员,每个人又都是职业活动结果的受益者,可以说人们相互提供了彼此的服务,既是生产者又是消费者。如此一来,职业活动本身主宰着日常生活世界,每个职业主体都在职业活动中分别进行着"立功"、"立言"、"立德"的活动,因而这些活动间接地与道德不朽的信仰发生关联,不管主体本身是否意识到,职业活动以及职业道德最后都要归结为对个体人生价值和职业活动的信仰。

4. 传统美德与社会公德

社会公德是在社会公共生活(包括公共空间、公共场合以及网络公共平台等)中所应遵循的基本道德规范。社会公德被认为是公民所应具备的基本道德规范,诸如诚实守信、公正守法、遵守社会公序良俗等。社会公德与之前所探讨的公民品德直接相关。在此,本书从私德与公德的关系来探讨与社会公德相关的诸多问题。

梁启超最早提出公德问题。他认为中国传统道德"偏于私德,而公德殆阙如","我国民所最缺者,公德其一端也"。① 自此之后,公德私德之辩就成

---

① 梁启超:《新民说》,宋志明选注本,辽宁人民出版社1994年版,第16页。

为聚讼不休的话题,也是在探讨中国传统道德的现代转化时所必须面对的问题。在梁启超那里,"公德指的是那些促进群体凝聚力的道德价值观,私德是指有助于个人道德完善的那些道德价值观"。① 足见,私德主要指向个体的,个体如何对待他人、处理人际关系等的修养、品德;公德则是个体对于其所在群体的道德,是有益于社会、国家的道德。

实则,梁启超在后来对公德和私德问题有自身的反省,他认为"私德与公德,非对待之名词,而相属之名词也"②。"道德之本体一而已,但其发表于外,则公私之名立焉。人人独善其身者谓之私德,人人相善其群者谓之公德。二者皆人生所不可缺之具也。无私德则不能立。合无量数卑污虚伪残忍愚懦之人,无以为国也。无公德则不能团。虽有无量数束身自好、廉谨良愿之人,仍无以为国也。"③公德使人所以能群,国所以为国。梁氏的公德主要是指国民对于国家和社群的责任意识和所应担负之义务的自觉。包括国家意识、权利思想、进取意识、自由精神、自尊合群、义务思想等。

在后来的《论私德》一文中,梁氏认为私德与公德之间并无明确的界限,且私德是可以转化为公德的。"是故欲铸国民,必以培养个人之私德为第一义;欲从事于铸国民者,必以自培养其个人之私德为第一义。"④凡人与人交涉就会产生道德,公德与私德是统一的,是一种德性。"就泛义言之,则德一而已,无所谓公私,就析义言之,则容有私德醇美,而公德尚多未完者,断无私德浊下,而公德可以袭取者。孟子曰:'古之人所以大过人者无他焉,善推其所为而已矣。'公德者私德之推也,知私德而不知公德,所缺者只在一推;蔑私德而谬托公德,则并所以推之具而不存也。故养成私德,而德育之事思过半焉

①　张灏:《梁启超与中国思想的过渡(1890—1907)》,江苏人民出版社1993年版,第107页。
②　梁启超:《新民说》,宋志明选注本,辽宁人民出版社1994年版,第162页。
③　梁启超:《新民说》,宋志明选注本,辽宁人民出版社1994年版,第16页。
④　梁启超:《新民说》,宋志明选注本,辽宁人民出版社1994年版,第163页。

矣。"①尽管有私德很好，公德仍不完备的人，但绝少私德败坏而公德却毫无瑕疵之人。这即是说私德是公德的前提，公德是从私德推出来的。没有稳固的私德，公德也就没有基础，更无从建立。没有私德的个体组合为团体，那么该团体也会无公德可言。公德建设之所以遇到问题，最终乃在于私德上的问题。公德以私德为先导，尤其是从事国民教育的人私德更为重要。在梁启超那里，公德和私德的区分只是为了阐述的方便，实际，二者同出于德育这一大本大源。"公德、私德，为近世言德育者分类之名词。虽然，此分类亦自节目事变方面观察之，曰某种属于公之范围，某种属于私之范围耳。若语其本原，则私德亏缺者，安能袭取公德之美名？而仅修饰私德而弁髦公德者，则其所谓德已非德。何以故？以德之定义与公之定义常有密切不能相离之关系故。"②如学者所注意到的，虽然梁启超的公德说在近代以来最有影响，且人们往往将其《新民说》主要看作是公德说，但实际上，《新民说》中用私德对公德说作了修正和补充，很大程度上"更加深刻地思考了私德在整个道德结构中的基础意义和重要价值"。③

传统的私德公德之辩对今天的公德建设具有以下意义：

一方面，传统社会公德缺乏的问题，并不能仅归因于私德发达，而且应当考虑到古代道德生活的实际，即公共空间和公共事务的范围并不大，且社会公共领域并不向所有人开放。公共领域的缺乏便会导致公德的阙如，公共事务也会被当作私人事务来处理，这是所有传统专制极权社会的必然结果。因而，今天培养社会公德的前提乃在于社会公共领域的开放性，所有公民都是公共生活的主导着和维护者。在此过程中，必然面临着私德与公德的枘凿，其实质是公共领域和私人领域之间的界限不清引起的。有学者提出是因为私德的发

① 梁启超：《新民说》，宋志明选注本，辽宁人民出版社 1994 年版，第 163 页。
② 梁启超编著：《德育鉴》，翟奎凤校注，北京大学出版社 2011 年版，第 5 页。
③ 陈来：《梁启超的"私德"论及其儒学特质》，《清华大学学报（哲学社会科学版）》2013 年第 1 期。

达遮蔽了公德,"特别强调家庭私德对于社会公德不仅具有本根性,而且具有至上性,结果就使它所提倡的社会公德(仁)受到了家庭私德(孝)的严重压抑,而在二者出现冲突的情况下甚至还会被后者所否定"。① 这其实正是本末倒置的说法,实际是因为在"私天下"的专制传统中,社会公德并没有生存的土壤,虽然从"孝"到"仁"在理论上具有推扩的可能性,但在实践上被公共生活和公共空间的缺乏所抵消和压制,普通大众并非道德的主体,既无权利又无义务,因而是被边缘化的,以此来指责民众的公德缺乏实在过于苛责了。因而,在今天的公德建设中,并不用设立私德—公德、家庭道德和社会公德之间的人为对立关系,从根本上而言,二者是统一的。

另一方面,"公德"也并不是自天而降之物,美德的一体性要求将"公共精神"的培植作为个体美德成长中的一环。在今天,公德建设最根本的途径还在于对公共价值的弘扬和认可。私德与公德的过渡其实质是从"好人"向"好公民"的过渡。价值教育,尤其是公共价值的重要性不言而喻。在公德领域,价值教育比道德教育和公民教育更为重要。好人成为好公民的前提则是具备公民德性,是对公共价值和公共精神认同和践行。"使一个好人成为好公民的先决条件是拥有公民德行,其所强调的公民德行包括:爱国与勇气、人性尊严、认同感、隐私权、自主性、关心他人、关怀社会、包容、公民服务,以及主动参与等。"②虽然传统美德中"孝""仁""礼""尊老尚贤""推己及人"等都指向公德的养成,但这些"公德"无一不是基于所谓"私德",但私德—公德并未得到有效的转化。更何况公德和私德的区分只有理论上的方便,实际上二者难以截然分开。尤其是在公共政治生活和个体私人生活领域越来越模糊的现代社会,私人生活的道德标准与现代政治生活和公共生活并不存在更多的冲突,反

---

① 刘清平:《儒家伦理与社会公德——论儒家伦理的深度悖论》,《哲学研究》2004年第1期。

② 刘国强、谢均才编著:《变革中的两岸德育与公民教育》,香港中文大学出版社2004年版,第30页。

而在某些方面趋于一致。公共精神本身与个体美德不仅不冲突,儒家道德所倡导的伦理推扩思维反而更有利于从个体道德实践出发去训练公民获得稳定的正义感,实践理性和道德能力。如孔子要求"弟子入则孝,出则弟,谨而信,泛爱众而亲仁"(《论语·学而》),这种公私、内外的统一是道德的本质属性。道德作为为人处世的方式都是指向他人和群体的,是以或多或少的自我牺牲和义务感为基础的。积极弘扬儒家伦理提倡的那些具有正面价值的优秀品德,对于凝聚社会价值共识,将社会主义核心价值观内化为个体的德性,并最终在全社会形成稳定的道德认同具有重要作用。

公民品德、家庭美德、职业道德和社会公德,这四个层次是环环相扣,步步推进的关系,而非各自为政、相互独立的领域。当前,道德建设与以往相比出现了新的情况和变化,道德建设的主题从自上而下的政府主导到政府与社会乃至公民个体齐头并进的局面。道德建设的主体,除了发挥引导、移风易俗作用的政府外,公民才是真正的道德主体。在当下,"中国特色社会主义进入新时代,意味着近代以来久经磨难的中华民族迎来了从站起来、富起来到强起来的伟大飞跃,迎来了实现中华民族伟大复兴的光明前景……"[1]道德建设也隶属于中华文明复兴上的重要方面,道德建设是在国家社会治理的整体布局下推进的,引导公众用社会公德、职业道德、家庭美德、个人品德等道德规范修身律己,自觉履行法定义务、社会责任和家庭责任,自觉遵守和维护社会秩序。同时更要根据我国国情,利用我国传统美德的合理成分,不断巩固社会主义道德体系,充实社会治理的方式方法,从而最终为中华民族的伟大复兴提供精神动力和保障。

---

① 习近平:《决胜全面建成小康社会 夺取新时代中国特色社会主义伟大胜利——在中国共产党第十九次全国代表大会上的报告》,人民出版社 2017 年版,第 10 页。

第五章　传统德治文化与以德兴国

　　国无德不兴，人无德不立。在实现中华民族伟大复兴的征程中，在实现中国梦的进程中，需要传承创新中华传统美德。中华传统美德，又称为中华民族优良道德传统，是在中华民族历史上存在过的，并流传下来的极具影响、有益于后代的优秀道德品质、高尚民族精神、崇高民族气节、良好民族礼仪的总和。习近平总书记曾经指出："中华传统美德是中华文化的精髓，蕴含着丰富的思想道德资源。"它体现着中华民族的血脉和灵魂，也是中华民族赖以生存和发展的精神支撑。中华民族素以"礼义之邦"闻名于世，在中华文明的历史发展中，深厚悠久的道德传统得以传承，积淀在中华儿女的生活方式、行为方式、思维方式和精神追求之中，深刻地影响着中华儿女的民族性格、民族心理和民族精神，这是我们宝贵的精神财富。然而，传统美德毕竟是过去时代的历史遗产，是形成于传统社会的精神价值与行为规范。在当代，对于中华传统美德，必须经过科学的鉴别、扬弃，做好创造性转化和创新性发展，使之成为涵养社会主义核心价值观的重要源泉，从而更好地服务于社会主义道德建设；与此同时，要将中华传统美德与当代生活、当代精神相融合，实现其当代转化，这样才会贴近生活、贴近民众、贴近实践，真正融入国人的思想深处、日常生活、为人处世之中，焕发出勃勃生机。

　　以道德为核心的优秀传统文化的实践价值主要体现在如何把道德作为治

中华传统美德的时代价值

国的方略和兴国的动力,因此,研究传统德治文化及其当代价值,以及它与当代法治建设的关系是本课题的重要任务。习近平总书记于 2013 年 11 月考察曲阜时曾指出"国无德不兴,人无德不立",这表明传统道德文化的当代实践价值主要在于以德兴国、以德树人,树人的对象自然包括全国国民,而官员道德对于全社会具有示范作用,青少年道德则具有基础地位,因此,应该专门加以探讨。传统美德毕竟是过去的优秀历史文化遗产,但传统之所以成为传统,则是因为它是活在今天的过去,一定是有其合理性才会传承,但它又毕竟是过去的文化遗产,如何与当代生活相结合而与时俱进,不断创新,才能更好地发挥其现实作用,才能推动当代社会的道德进步和社会进步,因此,本课题将对传统美德的传承创新进行思考探索。

道德是传统文化的核心,虽然在中国传统治国方略上,长期以来实行的是儒法并用、德法并举的治道。然而,事实上中国传统治国方略是以德治为本的,这是儒家道德本位思想在政治治理上的应用,这使中国传统文化具有深远的德治传统,在中国传统社会治国安邦中发挥了重要作用,增强了中华民族的凝聚力、向心力,提高了民众的道德素质。当代中国以建设现代法治国家为宗旨,但也绝未轻视德治的作用,因此,如何批判继承传统德治文化,以利于以德治国、以德兴国,这是传统道德文化的重要实践价值之一。

一、传统德治及其当代价值

中国有着悠久的德治文化传统,这是我们宝贵的精神文化遗产。溯其源流,了解其本质要义,正确理解道德与政治的关系,审视传统德治文化的当代价值与意义,是我们在此要探讨的问题。

1. 传统德治文化的溯源

从历史上看,中国是一个实行德治较早且颇有成效的国家。从德治实践的角度讲,其萌芽可以追溯到有人之初。在原始社会,氏族部落整个群体凝聚力的核心在于首领的德行。氏族部落首领以自身高尚的德行影响着氏族部落成员,管理着氏族部落的公共事务。在中国古代的神话传说中,就有一些关于氏族部落首领实施德治的记载。例如,神农辨药尝百草,彰显了他不怕牺牲、造福人间的精神;尧、舜、禹先后主动让位,彰显了他们的禅让精神;大禹治水"三过家门而不入",彰显了他大公无私、甘于奉献的精神;等等。虽然他们没有提出明确的德治主张,但是,在他们的身教中无不体现着德治精神。由此可见,德治实践的传统在中国古代社会由来已久。也正是在此基础上,才逐渐产生出德治思想和德治文化。"从这个意义上说,'德治'可以说是纵贯古今的普遍观念,它形成和发展的历史与人类社会发展的历史是同步的。"①

就德治思想而言,早在夏、商、周之前,就已出现萌芽,及至商、周,德治渐成风气,至周公提出"德治",集德治思想之大成。郭沫若先生指出,周人的"德","不仅包含着正心修身的工夫,并且还包含有治国平天下的作用",这"的确是周人所发明出来的新的思想"②。殷周之际,激烈的社会变革导致了政治变革,对此,周公提出了"以德配天"的政治伦理观。在这里,"'德'的要求包括敬天(恭行天命)、敬宗(尊崇上天和祖宗的教诲)、保民(爱护天下百姓)的治国之道"③。《尚书》中讲道:"皇天无亲,惟德是辅,民心无常,惟惠之怀。"(《尚书·周书·蔡仲之命》)由此可见,周人对殷人的天命观进行了重大修改,增添了新的内容,即天命不是固定不变的,是根据人间的君主能否"修德""敬德"而转移的,只有那些有德的君主才能得到上天的佑护。因此,要想永保天命,统治者必须修德,并且以德化民。在这种新观念的基础上,周人又提出"敬德保民"的思想。周人所提倡的"敬德",只是对王者的要求。因为在周人那里,"德"主要就是指君德、政德。因此,王者只有"敬德保民",才能为

① 宋志明:《略论儒家德治思想的普世意义》,《学习与探索》2003年第3期。
② 郭沫若:《先秦天道观之进展》,载《青铜时代》,科学出版社1957年版,第22页。
③ 田旭明、陈延斌:《德治:良法善治的基石和保障》,《道德与文明》2015年第4期。

民之主,从而确保统治的有效性。西周统治者还提出了"明德慎罚"的治国方略。也就是说,在治国理政中,不仅持"柔"(惠民、德教)的一手,还要有"罚"的一手,但罚当慎。所谓"慎罚",就是量刑要适当,即"明于刑之中"(《尚书·吕刑》)。在这里,西周统治者将"明德"放到更为重要的地位,认为道德是良好政治的前提和保证,这一思想对后世产生了深远的影响。"周人以'德'论证周取代商的合理性,寻求长治久安的道德依据,在中国政治文化史上首开'以德治国'的先河。"①从这个意义上讲,这种以德为本的政治理念,成为后来德治思想的滥觞。

春秋战国时期,德治问题日益凸显,受到许多思想家、政治家的重视。《左传》中讲道:"德,国家之基也。"(《左传·襄公二十四年》)即是说,统治者的德行是治国理政的根基,"道德不厚者,不可以使民"(《战国策·秦策一》)。子产提出"为政必以德"(《史记·郑世家》)的治国主张。孔子秉承"吾从周"的宗旨,在继承西周"德治"观念的基础上,明确提出了"为政以德"(《论语·为政》),"道之以德,齐之以礼"(《论语·为政》)。这些思想,主张将道德作为治国的基本方略和治国安邦的基础,明确指出作为统治者,不仅要注重自身的德性修养,而且要对民众进行必要的道德教化。在此基础上,孟子提出了"民贵君轻""以德服人""得民心者得天下"的思想,"爱人""保民"的"仁政"主张。荀子也强调君主德性的重要性,主张以德治民,"君子以德,小人以力,力者德之役也"(《荀子·富国》)。与此同时,他又提出了"道德之威""暴察之威""狂妄之威"(《荀子·强国》)的"三威"说,认为在国家治理过程中,"道德之威"发挥着重要作用,能够使国家安定强盛。管仲将"礼、义、廉、耻"视为"国之四维",旨在强调这四德在维系国家安定中的关键作用,认为"四维不张,国乃灭亡"(《管子·牧民》)。商鞅虽然强调"法"是国家的最高权威,但他并没有完全否定"德",他也指明了"德"在治国理政中的积极作

---

① 宋志明:《略论儒家德治思想的普世意义》,《学习与探索》2003 年第 3 期。

用。"圣君知物之要,故其治民有至要,故执赏罚以辅仁者,心之渎也,圣君之治人也,必得其心,故能用力。"(《商君书·新令》)由此可见,法律只是实现"仁"的手段。韩非虽然主张"不务德而务法"(《韩非子·显学》),但也指出"明主之所导制其臣者,二柄而已矣。二柄者,刑德也"(《韩非子·二柄》)。在他看来,"重积德,则无不克。战易胜敌,则兼有天下;论必盖世,则民人从"(《韩非子·解老》),即治人、事天、治世的关键在于"重积德"。

秦汉隋唐以来,随着我国封建大一统国家的建立、巩固和发展,在总结历史经验教训的基础上,并结合现实政治实践的需要,人们对"德治"问题进行了深入的探讨。《吕氏春秋》吸收了先秦儒家的德治思想,提出"行德爱人"(《吕氏春秋·爱士》)、"行德去刑"(《吕氏春秋·音律》)的主张。汉初的思想家、政治家将秦朝兴亡的历史事实作为讨论的重点。西汉王朝建立后,陆贾提出了"治以道德为上"(《新语·本行》)、"行仁义,法先圣"(新刊《新语》序)的治国谋略,认为"设刑者不厌轻,为德者不厌重"(《新语·至德》),"齐桓公尚德以霸,秦二世尚刑而亡"(《新语·道基》)。汉文帝时期,贾谊对"礼谊之不如法令,教化之不如刑罚"(《治安策》)的观点进行了批评,进而指出德治和礼治能够引导百姓去恶向善,而"法"则不具有这样的功能和作用。汉武帝时期,刘安提出"仁义为治国之本,法度为治国之末""法之生也,以辅仁义"(《淮南子·泰族训》)等思想主张,并指出"民无廉耻,不可治也。非修礼义,廉耻不立。民不知礼义,法弗能正也"(《淮南子·泰族训》)。在这些思想的基础上,董仲舒提出"罢黜百家,独尊儒术",从而使德治思想成为治国理政的主导思想。"国之所以为国者,德也。"(《春秋繁露·保位权》)"刑者德之辅。"(《春秋繁露·天辨在人》)"以德为国者,甘于饴蜜,固于胶漆。"(《春秋繁露·立元神》)东汉初期,王充提出"治国之道当任德也"(《论衡·非韩》),并辩论说:"谓世衰难以德治,可谓岁乱不可以春生乎?"(《论衡·非韩》)东汉中期,王符提出"人君之治,莫大于道,莫盛于德,莫美于教,莫神于化"(《潜夫论·德化》)。在他看来,治国要"明礼义以为教""和德气以化民心"(《潜夫论·德化》)。东汉中晚期,道家著作《太平经》中提出了诸多德治范畴和治国方略,例如"仁治""义治""礼治""文治"等,表现出较为成熟的德治思想。

魏晋至隋唐,是中国封建社会政权更迭频繁、从分裂战乱到再统一的时期。隋朝的建立虽然结束了南北分裂的局面,使中国获得了重新统一,却二世而亡。对此,在总结历史经验教训的基础上,唐初统治者进一步探讨了治国理政的方略。贞观元年,唐太宗讲道:"朕看古来帝王以仁义为治者,国祚延长,任法御人者,虽救弊于一时,败亡亦促。既见前王成事,足是元龟。今欲专以仁义诚信为治,望革近代之浇薄也。"(《贞观政要·仁义》)贞观二年,又讲道:"为国之道,必须抚之以仁义,示之以威信,因人之心,去其苛刻,不作异端,自然安静。公等宜共行斯事也。"(《贞观政要·仁义》)也就是说,在治理国家的过程中,既要"抚之以仁义",又要"示之以威信",将道德的教化作用与法律的制约作用有机结合起来,道德与法律互为补充,不可偏颇。唐高宗初年,颁布了《永徽律疏》,其序言中讲道:"德礼为政教之本,刑罚为政教之用,犹昏晓阳秋相须而成者也。"

宋代时期,德治思想受到了理学的深刻影响。张载曰:"故天地之塞,吾其体;天地之帅,吾其性。民,吾同胞;物,吾与也。"(《西铭》)在这里,张载肯定天地是万物之本,人的一切包括其物质存在和道德都来源于天地;人处于天地之间,是宇宙的中心,应当承担起对天地万物的道德责任。二程说:"若夫至仁,则天地为一身,而天地之间,品物万形为四肢百体。夫人岂有视四肢百体而不爱者哉。"(《河南程氏遗书》卷四)理学的集大成者朱熹,从人心的角度出发,对德治进行了进一步的阐述:"德字从心者,以其得之于心也,如为孝是心中得这个孝,为仁是心中得这个仁";"为政以德不是欲以德去为政,亦不是块然全无所作为,但修德于己而人自感化"(《朱子语类》卷二十三)。他认为,"仁是根,恻隐是萌芽,亲亲,仁民,爱物,便是推广到枝叶处"(《朱子语类》卷六)。从治国策略上讲,"仁心"具体体现为爱民如子、爱惜民力等。在德治思想的阐发上,理学家们一方面总结概括出"三纲领""八条目"的治国模式,将君主的修身放在极为重要的位置上,认为如果君主能够修身养性,将有利于"平天下"的实现;另一方面,强调道德教化,引人向善,"理学家通过书院讲习等方式传授儒家伦理,为修身齐家治国平天下的实现提供良好的社会环境,从而提高了广大士人的社会参与意识"①。

概言之,中国的德治思想源远流长,自确立之后,围绕"德主刑辅"这个中心,历代思想家、政治家不断地进行阐发,使之得以不断深化、发展,不仅为国家治理提供了指导思想,而且在国家治理的实践中发挥了重要的作用。

2. 政治的伦理基础

在传统德治文化中,道德与政治相辅相成、密不可分。在德治理念中,道德不是政治的手段,而是政治的灵魂;不是道德为政治服务,而是政治要为道德服务。以德治作为治国的理念,就是要建立起一种道德的政治。

(1)道德是为政之基

在中国传统文化中,伦理、道德是贯穿于整个文化体系的重要内容。道德不仅是个体安身立命的基础,而且其最终旨归超越了个体的界域,延伸到对国家、天下的关怀。正如《大学》中将"治国""平天下"作为八条目的终结。"以儒学为主干和核心的中国传统文化,坚持伦理本位,是一种伦理型文化。它实行以'内圣外王'、道德政治、德治德化为主要表现的伦理政治。"②由此可见,在传统社会,"德"是为政的前提,为政必须以"德"为基础。从这个意义上讲,"为政以德"成为古代思想家尤其是儒家治国理念的中心意旨。

"为政以德"这个命题最早由孔子提出,此后,思想家、政治家们围绕这个命题予以深入阐发和论证。

首先,为政者以德为政,即为政者要有良好的道德品质,并加强自身的道

---

① 周国林:《中国的"德治"传统》,《光明日报》2015年4月13日。
② 周安伯:《论"为政以德"的现代转换》,《南京社会科学》1998年第12期。

德修养。孟子认为，王者为政的先决条件是"德"。孟子曰："以德行仁者王，王不待大，汤以七十里，文王以百里。"（《孟子·公孙丑上》）他特别强调，作为君王，必须要加强自身的道德修养，"君仁莫不仁，君义莫不义，君正莫不正。一正君而国定矣"（《孟子·离娄上》）。作为君王，首先必须正己，然后才能正人，才能使政治太平。德治的第一要义就是加强君王的道德修养，因为在传统极权统治下，君王德行的好坏将直接决定着政治清明与得失成败。

其次，以德导民，对民众进行道德教化。孔子曰："道之以政，齐之以刑，民免而无耻；道之以德，齐之以礼，有耻且格。"（《论语·为政》）有人问孔子："奚不为政?"孔子答曰："《书》云'孝乎惟孝，友于兄弟，施于有政'，是亦为政，奚其为为政?"（《论语·为政》）孔子认为，对民众进行道德教化是为政的关键。"孔子德政思想的提出是基于对人的尊重和对人性的信赖，也正是对人的主体价值作了肯定之后，才会以人的内在德性去融洽人与人的关系，而不是以外在于人的人为的法则来维系人际关系。所以对人而言，不能从外在关系上对其限制，而应以德教加以诱导。"①孟子提出："谨庠序之教"（《孟子·梁惠王上》），主张对民众"教以人伦"（《孟子·滕文公上》）。他指出："善政不如善教之得民也。善政民畏之，善教民爱之。善政得民财，善教得民心。"（《孟子·尽心上》）荀子也认为："不教而诛，则刑繁而邪不胜；教而不诛，则奸民不惩；诛而不赏，则勤属之民不劝；诛赏而不类，则下疑俗俭而百姓不一。故先王明礼义以壹之，致忠信以爱之，尚贤使能以次之，爵服庆赏以申重之，时其事、轻其任以调齐之。潢然兼覆之，养长之，如保赤子。若是，故奸邪不作，盗贼不起，而化善者劝勉矣。"（《荀子·富国》）由此可以看出，道德教化在治国理政中发挥着重要的作用。正因为如此，儒家认为，对民众进行道德教化是十分必要的。从个体层面讲，这有利于他们形成良好的道德品性；从社会层面讲，这有利于形成良好的道德风尚。

---

① 夏志前：《道德与政治之间——古典儒学的德治思想及其历史境遇》，《学海》2000年第4期。

最后，不反对刑罚。虽然思想家、政治家们强调"德"在治国理政中的重要作用，但是，并没有完全否定"法"在治理国家中的价值。孔子强调，在治理国家中，礼乐与刑罚相辅相成，"礼乐不兴，则刑罚不中；刑罚不中，则民无所错手足"（《论语·子路》）。由此可见，"孔子所反对的是刑罚不公正、不得当，他反对独任政刑，迷信政刑，对百姓不先进行教育便加杀戮"①。孟子认为，"徒善不足以为政，徒法不能以自行"（《孟子·离娄上》）。荀子则更明确地提出治国要兼重"德"和"法"，"明礼义以化之，起法正以治之，重刑罚以禁之"（《荀子·性恶》），"治之经，礼与刑"（《荀子·成相》）。由以上论述可以看出，在对待德法关系的态度上，先秦儒家主张"德主刑辅"，即"德"居于主要的地位，"法"居于次要的地位。对此，朱熹也阐释道："政者，为治之具；刑者，辅治之法。德礼则所以出治之本，而德又礼之本也。此其相为终始，虽不可以偏废，然政刑能使民远罪而已，德礼之效，则有以使民日迁善而不自知。故治民者不可徒恃其末，又当深探其本也。"（《四书章句集注·论语集注》卷一）关于德法关系的这一认知模式，在历史上有着深远的影响。

道德既然是政治的基础，那么，道德与政治必然紧密联系，从而形成了一种政治伦理化的文化传统，以及以德治国的伦理政治模式。在具体的政治实践中，伦理思想观念成为政治的基本理念基础并在实践中被加以实施。

（2）仁与仁政

众所周知，"仁"是中华民族最为重要的传统美德。"仁"的观念并不是孔子的首创，早在春秋时期，它就已经存在。《国语》中讲道："言仁必及人。"（《国语·周语下》）"为仁者，爱亲之谓仁。"（《国语·晋语》）"爱人能仁。"（《国语·晋语》）由此可见，"仁"所表达的是自我对于他人的一种态度，即对他人的关心、爱护，或施以恩惠。《说文解字》对"仁"字的解释是："仁，亲也。

---

① 郭鲁兵：《为政以德：儒家政治道德的基本原则和主要标志》，《烟台大学学报（哲学社会科学版）》2008 年第 4 期。

从人二。"这表明,"仁"字的基本含义是亲爱。孔子继承了前人有关"仁"的思想,并加以发展。在孔子那里,"仁"德主要包含以下内涵。其一,"仁者爱人"的道德情感。"樊迟问仁,子曰:'爱人。'"(《论语·颜渊》)在中国传统伦理思想中,其核心是爱人,而非爱己,这奠定了中国伦理的利他主义价值导向。从更广泛的意义上来讲,仁爱不仅仅是一种感情,也是一种意志、行动,更是一种义务。因为,当心中有爱的时候,就会自觉不自觉地被爱所激励,为所爱的人有所奉献,履行义务,关心他、爱护他。亲亲、仁民、爱物,以至于"天下一家,中国一人",从而达致"民胞物与"。其二,爱亲同情的人性根源。从根源上讲,爱人的情感到底源自哪里?"孝弟也者,其为仁之本与。"(《论语·学而》)由此可见,"孝"是"仁之本"。"孝"即爱亲,即是说,爱亲是爱人的精神根源,爱亲情感的扩充便是"仁"。如果爱亲都做不到,何以爱人?"亲亲,仁也。"(《孟子·尽心上》)"仁之实,事亲是也。"(《孟子·离娄上》)孟子从人性的角度对此进行了阐发,他认为,仁爱的道德情感产生于"恻隐之心",即人对他人的一种同情与关切。其三,"忠恕之道"的行仁方法。既然"仁者爱人",那么,具体而言,如何去爱他人?这就是"忠恕之道",即"忠"与"恕"是推行"仁"的具体措施。"忠"是积极意义上的行仁,即"己欲立而立人,己欲达而达人"(《论语·雍也》)。即是说,自己有所树立,也应要别人有所树立;自己有通达,也应要别人有所通达。这是要求人们将心比心,理解人、包容人,常站在他人的位置上做"换位思考"。"恕"是消极意义上的行仁,即"己所不欲,勿施于人"(《论语·颜渊》)。自己不想承受的,就不要强加给别人。这是要求人们将心比心,积极地去尊重人、帮助人。其四,博施济众的奉献精神。作为社会的一员,一方面要遵守社会道德的基本义务;另一方面对社会应有更高、更积极的义务,即奉献社会,促进社会的不断进步。孔子认为,作为君子、贤达、君王,更应当具有"博施于民而能济众"的高尚道德品质。"子贡曰:'如有博施于民而能济众,何如,可谓仁乎?'子曰:'何事于仁,必也圣乎!尧舜其犹病诸!'"(《论语·雍也》)孔孟一再希望统治者应博施于民,不仅自身要具备这样的德性,而且要在政治实践中实行仁政。

因此,将"仁"德应用于治国理政的政治实践中,便是"仁政"。"仁政"要求统治者要爱民、惠民,体恤百姓。从某种意义上讲,"仁政"有着一定的政治目的——"本固邦宁",但在实践中却采取了一系列利民、惠民、宽民的政策,从而使得百姓得以休养生息、安居乐业,进而带来了社会的稳定和发展。

孔子提出了"庶、富、教"的主张。"庶"指的是人口众多,这是一个国家发展、繁荣的根本。"富"指的是富裕,这是一个国家发展、繁荣的物质基础,即在人口充足的基础上,要让他们逐渐富裕起来。孔子指出,减少劳役,降低赋税,是"富民"的重要措施,即"省力役,薄赋敛,则民富矣"(《孔子家语》)。"教"指的是教育、教化,这是一个国家发展、繁荣的精神要求,即在百姓生活富裕的基础上,应当对其进行道德教化。孔子认为,任何人都有受教育的权利,不分贫富贵贱,进而提出了"有教无类"(《论语·卫灵公》)的教育思想。

孟子提倡"施仁政于民"(《孟子·梁惠王上》),认为这是治国理政的根本原则。那么,如何"施仁政"呢? 其一,"制民之产"。孟子认为,维护社会安定的基本前提是满足百姓基本的生活需求。"五亩之宅,树之以桑,五十者可以衣帛矣。鸡豚狗彘之畜,无失其时,七十者可以食肉矣。百亩之田,勿夺其时,数口之家可以无饥矣。"(《孟子·梁惠王上》)因为在他看来,民有恒产才会有恒心。因此,"制民之产,必使仰足以事父母,俯足以畜妻子,乐岁终身饱,凶年免于死亡;然后驱而之善,故民之从之也轻"(《孟子·梁惠王上》)。其二,"省刑罚,薄税敛"。孟子曰:"王如施仁政于民,省刑罚,薄税敛,深耕易耨,壮者以暇日修其孝弟忠信,入以事其父兄,出以事其长上,可使制梃以挞秦楚之坚甲利兵矣。……故曰:'仁者无敌。'"(《孟子·梁惠王上》)孟子认为,为政者如果对百姓施行仁政,减免刑罚,减轻赋税,让百姓深耕细作,及时除草;让身强力壮的人抽出时间来修身养性,学习孝顺父母、敬爱兄长、为人尽心竭力、待人忠诚守信的品德,在家侍奉父母兄长,出门尊敬长辈上级。这样,即使是弱小的国家,也能够安定、强盛,从而抵御大国的入侵,无敌于天下。其三,"教以人伦"。在百姓的基本生活得以保障的情况下,才能教化他们努力向善。否则,百姓"唯救死而恐不赡,奚暇治礼义哉"。(《孟子·梁惠王上》)在孟子看来,"善政,不如善教之得民也。善政民畏之;善教民爱之。善政得民财,善教得民心"(《孟子·尽心上》)。即是说,良好的政治不如良好的教育更得民心。良好的政治,百姓敬畏;良好的教育,百姓喜爱。良好的政治能获得百姓的财富,良好的教育能得到百姓的心。因此,孟子提出:"使契为司徒,教以人伦:父子有亲,君臣有义,夫妇有别,长幼有序,朋友有信"(《孟子·滕文公上》)。孟子的思想,不仅上承孔子"先富后教"之义,而且与管仲所讲的"衣食足则知荣辱,仓廪实则知礼义"(《管子·牧民》)意义相同。

(3)义与天下公义

"义"是中国传统伦理思想的重要德目之一。在孟子的德性体系中,"义"与"仁"具有同等重要的地位。在儒家的"五常"中,"义"位居次席;在管子的"四维"中,亦是如此。由此可见,"义"的地位非常重要。《礼记》中也有"道德仁义"(《礼记·曲礼上》)一词。

从语意的维度分析,"义"有如下几种含义:第一,"宜"。《中庸》曰:"义者,宜也,尊贤为大。"这是从一般意义上对"义"做出的定义。东汉刘熙说:"义者,宜也。裁制事物,使合宜也。"(《释名·释言语》)后世大多认同并沿袭这种含义解义,使之成为"义"的标准界定。韩愈也曾经说过:"博爱之谓仁,行而宜之之谓义。"(《原道》)在这里,韩愈所谓的"义",指的是一般性的善、恰当或正确,对事物的裁制合于节度,处理事物合宜,都可称之为"义"。第二,"正"(正当)。"义"的这个训义要比"宜"出现得更早一些。《文子·道德》中讲道:"正者,义也。"墨子曰:"义者,正也。"(《墨子·天志下》)以"宜"释"义",强调的是一般意义的"合宜""恰当";而以"正"释"义",却使"义"具有了道德意义的应然。如孔子所讲的"君子喻于义,小人喻于利"(《论语·里仁》),"见得思义"(《论语·季氏》),"见义不为,无勇也"(《论语·为政》)

等,都是把"义"当作"应当做的事"或"道德上的标准",这显然是一种道德意义上的正当,而非考虑多方因素的"合宜"。那么,如何来理解"正"?所谓"正",是判断一切是非的准则,具有一定的普遍性和公共性。《尚书》中讲道:"无偏无颇,遵王之义;无有作好,遵王之道;无有作恶,遵王之道。无偏无党,王道荡荡;无党无偏,王道平平;无反无侧,王道正直。"(《尚书·洪范》)这其中,无偏颇、无好恶、不结党营私、不违反法度,讲的是如何纠偏匡正的问题,主要涉及如何来规范社会行为;而"王道荡荡""王道平平""王道正直",描绘的则是人们所普遍期望的政治和社会的理想状态,正因为是人人所期望的,所以具有普遍性和公共性。第三,"理"和"则"。荀子曰:"义,理也,故行。"(《荀子·大略》)朱熹也曾讲过:"义者,天理之所宜。"(《论语集注》)由此可见,"义"既是一种人伦之理,同时又被上升为一种天理。墨子曰:"天下有义则生,无义则死;有义则富,无义则贫;有义则治,无义则乱。"(《墨子·天志上》)从个人层面讲,"义"与人的生存意义、价值取向密切相关;从社会层面讲,"义"与社会的治乱密不可分。

从政治意义上讲,"义"体现的是一种更为超越和普遍的天下公义的意思。即是说,"天下公义则表达着一种更具普遍性、更为社会化的,在某种意义上超越于等级秩序的天下公义和公理"①。这主要包括以下内容:其一,忧国忧民,利济苍生。关心百姓的疾苦,体现社会公义。在传统社会,士人最大的伦理义务和责任就是为天下人谋求利益和福祉。孔子认为,"修己以安百姓"(《论语·宪问》)是君子所能取得的最高成就。墨子一贯强调的也是"国家百姓人民之利"(《墨子·非命上》)。伟大的爱国诗人屈原也曾讲过"长太息以掩涕兮,哀民生之多艰"(《离骚》),由此抒发忧国忧民的情怀。范仲淹讲的"居庙堂之高则忧其民"(《岳阳楼记》),是对等级秩序的"义"的自觉;而"处江湖之远则忧其君"(《岳阳楼记》),则是对天下公义的自觉。正是因为

---

① 肖群忠:《传统"义"德析论》,《中国人民大学学报》2008年第5期。

有着这种天下公义的意识,所以他才能够"先天下之忧而忧,后天下之乐而乐"(《岳阳楼记》)。明末清初的思想家顾炎武提出"天下兴亡,匹夫有责"的口号,其意义和影响更是深远。其二,道统高于君统的观念也是天下公义,是对等级秩序天然合理性的超越。孟子认为,真正的"大义"不会局限于君王的个人利益,而是能够为百姓着想,为百姓谋福利。如果做不到这一点,就应该"取而代之"。孟子站在百姓的立场上,着眼于人民的福祉和社会的进步,认为杀掉那些昏庸之君不是所谓的"弑君也",而是"诛一夫"(《孟子·梁惠王下》)。此外,孟子还提出"民贵君轻"的思想,认为"民为贵,社稷次之,君为轻"(《孟子·尽心下》)。"这应该是最早认识到君主与人民利益未必一致并强调人民利益重于君主利益的言论"①,是两千年封建社会中最响亮的民主呼声。《吕氏春秋》中也讲道:"天下非一人之天下也,天下之天下也。"(《吕氏春秋·贵公篇》)黄宗羲也提出了"天下为主,君为客"(《明夷待访录·原君》)的思想。他认为,天下万民本是主人,而君是客,是为万民服务的。然而,君主专制却颠倒了这种关系。君王强迫天下人为自己服务,他所标榜的"大公"实质上是"以我之大私为天下之大公"(《明夷待访录·原君》)。由此可见,"然则为天下之大害者,君而已矣"(《明夷待访录·原君》)。此外,在黄宗羲看来,封建法制是祸乱的渊薮,应当废除封建君主的"一家之法"而立"天下之法"。"盖天下之治乱,不在一姓之兴亡,而在万民之忧乐。"(《明夷待访录·原臣》)在天子与天下的关系上,王夫之明确指出了"一姓之私"与"天下大公"的区别,"一姓之兴亡,私也,而生民之生死,公也"(《读通鉴论》)。"国祚之不长,为一姓言也,非公义也。秦之所以获罪于万世者,私己而已矣。斥秦之私,而欲私其子孙以长存,又岂天下之大公哉!"(《黄书·宰制》)"不以一人疑天下,不以天下私一人。"(《黄书·宰制》)在黄宗羲看来,如果天子不能循从天下大公、生民公义,那么天子之位是"可禅,可继,可革"(《黄书·原极》)的。

---

① 肖群忠:《传统"义"德析论》,《中国人民大学学报》2008 年第 5 期。

(4)礼与安上治民

自古以来,中国就以"礼义之邦"闻名于世,"礼"的传统源远流长。"礼"起源于祭祀。在国家大事中,祭祀可算是其中之一,"礼有五经,莫重于祭"(《礼记·祭统》)。在祭祀礼仪中,有着强烈的宗教色彩和政治色彩。"随着社会的发展,人类对于自然界的各种变化,对于社会中的复杂关系有了进一步的认识,仅以祭祀神鬼祖先为礼,已经不能满足人类日益发展的精神需求,不能调节日益复杂的现实关系。"①因此,西周时期,在总结前代文明成就的基础上,周公"制礼作乐",将"礼"的应用范围从宗教祭祀扩展到社会生活及人伦关系等更为广泛的生活世界中,并予以制度化、规范化和普遍化,从而使之更适合宗法等级制度。从这个意义上说,周公"制礼作乐","实际上是把上层建筑的各个方面加以制度化,从各个方面把上下尊卑的等级差别确定下来,从此,礼便成为人们社会生活的伦理政治准则"②。

西周末年,周王室衰微,无力控制局面,宗族等级制的社会结构受到冲击,诸侯国分封贵族的世系已乱,一些有实力的大国屡屡僭越旧制,出现了"礼崩乐坏"的局面,从而导致了礼义价值观念的冲突和混乱。面对严峻的时代形势,伟大的思想家孔子做出了积极的回应。孔子对周礼进行了"损益":一方面,将宗教性的"礼"转变为人情日用之常道;另一方面,将"礼"由外在的规范转变为人心内在的要求,将原来强制性的规定提升为人们自觉的理念。与此同时,孔子开创了儒家伦理思想的重要内容——"仁"学思想。他援"仁"入"礼",对"礼"的内涵进行了阐释和发展,并在此基础上提出了"克己复礼为仁"(《论语·颜渊》)的思想。自此,"礼"不再是僵死的外在形式,而是以真情实感为内核的伦理实体和道德规范。在孔子"仁""礼"互释思想的基础上,孟子设计了由仁、义、礼、智构成的德性体系。孟子认为,"礼"内在于人心,在这一点上,"礼"与"仁"、

---

① 杨汝福:《论礼的起源及周公制礼》,《河池师专学报(文科版)》1991年第1期。
② 樊浩:《中国伦理精神的历史建构》,江苏人民出版社1992年版,第10页。

"义"是一样的,"仁义礼智根于心"(《孟子·尽心上》),"仁义礼智,非由外铄我也,我固有之也,弗思耳矣"(《孟子·告子上》)。由此,在孟子那里,原来外在的"礼"已经完全内化为本心所具有的一种属性。至此,经过孔子、孟子的阐释,"礼"成为中国最为重要的伦理道德范畴之一。

　　"礼"的精神体现在政治上就是所谓的"礼治"。为此,先秦儒家的思想家们提出了"礼治"思想,主张"为国以礼"(《论语·先进》)。作为一种政治主张,礼治的主旨"就是要求统治者在政治实践中,通过对礼乐制度、礼仪规范的广泛推行,充分发挥其道德约束和行为规范的社会功能,以维护社会等级秩序和国家政治的稳定,有效地治理民众"①。其一,规范。规范是社会的存在方式,为人伦的和谐与社会的稳定提供了保障。先秦儒家将"礼"引入社会,为人们的行为提供了一种规范和依据,从而实现"治"的目的。孔子主张人们的一切行为都应置于"礼"的约束之下,他要求人们"非礼勿视,非礼勿听,非礼勿言,非礼勿动"(《论语·颜渊》)。可以说,"礼"是人们社会生活中行为规范的总和。先秦儒家强调以"礼"治国,实际上就是以规范治国,即用"礼"来约束和规范人们的行为。"礼之于正国也,犹衡之于轻重也,绳墨之于曲直也,规矩之于方圆也。"(《礼记·经解》)可见,没有这些标准和依据,是非曲直就无法判断,同样道理,没有"礼",国家势必要乱。其二,教化。"安上治民,莫善于礼。"(《礼记·经解》)自古以来,"礼"就以教化民众、德化天下为己任。可以说,以"礼"教化民众是古代统治者治国的重要手段。孔子认为,国家"齐之以礼"(《论语·为政》),统治者以道德和礼义感化、教化芸芸百姓,让每一个社会成员都懂得克己以修身、推己之意以爱人、恭敬谦虚以让人,并自觉、切实地运用到实践中,那么生活在这个国度中的人便会具有高尚的品德,这样的社会也必将能够实现稳定与和谐,并且由于其成员间的亲和力与凝聚力而变得坚不可摧。《礼记》亦曰:"夫民教之以德,齐之以礼,则民有格心。

---

　　① 王启发:《〈礼记〉的礼治主义思想》,《孔子研究》1990 年第 1 期。

教之以政,齐之以刑,则民有遁心。"(《礼记·缁衣》)即是说,以道德来教化民众,以礼义来约束民众,他们就会有向善之心;用政令来教导民众,用刑罚来制约民众,他们就会有逃避罪责之心。从这个意义上讲,只有对民众进行道德引导、礼义教化,才能真正使人心归服。其三,道德自觉。先秦儒家认为,通过"礼"的教化,可以唤起人们道德意识的自觉与复苏,于潜移默化之中将人引向道德之途,于不知不觉之中提升人的道德境界和精神境界。与刑、法、政等强制性力量相比,"礼"的观念对人是一种软约束,它的推行靠的是个体的自觉自愿,因此,通过"礼"来唤起、培养人们的道德自觉意识。"礼之教化也微,其止邪也无形,使人日从善远罪而不自知也,是以先王隆之也。"(《礼记·经解》)从这个意义上讲,"礼"的作用的发挥,就是在人性上下功夫,让人们形成道德自觉,即从身边的小事做起,耳濡目染、移风易俗,从而达到美化社会风尚的效果。

概言之,从表面看来,"礼"的作用在于为人们提供行为规范;从更深层面看来,通过外部的规范以起到教化的作用,于潜移默化中将人引向道德之途,从而培养人们的道德自觉意识,提高人们的道德境界。

（5）和与大同理想

"和"是中国传统文化的内在精神和显著特征,追求和谐、崇尚和美是中国古代思想家孜孜以求的理想。作为中国传统文化的一个重要概念,"和"起源甚早。在三代甚至更早的史前时期,"尚和"思想就已经存在并广泛流传。例如,在《尚书》中,有"协和万邦""惟和惟一""庶政惟和""咸和万民"等说法。春秋时期,"尚和"的思想氛围已非常浓厚。

从字源的角度来讲,"和"主要有两层含义:一方面,从饮食的角度讲,五味之调和即是味和;另一方面,从声音的角度讲,声音相和即为乐和。正如《国语》中所说:"和五味以调口"(《国语·郑语》),"和六律以聪耳"(《国语·郑语》)。由此可见,"和"观念的产生最初源于人之自然官能性的感受

（尤其是味觉和听觉），这是古人早期生产、生活经验的总结和提炼。正如杨树达先生所言："事之中节者皆谓之和。……《说文》：龢，调也。盉，调味也。乐调谓之龢，味调谓之盉，事之调适者谓之和，其义一也。"①从这个意义上讲，古人对于"和"的理解，源于人的本能，是感官性愉悦所引起的感性共鸣。其后，思想家们逐渐从价值层面对"和"展开了思考。"由某一官能性的快感置换为普遍性的精神愉悦。"②正因为"体悟味道之和与乐律之和，本身是与人在品味、听乐时的心理情感密切相关的，所谓'和'也就由直接感受引申到情性好恶、情感和谐的复杂状态以及人伦道德的价值层面了"③。

从字义上分析，"和"是指"以他平他"。《国语》中讲道："夫和实生物，同则不继。以他平他谓之和，故能丰长而物归之，若以同裨同，尽乃弃矣。"（《国语·郑语》）即是说，"和"是指不同性质的要素、成分相互作用，通过各种不同因素的差异互补来寻求整体的最佳结合，从而构成和谐之整体。由此可见，"和"并不是单纯的同一，而是包含着差异、对立，是重视差异、整合差异，就如同绘画需要多种色彩、音乐需要多种乐器和声音才能和谐一样。此外，"和"是一切事物存在的根据和基础，宇宙万物的存在和发展都根源于"和"，万物得"和"而生，失"和"而亡，正如《中庸》中所说："和也者，天下之达道也。致中和，天地位焉，万物育焉"。在先秦儒家看来，"和"是万事万物存在和发展的内在根据，是宇宙万物的本然状态和最佳状态。由此引申至伦理学，"和"既是个体的行为准则，也是社会的建构原则；既是自我实现的境界，也是天下太平的体现。

从社会实践层面来看，"和"观念主要体现在以下两个方面。其一，和谐的社会秩序。社会秩序的和谐，依赖于社会中的每个个体。从这个意义上讲，人与人之间的和谐即人伦之"和"便是"和"的核心。从现实意义讲，人具有

---

① 杨树达：《论语疏证》，上海古籍出版社 2007 年版，第 28 页。
② 夏静：《"尚和"思维论》，《中国社会科学院研究生院学报》2008 年第 6 期。
③ 夏静：《"尚和"思维论》，《中国社会科学院研究生院学报》2008 年第 6 期。

"能群"的社会特征,"人之生,不能无群"(《荀子·富国》),人与人之间难免存在分歧与冲突。然而,只有人伦关系达到和谐,社会才能稳定和发展;也只有人伦关系保持协调、和谐,社会群体才能统一,从而形成强大的力量去战胜外界,满足人类整体的需要。正如荀子所说:"和则一,一则多力,多力则强,强则胜物。"(《荀子·王制》)正因为如此,先秦儒家特别强调"人和",认为它比"天时""地利"更为重要,"天时不如地利,地利不如人和"(《孟子·公孙丑下》)。从伦理学意义上讲,人伦之"和"追求的是人我合一,即由血缘关系、家族关系出发而建立起和谐一体的人伦关系,人们各安其分,从而形成"君君,臣臣,父父,子子"(《论语·颜渊》)的和谐有序的社会。"君君臣臣,父父子子,兄兄弟弟,夫夫妇妇,万物各得其理,然后和。"(《通书·礼乐》)先秦儒家强调人伦,崇尚"和为贵",认为个体必然处于与他人的密切关系之中,在这些关系中,人们各有应尽的义务,应当各尽其职,从而实现和谐。其二,和谐的国际关系。中国传统文化主张以"和"的方式处理国际关系。《易经》中讲道"保合太和""万国咸宁"(《易经·乾卦·象辞》),指出"太和"是最高的"和",于国际间则体现为"万国"之间的和平相处。《尚书》中提出"协和万邦"的主张:"克明俊德,以亲九族。九族既睦,平章百姓,百姓昭明,协和万邦,黎民于变时雍。"(《尚书·尧典》)由此可见,"协和万邦"先要"亲九族",即首先要把自己的宗族治理好;继而"平章百姓",即把自己的国治理好;进而"协和万邦",即使各国之间和睦相处。"协和万邦"的准则成为历代封建统治者处理民族、国家关系的基本准则。

3.传统德治的当代价值

习近平总书记指出,要从传统文化中寻找治国理政的经验借鉴和智慧启示。这需要对我国古代治国理政的探索和智慧进行积极总结。传统德治思想是古人留给我们的优秀文化遗产,蕴含着丰富的人文精神、道德理念、教化思想等,凝聚着宝贵的治国经验和智慧。深入研究德治思想的内在精神和合理内核,结合当代的精神需求和实践需求加以发展,对于当代的治国理政具有重要的价值和意义。

(1)加强执政者道德素养,树立道德典范

如前所述,传统德治思想十分重视执政者自身的道德素质和道德修养。执政者的"德"不仅是治理国家的关键,关乎着国家的兴衰成败;而且执政者的"德"是其行为的准则,并以其模范行动来影响民众。这就是所谓的"政者,正也,子率以正,孰敢不正"(《论语·为政》),"其身正,不令而行,其身不正,虽令不从"(《论语·子路》),以及"苟正其身,于从政乎何有"(《论语·为政》)等先哲警言的应有之义。

在当代,由于各级党政领导干部所处的特殊社会地位以及担负的政治使命,使得他们成为人们关注的对象,他们的言行也直接或间接地对广大人民群众产生影响。因此,他们必须具有高于普通百姓的道德水平,具有道德自觉性,并以身作则,充分发挥模范带头作用,这样,才能在人民中享有威信,才能使人们对其产生道德认同和敬仰。从这个意义上讲,加强领导干部道德建设是关键。因为领导干部的道德水平决定着民风,他们是人民群众的表率。领导干部的道德素养高,能够身体力行,处处起到模范带头作用,就会对人民群众产生示范、导向、激励、启迪的积极影响;反之,如果领导干部的道德素养低,不能以身作则,就会对人民群众产生负面的、消极的影响。因此,在当代,我们应当继承传统"德治"对为政者道德层面要求的基本精神,注重培养领导干部良好的道德品质,提高其道德修养的自觉性。从根本上讲,道德修养的养成和提高,关键是靠领导干部自身的努力和自觉。因为"道德强调内在自律。这种自律表现为通过不断强化自身内在的道德良知,逐步养成道德责任感和道德评判力,做到'自重、自省、自警、自励'"①。各级领导干部应当秉持"君子

①　黎池:《儒家德治思想及其对当代中国实施以德治国方略的启示》,湖南师范大学硕士学位论文,2003年。

检身,常若有过"(《亢仓子·训道篇》)的态度,注重以德修身,加强自我教育和自我塑造,自觉提高自身的道德修养,从而能够以德服众,为民众做好道德表率,树立道德典范。与此同时,各级领导干部应当运用形式多样的手段和途径对民众进行道德教育,对其进行劝导和影响,以提高他们的道德意识和道德觉悟。

(2)注重以德育人,提高国民道德素质

传统"德治"中蕴含着悠久的道德教化传统,积淀了丰富的道德教化经验。儒家认为,对于个体而言,道德教化可以对人产生潜移默化的影响,使人心向善,知耻而不作恶;对于治理国家而言,道德教化可谓是最根本、最深入的治国良策,其效果是法律所不能达到的。法律以威慑的力量使人不敢为恶,并没有强人为善的力量。当法律松懈时,其威慑的力量将消失,在此情况下,人仍将可能为恶。而道德教化,虽然从过程上来讲要漫长一些,然而一旦教化成功,人心已正,就会心向善之,从而使得社会长治久安。因此,从个体层面讲,道德教化强调个体道德的"自化",即通过个体自身的道德修养、道德践行,使人正心诚意、崇善除恶,提高自身的道德水平,成就理想人格;从社会层面讲,道德教化强调社会道德的"众化",即通过普遍、广泛的道德教育和道德引导,移风易俗、化德成俗、去恶向善,形成良好的道德风尚。

在当代,我们应当秉承道德教化传统,深入挖掘传统德育的丰富思想,结合当代的时代特征和时代需要,按照整体性、有序性的原则,发展和完善当代德育体系。我们应当在全社会范围内开展思想道德教育活动,营造良好的"德教"氛围。即德育内容方面,通过家庭、学校、社会等多种途径加强社会公德、职业道德、家庭美德、个人品德教育;积极培育和践行社会主义核心价值观,倡导基本的道德原则和道德规范。德育方法方面,根据当代道德教育的新内容、新目标,创新德育方法;克服传统德育的单向灌输,注重双向交流、情感沟通、言传身教、因材施教等教育方法。因此,注重以德育人,做好道德教育这

重要的一环,让人们接受潜移默化的影响,从而提高国民的道德素质。

(3)坚持以人为本,践行执政为民理念

传统"德治"十分强调民众在国家社会生活中所占的重要地位以及所发挥的重要作用。孟子曰:"民为贵,社稷次之,君为轻。"(《孟子·尽心上》)"以民为本"的爱民、利民、惠民的合理思想和有益经验是值得我们传承和借鉴的。无论是在古代还是当代,满足民众生存和发展的各项需求是最为重要、最为根本的,这是政权建设、制度建立、法律规范的根本原则。从最基本的欲望和需求出发,民众欲富不欲贫,欲治不欲乱。

在当代,我们提出并坚持"以人为本",这是我们党改革发展指导思想上的又一次新的解放,同我们党代表最广大人民的根本利益的要求是一致的,也同我们党全心全意为人民服务的根本宗旨是一脉相承的。作为一种执政理念,"以人为本"促进人的物质、精神全面自由发展,阐明了人民是国家的主人,民心向背关系到国家和民族的生死存亡和命运兴衰。秉承宝贵的传统政治思想资源,我们清醒地认识到,人民是国家的根本,是国家的主人;各级党政领导干部是人民的公仆。从这个意义上讲,各级党政领导干部只有秉持这样的观念,才能够自觉践行"执政为民"的理念。具体来讲,第一,努力发展经济,以此满足人民群众日益增长的物质需求,使其过上富足的生活;第二,关注民生,关心人民群众疾苦,把工作切实做到人民群众的日常生活中,多为人民群众办实事、办好事,及时解决人民群众遇到的实际困难和问题,为他们排忧解难;第三,努力繁荣文化,以此满足人民群众日益增长的精神需求,充分发挥先进文化的引领作用,通过开展丰富多彩的惠民文化活动,丰富人民群众的精神文化生活和精神家园,并通过形式多样的教育途径和手段,不断提高人民群众的科学文化素质和思想道德素质;第四,满足人民群众的政治需求,依法保障人民群众的政治权利(包括参与权、话语权、监督权等)。因此,这就要求在具体的施政过程中,各级领导干部要充分相信群众、紧紧依靠群众,与群众保持良好的交流和沟通,倾听人民的声音。

二、治国方略:以德治国

在历史进入 21 世纪这样一个特殊的时刻,有感于道德建设的重要性、紧迫性和必要性,我们提出以德治国的重要思想,将道德提高到治国方略的高度。作为治国理政的重要方略,以德治国是国家保持健康、稳定、持续发展的一项基本举措,对于建设富强、民主、文明的社会主义现代化国家将起到巨大的推动作用。以德治国既是一项重要的治国方略,又是一项需要全社会参与的社会实践工程,需要从中央到地方、从领导到群众的共同参与和不懈努力,才能提高全民族的道德文明程度,维护国家、社会的稳定和发展。

1. "以德治国"对传统"德治"的传承和超越

在对待传统"德治"与当代"以德治国"的关系问题上,我们必须要有清醒的认识。诚然,由于社会制度的变革、社会环境的变化、人们思想观念的转变等,当代"以德治国"与传统"德治"有着本质的区别。然而,从客观上讲,任何思想体系的创立都有其思想渊源,从这个意义上讲,当代"以德治国"与传统"德治"一脉相承。"以德治国"既是对传统"德治"的批判继承,同时又是对传统"德治"的发展创新,可以说,是中国德治思想的历史性飞跃。

(1)当代"以德治国"对传统"德治"的传承

当代的中国是历史的中国的继续,历史是无法割断的,道德、思想、文化亦是如此。从思想渊源的角度讲,当代"以德治国"是对传统"德治"的继承。如前所述,中国的"德治"传统源远流长,内涵丰富。在中国传统社会,"德治"对于中华民族优良传统的形成,对于"礼义之邦"的确立,对于社会的稳定和发展,曾起到过积极的作用和影响。诚然,随着时代的推移、社会的变迁,其中一些思想观念已不能适应新时代社会发展的需要,暴露出一定的历史局限性,并逐渐退出历史舞台,如唯上是从的观念,愚忠、愚孝的观念等。然而,其中一些具有超时代普遍价值的观念,在当代中国的社会生活中仍有广泛的社会基础和群众基础,表现出顽强的生命力,并在相当程度上影响着人们的思想和行为,如崇尚道德的观念、重视道德教化的观念、身正令行的观念,等等,这些观念经过批判地继承、创新性地发展,仍可以古为今用,发挥其补偏救弊的作用。从这个意义上讲,当代"以德治国"承袭"德治"传统而来,二者一脉相承。

(2)当代"以德治国"对传统"德治"的超越

当代"以德治国"不仅是对传统"德治"的传承,更是对传统"德治"的发展和超越。

第一,传统"德治"的"德",主要指的是封建地主阶级的道德,其内在依据是"礼",其核心是"忠"与"孝",其目的在于维护封建地主阶级的利益,片面地强调地主阶级的权利和农民阶级的义务,地主阶级与农民阶级之间是剥削与被剥削的关系。具体而言,在国家层面,"尽忠"是最高的、最基本的伦理要求;在家庭层面,"孝悌"具有至高无上的道德价值。在"忠"与"孝"得以贯彻的基础上,在社会层面就形成了以官位等级为基础的专制政体,在家庭层面就形成了以血缘、家庭为基础的一整套宗法思想和制度。庶民尊崇"忠孝"之道,安于尊卑等级,从而形成并巩固了封建统治赖以维持的稳定的社会心理结构。而当代"以德治国"方略,倡导的是社会主义新道德,摒弃了传统"德治"中的封建糟粕。当代社会主义的"德"是建立在人与人之间平等关系基础上的,并结合时代精神,所形成的内涵丰富的新道德。具体而言,社会主义的"德"包括社会主义、共产主义信念,全心全意为人民服务的高尚品德,人民当家作主的主人翁意识,"人人为我,我为人人"的人格平等意识,尊重个人利益、崇尚公平的平等观念,等等。当代"以德治国"方略力求能够建立与时代相适应的道德体系,能够形成广大人民群众普遍认可接受、自觉遵守的道德规范,能够在全社会范围内形成和谐的人际关系。

第二,传统"德治"是为封建统治阶级服务的,主要是从封建统治阶级的利益出发,维护的是极少数人的人格尊严和切身利益,具有明显的阶级局限性;而当代"以德治国"是新型的社会主义"德治",是从广大人民群众的根本利益出发,体现了新的历史条件下的公民主体性。在中国的封建社会,统治阶级处于统治地位,在利益上与被统治阶级有着不可调和的矛盾和冲突,具有阶级对抗性。因此,传统"德治"中的一些思想观念一旦上升到国家意识形态层面,就不可避免地发生扭曲和异化,成为禁锢人民群众的精神枷锁。然而,在当代,在以公有制为基础的社会主义条件下,广大人民群众是国家的主人,我们的党是人民的政党,与最广大人民群众的利益在本质上具有一致性。因此,当代社会主义道德是为全体人民服务的,维护的是广大人民群众的人格尊严和利益,是为实现"人的自由全面发展"的道德,其道德评价的标准是人民的意愿和社会的舆论。

第三,传统"德治"主张"德主刑辅",突出了道德在社会治理中的作用,一定程度上轻视了法律的作用以及法制建设,因而导致"有治人,无治法"(《荀子·君道》);当代"以德治国"主张"德法并重",在强调道德功用的同时,也重视法律的作用,强调要把道德建设与法制建设、以德治国与依法治国有机地结合起来。从道德与法律的辩证关系看,一方面,作为社会治理的主要手段,二者都发挥着各自积极的作用,有利于维护社会秩序的稳定、人伦关系的和谐;另一方面,二者发挥作用的方式有所不同,道德通过教化使社会成员自觉遵守社会规范,防患于未然,法律则通过制裁人们的违法行为,作用于已然。由此可见,"德"与"法"各有其用,相互补充。因此,在治国理政的问题上,单靠道德或者单靠法律是不可行的,二者不可偏废,必须将二者有机地结合起来。从这个意义上讲,当代社会的发展和进步,既需要伦理道德和人文精神的支撑,也需要法制精神的支撑。

概言之，当代"以德治国"战略思想的提出，不仅仅是对传统"德治"的批判传承，更是对它的发展和超越。这种传承、发展和超越亦非一蹴而就，而是需要经过一个长期的历史过程。

2. "以德治国"的时代特征

当代"以德治国"是建立在社会主义经济基础之上，反映社会主义政治制度和文化制度要求的治国方略。在新时期和新形势下，"以德治国"具有鲜明的时代特征。

(1)"以德治国"之"德"的特征

从治国方略的角度来看，"以德治国"之"德"与一般意义上的"德"是有区别的，不能等同于一般意义的"道德"。众所周知，道德作为社会的意识形态，是由客观的经济关系和社会关系所决定的，因此，随着社会结构、社会关系日趋多样性，道德也随之呈现出多元化的趋势。然而，作为治理国家、治理社会的资源和方略的"德"则不可能是多元的，"以德治国"之"德"必定是治国的道德。从这个意义上讲，"以德治国"之"德"必定是一种特殊性质的道德，具有其自身的特征。

第一，"以德治国"之"德"具有公共性。

就具体形式而言，"以德治国"之"德"具有公共性：其一，从行为发生的空间来看，"以德治国"之"德"一般都发生在公共领域。例如，各种市场经营活动、公民参与的政治活动、各级行政部门的管理活动、公共场所的社会活动等，这些都是在一定的公共领域进行的。正因为是在公共领域内进行的公共活动，因此，从一定程度上讲，它具有公共利益，从而从道德层面上对参与者提出了相应的公共性要求。其二，从道德交往来看，具有公共性的特点。"所谓交往的公共性，是指交往的对象不具有私人的确定性，而具有公众性或公共性，如公民之间非私家性的交往。交往公共性包括物质性的交往对象,如公共环境等。"①正因为道德交往具有这种公共性的特点,因此,应当着重从道德的层面进行审视。其三,从国家治理、社会治理的角度讲,道德进行调节的方式已不再主要依靠个体美德,而主要依靠公共伦理,即公众普遍认可的公共规则。即是说,在"以德治国"之"德"所发生的公共领域中,公共伦理优先于个体道德。正如甘绍平所讲:"道德关涉到人际间最基本的行为规范。这种规范被划分为内在的(即品德、德性)和外在的(即规则、原则)两类。不论在哪个时代和哪种社会,这两类行为规范都是不可或缺的。但是,从人类道德发展史来看,从以品德、德性为特征的协调着近距离人际关系的内在规范,向以规则、原则为特征的调节陌生人社会人际关系的外在规范的发展,并且后者获得了越来越大的重要性这一点,已经成为一种势头强劲的趋势。"②

第二,"以德治国"之"德"具有规范性。

如果说传统"德治"是美德之治的话,那么,当代"以德治国"就可谓是规范之治。"以德治国"之"德"具有规范性:其一,当代"以德治国"之"德"是治国之"德",具有治理的职能。如果道德失去治理的功能,它就不能作为治国的条件,那么,我们所谓的"德治"也就无从谈起。在当代,治国理政的要求及目标决定了治理之"德"应当是客观的、具体的伦理要求,能够以规则、规范的形式对人们的行为加以约束,而不能是难以确定、难以把握的内在性美德。其二,当代"以德治国"之"德"的发生是在公共领域,因此,道德主体的范围有所扩展,具有了公正性的特点,而且道德的内容也日趋具有普适性的特点。从这个意义上讲,在现实生活中对公众所提出的伦理道德要求基本上是较为基础的伦理道德规则和规范,而不是具有崇高性的美德。其三,当代"以德治国"之"德"与法律存在着某种共通性。作为社会规范的范畴,道德与法律都具有规范的作用,在治国理政的过程中,二者发挥作用的方式有所不同,但最终殊

---

① 余玉花:《现代德治:追求和谐社会的善治》,《毛泽东邓小平理论研究》2006 年第 3 期。
② 甘绍平:《道德:在规则与德性之间》,《思想战线》2015 年第 1 期。

途而同归。从这个意义上讲,作为治国理政的重要途径之一,道德需要以规范、规则的形式来发挥作用,只有这样,才能承担起与法治同样的治国理政的责任。

第三,"以德治国"之"德"具有信仰性。

从广义上讲,"以德治国"之"德"是指道德,既包括广义的道义力量和精神力量,同时也包括理想信念,即信仰。从这个意义上讲,"以德治国"之"德"具有信仰性。一方面,道德需要信仰的支撑。在现实生活中,某些道德观念是靠信仰支撑的。例如,共产党人坚持的全心全意为人民服务的宗旨,这样的道德要求需要由相应的政治信仰加以支撑。另一方面,道德是信仰的一部分。从构成上来看,道德信念是信仰体系重要的组成部分。一个完整的信仰体系,包含着不同层次的信念,一般层次的信念受高层次信念的统领。例如,社会主义信仰是高层次信念,即相信社会主义一定能够取得胜利;人内在的良心、人与人之间的诚信等是一般层次的信念,这既是一种道德观念,也是一种信仰观念,受社会主义信仰统领。

(2)"以德治国"之"治"的特征

第一,治理主体的多样性。

在中国传统社会,政府(及其相关部门)是管理者,占主导地位,发挥着主动性的作用;而民众是被管理者,处于被动地位,是政府(及其相关部门)管理的对象。然而,在当代的国家治理和社会治理中,人民群众是治理主体,是治理的具体的实施者。从这个意义上讲,道德治理的主体就呈现出多样性,例如,国家、社会、公民个体;政府及其相关部门,如工商、税务、经贸委、公安、司法、环保等部门;各种社会组织,如社区居民委员会、环保组织、慈善组织、各种学会;等等。在具体的道德治理过程中,各类主体充分发挥自身的优势,最大限度地将道德治理主体多样性的优势彰显出来,并努力实现社会的公平和正义。

第二,治理目的的明确性。

在马克思看来,人与动物之间最根本区别就在于,人的活动是有意识、有目的的。一方面,"目的在人的社会实践中产生,它以现实的客观世界为前提,但它又表现为对客观世界中某些现实的不满足,因而要求改变这些现实,改造现实存在物的现成存在形式,创造符合于主体需要的理想客体"①;另一方面,"人类始终只提出自己能够解决的任务,因为只要仔细考察就可以发现,任务本身,只有在解决它的物质条件已经存在或者至少是在生成过程中的时候,才会产生"②。作为一种社会活动,道德治理的目的十分明确:发现问题、解决问题。即是说,首先,发现、梳理社会生活中存在的道德问题,探索、分析产生这些问题的原因;其次,针对存在的这些道德问题,基于现有的条件,找到切实可行且行之有效的途径和方法;最终,解决道德问题,改善社会道德状况,提高社会道德水平,从而达到人民安居乐业、社会和谐稳定的目的。

第三,治理过程的持续性。

道德治理是一个持续的、动态的过程,它的实现不是一蹴而就的,不是靠某一套规则的制定或者某一项活动的开展就可以完成的,而是要依靠一整套的制度体系或规则体系以及一系列的活动才能够完成。与此同时,为了实现道德治理的目标,治理主体之间需要齐心协力、密切合作,在已达成的共识、规则的基础上,根据现实情况的不断变化而做出适当的调整,这个过程也是一个持续性的过程。此外,在具体的道德治理的过程中,治理模式也并非是一成不变的,而是根据现实的具体情况,针对出现的具体问题,及时采取比较灵活的途径和方式来加以解决。

概言之,道德是实现善治的内在需要。道德是维系人类社会生活秩序的基本维度之一。从微观层面来看,它内至道德个体的自律,外至家庭伦理秩序、邻里和社群交往规范,具有不可或缺的地位;从宏观层面来看,它自下可至

---

① 转引自龙静云、熊富标:《论道德治理的基本路径与合作》,《江汉论坛》2013 年第 5 期。
② 《马克思恩格斯文集》第 2 卷,人民出版社 2009 年版,第 592 页。

社会公共生活领域,向上可达国家政治之上层建筑和意识形态,发挥着不可替代的价值引领和行为规导作用。正因为伦理道德规范具有的这种几乎无所不及的、普遍广泛的行为规导作用,才使得它成为社会秩序规约体系之一。从这个意义上讲,道德作为行为规范所创造和维护的社会伦理秩序是社会生存、发展和繁荣的主要构成部分,也是最具积极意义的部分。因此,道德也成为社会繁荣发展的主要资源和条件。

道德是实现善治的基石和保障,道德教化为真正的善治提供前提和滋养。"以德治国"强调将道德教化作为治国的手段,通过提高人们的道德素质,达到社会长治久安的目的。从本质上讲,国家是"统治阶级的暴力工具",不仅如此,它还有诸多其他职能,如管理社会、协调社群等。"国家决不能仅仅被当成法庭,它必须呈现于社会生活的方方面面,并让人们感受得到。"①黑格尔则把国家看作是"伦理理念的现实",是"伦理精神"。② 随着国家的不断进步和发展,其现代化和文明化特征日益凸显,道德化的要求也随之越来越高。具体来说,道德作为一种调节人们之间相互关系的行为规范的总和,将各种道德关系以及人们的行为引导和限定在一定的模式中,使人与人之间建立起一种和谐的关系,同时它在社会的诸多领域中,以其特有的抑恶扬善功能来保障安定团结的政治局面和社会秩序。因此,在国家治理中,必然包含道德的要素,不能缺少道德的支撑。

3. "以德治国"与"依法治国"相结合

"以德治国"与"依法治国"相结合,是当代治国理政的重要方略。习近平总书记指出:"法律是准绳,任何时候都必须遵循;道德是基石,任何时候都不可忽视。在新的历史条件下,我们要把依法治国基本方略、依法执政基本方式

---

① [法]爱弥尔·涂尔干:《职业伦理与公民道德》,渠东、付德根译,上海人民出版社2001年版,第70页。

② [德]黑格尔:《法哲学原理》,范扬、张企泰译,商务印书馆1996年版,第253页。

落实好，把法治中国建设好，必须坚持依法治国和以德治国相结合，使法治和德治在国家治理中相互补充、相互促进、相得益彰，推进国家治理体系和治理能力现代化。"①从本质上讲，法律和道德都是秩序规范体系，是调整社会关系、维护社会秩序的两种根本手段，二者具有互补功能。习近平总书记指出："法律是成文的道德，道德是内心的法律。法律和道德都具有规范社会行为、调节社会关系、维护社会秩序的作用，在国家治理中都有其地位和功能。法安天下，德润人心。法律有效实施有赖于道德支持，道德践行也离不开法律约束。法治和德治不可分离、不可偏废，国家治理需要法律和道德协同发力。"②由此可见，法律为道德提供了外部保障，道德为法律提供了内在精神。"良法"的实施能够有利于社会道德的提升，社会道德的提升反过来又会促进法治的进步。党的十八届四中全会明确指出："要以法治体现道德理念、强化法律对道德建设的促进作用，以道德滋养法治精神、强化道德对法治文化的支撑作用，实现法律和道德相辅相成、法治和德治相得益彰。"③

（1）道德为法律提供内在支撑

党的十五大提出"依法治国"的基本方略，自此以来，我国的民主法制建设取得了巨大成就，中国特色社会主义法律体系基本形成，建设社会主义法治国家已逐渐成为全社会的共识。从某种意义上讲，在当代的国家治理中，法治是基本的，具有决定性意义。然而，现实表明，国家的文明化单靠法治是难以实现的，法治并不能提供完全充分的治国资源。从这个意义上讲，德治作为治国资源，可以给予法治以支持，以此完善治国方略。可以说，德治是弥补法治不足的良药。

---

① 《习近平谈治国理政》第二卷，外文出版社 2017 年版，第 133 页。
② 《习近平谈治国理政》第二卷，外文出版社 2017 年版，第 175 页。
③ 本书编写组：《党的十八届四中全会决定学习辅导读本》，党建读物出版社、学习出版社 2014 年版，第 5 页。

从立法层面讲,纵观人类历史的发展,我们可以发现,道德观念总是先于法律规范而存在。古人在制定法律时,总是通过一定的程序将社会中最基本、最重要的道德规范上升为法律。由此可见,大多数法律原则、法律规范来源于道德原则、道德规范。从这个意义上讲,道德规范是法律规范的重要来源之一。法律以道德为源泉和基础,是具有强制性的"道德"。正如洛克所说:"所有的法律都是判断善恶的标准和根据,法律的规定都具有道德的意义。"①从执法层面讲,孟子曾经说过:"徒法不足以自行。"(《孟子·离娄上》)即是说,法律是不会自己去实施的。"有法而不用,不如无法。"(杨万里:《诚斋集》卷八九《刑法》下)即是说,法律倘若不能严格执行,再好的法律也等于零。在法律执行的具体过程中,执法者能否准确地把握立法宗旨,客观、公正地运用相关法律条款,能否执法公正、严明,能否坚定正义的立场,在复杂的情境中做出正确的判断,这些都取决于执法者的职业道德素质。在当代,加强培养执法者的职业道德素质,努力提高其职业道德水平,是实施依法治国方略的关键环节。从守法层面讲,首先,社会成员对法律的认同,是法律存在的基础。正如美国比较法学教授埃尔曼所言:"法律不被信仰,那就徒具形式。"当大多数社会成员对某一法律不予认可时,就会出现"法不责众"的局面,那么,法律就会成为一纸空文。因此,必须将外在的法律规范内化为大多数社会成员的内心自觉。其次,就当代法治而言,其核心价值观念是权利和义务。因此,法定权利和义务的最终实现,取决于社会成员的自觉意识和道德素质。最后,社会成员道德水平的高低与守法自觉性的强弱密切相关。当社会成员的道德达到了一定的水平和高度时,就会将外在的法律规范转化为自己的心中立法,并自觉地付诸实践。除此之外,高尚的道德素质可以提高人们对自身的要求,以高于法律规范的道德规范严格要求自己,从而提高自身的守法水平。概言之,"立法的完备与科学、执法的公正与严明、守法的自觉与笃实,这些现代化法治所

---

① 转引自公丕祥:《法律文化的冲突与融合——中国近现代法制与西方法律文化的关联考察》,中国广播电视出版社 1998 年版,第 42 页。

强调的核心内容,是需要依靠高素质的人来完成或实现的,而在培养高素质的人的层面上,道德的作用更是无法忽视或替代的"。①

(2)道德为法治精神提供滋养

从某种意义上讲,以道德滋养法治精神,是实现法治与德治密切结合、协同发展的基础性工作和迫切任务。显然,公民道德素养的普遍提高是应对法律在社会现实中实际效力问题的充分条件。"发挥好道德的教化作用,必须以道德滋养法治精神、强化道德对法治文化的支撑作用。再多再好的法律,必须转化为人们内心自觉才能真正为人们所遵行。"②

第一,道德为法治精神的塑造提供价值引导。"离开道德价值,法治就可能沦为工具性的法制,不但无助于维护和强化人的自主性,反而成为单纯的外部限制。"③在当代,我们所追求的法治,应当具有独立的法治权威,能够维护人民的根本权益、满足人民的价值诉求、彰显当代的道德观念。如果法治失去价值方向,就会丧失法治本身的权威,损害人民的根本权益,与当代道德价值背道而驰,这必将对社会生活产生严重的威胁。从这个意义上讲,法治的实现、法治精神的塑造以道德价值观念为引导。道德体系中蕴涵的诸多被人们所普遍认同的价值和观念(例如,对于人的主体性的强调,对于生命的敬畏,对于自由、平等的追求等),这些将为法治精神的塑造提供支撑和指引,使得法律得以不断的完善,法治得以不断的发展和进步。

第二,道德为法治精神的培育提供心理支撑。法治精神的培育需要社会心理支撑,就是要在人们的内心树立牢固的法治意识和法治观念。在此,道德为法治精神的内化提供了通道。法治精神的培育,首先,需要提高人们

---

①　刘湘溶、李培超:《论依法治国与以德治国的内在统一》,《湖南师范大学社会科学学报》2002年第1期。

②　《习近平谈治国理政》第二卷,外文出版社2017年版,第159页。

③　李建华:《论德治与法治的协同》,《湖湘论坛》2017年第5期。

的法治认知水平。当前,我国正处于社会转型期,公共领域的形成可以说是一个突出的特征。当代公共领域日趋完善,了解公共领域道德生活的主要特征以及把握公共道德的要义,是人们提高法治认知水平的基本条件。其次,需要培养法治情感。在现实生活中,道德文化影响着人们的行为,给人们的行为以价值指引。在道德实践的过程中,人们有着情感上的需求,正是在满足这种情感需求的基础上,道德情感得以逐渐培养。道德情感的产生、培养机制为法治情感的培养提供了心理进路。"培植法治情感的关键在于以与之相适的道德体系制导我们的行为与生活。"①最后,需要坚定法治信念。在社会生活中,坚定的道德信念使人们能够做出正确的道德判断,在这里,道德认知为之提供基础,道德情感为之提供直觉。对于法治信念而言,亦是如此。在现实生活中,确立了坚定的法治信念之后,就可以依据法治精神开展社会生活。

第三,道德为法治精神的实践提供内在驱动。对于社会主义法治而言,其主旨在于,对于人们基本权益的保障,使其不受侵犯;在此基础上,为人们的美好生活(尤其是道德生活)创造良好的条件。然而,在现实社会中,由于受利益驱使,一些人过分强调个人利益,而忽视他人利益和社会利益,从而导致了诸多与利益相关的矛盾和冲突。因此,实践法治精神,就要逐步培养人们的公共意识,引导人们走出狭隘的私人领域,从而实现个人利益与他人利益、个人利益与社会利益的统一。在这个过程中,"道德无疑是推动我们走向公意和公利的内部力量"②。道德为法治提供了内在驱动,法治精神的实践需要道德自律。近年来,道德失范严重,引发了诸多公共道德问题,如诚信缺失、食品安全等。之所以出现这些问题,究其原因,就在于人们忽视了道德自律和道德自觉,丧失了道德底线。因此,要想从根本上阻止人为恶,单纯依靠法律法规的约束是不够的。只有提高个体的道德认知,加强个体的道德修养,陶冶个体的

---

① 李建华:《论德治与法治的协同》,《湖湘论坛》2017 年第 5 期。
② 李建华:《论德治与法治的协同》,《湖湘论坛》2017 年第 5 期。

道德情操,才能形成道德自律,从根本上祛恶从善。

(3)德治为法治提供正当性支持

从一般意义上讲,法律无法为自身提供合法性的根据。从根本上讲,法律的合法性就是要合乎人性、合乎人道,即合伦理性。唯此,法治才会体现民意、公意,才是以"良法"而善治。与此同时,公众对于法律的广泛认同是法治的前提条件,唯此,法律的生命力才能得以保持。道德为法治提供了正当性支持。"法治的要义在于善法之治,因此,法律也要接受道德评价。那些能反映人们共同道德要求、满足时代道德特征的法律才能为人们信服和认同。只有保持与道德的相适性,法律才能更有效地在现实生活中发挥控制作用。"[1]法治的目的在于保障人民的利益不受侵犯,通过法律实现人们的自由。然而,自由并不是绝对的,它的实现是基于人们知法、懂法、守法的法律意识,以及由此形成的自觉。这种自觉不是因为惧怕法律,而是基于法律的道德内化。此外,法律本身蕴涵着价值引导功能。从广泛的意义上讲,一方面,法律具有强制力,对人们的行为加以约束,为人们的行为确立了边界;另一方面,在法律的运用中也表现出一定的道德导向,蕴涵着价值意义。例如,在法律条文中,蕴涵着社会的价值要求,例如公平、正义等;在法律的裁定、判决中,也彰显出惩恶扬善的道德气息。离开道德的支撑,即使还原事实,也无从分辨对错、善恶。

良好的法律是基于理性的、合乎道德的、出于正义的,必须能够体现和弘扬人类的美德和良心。法律权威的生成有一个重要的根源,就是合道德性,包括法律内容、法律制定、法律实施程序的合道德性等。法律要想得到社会成员的普遍认同与尊重,必须符合人们的道德认同,只有这样,才能发挥效力,成为规范社会的权威。

---

① 李建华:《论德治与法治的协同》,《湖湘论坛》2017 年第 5 期。

（4）以法律保障道德践行

在国家治理的进程中，道德发挥着基础性的作用，依靠内心信念、传统习惯和社会舆论等影响着人们的行为，促使人们道德素质的养成，维护社会良好的秩序状态。"制度的真正生命力依然来自于内部，是良心造就了我们所有的公民。"①然而，道德并不具备自我实现的所有条件，它的实现需要法律法规以及相关体制、制度予以保障并加以推进。从这个意义上讲，就现实层面而言，德治的实现离不开法治的支持，道德的践行离不开法律法规的保障。"法律是道德的保障，可以通过强制性规范人们行为、惩罚违法行为来引领道德风尚。要注意把一些基本道德规范转化为法律规范，使法律法规更多体现道德理念和人文关怀，通过法律的强制力来强化道德作用、确保道德底线，推动全社会道德素质提升。"②具体而言，首先，从价值的角度讲，道德与法律具有某种程度的同一性，这就为法律起源于道德以及法律与道德相融提供了客观基础；从社会功能、目标的角度讲，道德与法律具有一致性，二者同属于社会规范的范畴，其功能目标都在于通过调整人们的行为以维护稳定、和谐的社会秩序。基于以上两点，就决定了道德规范可以被赋予一定的法律效力，保持法治对道德张力的可行性。其次，从表现形式的角度讲，道德规范的内涵比较模糊，缺乏具体的、明确的表现形式，这在一定程度上会影响道德作用的发挥，降低道德对于社会和个体的影响；从规范形态的角度讲，道德规范往往片面强调义务，而忽视权利，这就使得其作用的发挥受到局限。然而，与道德规范相比较，法律规范的表现形式比较具体，也比较明晰；而且法律规范不仅包括义务性规范，也包括了权利性规范。基于此，法律可以为道德提供载体和表现形式，为道德的践行提供保障。最后，从作用机制的角度讲，德治或道德主要依

---

① Solomon Freehof, "The Natural Law in the Jenwish Tradition", *University of Notre Dame Natural Law Institute Proceedings*, vol.15, p15.

② 《习近平谈治国理政》第二卷，外文出版社 2017 年版，第 159 页。

靠说服、教育、引导、感化、内心信念、传统习惯、舆论压力等精神手段发挥作用,属于软约束,面对一些现实问题时(如人们的道德观相互冲突,道德观与利益发生冲突等)难以发挥作用。然而,法治或法律则主要以政治组织的物质强力作为保障。因此,一旦道德被赋予了一定的法律效力,那么,德治便获得了强有力的保障。

(5)以法律促进道德建设

从某种意义上讲,在道德建设中,法律起到了一定的促进作用。"严格公正执法司法,是对法律尊严的捍卫,也是对先进道德的表彰;而执法不严、司法不公,则是对法律尊严的无视,也是对恶行的纵容、对美德的贬损。"①坚持严格执法、公正司法,充分发挥法治扶正祛邪、激浊扬清的社会功能,营造惩恶扬善的社会风气,从而增强民众的道德自觉和道德自律。首先,充分发挥法律的作用,解决道德领域的突出问题和矛盾。随着市场经济的发展,道德建设取得了长足的发展,但同时也面临着巨大的挑战。面对突出问题,法律可以发挥它的积极作用。习近平总书记在十八届中央政治局第三十七次集体学习时强调:"要运用法治手段解决道德领域突出问题。"②加大立法、执法力度,惩戒失德败德行为。道德属于社会规范的范畴,用以约束人们的行为,然而,这种约束是一种"软约束",不能完全杜绝违法犯罪行为。因此,必须要制定反映民众的意愿、弘扬核心价值观的有关道德建设的法律法规,通过公正严明的奖惩机制约束人们的行为。其次,推进社会主义核心价值观建设制度化。培育和践行社会主义核心价值观是推进中国特色社会主义伟大事业、实现中华民族伟大复兴中国梦的必然要求,已成为全党全社会的共识。然而,从实际情况来看,尚未普遍贯彻落实到人们的日常生活当中。2013年12月23日中共中央办公厅印发的《关于培育和践行社会主义核心价值观的意见》中指出:"要把

---

① 《必须坚持依法治国和以德治国相结合》,《求是》2014年第24期。
② 《习近平谈治国理政》第二卷,外文出版社2017年版,第176页。

社会主义核心价值观贯彻到依法治国、依法执政和依法行政的实践中,落实到立法、执法、司法、普法和依法治理各个方面,用法律的权威来增强人们培育和践行社会主义核心价值观的自觉性。"从一定意义上讲,价值观是以制度为载体的。社会主义核心价值观的相关要求比较抽象,这就需要充分发挥法律、制度的规范和保障作用。我们可以将这些价值观念转化为具体的、明确的方针政策、法律法规、行业规范等规章制度,使其具有权威性、强制性,并落实到人们的日常生活、工作、学习、交往中,以便人们践行。因此,在国家治理的过程中,德治与法治相互促进、相得益彰。"以法治体现道德理念、强化法律对道德建设的促进作用,实现法律和道德相辅相成、法治和德治相得益彰。"①

概言之,在国家治理的进程中,道德与法律犹如车之两轮、鸟之两翼,缺少任何一方,都会影响到另一方功能和作用的有效发挥。由于道德与法律都有着各自的优势和劣势,因此,二者具有天然的互补性。将道德与法律有机结合,互补互济、协同发力,从而达至"法安天下,德润人心"。

4. 当代"以德治国"的现实意义

作为一种意识形态,道德是促进社会发展、进步的重要力量之一,是实现社会治理的重要手段之一。从这个意义上讲,以德治国对于当代的治国理政和社会进步有着重要的意义与价值。

(1)有利于规范经济秩序

在当代,市场经济的良性运行和稳步发展,离不开市场调节、政府调节和道德调节这三种必要的调节方式,三者缺一不可。这其中,道德调节尤为重要,如果缺少道德调节,市场调节就只是纯粹的利益博弈。因此,从这个意义上讲,市场经济的良性运行离不开良好的道德调节。具体而言,在市场经济的

---

① 中共中央文献研究室编:《十八大以来重要文献选编》(中),中央文献出版社2016年版,第159页。

实际运行过程中,道德为其提供了价值规范。一方面,市场经济所秉持的是诚信精神,而诚信精神彰显的是一种道德精神。在经营活动中,应当讲信用、讲信誉、讲质量,以信用和质量取胜,真正实行等价交换。在市场经济的运行过程中,如果缺乏必要的、相应的道德规范,那么,将会出现一系列的问题,如无序竞争、市场风险增大等。另一方面,一部分人将利益视为人生的第一诉求,从而导致了一系列道德失范现象的出现,如以假乱真,用不正当手法牟取不正当的利益,甚至为了金钱、利益出卖良心等。由此可见,市场经济的良性运行和稳步发展,离不开道德,需要道德精神、价值、原则和规范的有力支撑。古典经济学家亚当·斯密曾经说过:"所有的人,即使是最愚蠢和最无思考能力的人,都憎恶欺诈虚伪、背信弃义和违反正义的人。"①习近平总书记也明确提出:"开展各项生产经营活动,要遵循社会主义核心价值观要求,做到讲社会责任、讲社会效益、讲守法经营、讲公平竞争、讲诚信守约……要注重经济行为和价值导向有机统一,经济效益和社会效益有机统一,实现市场经济和道德建设良性互动。"②从这个意义上讲,应当合理利用道德调节,用相应的道德规范来切实解决经济领域中出现的一些道德问题,防止经济秩序出现混乱,从而维护市场经济的良性运行,实现公平正义。

(2)有利于提升政府公信力

"政府公信力,是指政府取得社会公众信任的能力。衡量政府公信力的标准主要体现在:政府应是负责任和讲诚信的政府;政府应是以公民为本位的服务型政府;政府应是依法行政的政府;政府应是决策透明和信息公开的政府。"③就职能而言,政府主要是为社会成员提供公共服务,在政府履行相应的

---

① 〔英〕亚当·斯密:《道德情操论》,蒋自强等译,商务印书馆2015年版,第112—113页。
② 中共中央文献研究室:《十八大以来重要文献选编》(上),中央文献出版社2014年版,第581页。
③ 龙静云、熊富标:《论道德治理的基本路径与社会合作》,《江汉论坛》2013年第5期。

职责过程中,其公信力得以体现。可以说,公信力是政府的影响力和号召力,是政府行政能力的客观结果。从本质上讲,政府公信力的高低,一方面反映了政府在公众中的权威性和影响力,另一方面也体现了政府与公众之间的信任关系和合作结构。改革开放以来,政府的公信力受到了极大的挑战,甚至在一定程度上陷入了困境。因此,我们必须借助道德的力量,重建民众对政府的信任,提升政府公信力。具体而言,主要包括以下几方面:其一,建立相关的法律法规,以此来制约和监督各级干部的行为,尤其值得强调的是,针对权力腐败的行为,一定要加大惩治力度;其二,积极开展政府廉政建设,努力推进政府决策科学化和民主化、政府信息公开化,着力改善和提升政府形象和干部形象,树立政府的权威;其三,对各级领导干部进行必要的思想道德教育和警示教育,牢固树立"以民为本"的执政理念,将清正廉洁、大公无私、鞠躬尽瘁等落到道德实践中,改善人们对政府及干部的道德评价。我们相信,政府形象的改善将会提升政府的公信力,从而凸显人民政府的民本本色。

(3)有利于弘扬社会主义文化

美国学者约瑟夫·奈在《软力量:世界政坛成功之道》一书中最早提出"软实力"(soft power,又译"软力量")一词。他认为,一个国家的综合力量既包括由经济、科技、军事实力等表现出来的"硬力量",也包括以文化、政治价值观以及外交政策等资源表现出来的"软力量"。[1] 由此可见,"硬力量"通过强大的经济、科技和军事力量得以体现,依靠此,一个国家可以对他国引诱、威胁、制裁或武力征服;而"软力量"的获得则只能依靠文化、政治价值观以及外交政策的影响、吸引与说服等柔性手段。[2] 从这个意义上讲,"软力量"应具有

---

[1] [美]约瑟夫·奈:《软力量:世界政坛成功之道》,吴晓辉、钱程译,东方出版社2005年版,第5、11页。
[2] [美]约瑟夫·奈:《软力量:世界政坛成功之道》,吴晓辉、钱程译,东方出版社2005年版,第5、11页。

一种道德感召力①。从本质上讲,道德是国家和民族生存、发展的精神源泉。就国家内部而言,只有在经济、政治、文化、教育等各层面渗透道德合理性,充分表达民众的道德诉求,才能获得民众的广泛认同,并产生凝聚力和向心力。从国际范围来看,处理国与国之间相互关系时,道德可以作为一项重要的准则;与此同时,一个国家要想形成外部软实力,道德也是不可或缺的要素。自古以来,中国就有着重德的传统,社会的发展总是与道德的进步相伴而行。以德治国强调以善德促进善治,主张将道德融入国家治理之中;树立和弘扬社会主义核心价值观,用正确的思想理念、价值观念引导民众;强化人们对主流价值规范的认同,着力提高民众的道德实践能力;等等。这些都将有利于弘扬社会主义文化,提升中华民族文化软实力。

(4)有利于协调人际关系

从一般意义上讲,道德具有促进社会崇德向善、文明向上的意义和价值。就现实层面而言,人们在社会活动和社会关系中,不可避免地面临着一些利益矛盾和冲突,从而导致了人与人之间交往的物质化,进而导致了人际关系的紧张和恶化。因此,对于利益的调节,对于人际关系的协调,道德可以发挥其积极的作用。道德以价值为实践指向,借助相关的制度、原则、规范等基本形式,为调节人们之间的利益关系做出正确合理的行为选择提供价值引导。也就是说,基于现实的利益关系(尤其是个人利益与社会利益、个人利益与他人利益),以此为出发点,道德充分发挥其调节作用,化解各种利益矛盾和利益冲突。随着矛盾和冲突的化解,人与人之间的利益关系得以协调,人际关系也随之融洽、和谐。从这个意义上讲,道德对于调节现实生活中人们面临的诸多关系给予了有力的支撑。

---

① [美]约瑟夫·奈:《软力量:世界政坛成功之道》,吴晓辉、钱程译,东方出版社2005年版,第11页。

三、力量源泉：以德兴国

"兴国"到底兴什么？"兴国"不仅仅是"振兴经济"，更应该是促进整个国家和社会的发展和进步，即包括国家和社会的政治稳定、文化繁荣以及国民素质的全面提升。"以德兴国"就是要以道德的价值和力量来引导社会、影响社会，优化社会秩序，稳定社会民心，提高社会公众的道德自律性和道德素养，从而实现民族复兴、国家昌盛、人民幸福。

1. "以德治国"与"以德兴国"的区别与联系

（1）"治"与"兴"

在"以德治国"中，所谓"治"，实质上强调的是"治理"。治理理论的创始人之一詹姆斯·N.罗西瑙认为，"治理是通行于规制空隙之间的那些制度安排，或许更重要的是当两个或更多规制出现重叠、冲突时，或者在相互竞争的利益之间需要调解时才发挥作用的原则、规范、规则和决策程序"①。俞可平认为，治理"是指官方或民间的公共管理组织在一个既定的范围内运用公共权威维持秩序，满足公众的需要。……治理是一种公共管理活动和公共管理过程，它包括必要的公共权威、管理规则、治理机制和治理方式"②。由此可见，"治理"所指向的并非固定单一的一套制度或者规则，相反，"治理"是动态的、持续互动的过程。治理既涉及公共管理部分，也涉及私人部分。与管理相比，治理虽具有强制力，但更注重协调。因此，"以德治国"中的"治"强调的是以道德为手段来治理国家和社会，注重发扬道德中"善"的一面，从而达到扬

---

① ［美］詹姆斯·N.罗西瑙：《没有政府的治理》，张胜军等译，江西人民出版社2001年版，第9页。

② 俞可平：《全球治理引论》，《马克思主义与现实》2002年第1期。

善抑恶的目的。"以德兴国"中的"兴"强调的则是"振兴""兴盛"。从含义上讲,"振兴"与"兴盛"是近义词,指的是兴旺发达、繁荣昌盛。从这个意义上讲,"以德兴国"就是要充分发挥道德的力量和价值,以此提高全民族的道德素质,构建国民的精神家园,形成良好的社会风气,从而推动社会的进步、国家的振兴与昌盛。

(2)外在规范性与内在精神性

在"以德治国"中,"德"是实现"治"的重要手段之一。作为一种治理手段,道德发挥的主要是外在规范性的作用,即通过外在的道德规范来约束人们的行为,协调人与人之间的关系,维护良好的社会秩序。而在"以德兴国"中,"德"是实现"兴"的内在精神。因此,在这里,道德发挥的是内在精神性的作用,即通过道德(道德教育、道德修养、道德建设等诸多形式)引导、影响、感化个体的内在灵魂和内在精神,全面提高民族整体的道德素质。

(3)他律性与自律性

在"以德治国"中,由于道德凸显的是外在规范性,因此,它具有他律性。在"治"的过程中,道德是通过一系列的道德原则、道德规范等,对国家、社会、国民进行有效的治理,对其行为进行相应的规范和约束。在这里,道德作用的发挥更多地是在于外在的他律性,而非道德主体的自觉性。然而,在"以德兴国"中,由于道德凸显的是其内在精神性,因此,它具有自律性。在"兴"的过程中,道德发挥的是一种精神支持和精神动力的作用,从这个意义上讲,它更多地发挥的是道德主体的主观能动性,强调的是道德主体的自律。

(4)"治国"与"兴国"的辩证统一性

"治国"与"兴国"具有辩证统一性,存在相辅相成的辩证关系。"以德治国"的直接目的在于,通过"善治"以维持有序的、良好的社会秩序;而"以德兴国"的直接目的在于,以道德来推动国家的兴盛、社会的进步。从这个意义上讲,一方面,"治国"是"兴国"的基础和前提,因为稳定是发展的前提,没有稳定,什么事也干不成,更谈不上发展和兴盛;另一方面,"兴国"是"治国"的条件,发展是稳定的条件,没有发展,稳定最终是靠不住的。正如党的十五大报告所要求的那样,"必须把改革的力度,发展的速度和社会可以承受的程度统一起来,在社会政治稳定中推进改革、发展,在社会改革、发展中实现社会稳定"①。

2. 道德是国兴的重要目标

党的十八大报告强调,建设社会主义文化强国,关键是增强全民族文化创造活力。对此,必须把思想道德建设作为其重要内容和中心环节。中华文明五千年的发展历史表明,思想道德建设是促进治国安邦、国泰民安、文德昌盛的重要手段和必要措施。

人类之所以能够从生物界中脱颖而出,并超越于其他生命物种且繁荣兴盛,其根本原因就在于,人类选择以文明的方式来生活。然而,人类社会是如何形成并得以发展的? 人类文明和社会文明又是如何创造的? "工具的制造和运用,创造性的劳作,以及由此逐渐发展起来的人类的自觉意识、智慧,基于语言文字发明所创造的文化,继而基于法律、道德、宗教信仰体系所建立起来的社会基本制度、秩序和精神价值,是人类社会得以逐渐形成、分化、成长的基本因素,也是人类自身在改造客观世界的同时不断改造主观世界,从而不断获得文明进步的根本原因或条件。"②由此可见,道德无疑是最根本、最重要的因素。

从个体层面讲,我们强调"以德润身""德润人心",即保持个体自身良好

---

① 江泽民:《高举邓小平理论伟大旗帜把建设有中国特色社会主义事业全面推向21世纪》,人民出版社1997年版,第19页。

② 万俊人:《道德何以兴国立人?》,《光明日报》2013年12月13日。

的德性和德行。道德是个体为实现其作为社会存在物的规定性的一种客观要求。众所周知，人"不是单个人所固有的抽象物"，人的存在具有二重性：一方面，人是单个个体的存在物；另一方面，人是一种社会的存在物。即是说，人不仅仅是"纯粹的个人"，而且是一定社会的成员，只有在社会中才能存在。作为社会存在物，人必须要参与社会生活，只有这样才能得以生存和发展，才能获得社会的认同。而道德则是个体参与社会生活、获得社会认同的一种重要途径和方式。其实，我们所谓的美德，指的就是个体德性的完善和德行的卓越成就。从某种意义上讲，美德与个体的身份角色、主体修养和生活目标息息相关，同时也与个体所处的社会环境有一定的关联，例如，人的社会关系、职业及其技艺技能、社群或社区一类的道德共同体等。也就是说，"美德既是个人德性和德行在社会生活世界的完美实现，也通过社会个体美德的卓越成就而体现其所在社会或道德共同体之道德文化和社会文明的发展高度"①。因为社会和国家都是由人组成的，个人的道德水准是社会道德状况的基础；社会整体的道德状况，是单个人道德水准总体效应的反映。正如古人所讲："国家兴亡，匹夫有责。"因此，建立一个崇尚道德、秩序良好的国家，要靠我们每一个人的具体行动。作为社会的一分子，我们每个人都应当以高尚的道德严格要求自己，以实际的道德行动影响、感染他人和社会。从这个意义上讲，"作为一种强道德目的论意义上的价值追求和实践，美德及其实现不仅表现了美德者的卓越挺立和人生高度，同时也反映了社会国家所能达到的文化或文明高度"②。

　　从国家、社会层面讲，在当代，人们对于立法建国、依法治国并无异议。人们普遍认为，法律应是立国、治国的根本，现代国家应是法治国家。然而，值得我们进一步思考和探索的是，仅仅依靠法律是否能够实现立国、治国，最终实现兴国？历史的经验教训告诉我们，当代的立国、治国和兴国，不仅需要健全

---

① 万俊人：《道德何以兴国立人?》，《光明日报》2013 年 12 月 13 日。

② 万俊人：《道德何以兴国立人?》，《光明日报》2013 年 12 月 13 日。

的法律法规,也需要高尚的伦理道德。从这个意义上讲,法律是立国、治国的必要条件,而道德则是立国、治国和兴国的充分必要条件。治国只是人类社会最基本的底线要求,兴国才是国家的高度期待和理想追求。因此,伦理道德成为兴国、强国的必然选择。

3. 道德是兴国的精神动力

从广泛意义上讲,道德具有终极目的性。对于民族、国家和社会而言,道德是前进发展的精神动力;对于个体而言,道德是成长进步的精神支柱。民族、国家和社会要想获得持续发展的动力,离不开这种内在的、精神性的支撑。历史经验告诉我们,道德是民族和国家的精神支撑、精神动力之所在,是文化软实力的核心与灵魂。

2013年11月26日,习近平总书记在视察曲阜时指出:"国无德不兴,人无德不立。必须加强全社会的思想道德建设,激发人们形成善良的道德意愿、道德情感,培育正确的道德判断和道德责任,提高道德实践能力尤其是自觉践行能力,引导人们向往和追求讲道德、尊道德、守道德的生活,形成向上的力量、向善的力量。只要中华民族一代接着一代追求美好崇高的道德境界,我们的民族就永远充满希望。"[①]中华传统美德积淀着中华民族最深层的精神追求,历经数千年,哺育了中华民族,为中华民族的生生不息、繁荣昌盛提供了精神支撑和精神动力。这种精神、理想、信念,深深融入我们民族的生命力、凝聚力和创造力之中,成为中华民族生存与发展的力量源泉和文化根基。中华传统美德是中华民族的"根"和"魂",是当代中国核心价值观的思想渊源。道德是民族的血脉,是人民的精神家园。道德认同的核心是对普遍价值的认同,这种价值认同,随着历史的进程而不断加深,最终凝结构成了中华民族的血脉。

在当代,崇尚道德、追求道德已成为社会基本的价值取向。虽然人类的物

---

① 《习近平关于社会主义文化建设论述摘编》,中央文献出版社2017年版,第137页。

质生产活动是道德发展的最深刻的根源,然而,作为社会整体建构的一个组成部分,道德又反作用于经济和政治,通过影响人的思维方式、价值观念和情感态度等方式为社会发展和国家兴盛提供精神动力。由于道德具有深刻的解释力,拥有广泛的接受者,因此,成为人们普遍认可且实际践行的价值标准,引领社会价值取向和社会公众的理想、信念和信仰。

实现中华民族伟大复兴的中国梦,是近代以来中国人民的共同夙愿,既体现了当代中国人的理想,也继承了中华民族悠久的道德传统。目前我们所做的政治、经济、文化、社会、外交、军事等各项工作,都要向实现这一梦想聚焦。具体到道德层面,就是要推动道德的繁荣发展,从而为民族复兴提供重要精神支撑。中国梦的实现,需要强大的精神力量作为支撑。从某种意义上讲,道德的兴盛增强了中华民族的精神力量,为中华民族的伟大复兴奠定了基础。中华传统美德中蕴含着"宝贵的精神品格、崇高的价值追求、丰富的思想精华,支撑着中华民族历经险阻而生生不息、薪火相传"[1]。因此,在实现中华民族伟大复兴中国梦的征程中,离不开传统美德的滋养和支撑,更需要对传统美德进行传承创新,使其适应当代社会的发展要求。

4.实施"以德兴国"的思路

(1)提高对道德重要性的认识

虽然我国的文化和道德有了长足的进展,然而,在现实中,我们面临的问题依然十分严峻,任重而道远。当前,我们面临的最主要的问题就是,精神文明的发展尚未完全满足人民的需求。究其原因,主要是人们对于道德及其作用缺乏充分的认识,对于道德建设的重要性和紧迫性缺乏正确的认识。这在一定程度上导致了一部分人不能秉持正确的价值观和道德观,具体体现在现

---

[1]　高长武:《我们应有怎样的文化自信——正确认识中华优秀传统文化的当代价值》,《党建》2016 年第 8 期。

实生活中便是道德失范现象的存在。因此,为了实现中华民族伟大复兴的"中国梦",我们必须加强当代的道德建设,在思想上对国民加以引导,全面提高国民对于道德重要性及道德建设紧迫性的认识。

(2)筑牢理想信念

在当代,实施以德兴国,必须筑牢理想信念。人民有信仰,国家才有力量,民族才有希望。信仰信念指引人生方向,引领道德追求。社会主义道路是符合中国国情的必然之路,是历史的必然选择。"中国特色社会主义是当代中国发展进步的根本方向,集中体现了最广大人民根本利益和共同愿望。"[①]要坚持不懈用习近平新时代中国特色社会主义思想武装全党、教育人民,引导人们把握丰富内涵、精神实质、实践要求,打牢信仰信念的思想理论根基。在全社会广泛开展理想信念教育,深化革命传统教育、国情教育,深化中国特色社会主义和中国梦宣传教育,引导人们不断增强道路自信、理论自信、制度自信、文化自信,把共产主义远大理想与中国特色社会主义共同理想统一起来,把实现个人理想融入实现国家富强、民族振兴、人民幸福的伟大梦想之中。因此,实施以德兴国,必须筑牢理想信念之基。

(3)弘扬民族精神和时代精神

以爱国主义为核心的民族精神和以改革创新为核心的时代精神,是中华民族生生不息、发展壮大的坚实精神支撑和强大道德力量。在传统美德中,爱国主义是一项重要的内容,是产生凝聚力和向心力的精神力量,蕴涵着强大的民族精神;改革创新彰显的是鲜明的时代精神,蕴涵着求真务实、团结进取、与时俱进的精神力量。在当代,实施以德兴国,必须加强中华文明史、中华民族近代史、中国共产党历史、新中国历史、改革开放史教育,弘扬中国人民伟大的

---

① 《中共中央关于深化文化体制改革　推动社会主义文化大发展大繁荣若干重大问题的决定》,人民出版社 2011 年版,第 19 页。

创造精神、奋斗精神、团结精神和梦想精神,倡导有利于团结统一、爱好和平、勤劳勇敢、自强不息的思想和观念,增强民族自信心和自豪感,构筑中华民族共有精神家园。要继承和发扬党领导人民创造的优良传统,紧紧围绕全面深化改革开放、深入推进社会主义现代化建设,大力倡导解放思想、实事求是、与时俱进、求真务实的理念,倡导"幸福源自奋斗""成功在于奉献""平凡孕育伟大"的理念,弘扬改革开放精神、劳动精神、科学家精神,使全体人民保持积极向上、奋发有为的精神状态。

(4)充分发挥政府在道德建设中的作用

在当代,随着社会的发展和进步,道德在其发展过程中,面临着诸多问题和挑战。对此,政府应当充分发挥自身的优势和作用,尤其是在道德建设中的优势和作用。首先,要增加基础性投入。应当加大对道德建设的投入,满足道德建设的需求,为培养道德人才、创新道德事业提供物质保证。其次,要重视道德人才队伍的培养。应当加强道德人才队伍建设,建立并逐步完善道德人才的培养机制,提升道德人才培养能力,尤其是鼓励、支持青年人才进行学科研究,适当鼓励、表彰在道德领域作出突出贡献的人才。最后,要加强道德素质教育建设。应当着重加强对道德工作者的思想道德教育,引导他们加强自身的道德修养,养成良好的道德品行,自觉遵守相关的道德规范,增强社会责任感。

第六章　传统美德与以德树人

传承弘扬崇德向善的中华优秀传统文化,其实践价值不仅体现在以德治国、以德兴国层面,还体现在"以德树人"层面。具体而言,树人的对象包括:国民,即加强当代国民道德建设,提高中华民族的整体道德素质;干部,即加强当代领导干部的道德素养,充分发挥其榜样垂范的作用;青少年,即加强对当代青少年传统美德的培育,提升其道德素质,塑造其理想人格。

一、传统美德与当代国民道德

在当代,不道德事件不时发生,对我们的美好生活和社会风气造成了消极影响。因此,每位国民都应增强道德实践、道德修养的自觉性,深刻认识到"人无德不立"的道理。我们应当清醒地认识到,人们的事业成功、人际和谐、社会安宁离不开道德,道德是我们人生幸福不可缺少的要素,甚至是一种更为深刻的内在幸福,也是我们主体素质、人格素养的重要因素。

1. 重德修身传统及其价值

中国传统文化的特色就是伦理本位、道德本位。在传统社会,国人普遍崇德、重德,强调"人无德不立",重视自身的道德修养。这些为我们当代推进国民道德建设和道德发展提供了重要的启示。

（1）古代崇德传统

中国传统文化从产生之日起，就尊重道德、推崇道德、追求道德价值，倡导恃德者昌，恃力者亡，这是我们先人的信念。以天下为一家，以中国为一人，克己让人，造福人类。第一，在中国传统文化中，以道德来确定人在宇宙中的特定位置。《荀子》中讲道："水火有气而无生；草木有生而无知；禽兽有知而无义；人有气有生有知亦且有义，故最为天下贵也。"（《荀子·王制》）在荀子看来，草木、禽兽和人都是万物中的一物，人之所以"最为天下贵"，就是因为人有"义"，即人有道德良知和道德观念。从这个意义上讲，人之所以在宇宙中占有特殊位置，是由道德所赋予的。第二，以道德来界定人。中国传统文化认为，人与禽兽的本质区别就在于人有道德，而禽兽则没有。孟子曰："无恻隐之心，非人也；无羞恶之心，非人也；无辞让之心，非人也；无是非之心，非人也。"（《孟子·公孙丑上》）在孟子看来，作为一个真正意义上的人，必须具备这些道德情感，否则，便不配为人。第三，道德至上的价值取向。中国传统文化凸显了道德的崇高。在孟子看来，对于人而言，德性是最为崇高、最为可贵的，超过了人的身份、地位、财富，甚至超过了人的生命。孟子曰："鱼，我所欲也。熊掌，亦我所欲也。二者不可兼得，舍鱼而取熊掌者也。生，亦我所欲也，义，亦我所欲也。二者不可兼得，舍身而取义者也。"（《孟子·告子上》）孟子认为，"生"和"义"都是人之所欲，相比较而言，"义"比"生"更为重要，人不能因为苟且偷生而舍弃"义"，因此，应当"取义而舍生"。由此可见，在中国传统文化中，体现出道德至上的价值取向。第四，道德需求是人的必要需求之一。在现实生活中，人不仅有必要的物质需求，而且精神需求也是必不可少的。而在精神需求中，最重要、最崇高的就是道德需求。《左传》中讲道："太上有立德，其次有立言，其次有立功，虽久不废，此谓三不朽。"（《左传·襄公二十四年》）"立德""立言""立功"是人生三种不朽的成就，其中个人高尚的道德品行是成就之最。孔子也将道德品质的陶冶放在首位,主张"志于道,据于德,依于仁,游于艺"(《论语·述而》);老子提出"万物莫不尊道而贵德"(《老子》第五十一章)的思想;墨子主张"尚贤",将为大众谋福利的品格作为人生的最高追求。

(2)儒家修身方法

由于古人崇德、重德,强调道德价值,因此,在现实生活中,非常重视和强调个体的道德修养。在长期的历史发展过程中,我国形成了优良的道德修养传统。概括来讲,传统道德修养的主要方法有以下几个方面。

第一,学思结合。所谓学思结合,指的是在学习过程中将学习与思考辩证地结合起来,既获得感性知识,又提高理性水平,从而辨别是非善恶,向善去恶,形成良好的道德品性。由此可见,"学"是进行道德修养的前提和基础,即知晓、了解、掌握最基本的道德规范,明辨是非善恶,必须通过学习才能得以实现。儒家认为,一个人要想成为具有仁德的君子,就必须通过学习获得关于伦理道德的知识。孔子曰:"吾尝终日不食,终夜不寝,以思,无益,不如学也。"(《论语·卫灵公》)"好仁不好学,其蔽也愚;好知不好学,其蔽也荡;好信不好学,其蔽也贼;好直不好学,其弊也绞;好勇不好学,其蔽也乱;好刚不好学,其蔽也狂。"(《论语·阳货》)在孔子看来,"学"的范围非常宽泛,包括对自我的认识,对他人的认识,对社会的认识,以及对为人处世的认识。荀子也特别强调学习,他认为,通过"学",才能实现化性起伪、去恶从善。"青,取之于蓝而青于蓝;冰,水为之而寒于水。木直中绳,輮以为轮,其曲中规,虽有槁暴不复挺者,輮使之然也。故木受绳则直,金就砺则利,君子博学而日参省乎己,则知明而行无过矣。故不登高山,不知天之高也;不临深溪,不知地之厚也;不闻先王之遗言,不知学问之大也。"(《荀子·劝学》)"吾尝终日而思矣,不如须臾之所学也,吾尝跂而望矣,不如登高之博见也。"(《荀子·劝学》)在荀子看来,学习是永无止境的,人只有通过努力地、不懈地、广泛地学习,才能够改变自己

"恶"的本性,从而提高自身的道德修养,成为具有高尚道德品质的人。《大学》中讲"格物致知",实质上也是强调"学"的重要性。所谓"格物",就是指"穷其事物之理,以求至乎其微",即通过"格物"达到对事物由表及里、由浅入深、由部分到整体的认识。儒家认为,通过"格物致知",人们不仅可以获得对事物及其规律的认识,还能获得对为人处世的方式、价值和意义的认识,这是进行自我修身养性的前提和基础。诚然,对于道德修养而言,学习固然重要;但与此同时,儒家也强调"学"与"思"的有机结合,即强调在学习中善于反思,在反思中深入学习。孔子曰:"学而不思则罔,思而不学则殆。"(《论语·为政》)即是说,学习时如果只知道读书,而不动脑进行思考,就会迷惘;只凭空思索而不读书,就会疑惑而无所得。由此可见,学习和思考二者不可偏废。此外,孔子还讲道:"君子有九思:视思明,听思聪,色思温,貌思恭,言思忠,事思敬,疑思问,忿思难,见得思义"(《论语·季氏》)。所谓"思",指的是人的思考、考虑,是一种思维活动,也是进行自我反省、内心修养的重要途径。"思"的作用就在于思考、反思自己的言行举止是否符合道德标准和道德规范。概而言之,既要虚心学习,又要善于思考,这样才能辨别是非、去恶从善,从而达到学习和修养的目的,实现才能的增长、德性的提高。

第二,克己内省。在道德修养中,"克己"强调的是人们应当对自己的思想和言行加以约束和克制,努力克服、驱除思想和言行中的不良情绪以及恶的念头;"内省"指的是自我反省、省察,强调的是人们应当从言行、思想、情感等方面深刻地认识自己、剖析自己。儒家对内省是极为重视的,认为人只有经过认真的思考、反思和反省,才能明辨是非善恶,才能正确认识自己、剖析自己、评价自己,提高自身的道德修养。孔子曰:"见贤思齐焉。见不贤而内自省也。"(《论语·里仁》)即是说,看见有贤德的人就想想如何才能达到他的水平,看见无贤德的人就反省自己有没有他那样的毛病。在这里,孔子所强调的是通过自思和自省而达到自新,消除人格上的不足,达到道德自觉。孟子继承和发展了孔子的思想,提出"君子必自反也"(《孟子·离娄下》)。所谓"自反"，指的就是内省。孟子认为，"爱人不亲，反其仁。治人不治，反其智。礼人不答，反其敬。行有不得者，皆反求诸己，其身正而天下归之"（《孟子·离娄上》）；"仁者如射。射者正己而后发，发而不中，不怨胜己者，反求诸己而已矣"（《孟子·公孙丑上》）。所谓"反求诸己"，指的是遇到问题首先要从自身找原因，找出问题的症结所在，并努力加以改正。从道德修养的角度讲，就是要严以律己、宽以待人，凡事多做自我反省、自我批评。荀子也强调，在道德修养中，应当进行自我反省、自我反思。"君子博学而日参省乎己，则知明而行无过矣"（《荀子·劝学》）。"见善，修然必以自存也；见不善，愀然必以自省也"（《荀子·修身》）。

第三，知行合一。所谓"知"，指的是道德认知；所谓"行"，指的是道德实践。知行合一，强调的是人们应当将道德认知与道德实践有机结合起来，从而将外在的道德要求内化为内在的道德品性，进而外化为具体的道德行为。儒家认为，对于个体的道德修养而言，道德认知是十分必要的、重要的，然而，如果仅仅停留于道德认知层面而不付诸道德实践，那将毫无道德意义。从这个意义上讲，高尚道德品质的形成，必然是"知"与"行"的统一，必须将道德认知运用于道德实践，落实为道德行为。在孔子看来，道德高尚的君子说话谨慎、持重，做事勤奋、敏捷，注重言行一致、言出必行，"言必信，行必果"（《论语·子路》）；反对言行不一，如果自己的行为与自己所说的不相符，那么在君子看来这是可耻的，"君子耻其言而过其行"（《论语·宪问》）。对于个体而言，获得道德认知固然重要，然而，在现实生活中，人们必须将所学的道德知识运用到道德实践当中。在荀子看来，"行"是道德修养的核心环节，他对此进行了阐述："不闻不若闻之，闻之不若见之，见之不若知之，知之不若行之，学至于行之而止矣。行之，明也。明之为圣人。圣人也者，本仁义，当是非，齐言行，不失毫厘，无它道焉，已乎行之矣。故闻之而不见，虽博必谬；见之而不知，虽识必妄；知之而不行，虽敦必困。"（《荀子·儒效》）荀子认为，圣人将"仁""义"视为根本，能够恰当地判断是非，能使言行保持一致而不差丝毫，这并没有其他的原因,就在于他能把所学到的东西付诸行动罢了。如果理解了而不付诸实践,即使知识再丰富,也必然会陷入困惑。因此,他告诫人们,"道虽迩,不行不至;事虽小,不为不成"(《荀子·修身》)。宋明时期,程朱学派提出"知先于行",王阳明提出"知行合一",王船山则提出"行先于知"的观点。三派虽然观点有所差异,但都肯定和强调"行"的重要性。对于个体而言,道德修养不仅仅在于获得多少道德认知,更重要的还在于道德实践。

(3)重德修身传统的现代价值

古人崇德重德、重视修身的传统包含着诸多合理的思想、观点和见解,对于我们今天加强自身道德修养、进行国民道德建设、建构和谐社会、实现伟大的"中国梦",都有着重要的价值和积极的意义。

第一,有助于发挥当代人的自觉性。在传统社会,在重德传统的塑造下和文化氛围的影响下,以士人为首的民众都比较重视修身,而且具有高度的自觉性。从本质上讲,道德修养强调的是人类主体的自觉性,是一种高级的精神活动过程。道德主体积极地发挥个体的主观能动性,经过个体的主观努力,在长期的自我涵养中形成良好的品德;不仅如此,在道德修养中,道德主体通过发挥主观能动性,能够正确地、客观地认知自我、剖析自我,从而使外在的道德要求内化为个体的道德信念,进而养成良好的道德习惯。儒家认为,道德修养是一种个体的主观改造活动,通过对自己内心世界及其言行的反省、反思,督促个体自我改造、自我陶冶、自我剖析,及时地克服缺点、改正错误,将道德准则内化为个体的道德品质,有意识、有目标地培养自己的道德品质。这将有利于个体协调身与心、个体与自然、个体与他人、个体与社会之间的关系,对于社会则起到了示范影响作用和凝聚众心的作用。中国传统社会是一种伦理本位、道德本位的社会,一个人如果没有良好的道德品质,在一个与其发生紧密联系的熟人社会里,他是无法立身和发展的,因此,古人在当时的生活条件下,非常重视自身的道德修养,有较高的自觉精神,"吾日三省吾身"(《论语·学而》)。在当代,社会生活似乎是以经济、政治活动为中心,人们在功利化的事业追求中,忙碌操劳,很多人无暇顾及自己的精神与人格,只注重追求外在的功名利禄,而不能自觉地加强自身的道德修养和人格提升。在这种情势下,弘扬传统的重德修身思想,最为重要的就是要使国人树立重德修身的自觉精神,加强个体修身的主动性和能动性,将提升自身道德素质作为重要的人生追求。在当代,"我国社会主义现代化建设是每个国人的事,客观要求人人参与,高度自治,去克服社会上出现的职业道德乏力、家庭道德失范,社会公德意识淡漠等不良现象。从这个意义上讲,提倡、继承儒家道德修养精神,具有重要的现实意义和价值。可以说,重德修身所强调的自觉意识和精神,是加强当代国民道德修养、不断提升国民道德素质的前提基础。

第二,有助于培育当代人的自律精神。"道德的基础是人类精神的自律。"①由此可见,对于个体道德而言,自律意识和自律精神具有重要的作用。与此同时,自律也是道德发挥作用的重要依赖力量,它不像宗教、法律那样是凭借神或者国家的他律发挥作用的。道德修养为道德人格的塑造奠定了基础。从一般意义上讲,作为人类道德活动的形式之一,道德修养是指个体在道德情感、道德意识、道德意志等方面的自我锻炼、自我培养和自我改造,以及由此达到的道德境界。从实质上讲,这是个体道德自觉、自律的过程。在这个过程中,如果没有自律意识和自律精神,就不会有认识自己、反省自己、剖析自己的勇气和决心,道德人格也不会得到升华。尤其是在当前,社会正处于转型期,中西文化的冲突、新旧观念的碰撞、新旧体制的转换,使得道德观念、价值准则呈现多元化趋势,直接或间接地影响着人们的道德判断、道德选择和道德行为。在这种形势下,如果个体缺乏自律意识和自律精神,就会感到彷徨、迷茫、无所适从。从这个意义上讲,培育道德主体的自律意识和自律精神具有重要的现实意义和价值。在这一方面,儒家提出了诸多关于道德修养的理论和

① 《马克思恩格斯全集》第1卷,人民出版社1995年版,第119页。

方法,为我们提供了丰富的思想资源。例如,借鉴儒家慎独的思想进行道德修养,可以使人们在"人所不知而己所独知"的情况下,依然能够按照道德要求谨慎行事,从而不断增强道德意识,提高道德修养水平,进而培养高度的道德自律意识,逐渐形成理想的道德人格。现代社会的契约精神和法治精神都是基于一种人际和国家力量的他律,这对于维护一个社会的秩序是必需的;对于国民提升道德素质虽然也是必要的,却不是全面的。因为道德是人类精神的自律,一个人的道德觉悟和道德境界的高低,在很大程度上取决于其自觉、自律的水平。当代社会充斥着各种诱惑,存在着各种陷阱,在这样的条件下,个体要想做到"出淤泥而不染"(周敦颐《爱莲说》),必须提升自身的道德素养和道德境界,而这离不开自律意识和自律精神。王阳明心学认为,心中的自我立法是最大的法,心外无物,人的一切都是由心的自觉自律决定的。这种道德的自律精神传统,值得当代人吸取借鉴、发扬光大。

第三,有助于培养当代人的知行统一精神。如前所述,儒家强调"知行合一",认为"知"与"行"必须要统一起来,"知"是"行"的基础,"行"是"知"的目的。一个具有高尚道德品质的人,必须要有"知",即道德认知,知道和理解行为所应当遵循的道德原则和道德准则;而且要"行",即道德实践,在现实生活中必须遵循这些原则和准则并付诸行动。个体道德人格的完善,是"知"与"行"相互作用的结果。"纸上得来终觉浅,绝知此事要躬行。"然而,在当前的社会生活中,存在着道德认知与道德实践脱节的现象。即是说,在现实生活中,人们明明知道应当怎么做,实际上却没有那样做。对此,我们可以借鉴儒家知行合一、慎言躬行等思想进行道德修养,不断提高道德认知的水平,与此同时,注重道德实践,做到知行统一、德在于行、行高于言,从而不断提高自身的道德素养,完善自身的道德人格。

2. 当代国民道德发展的境遇

当前,我国正处于社会转型期,经济生活、政治生活、文化生活等方面发生了深刻变化,科学技术日新月异,经济快速转型,各种思想文化交流日益频繁,社会思想意识日趋多元化,这些对于国民道德产生了强烈的影响,使国民道德的发展面临着新境遇。

(1)国民生活的积极变动

随着社会主义市场经济的繁荣发展,国民生活发生了翻天覆地的变化,这是国民道德赖以发展的基础条件。首先,国民生活的改善。改革开放以来,随着经济的发展,我们都能够深切地感受到生活状况的不断改善,物质生活水平日益提高,精神生活日益丰富,这使得国民对于美好生活的追求充满信心。从一定意义上讲,国民对于生活的积极评价以及美好期盼,不仅具有社会意义和价值,还具有伦理道德的意义与价值。"一种能被公民所认可和期待的经济生活的变动,本身就意味着对生活之善和良好的社会伦理秩序的要求,它支持公民培育有益于自身发展的道德精神。"①在当代,在国民道德发展的进程中,应当充分重视、利用国民对于美好生活的热切期待和信心这一客观现状。其次,国民公共生活交往范围的扩大。在当代的社会公共生活中,国民的交往范围不断扩大,人们不仅要与亲朋好友、左邻右舍这些传统意义上的"熟人"进行交往,还要与更多的"陌生人"发生直接或间接的联系。随着交往范围的不断扩大,人们的人际关系日益复杂,从而使得国民直接的道德联系更加丰富和广泛,这就为国民道德的发展提供了有益的伦理资源。"从内涵上看,道德突破了'人情'的界限,承认公民之间相互尊重人格和权利的道德共同体,这是公民道德建设期待的新型道德关系和期望达到的道德目标;从外延上看,公民道德指向所有的公民,而不是仅仅针对某一特定的公民人群,这就使得公民道德建设能够成为全体公民共同关注的事情。"②

---

① 孙春晨:《公民道德建设的时代机遇》,《高校理论战线》2003 年第 10 期。
② 孙春晨:《公民道德建设的时代机遇》,《高校理论战线》2003 年第 10 期。

（2）道德环境的变化

随着社会的不断发展和进步,道德环境也发生了新变化。其一,西方道德意识形态的强烈冲击。随着经济全球化的发展,中西方思想文化交流日益频繁,这既为我们学习、借鉴西方先进道德文化提供了机遇,同时,西方道德意识形态的强势也必然会对我国国民道德发展产生强烈的冲击。其二,大众文化发展迅猛。大众文化的发展,一方面,为社会提供了丰富的文化产品;另一方面,大众文化又良莠不齐,有的内容雅俗共赏,而有的内容却低级粗俗。这些低俗的文化,不仅不能为广大人民群众提供精神营养,反而毒害了人们的思想和精神。其三,媒介环境的变化。在当代,媒介环境日益呈现出网络化、开放化、市场化的发展趋势。媒介环境的这些变化,为道德观念的传播提供了新阵地,对于促进国民道德发展起到了一定的积极作用;与此同时,也为各种不良信息的传播和蔓延提供了渠道,在某种程度上放大了道德问题的负面效应。随着媒介环境的变化,媒体自身的道德问题也应运而生、日益凸显。从这个意义上讲,对于国民道德发展而言,如果媒介运用得好,它的积极作用就会得以发挥,即可以丰富道德的内容和形式,弘扬现实社会的美德,强化道德观念等;反之,如果运用不当,就会导致诸多道德问题,即模糊公众是非善恶的界限,影响人们的道德判断和道德选择等。面对道德环境的变化,如何把握舆论引导的主动权,为国民道德发展营造良好的环境,面临着新的挑战。

（3）价值观念的多元趋势

在社会的发展进程中,存在着不同的价值观念,以及不同价值观念之间的冲突。价值观念的多元趋势,是社会发展中的普遍性问题,在社会转型过程中尤为突出。从一般意义上讲,价值观念的多元化体现的是价值观念的多样性和丰富性,它使得人们的道德生活变得越来越复杂。随着改革开放的不断深入,我国的经济制度、社会结构、利益关系等发生了巨大变化,虽然社会主义核心价值观日益深入人心,但非社会主义的价值观也占据着一定的市场,影响着人们的道德选择。在当代,人们的思想观念、价值观念、道德观念日益呈现多元化、多样性和多变性。从这个意义上讲,价值观念的多元化是当前社会转型期的突出特征。然而,对于一个国家而言,必须要有统一的、国民普遍认同的价值来维系,因此,我们不能放弃对价值共识的追求。"如果仅有价值多元而没有价值共识,就会导致价值混乱,引发文化冲突,破坏联结社会的精神纽带,危及人们赖以安身立命的精神家园。"①当前,面对复杂的国际环境和国内环境,面对社会生活中的诸多矛盾和冲突,面对人们思想道德观念的日趋多元化,我们需要做到尊重差异、扩大认同,在包容多样中增加共识,协调、整合多元价值观念,形成社会普遍认同、接受的主流价值观,促进国民道德的不断进步和发展。

(4)价值取向的变化

在提到道义与功利时,人们往往认为二者是对立的。其实,从理论层面讲,二者并非是绝对对立的,道义背后蕴涵着功利的目的,功利的实现则需要道义的指引。从这个意义上讲,二者是相互渗透、相辅相成的。从现实层面讲,道义与功利的关系则比较复杂,有时会出现二者的疏离甚至对立的情形。自古以来,中国就有重义轻利的义利观传统。一直以来,我们也秉承了这个传统,坚持以"义"为先的价值取向。新中国成立以来,我们将"义"作为社会主义道德要求的新的时代内涵。"但'义'存在着将个人利益诉求完全融入集体利益之中的价值倾向,甚至以集体利益取代个体利益。"②改革开放之后,义利关系发生了新的变化,"义"与"利"不再是依附或对立的关系,而逐渐成为相辅相成的关系。在当代市场经济条件下,对"利"的追求已成为合理、合法之事,承认人们追求物质利益的正当性和合理性。这在一定程度上调动了人民

---

① 王燕文:《现代文明、中国境遇与当代公民道德发展》,《江海学刊》2013 年第 6 期。
② 王燕文:《现代文明、中国境遇与当代公民道德发展》,《江海学刊》2013 年第 6 期。

群众劳动的积极性,激发了人民群众劳动的创造性,极大地提高了社会生产力的发展水平。然而,一部分人却无视"义"与"利"的统一,过分追求"利",从而走向了重利轻义。对"利"的过分追求,甚至为了追求"利"而违背"义",将会导致人们价值观的扭曲、道德失范现象的出现、各种利益矛盾和社会冲突的增多,这将对社会的和谐有序起到严重的阻碍作用。我们必须承认,在现实生活中,不能没有"义",也不能不言"利"。因此,在当代,尤其是在市场经济条件下,必须将物质追求与精神追求结合起来,使二者能够相互促进;在承认个人的利益追求之后,应当避免唯利是图、见利忘义的蔓延;在弘扬道义时,也必须正视人们正当的、合理的利益诉求,应当避免空泛的道义至上论。

3. 当代国民道德发展的路径

国民道德是整个社会道德的基石,直接反映着公众的道德水准,标志着社会的文明程度。国民道德能够有效地调节人际关系,激发社会的创造活力,对当代社会的物质文明和精神文明具有积极的促进作用。虽然国民道德对人的道德要求是最基本的,是最低限度的道德规范,然而,其范围和作用却是广泛的、普遍的。因此,推进国民道德发展是一项长期的、系统的、复杂的、具有战略性的工程。

(1)以社会主义核心价值观为指引

国民道德建设是"一个国家或这个国家的执政党在法律允许范围内开展的一项重要的社会建设,基本任务是促使公民遵守和履行公民道德规范、维护社会的公序良俗"①。在当代,国民道德的建设和发展需要正确的指引和导向,可以说,社会主义核心价值观为国民道德的建设和发展指明了方向。习近平总书记指出:"我们要按照党的十八大提出的培育和践行社会主义核

---

① 陆晓禾:《社会主义核心价值观与公民道德建设:新路径·新举措·新载体》,《道德与文明》2015年第2期。

心价值观的要求,高度重视和切实加强道德建设,推进社会公德、职业道德、家庭美德、个人品德教育,倡导爱国、敬业、诚信、友善等基本道德规范,培育知荣辱、讲正气、作奉献、促和谐的良好风尚。"①在当代国民道德建设中,社会主义核心价值观发挥着重要的导向作用和指引作用。因此,从这个意义上讲,我们应当重视和加强社会主义核心价值观的宣传、培育和践行。首先,加大社会主义核心价值观的宣传力度,加强对国民核心价值观的教育引导。作为当今中国核心价值理念,社会主义核心价值观在理论宣传和思想道德教育中居于主导地位。因此,应当将社会主义核心价值观、国民道德融入广大人民群众的学习中,加强这方面的理论学习,从而为他们提供价值尺度。应当重视互联网发展和新媒体建设,充分利用主流媒体、互联网以及新媒体,以这些宣传载体为依托,形成社会主义核心价值观的良好宣传与价值引导的新平台。应当坚持文化创新、以文化人,充分利用丰富多样的文化产品,将社会主义核心价值观融入其中,"用栩栩如生的作品形象告诉人们什么是应该肯定和赞扬的,什么是必须反对和否定的,做到春风化雨、润物无声"②。其次,将社会主义核心价值观融入实际的教育过程中,形成道德教育的长效机制。具体而言,社会主义核心价值观的培育应贯穿于教育的每一个阶段,从小抓起,从基础教育抓起;在此基础上,进一步拓展到高等教育、职业技术教育等。由此,将国民道德的基本要求融入具体的教育实践中,通过这种教育,"引导广大人民群众自觉践行社会主义核心价值观,树立良好道德风尚,争做社会主义道德的示范者、良好风尚的维护者"③。最后,在治国理政的实践中,具体落实、践行社会主义核心价值观。在治国理政的具体实践中,各级政府、部门应当遵循社会主义核心价值观的基本要求,遵循国民道德的基本要求,"最大限度实现和最大程度保

---

① 《习近平谈治国理政》第一卷,外文出版社 2018 年版,第 217 页。
② 中共中央文献研究室编:《十八大以来重要文献选编》(中),中央文献出版社 2016 年版,第 134 页。
③ 《习近平谈治国理政》第二卷,外文出版社 2017 年版,第 177 页。

证依法治国与以德治国、经济行为与价值导向、经济效益与社会效益、市场经济与道德建设的有机统一和良性互动"①。

（2）突出国民在道德建设中的主体地位

在当代的国民道德建设中,就主体而言,不仅是依靠政府各部门,还包括公民个人、社会团体、各类学校、企业组织、街道社区等,他们也应当充分发挥各自的积极作用。其中,国民是道德建设最主要的主体。其一,"道德只有在被公民亲自获得、亲自体验到,并成为他们自己的个人信念之后,才能成为他们的精神财富。"②从这个意义上讲,国民道德自律精神的塑造有赖于充分发挥国民的主体性。突出国民在道德建设中的主体地位,就是要注重培育国民的道德理性意识、独立人格意识等,从而形成道德上的自我追求。如果缺乏这些意识,国民就会丧失道德活动的主体性力量,道德自律精神的塑造也就无法实现。其二,突出国民在道德建设中的主体地位,应当避免向国民单方面地灌输道德理论,应当充分尊重和发挥国民的主体意识,为其营造舆论氛围和道德环境,使国民作为道德主体自觉、自愿地进行道德选择,认同、接受、遵循、维护核心价值观和一般道德规范。其三,突出国民在道德建设中的主体地位,应当勇于直面道德领域出现的新问题,探索国民道德发展的新路径,努力实现国民道德生活的"大众化"。国民道德的发展有赖于依据现实的道德实践进行与时俱进的创造。在国民道德建设的过程中,应当让国民自己创造、亲身参与形式多样、丰富多彩的道德宣传活动和道德教育活动,在此过程中实现自我认识、自我评价和自我完善。概言之,在当代国民道德发展中,应当激发国民在道德上的自主性和自觉性,突出其主体地位。

---

① 李泽泉:《社会主义核心价值观视域下的公民道德建设》,《中国特色社会主义研究》2015 年第 4 期。

② 杨明:《公民道德建设的实施思路》,《高校理论战线》2002 年第 10 期。

（3）注重道德要求的层次性

众所周知，道德具有理想性，它能够给人以指引、启发和激励；同时，道德又具有现实性，它必须立足于现实生活。从这个意义上讲，道德是理想性与现实性的有机结合。正因为有了理想性，道德才能引导和超越现实；正因为有了现实性，道德理想才能够得以实现。因此，在不同的历史发展阶段，在不同道德主体之间，道德要求是具有层次性的。在当代，道德要求之所以具有层次性，是由我国道德现状的多样性所决定的。这就要求我们在进行道德建设的实际过程中，不能简单化地"一刀切"，要以实事求是的态度提出具体的道德要求。当代国民道德的发展"应当遵循由层次性所决定的递进规律，遵从由知到行，由行之偶然到行之必然的道德发展的递进性"①。具体来讲，一方面，我们应当树立崇高的道德理想和道德信念，以坚持和倡导的方针来对待崇高的道德要求，逐步培育道德领域的示范群体；另一方面，应当避免道德目标过于理想化，避免将少数的道德典范、至高的道德境界看作是一般群众必须要达到的。道德的高尚与平凡没有绝对的界限，不能将二者截然对立，应当遵循道德由低到高逐步提升的规律，渐次提出更高的道德要求。因此，在当代国民道德建设中，我们既要用高层次的道德要求来引领社会，鼓励更多的道德模范的涌现；同时，又要用大众化的道德准则和道德要求来约束、规范广大人民群众，着力提高广大人民群众的基本道德素质。

（4）营造良好的道德舆论环境

国民道德的发展，既有赖于自我的道德完善和境界提升，同时也离不开舆论环境的影响。从某种意义上讲，安定有序、健康良好的舆论环境是促进国民道德发展的重要保障之一。随着社会经济、政治、文化及网络时代的迅猛发

---

① 王燕文：《现代文明、中国境遇与当代公民道德发展》，《江海学刊》2013 年第 6 期。

展,舆论环境发生了日新月异的变化。而在现实社会生活中,人们就生活在社会舆论环境之中,其思想意识、思维方式、道德行为都潜移默化地受到舆论环境的影响和引导。正因为如此,舆论被看作是道德发挥作用的一个重要渠道,对国民道德建设有着特殊的影响力和渗透力。"舆论不仅可以弘扬正气,而且可以鞭挞歪风;正确的舆论导向有利于公民道德习惯的养成,而不正确的舆论导向会使公民逐步地丧失起码的道德标准和道德辨别力。"①从这个意义上讲,良好的道德舆论环境,可以引导人们将外在的道德要求内化为内在的道德信念,形成道德自律;可以引导人们分辨是非善恶,选择正确的道德行为,激励人们积极向上。因此,在当代,推进国民道德的发展,离不开良好有序的舆论环境。

(5)发挥公众人物的引领和示范作用

在现实的道德生活领域中,公众人物发挥着重要的导向作用和示范作用。正因为如此,在国民道德建设中,对社会公众人物提出了更高的道德要求。在当前的中国社会,公众人物的主体主要有高级公务员、企业家、知识精英、社会活动家等,他们在一定范围内拥有一定的社会地位,知名度高、影响力大,为社会大众所广泛知晓和高度关注,其言行对社会大众具有示范效应。诚然,社会公众人物中的大多数人能够自觉践行国民道德,严于律己、以身作则;然而,仍有一小部分人无视道德要求,忽视自己的道德责任担当,对社会和公众产生了不良的影响。因此,在当代国民道德建设中,对社会公众人物提出了更高的道德要求,使他们能够认识到自己所承担的社会道德责任,"使他们更加深切地意识到,道德素养既是他们之所以能够成为公众人物进而赢得众人尊重和爱戴的必要品质,也是他们专业才能得以正确发挥的精神保证"②。引导公众人物承担社会责任,加强道德修养,注重道德自律,自觉接受社会和舆论监督,树

① 杨明:《公民道德建设的实施思路》,《高校理论战线》2002年第10期。
② 王燕文:《现代文明、中国境遇与当代公民道德发展》,《江海学刊》2013年第6期。

立良好社会形象。此外,对于社会公众人物这个群体而言,应当建立和完善严格的道德约束、监督和评价机制;加快推进社会公众人物的职业道德法制化进程,为提升其道德素质提供法律保障。社会公众人物道德素质的提高必将有利于推动良好社会风气的形成。

二、传统官德与当代干部道德

《说文解字》中讲道:"官,史事君也",即替君主办事的人就是"官"。由此可见,没有国家,就没有"官","官德"是社会发展到一定阶段的产物。从职业上讲,"官德"是一种特殊的职业道德。由于中国有着悠久的崇德、重德的传统,由此,思想家、政治家们认为"惟治乱在庶官"(《尚书·说命》),"国家之败,由官邪也"(《左传·桓公二年》),即"官德"直接关系到国家的治乱兴衰。

我国历代统治者都十分重视官德,并在长期的历史积淀中形成了丰富的思想。如五帝时期强调官员的"九德",即"宽而栗、柔而立、愿而恭、治而敬、挠而毅、直而温、简而廉、刚而实、强而义"(《尚书·皋陶谟》)。夏朝时期就有所谓"夙夜惟寅,直哉惟清"(《尚书·舜典》)的政治清廉思想。西周时期,强调"六计"的官德规范,即"廉善、廉能、廉敬、廉正、廉法、廉辨"(《周礼·天官冢宰》卷一)。秦朝的职官管理制度十分重视官吏的道德素质,用"五善"道德规范约束官员,即"一曰忠信敬上,二曰清廉毋谤,三曰举事审当,四曰喜为善行,五曰恭敬多让"(《睡虎地秦墓竹简·为吏之道》)。唐代时期,以"四善"为本来考核官吏的清廉正直,即"一曰德义有闻,二曰清慎明著,三曰公平可称,四曰恪尽匪懈"(《唐六典》卷二)。

1. 传统官德的优良传统

中国传统社会有着悠久的官德传统,强调为官者必须要有良好的德行,以德从政,率先垂范,修己安人。作为一种自律性、约束性的道德要求,官德在社会道德中占据重要的地位,始终与国家安危、人民祸福联系在一起:官德兴,国必兴;官德衰,国必亡。

(1)修己正人

在中国传统文化中,修身对于每一个人来说都是必要的。而对于为官者来说,则显得尤为重要。因为为官者是社会的表率,"官德"是民德的向导。为官者只有修身正己,率先垂范,为官清正廉洁,民风才能淳朴。

首先,为官者自身必须具有良好的道德品性。所谓官德,是为官者在运用国家权力过程中所体现出来的道德。从本质上讲,属于政治道德的范畴,是社会道德中高于一般水平的道德要求。那么,作为为官者,最重要的是什么?《左传》中早有明确表述:"太上有立德,其次有立功,其次有立言,虽久不废,此之谓不朽。"(《左传·襄公二十四年》)即是说,对于为官者而言,建立伟大的功勋业绩、创立独到的论说言辞固然重要,但最为重要的则是修养高尚的道德品性。孔子强调为政之要在于修己正身,"哀公问政。子曰:'文武之政,布在方策。其人存,则其政举;其人亡,则其政息。人道敏政,地道敏树。夫政也者,蒲卢也。故为政在人,取人以身,修身以道,修道以仁'"(《中庸》)。即是说,治国理政,要用贤人,用贤人靠修身,修身靠道德,修德靠仁爱。由此可见,修身正己是为政的基础,只有修身正己,才能执政为民。从这个意义上讲,修身正己是对为官者的基本道德要求。

其次,为官者要以良好的道德品性垂范民众。我国古代的思想家和政治家十分重视官德对社会道德的影响力和示范性。他们认为,官德的"善恶"影响、决定着社会道德是向"善"还是向"恶"。孔子曰:"君子之德风,小人之德草。草上之风,必偃。"(《论语·颜渊》)即是说,为政者的道德好比是风,老百姓的道德好比是草,风吹向哪边,草就倒向哪边。孟子曰:"不仁而在高位,是播其恶于众也。"(《孟子·离娄上》)即是说,当官者无德,就会把他的恶行传播给百姓。官德对于一个社会的道德风尚有着重要的影响,上行下效是道德运行的通则,官德直接或间接地影响和决定民德,正所谓"官德毁,民德降。官德修,民德升"。

(2)执政为民

"为民"是古代官德中具有重要价值的思想,是为官者的思想指导和价值取向,也是为官者的执政行为指导。它不仅决定着对民众的态度,同时也关乎着国家政权是否稳定。儒家认为,"民"是国家的根本、基础,有民则有国,无民则无国。"民惟邦本,本固邦宁。"(《尚书·五子之歌》)由此,儒家主张为官者要爱民、重民,反对扰民害民,欺民诈民,暴民敛民。荀子曰:"天之生民,非为君也。天之立君,以为民也。"(《荀子·大略》)董仲舒也说过:"天之生民,非为王也,而天立王,以为万民也。"(《春秋繁露·卷七·考功名第二十一》)"天生烝民"(《诗经·大雅·烝民》),不是供君王役使的;天之所以"立君立王",不是来役使"民"的,而是"为民"的。清朝初期,思想家、政论家唐甄提出了"凡所有事,皆为民也"(《潜书·明鉴》)的主张,即是说,一切政务、为官者的一切言行都应是"为民"的,而不仅仅是某一件事或某一个局部。

(3)清正廉洁

"清"字最早出现在金文中,取水之静义。"清"从"水",与"浑""浊"相对。其初始含义为明亮、洁净、清明;除此之外,"清"还有清除、肃清、清洁的动词义。"古人以'清'喻人,不仅意在以清水的芳容、洁净和高雅对人进行理想的塑造,更以水之荡涤污浊对人提出道德上的期许。"①由此,"清"的含义被加以引申,即引申为"清明""清正",成为中国古代社会对为官者的道德要求。相传在舜时期,将"直而温,简而廉"(《尚书·皋陶谟》)作为对首领的道

---

① 刘万民、张澎军:《清廉:传统官德及其现代意义》,《社会科学战线》2014 年第 3 期。

德要求;夏朝时期,要求为官者"夙夜惟寅,直哉惟清"(《尚书·舜典》),即为官者一定要言行敬谨,持心清正;到了秦朝,秦律明确规定:"凡为吏之道,必精挈正直"(《睡虎地秦墓竹简》),即为官的第一要义就是清白正直;唐朝时期,将"清慎明著,公平可称"作为考核官吏的法定标准;等等。

《说文解字》中讲道:"广,因广为屋,象对刺高屋之行";"兼,并也,从又持秝。兼,持二禾"。由此可见,"廉"从"广"、从"兼"。从字义上看,"廉"有"直""方正"之义,以此来喻人,便引申为正直的品德。因此,"廉"与"贪""腐"相对。在古代,"廉"是官德的核心范畴之一。一方面,要求为官者必须坚持正义、正直的道德原则;另一方面,要求为官者廉洁不贪,这是对于"官"这一阶层提出的特殊的道德要求。从这个意义上讲,"廉洁"与"贪墨"相对立。屈原在《楚辞》中讲道:"脱幼清以廉洁兮。"(《楚辞·招魂》)王逸注解道:"不受曰廉,不污曰洁。"由此可见,"廉"指的是为官者从政不苟得,不妄取。"一陷贪墨,终身不可洗濯,故可饥可寒,可杀可戮,不可一毫妄取。"(陈襄《州官提纲·卷一·洁己》)为官者在生活上应以节俭、简朴为上,必须保持高尚的道德情操和高度的政治警惕性,不能有丝毫贪污妄取的念头,只有这样,才能做到不贪、不污、可饥可寒、可杀可戮。

廉洁是中国传统官德的核心范畴。儒家极为重视为官者的廉洁,将其视为"国之大维""为政之本""为官之宝""仕者之德""人生大纲"。为官清廉,要做到"临大利而不易其义","不受嗟来之食",不取不义之货利,立身清白。那么,为官者如何保持清廉?法家注重行"惩贪奖廉"之法,而儒家则注重修身养廉,尤其是以俭养廉。儒家认为,通过修身养性,可以抑制贪欲,培养淡泊名利的心志和不受不贪的气节。而修身养廉的一个关键环节,就是要节制过度的享受欲望,学会过俭约的生活。如果一个为官者习惯于俭约的生活,那么,他就不会接受不义之财。因此,古代的官箴特别强调节俭,认为"不节必贪"(陈宏谋《从政遗规》卷上《何西畴常言》),"惟俭足以养廉"(何坦《西畴老人常言·律己》)。明代思想家薛瑄将为官者"廉"的品德分为三种境界:

"世之廉者有三：有见理明而不妄取者；有尚名节而不苟取者；有畏法律保禄位而不敢取者。见理明而不妄取，无所为而然，上也；尚名节而不苟取，狷介之士，其次也；畏法律保禄位，而不敢取，则勉强而然，斯又为次也。"（《从政录》）他将为官者廉洁从政分为"不妄取、不苟取、不敢取"三个层次："不妄取"是最高层次，是品格高尚，发自内心的道德自觉，明白为官之道，根本就不会伸手的官员；"不苟取"是第二层次，是重视自己的名节，正直狷介不伸手的官员；"不敢取"是最低层次，是迫于外部的压力而非出于道德自觉，心中想拿但害怕法律处罚，害怕丢掉乌纱帽不敢拿的官员。

（4）秉公去私

在中国传统社会，秉公去私是衡量为官者道德水平的重要标准，是为政的重要原则。"公"是为政的根本方法："政者，正也。为政之道，莫若至公。"（司马光《温国文正司马光文集·上太皇太后疏》）"理人之道万端，所以行之在一。一者何？公而已矣。"（武则天《臣轨·公正章》）

作为古代官德的重要内容之一，秉公去私有两方面的含义。第一，要求为官者公心为上，去除私心，能够为了国家利益和公共利益而放弃或牺牲个人利益。"以公灭私，民其允怀。"（《尚书·周官》）"无偏无党，王道荡荡。"（《尚书·洪范》）第二，要求为官者处事公正。在传统社会，为官者处事是否公正，对于维护最基本的社会公正至关重要。因此，法家将为官者处事的公正无私视为"人臣之公义"（《韩非子·饰邪》）。具体而言，为政秉公的要求主要体现在以下几个方面：其一，秉公执法，即举法或执法公正，"不阿亲戚"（刘向《说苑·至公》），不循私情，不避权贵，为民除害申冤。王安石曾经说过："大臣、贵戚、左右、近习，莫敢强横犯法，其自重慎或甚于闾巷之人，此刑平而公之效也。"（《临川文集·本朝百年无事札子》）公正执法，当权者才会严于律己，不敢冒犯。其二，赏罚公平，诸葛亮讲："公赏不遗远，罚不阿近，爵不可以无功取，刑不可以贵势免"（《三国志·蜀志·张裔传》）；范仲淹希望通过"执法以公，赏罚惟一"的途径来实现"君臣共理天下"。其三，用人公正，即"奉公举贤则不避仇雠，不循私舞弊"（刘向《说苑·致公》），用人则出以公心，不任人唯亲。如果为官者能做到秉公去私，就会得到民众的拥戴，"以公灭私，其民永怀"（杨昱《牧鉴·治本》）。

2. 传统官德的重新审视

在中国社会发展的历史进程中，传统官德曾发挥过积极的作用，为我们提供了宝贵的经验。然而，毋庸置疑，传统官德也存在其内在缺陷。因此，我们必须对此进行客观分析、批判继承。

（1）传统官德的经验

在传统官德中，可资借鉴的宝贵历史经验主要体现为：

第一，注重官德学习。在古代，官德集中体现了为官者的从政德行。因此，中国传统社会重视为官者对官德的学习。中国古代官德的内容十分丰富，为官者对官德的学习，主要包括以下几个方面：其一，基础性规范的学习。强调做人的最基本的道德行为规范，主要包括仁义礼智信的"五常德"，礼义廉耻的"四维"思想等。正因为"为官先为人"，所以为官者首先要学习这些规范，这些规范不仅是做人的最基本的行为规范，也是官德的最基本的要求。其二，为官之道的学习。由于缺乏对官场的认识和了解，对于刚刚步入官场的新人而言，需要学习为官之道。例如清代的陈宏谋，他在谈到步入仕途时的心情时说道："迨入仕途，官场事宜尤未娴习，临民治事茫无所措。未优而仕，不学制锦，心窃忧之"（陈宏谋《从政遗规·序》）。正因为如此，所以在闲暇之余，"一展卷藉，兹陈编以祛固陋。凡切于近时之利弊，可为居官箴轨者，心慕手追，不忍舍置。不敢谓仕优而学，亦庶几即仕即学之意云尔"（陈宏谋《从政遗规·序》）。由此可见，作为为官者，不仅要做好自己的本职工作，同时也要不忘学习，这是为官应当具备的道德素质。此外，在古代，在历代的官箴书中记载了大量的为官之道,因此,为官者要想了解、学习这些为官之道,就可以来阅读这些官箴书。武则天曾经为即将踏入仕途的贡举之士编撰《臣轨》一书。该书全面阐述了为官者的从政品德和行为准则,具体内容包括国体、志忠、守道、公正、匡谏、诚信、慎密、廉洁、良将、利人。通过学习《臣轨》,可以:"使心归大道,情切至忠,务守公平,贵敦诚信,抱廉洁而为行,怀慎密以修身,奉上崇匡谏之规,恤下思利人之术"(武则天《臣轨·序》)。"荣随岁积,庆与时新,家将国而共安,下与上而俱泰"(武则天《臣轨·序》)。其三,个体道德修养规范的学习。以自尊、寡欲、内省、改过、知耻等为主要内容。这些内容为为官者的德性修养提供了准则,从而使其能够提高自身的道德品行,以保证他们能够遵守官德、履行职责,成为符合封建阶级统治需要的合格官员。

第二,注重官德修养。中国传统社会重视为官者的官德修养。商朝建立初期,商汤总结了夏亡的教训,夏朝之所以灭亡,就在于"有夏昏德,民坠涂炭"(《尚书·仲虺之诰》)。由此,一方面,商汤充分认识到了自我道德修养的重要性和必要性,自己首先要做到"不迩声色,不殖货利","克宽克仁,彰信兆民"(《尚书·仲虺之诰》);另一方面,他也认识到了对为官者进行道德教育的重要性和必要性,告诫为官者不要沾染"三风十愆"(《尚书·伊训》),即不沾染巫风、淫风、乱风和十种罪过。孔子也十分重视官德修养,主张"修己以安人"(《论语·宪问》),"修己以安百姓"(《论语·宪问》)。《大学》中指明了修身的重要性,提出"古之欲明明德于天下者,先治其国。欲治其国者,先齐其家。欲齐其家者,先修其身"的思想,强调为官者应当注重自身德性修养,由此把官德修养提到了治国平天下的高度。董仲舒认为,"古者修教训之官,务以德善化民"(《汉书·董仲舒传》),即是说,为官者在加强自身道德修养的同时,对普通民众进行道德教化也是必要的。王充则提出"治国之道,所养有二:一曰养德,二曰养力"(《论衡·非韩》),把"养德"放在了治国的首位。到了唐代,鉴于隋炀帝居安忘危、德义不修、荒淫无度而亡国的教训,唐太宗指出:"若安天下,必须先正其身,未有身正而影曲,上治而下乱者"(《贞观政要·君德》)。北宋著名思想家、政治家王安石认为，为君者要"修其心，治其身而后可以为政于天下"（《洪范传》）。元代思想家、政治家张养浩说："要做一名好官，必先做一名好人。"他认为，人做不好，官也当不好。要做好人，必须做到"律己""省己""戒贪"。清代名臣张伯行，在福建巡抚任上，写了一篇拒礼檄文《禁止馈送檄》。文中讲道："一丝一粒我之名节，一厘一毫民之脂膏，宽一分，民受赐不止一分；取一文，我为人不值一文。"（《禁止馈送檄》）

第三，重视制度建设。就德政而言，早在尧舜禹时代，我国就已有相关的制度萌芽。例如，对于氏族首领而言，提出"不矜不伐"的律条，如有违反，实行五刑；对于氏族成员而言，则提出"五典""五教"及"九德"的规范。在现实的政治实践中，历代统治者和思想家、政治家们都充分认识到，对于官德建设而言，制度起到了巨大的促进作用。例如，在古代，设有考绩制和监察制，其目的就是对为官者的德行进行监督。所谓考绩，指的是上级对下级的考核，一般是通过特定的途径和方式，对官员的德、才、绩等方面进行考核，以此作为其奖罚、升贬等的依据。在这些具体的考核内容中，"德"是最为重要的一个方面。例如，秦代的"五善"，即忠信敬上、信义为上、恭敬多让、举事审当、清廉勿谤和喜为善行；唐朝的"四善"，即德义有闻、清慎明著、公平可称和恪勤匪懈；等等。之所以对为官者进行考绩，其目的就在于培养他们的官德意识，激发他们自觉践行官德的主动性。除了考绩制之外，监察制也是我国古代国家政治制度的重要组成部分。我国古代监察制起源甚早，始于夏商周时期，形成于秦汉时期。古代实行监察制的目的在于"彰善瘅恶，激浊扬清"（《唐大诏令集》卷一百），避免为官者受到官场不良风气的影响和侵蚀，保障为官者能够恪守官德，更好地为统治者服务。作为古代吏治的重要手段，监察制主要包括御史监察和谏官言谏。所谓御史监察，指的是由皇帝派出的监察官员，受皇帝的直接领导，掌管监察百官、巡视郡县、纠正刑狱、肃整朝仪等事务。所谓谏官言谏，就是指由品德高尚的人担任监察官，通过以谏诊言、审核诏令奏章等监察方式，以实现其"讽议左右，以匡人君"的职能。

第四，重视法律惩戒。在我国历史上，大多数朝代实行"德主刑辅"的治政方针，因此，对于官员的为政行为，一方面用道德规范进行规约，另一方面用法律进行制约，从而形成软硬兼施的机制。例如，五帝时期，对违背"九德"的官员要处以"墨刑"；秦朝时期，对官员既提出"五善"进行劝导，又制定《秦律》加以惩治；唐朝时期，既有"四善二十七最"的官德规范，又有较完备的行政法典《唐六典》和刑法典《唐律》；明朝时期，朱元璋既亲自编写了三部《御制大诰》，又主持制定了《明律》。

从历代法律来看，其中都有约束官德、惩戒职务犯罪的内容。例如，《秦律》中就规定，凡有"夸以泄""贵以大""擅折割""犯上弗知""贱士而贵货币"这样的"五失"，即奢侈过度、骄傲自大、擅自决断、犯上作乱、贪污腐败，就要受到"身及于死"的处罚。唐朝的《六察》具体监察吏治、户口、财政、司法、人事、生产，对为官者的行政作为进行全面评价。唐朝《职制律》中也有关于为官者行政规范的条文。例如，在相同情况下，官与民犯同样的罪，为官者所受到的处罚要比民严厉。明清时期，作为刑律的组成部分，《吏律》分为《职制律》和《公式律》。《职制律》主要用于惩治为官者的职务犯罪行为以及不法行为；《公式律》则主要用于处罚为官者违反办事规程的行为。《大清律例》规定："凡官吏受财者，计赃科断。无禄人各减一等，官追夺除名，吏罢役，俱不叙用。"由此可见，对于为官者在其职务活动中的失职行为和不法行为，历代法律都予以严惩。

(2)传统官德的内在缺陷

自古以来，中国就非常重视对官德问题的探讨。毋庸置疑，传统官德在历史进程中发挥过积极的作用，为我们提供了经验。然而，中国古代的吏治并不清明，贪污受贿、以权谋私、违法乱纪等现象时有发生。究其原因，传统官德的内在缺陷是不可忽视的。这主要体现为：

第一，重德轻才。为官者是国家行政人员，因此，行政能力是他们所必须具备的。孔子曰："孟公绰为赵、魏老则优,不可以为滕、薛大夫。"(《论语·宪问》)意思是说,孟公绰品德高尚、名望很大,可以做晋国贵族赵氏、魏氏的家臣之长;然而,他缺乏处理繁巨事务的能力,因此不能做滕、薛这样小国的大夫。孔子认为,政治素质以道德为首要,为官者必须做到"为政以德"。孟子曰:"是以惟仁者宜在高位,不仁而在高位,是播其恶于众也。"(《孟子·离娄章句上》)他将"仁"作为在位者重要的道德要求。从这个意义上讲,为官者的道德修养被视为为政之本,直接关系到国家的治乱。由此,在传统社会,形成了重德轻才的传统。不可否认,在古代社会,重视为官者的道德品性及道德修养是十分必要的,也有其重要的价值和意义。然而,如果将官德绝对化,却是偏颇的。作为为官者,"德"与"才"是其必备的基本素质,两者相辅相成、不可偏颇。如果为官者只有"才"或者只有"德",那么都将无益于国家和百姓。"几千年来,儒家重德轻才的泛道德观念造成士人高标道德者多而具治世才能者少,满嘴仁义道德者多而开拓进取者少的静态局面。"①

第二,缺乏现实操作性。在儒家看来,尧舜被视为至德的代表。"巍巍乎,舜、禹之有天下也而不与焉!"(《论语·泰伯》)"大哉尧之为君也! 巍巍乎! 唯天为大,唯尧则之,荡荡乎,民无能名焉。巍巍乎其有成功也,焕乎其有文章!"(《论语·泰伯》)儒家认为,为官之道无他,"法尧舜而已矣"(《孟子·离娄上》)。从积极方面讲,对于官德修养的强调和重视,有利于激发为官者进行道德修养的主动性和自觉性;给为官者确立和指明了努力的方向,使其朝着这个方向不断地努力。从消极方面讲,如果官德修养的标准过于理想化,过于高远,缺乏现实性和针对性,那么,就难以转化成为官者的道德实践,不具有现实操作性。此外,官德作为政治道德,仅仅依靠个体的德性及其修养是难以实现的,必须要有外在的监督机制和约束机制。如果缺乏行之有效的监督机制和约束机制,必然造成官德的虚无。

---

① 魏彩霞:《孔孟儒家官德修养方式的内在缺陷及对策》,《晋阳学刊》2006 年第 3 期。

第三,监督机制相对薄弱。中国自古就有德治传统,强调以"官"为主体的道德精英观念,极为重视为官者的自身道德及其对民众的示范作用。对于官德的培养而言,这种观念有其弊端。从一般意义上讲,为官者良好的道德品性和道德习惯的养成,离不开内在的道德修养和外在的监督。就外在的监督而言,主要包括各种法律法规的监督、各种规章制度的监督、民众的监督等。然而,在中国封建社会,民众处于被动地位,无法对为官者的道德进行有效的监督。由于长期缺乏民众的监督,处于社会强势地位的官员变得肆意妄为。"而普通民众由于长期被忽视,对于特权阶级穷奢极欲、滥用权利的不道德行为无能为力,在生活举步维艰时只能期盼青天大老爷的解救,或者寄托于神灵的保佑。特权阶级的专制独裁、横行无忌和民众的无能为力、漠不关心,致使官德失范陷入恶性循环的境界。"①此外,人性善的文化预设,使人们普遍相信"人皆可以成尧舜"(《孟子·告子下》)。老百姓多有盼明君、盼清官意识,而少有监督官员的意识,传统社会的制度安排也没有给民众提供这样的机会和条件。因此,使得官德在很大程度上是靠官员的自觉,而监督机制则相对薄弱。

概言之,传统官德存在诸多内在缺陷,即道德修养不切实际,缺乏必要的监督机制,崇高的官德修养流于形式等,从而产生诸多流弊。这是我们在当代干部道德建设中应该吸取的历史教训。

3. 当代干部道德的创新机制

作为当代社会道德建设的组成部分,干部道德是随着社会的发展而不断发展、进步的。从某种意义上讲,作为"精神之钙"的道德是领导干部的从政之魂、为人之道,是引领社会道德风尚的一面旗帜。在当代社会,如何对传统官德进行传承创新,进行当代干部道德建设,是一个重要的课题。

---

① 魏彩霞:《孔孟儒家官德修养方式的内在缺陷及对策》,《晋阳学刊》2006年第3期。

（1）加强干部道德建设

从本质上讲，干部道德是涉及领导干部主体性的德性，因此，当代的干部道德建设，应当从培养其内在自觉性入手。具体而言，可从以下几方面加强建设：

第一，建构干部道德规范体系。规范体系是人们进行相关活动时所应当遵循的指导性或约束性的行为准则。作为从政道德，干部道德包括领导干部的思想、品德、政治、作风等诸多方面的素养，"是领导干部为官做人、行政用权的价值标准，是选拔和任用领导干部的根本标准，更是领导干部'照镜子''正衣冠'自我道德警示和道德修炼的基本依据"①。在中国历史上，形成了一系列的传统官德规范，诸如修己安人、执政为民、清正廉洁、秉公去私等。在当代，进行干部道德建设，既要批判地继承古代官德传统，更要站在历史的高度，与时俱进，建构与时代相适应的干部道德规范体系。在当代社会，从政者的行为直接关系到国家利益和社会公共利益，特别是领导干部，在其工作以及社会实践中担负着重要职责，因此，在道德层面，对他们提出了更高的要求。2013 年 6 月，习近平总书记在全国组织工作会议上明确而系统地阐述了领导干部成为"好干部"的根本标准，即信念坚定、为民服务、勤政务实、敢于担当、清正廉洁。这个"五好"标准就是一个全面而具体的干部道德规范体系。

第二，加强干部道德宣传教育。加强干部道德建设，树立良好的道德风尚，离不开宣传和教育。因为，从某种程度上讲，干部道德所体现的是社会的道德取向，影响和改变着民众的道德观念。通过宣传、教育的途径，可以使干部道德规范深入人心，从而使领导干部形成自觉的干部道德意识和坚定的干部道德信念。干部道德规范制定后，应让领导干部学习、掌握，这就需要有一套卓有成效的宣传教育机制。在这一方面，我党已形成思想政治教育工作的

---

① 纪光欣、吴晓华：《党的十八大以来领导干部道德建设的新发展》，《领导科学论坛》2015 年第 16 期。

传统和优势,应充分发挥这些优势,并结合新的时代要求和实践特点加以发扬光大。因此,必须以提高思想道德素质为核心,健全和完善宣传教育机制,对思想道德教育工作常抓不懈。就宣传途径而言,可借助广播、影视、报刊、网络等大众传媒手段,大力宣传新时代干部道德;就教育的原则而言,要坚持继承与创新相统一、理论与实践相统一、个体与社会相统一等;就教育的形式而言,以灌输、情感涵养、榜样模范、知行合一等为主。

第三,加强干部道德修养。自律是提高个体道德修养的关键。从本质上讲,干部道德是自律的问题,也是个体修养的问题。党的十八大以来,习近平总书记多次强调,各级领导干部要"严以修身、严以用权、严以律己,又谋事要实、创业要实、做人要实"①。各级领导干部要想真正实现"有德必依",就必须自觉地将干部道德规范内化为自身内在的道德品性。从这个意义上讲,培养领导干部的道德自主意识和自觉意识是干部道德建设的核心环节,其目的在于提高领导干部的道德修养水平。"加强自我修养,就是要在道德素质诸方面进行自觉的自我教育、自我改造、自我陶冶和自我锻炼,实现人格上的自重、心灵上的自省、思想上的自警、精神上的自励。"②干部道德自律绝不是先验的"善良意志",而是通过后天的努力逐渐养成的。在当代,领导干部加强自身道德修养的途径有多种,例如,加强干部道德学习,坚持学以致用;对自身的行为及时进行反省、反思;接受党和人民的监督;等等。唯有此,领导干部才能切实提高自身的道德修养,经受住各方面的严峻考验。

(2)建立领导干部管理制度

当代干部道德建设,一方面,离不开领导干部自身的道德信念和道德修养;另一方面,也离不开完善的制度规范,即需要突出刚性约束的作用,不断推进干部道德建设的制度化和法治化。从某种意义上讲,相当一部分干部道德

---

① 《习近平谈治国理政》第一卷,外文出版社2018年版,第381页。
② 刘煜、孙迪亮:《和谐社会视阈下的官德建设》,《道德与文明》2008年第2期。

规范与国家有关法律、法规、政策、条例、规章和制度等相关,从而使得干部道德的践行和维护带有一定程度国家强制力保障的特殊性,或者说,干部道德规范具有法规化的特征。相对于内在的道德修养而言,外在的制度规范具有确定性、权威性和强制性,能够影响和约束人的思想和行为。通过相关制度对领导干部进行规范和约束,既可以有效地塑造领导干部的道德品行,又可以对失范行为进行有效的威慑。尤其是在当代社会,在公共生活领域,制度成为重要的规范形式,发挥着越来越重要的作用。"以运用公共权力处理公共事务为主要工作职责的官员,其行为当然应该以制度规范为基本依据,依法行政、按规办事、形成良好官德的他律需求,恰恰与制度的约束作用相契合,预示了只有通过不断提升官德的制度化水平,官德建设才可能产生更大成效。"①

当代干部道德建设的核心要素,就是要深化体制改革,强化干部道德效益,建构与当代社会相适应的干部道德机制。然而,这其中的突出问题就是领导干部的选拔机制、管理体制、依法惩戒和保护机制尚不够健全和完善。因此,加强干部道德建设,必须深化和改革领导干部管理体制。

第一,干部选拔任用制度。在领导干部管理制度中,选任制度是极为重要的环节。用什么样的标准选人,选什么样的人,事关大局。必须建立一系列行之有效的规章制度,用于各级领导干部的选拔、任用等。习近平总书记在全国组织工作会议上指出:"我们党历来高度重视选贤任能,始终把选人用人作为关系党和人民事业的关键性、根本性问题来抓"②,"好干部的标准,大的方面说,就是德才兼备"③。即要坚持德才兼备、以德为先的用人标准,坚持五湖四海、任人唯贤,切实把政治坚定、实绩突出、作风过硬、群众公认的干部选拔上来。④ 及时把那些忠诚、干净、敢于担当的干部用起来,切实增强干部队伍

① 岳强、颜德如:《中国官德建设:当前的问题及对策》,《中共福建省委党校学报》2012年第11期。
② 《习近平谈治国理政》第一卷,外文出版社2018年版,第411页。
③ 《习近平谈治国理政》第一卷,外文出版社2018年版,第412页。
④ 参见《习近平谈治国理政》第二卷,外文出版社2017年版,第45页。

活力。

第二，干部利益保障制度。应当建立相关制度，切实保障清正廉洁、执政为民、崇尚奉献精神的领导干部的切身利益。这里的利益不仅仅是物质利益，还包括政治以及其他方面的实际利益。通过实际利益对模范干部道德行为予以保障，涉及的不仅仅是干部道德践行者的利益得失问题，而是社会对于干部道德行为在事实上是否予以认可、予以尊重的标志。

第三，干部道德行为回报机制。当代社会，应当在奉献与回报之间建立一个良性的机制，使道德行为的践行者得到公正的评价以及相应的物质奖励和精神激励。因此，在提倡无私奉献的前提下，应当建立必要的道德回报机制。这种道德回报，即以实际利益对模范干部道德行为的保障，既有助于激发各级领导干部的信心和干劲，同时也体现了社会制度的公正性和合理性，从而有利于促进整个社会道德建设的健康发展。

第四，干部道德考核评价机制。首先，明确考核的内容。在考核过程中，既要注重私德考察，又不能完全因私德而废公德，也不能以公德而否认私德，应当处理好公德与私德之间的关系。其次，选用恰当的考核方法。秉持科学、公平、公正的原则，根据不同层级、岗位，实行分类考核。最后，充分依靠人民群众。在干部道德考核评价中，不应当只依靠组织的自我评价，还应当注重人民群众在考核中的话语权。

（3）建立和完善监督机制

领导干部掌握着公权力，如果缺乏干部道德的自律和必要的监督，就会导致领导干部以权谋私和贪污腐败，而这个问题成为当代人民群众对干部道德方面的最大不满。因此，在加强当代干部道德建设的过程中，必须以相应的法律法规为基础，建立和完善监督机制，这是实现干部道德建设的制度保障。

第一，科学严格的组织监督制度。当前，我国监督体制存在一些缺陷，一方面，存在着上级监督下级、领导监督群众、少数人监督多数人等不良现象。

对于这些缺陷,应逐步进行改革。将上级监督下级完善为上下级互相监督,将少数人监督多数人完善为多数人监督少数人。另一方面,党内监督整体功能不强,没有将党员、党代会和党委会的监督作用充分发挥出来,尤为突出的是对"一把手"监督难的问题。邓小平曾经指出:"对领导人最重要的监督是来自党委会本身。"①因此,必须建立科学严格的党内组织监督制度,使党内组织监督的规范行之有效,充分发挥其预防、纠偏、惩戒等功能。从这个意义上讲,组织监督是当代干部道德建设的重要环节。

第二,客观公正的媒体监督制度。自新中国成立以来,新闻媒体就发挥着"喉舌"的作用。直至当代,新闻媒体依然影响着人们的日常生活和社会政治生活。必须建立独立、客观、公正的新闻媒体监督制度,明确新闻媒体的权利和义务,充分发挥新闻媒体对各级领导干部的监督作用。毛泽东同志曾经明确提出,对那些严重违法的犯罪腐败分子"必须给予法律的制裁,如是党员的必须执行纪律",并要"在报纸上广为揭发,以教育干部和人民群众","发扬正气,压倒邪气"。② 对于新闻媒体而言,应当将腐败分子的丑行、恶行予以曝光,敢于将腐败分子的违法犯罪行为予以揭露,从而引起社会的广泛关注和相关部门的重视,促使问题得以及时解决。从这个意义上讲,新闻媒体监督是监督机制的重要形式之一,有利于遏制以权谋私、官僚主义等腐败现象的滋生和蔓延。

第三,民主公开的群众监督制度。作为民主监督的一种重要形式,群众监督是人民群众对国家行政机关及其工作人员的工作所进行的监督。在我国现有的监督体制下,群众监督可以说是最广泛、最直接、最有效的监督。群众的眼睛无处不在,群众的眼睛是雪亮的,群众的力量不可估量。建立和完善民主公开的群众监督制度,应积极采取一些新的举措,开辟切实可行的路径,让群众监督发挥其应有的作用。从某种程度上讲,群众监督可以有效地克服官僚

---

① 邓小平:《邓小平文选》第一卷,人民出版社1994年版,第309页。
② 王明图:《毛泽东的忧虑》,河南人民出版社1994年版,第76页。

主义。在当代,一部分领导干部在掌握了权力之后,便脱离实际、脱离群众,形成官僚主义作风,这必将会影响到社会的进步、政府的发展。对此,群众监督起到了积极的作用,能够有效地约束领导干部行为、防止其滥用职权。群众对领导干部的监督,在一定程度上弥补了组织监督的缺陷或不足,具有直接性、真实性和民主性。

三、传统美德与青少年道德素质提升

青少年是国家的希望、民族的未来,重视对青少年道德素质的培养是古今思想家、教育家的共识,也是形成良好社会道德风气的重要保障。因此,在当代,我们应当引导青少年把正确的道德认知、自觉的道德养成、积极的道德实践紧密结合起来,善于从中华传统美德中汲取道德滋养,从自身内省中提升道德修为,不断修身立德,打牢道德根基。

1.传统美德对青少年的道德要求

(1)个体层面

第一,好学。自古以来,勤奋好学就是中国人世代相传的优良传统,并流传着诸多关于学习的格言,例如:"书山有路勤为径,学海无涯苦作舟","读万卷书,行万里路","少壮不努力,老大徒伤悲"等;也流传着许多古人发奋读书的故事,例如,囊萤映雪、悬梁刺股、凿壁偷光等,这些都充分体现了古人勤奋好学的美德。对于青少年而言,好学是一项重要的道德要求。因为人不是"生而知之者",而是"学而知之者"。在个体的成长过程中,后天的学习至关重要。无论是品德的养成,还是知识的增长,都离不开后天的学习。从这个意义上讲,对于青少年而言,"好学"是首要的道德要求。其一,"好学"作为一种美德,体现在"好"上,表达的是热爱、喜爱的情感。只有具备了这种情感基础,才能勤奋好学。《中庸》中讲道:"好学近乎知。"即是说,热爱学习就是接近智慧。孔子主张"学而时习之"(《论语·学而》),并强调学与思相结合。荀子认为,只有学有所成,才能事有所成。因此,他在《劝学》中阐明了学习的意义,即增长知识、培养品德和提高能力,以此告诫青少年。其二,"好学"作为一种美德,体现在"勤"上,即表现为勤奋的行动。荀子曰:"学不可以已。"(《荀子·劝学》)即是说,学习不能停止。《中庸》讲道:"博学之,审问之,慎思之,明辨之,笃行之。有弗学,学之,弗能弗措也;有弗问,问之,弗知弗措也;有弗思,思之,弗得弗措也;有弗辨,辨之,弗明弗措也;有弗行,行之,弗笃弗措也。人一能之,己百之,人十能之,己千之。果能此道矣,虽愚必明,虽柔必强。"(《四书集注·中庸》)即是说,要广博地学习,详细地探究知识,谨慎地思考知识,明晰地辨别知识,切实地履行知识。没有学过的知识,就要学习它,不掌握不放弃;没有求问过的知识,就要求问它,不知道就不放弃;没有思考过的知识,就要思考它,不得到就不放弃;没有辨析过的知识,就要辨析它,不明白就不放弃;没有践行过的知识,就要践行它,不切实就不放弃。别人用一分努力能做到的事,自己要用一百分的努力去做;别人用十分努力能做到的事,自己要用一千分的努力去做。如果能照这样的道理去做,即便是愚笨的人也必定会变得聪明,柔弱的人也必定会变得刚强。由此可见,"好学"不仅要有热爱学习的情感,更应该体现在勤奋学习的行动上。

第二,立志。所谓"立志",就是确定自己的人生奋斗目标或理想。古人云:"有志者事竟成。"立志,是中华传统美德的重要内容。志向是一个人人生的奋斗目标和方向,"人无志,非人也"(嵇康《家诫》),如果一个人没有志向,就会失去前进的动力,容易碌碌无为,甚至堕落。对于青少年而言,立志是他们求知治学、立身处世的根本,因此,要教育、引导他们从小就立下远大的志向。具体而言,立志主要包括三个方面:其一,为学必先立志。立志是青少年健康成长、发展进步的关键。孔子认为,立志是人生的起点,因此,他主张青少年要从小"志于学"(《论语·为政》)。孟子曰:"夫志,气之帅也。"(《孟子·

公孙丑上》)《学记》中讲道:"凡学,官先事,士先志。"(《礼记·学记》)即是说,想要有学问、做学者,必须要先立下志向。其二,倡导立志应当远大。孔子主张"志于道"(《论语·述而》),"志于仁"(《论语·里仁》)。他认为,青少年应当有远大的志向,而不应沉迷于眼前的物质生活。孟子认为,要完成天降之"大任","必先苦其心志,劳其筋骨,饿其体肤……"(《孟子·告子下》)由此,才能养成"浩然之气"。诸葛亮在告诫外甥的信中说道:"夫志当存高远"(《诫外甥书》),要求他树立远大的志向,免于世俗。张载讲道:"人若志趣不远,心不在焉,虽学无成"(《经学理窟·义理》),即是说,要想事业有所成就,立志高远、用心专一是两个关键因素,缺一不可。曾国藩讲道:"凡人才高下,视其志趣。"(曾国藩《治兵语录》)其三,立志要力行。孔子十分注重意志的锻炼和磨炼,强调"笃志""笃行"。孟子曰:"持其志,无暴其气。"(《孟子·公孙丑上》)他认为,作为青少年,只有经过艰苦的锻炼和磨炼,做到"富贵不能淫,贫贱不能移,威武不能屈"(《孟子·滕文公下》),才能成为具有坚强意志的"大丈夫"。朱熹认为,在为学和做事之中,应当把"端庄存养"与深省精察结合起来,只有这样,才会逐步实现所立的志向。

第三,改过。所谓改过,就是指改正错误、过失。在中国传统社会,十分重视个体的修身,而修身恰恰也是基于认识错误、及时改正错误的态度认知。改过作为一种美德,对于青少年而言尤为重要。因为,青少年是未成年人,在知识、道德、能力、心智等各方面还不完善,较成年人而言,更容易犯错。因此,积极引导青少年正确认识错误、及时改正错误具有其重要性和必要性。具体而言,主要包括以下几方面:其一,闻过则喜。听到别人批评指出自己的缺点或不足,表示欢喜、接纳和高兴,能够虚心接受他人的意见和批评。要做到闻过则喜,必须要对自己有正确、客观的认识,而且要有宽广的胸襟。其二,自律改过。孔子曰:"过则勿惮改。"(《论语·学而》)"过而不改,过则勿惮改。是谓过矣。"(《论语·卫灵公》)即是说,有过错并不可怕,重要的是要及时地、自觉地加以改正。既要做到知过自戒,即清楚地认识到自己的过错,引以为戒,避免重犯；又要做到改过不贰，即通过改正自己的错误和过失，积累经验和教训，避免下次再犯。

（2）家庭层面

第一，孝。古人云："百善孝为先。"（《围炉夜话》）在传统美德中，"孝"是最为重要的德目之一。因此，在对青少年的道德要求中，尤其是在家庭范围内，"孝"是放在首位的。《尔雅》中将"孝"解释为："善父母为孝"，即善待父母就是"孝"。具体而言，包括以下几个方面的要求：其一，养亲。养亲指的是赡养父母。父母含辛茹苦地将子女养大，子女成人后应当尽心竭力地照顾父母，满足父母物质生活的需要，使他们能够安度晚年。可以说，赡养父母是子女应尽的义务，也是"孝"最基本的要求。其二，敬亲。敬亲指的是尊重、敬爱父母。孔子曰："今之孝者，是谓能养。至于犬马，皆能有养。不敬，何以别乎？"（《论语·为政》）在他看来，对待父母养而不敬，与养活犬马没有什么区别，不能算作是真正的"孝"。孟子也说过："孝子之至，莫大乎尊亲。"（《孟子·万章上》）在他看来，最高的"孝"莫过于对父母的尊敬。从这个意义上讲，"敬"是"孝"的精神实质。其三，顺亲。顺亲指的是顺从父母的意愿。"孟懿子问孝。子曰'无违。'"（《论语·为政》）所谓"无违"，一方面是不违背父母的意愿；另一方面是不违背礼制，按礼节侍奉父母。其四，谏亲。谏亲指的是委婉、耐心地劝谏父母的过失。"事父母几谏，见志不从，又敬不违，劳而不怨。"（《论语·里仁》）对于父母的过错，子女应当委婉、耐心地规劝，即使父母不听从劝告，子女也应当保持对父母的尊敬与顺从，不冒犯、忤逆，不埋怨父母。其五，继亲。继亲指的是继承父志，并将其发扬光大。"父在观其志，父没观其行，三年无改于父之道，可谓孝矣。"（《论语·学而》）子女应当牢记父母的教诲，积极、努力地光大父母未竟的事业，实现父母对自己的期望。其六，祭亲。祭亲指的是父母去世后，子女应当祭祀他们。"生，事之以礼死，葬之以礼，祭之以礼。"（《论语·为政》）父母在世时，要按礼节侍奉他们；父母去世后，要按礼节安葬、祭祀他们。祭亲所表达的是子女对逝去的父母的敬重与追念。

第二，悌。在古籍中，"悌"多写作"弟"。贾谊明确提出："弟敬爱兄谓之悌"（《新书·道术》）。作为弟弟，要尊敬、顺从、礼让兄长。因为"兄姊之年，长于弟妹，则其智识经验，自较胜于幼者，是以为弟妹者，当视其兄姊为两亲之次，遵其教训指导而无敢违。虽在他人，幼之于长，必尽谦让之礼，况于兄姊耶？"①与"悌"相对应的是"友"，"兄敬爱弟谓之友"（《新书·道术》）。孟子曰："仁人之于弟也，不藏怒焉，不宿怨焉，亲爱之而已矣。"（《孟子·万章上》）即是说，作为兄长，对待弟弟，不隐藏心中的愤怒，也不留下怨恨，只是亲爱他罢了。《管子》中也讲道："为人兄者，宽裕以海。"（《管子·五辅》）由此可见，作为兄长，要关心、爱护弟弟，履行对弟弟应尽的义务。在家庭范围内，兄弟是重要的家庭成员，血缘关系是维系兄弟和睦的自然基础；从小的共同生活，培养了他们相互依恋的亲密情感，这是维系兄弟和睦的情感基础。因此，对于青少年而言，"悌"与"友"是处理家庭中兄弟关系的道德要求，要求兄弟之间互相关爱、互相帮助、互相扶持、团结一致。在传统社会，更是将其范围由家庭推扩于社会，强调"四海之内皆兄弟也"（《论语·颜渊》）。

（3）社会层面

第一，诚信。所谓诚信，指的是诚实守信。作为对青少年的道德要求而言，主要是指要做到真实无欺，既不自欺也不欺人；同时，也要做到重诺言、守信用、讲信誉。作为一种美德，诚信是为人处世之本。"诚"的本意是真实无妄或诚实无欺。《中庸》讲道："诚者，天之道也；诚之者，人之道也。"（《四书集注·中庸》）孟子曰："诚者，天之道也；思诚者，人之道也。"（《孟子·离娄上》）即是说，"诚"是天得以运行的法则，人应当效法天道真实无妄的品德，人们敬畏天道、顺应天道，使天然的德性化为人的自觉行为。程颢、程颐认为，如

---

① 蔡元培：《中国伦理学史》，商务印书馆 2010 年版，第 161—162 页。

果不以"诚"事之,就会弃忠丧德、损人败事。对于"信",《说文解字》释为:"信者,诚也。"孔子曰:"人而无信,不知其可也。"(《论语·为政》)在这里,"信"指的是信用、信誉,阐明了人无信无以立、无以行。董仲舒将"信"与"仁义礼智"并称为五常,扩大了"信"的含义,将其上升为普遍的道德品质。由此可见,在古代,"诚"与"信"是互释的,二字的意思相近,倡导与追求的都是真实、实在。然而,从严格意义上讲,"诚"与"信"还是有着细微差别的,各有所侧重。"诚"侧重于"内诚于心","信"则侧重于"外信于人";"诚"更多的是指个体的内在德性,"信"更多的是指"内诚"的外化,具体体现为个体的道德实践。然而,"诚"与"信"的区分并不具有绝对意义,即是说,"诚"与"信"相互贯通、互为表里,"诚"是"信"的内在依据,"信"是"诚"的外在体现。当然,"信"不仅仅是对青少年的道德要求,它作为"五常"之一,也是对一般人的要求。然而,由于青少年处于道德人格形成的奠基时期,因此,诚信对他们来说是尤为重要的道德要求。

第二,敬老。我国自古以来就有尊老爱幼的光荣传统。尊老,不仅要尊敬家庭中的长辈,而且要将这种尊敬推扩到社会中去,尊敬其他长者;爱幼,则强调对幼小的关爱、呵护与照顾。正如孟子所言:"老吾老,以及人之老;幼吾幼,以及人之幼。"(《孟子·梁惠王上》)这种尊敬和关爱,超越了家庭的范围,向社会推扩。从本质上讲,尊老爱幼体现的是人类代际之间的一种合理关系,彰显的是社会公德和社会文明。中国自古以来就重视尊老,一方面,因为老年人处于人生发展的衰落期,年老体弱,在生理上、心理上、生活上需要得到更多的关心和照顾;另一方面,因为在传统社会,老年人身上凝结着宝贵的人生经验和丰富的知识智慧,这些都值得青年人向他们学习。因此,在社会生活中,敬老成为对青少年的道德要求之一。

第三,尊师。所谓尊师,指的是尊敬师长。"尊师"一词最早出自《学记》:"大学之礼,虽诏于天子无北面,所以尊师也。"(《礼记·学记》)在青少年的成长过程中,离不开师长的教育、教导和教诲。因此,尊师作为一种道德要求,就显得尤为必要。韩愈曾在《师说》中讲道:"古之学者必有师";"师者,所以传道、授业、解惑也"(《昌黎先生集·师说》)。自古以来,任何求学的人都离不开老师,老师的职责就是传授道德、讲授学问、解释疑难。顾炎武也说过:"父子之亲,长幼之序,男女之别,非师不明。教人以礼者,师之功也。"(《日知录》)即是说,父子、长幼、男女之间的人伦道德,若没有老师的教导,人们就不会明白。教育人按照礼的要求行动,是老师的功劳。作为知识、道德的传授者,教师发挥着极为重要的作用,是教育活动的原动力,理应受到尊重。正是基于对教育和教师的重视,中国自古就形成了尊师重教的优良传统,也由此形成了一整套尊师的道德行为规范。例如,一些尊师的文明礼貌称呼,如恩师、师傅、先生等;把师长的话称为教导、教诲、赐教、训诫等;见到师长要鞠躬敬礼让路,让师长先行等。

2. 当代青少年道德现状的反思

从总体上来讲,当代青少年的思想道德品质是积极、健康向上的。大多数青少年能够紧跟时代,视野开阔,思想活跃,关心国际国内形势,关注新鲜事物,兴趣广泛,体现了新时代青少年鲜明的特征。他们较好地继承了传统美德,较好地接受了思想道德教育,具有基本的辨别是非善恶的能力。然而,我们也必须正视,当代青少年道德在某些方面也存在一些问题,突出表现在以下几个方面。

(1)信仰危机

在现实生活中,部分青少年缺少崇高的信念,其人生也缺乏远大的理想;缺乏忧患意识;对中国历史和中国革命知之甚少或一无所知,对马克思主义持怀疑态度,政治观念淡薄;随着娱乐新闻的泛滥,一部分青少年对一些偶像明星盲目地追捧,由此掀起"追星"热潮;缺乏科学、务实、求真精神,崇尚星座占卜等"伪科学";缺乏团结进取的精神;缺乏判别是非、分辨善恶、辨别美丑的能力;等等。

（2）价值取向混乱

在当代，尤其是在经济全球化、价值多元化、信息网络化的时代背景下，正处在价值观形成期的青少年受到了一些外来思潮的腐蚀和社会不良风气的影响。相比较其他社会成员而言，这些外来思潮和社会不良风气对青少年产生的影响更为消极。近年来，青少年的价值观呈现出功利化的发展趋势。一部分青少年将追求享乐作为自己人生的目标；有的青少年缺乏崇高的道德理想，以个人的物质需要来评价道德价值；更有甚者，有的青少年重金钱、重利益，盲目追求金钱而不择手段，致使各种犯罪横行。

（3）自我意识增强

一部分青少年做事只从自身出发，只顾及自己，以个人和个体作为崇尚和追求的目标，缺乏换位思考，不顾及他人的感受；缺乏责任意识、公共意识、规则意识、团队协作意识等，对学校、社会缺乏关爱，对各种集体活动、社会活动采取无所谓、漠不关心的态度；在家庭、学校和社会交往中，不能很好地与他人和睦相处，不能很好地处理人际关系；过分追求个人利益和个人价值，急功近利；学习目的更趋于现实，表现出极强的功利性。

（4）意志品质薄弱

一部分青少年优柔寡断，容易动摇；情绪不稳定，遇事不能掌控、管理好自己的情绪；有一些青少年性格内向，容易封闭情感，甚至产生心理障碍；有一些青年经受不住生活的磨炼、打击和考验，偶尔遇到一些挫折就心灰意冷，感觉前途渺茫；在现实生活中，一部分青年会存在一些不愿遵守社会道德规范的严重偏差行为。

（5）诚信缺失

青少年这个群体中，诚信缺失主要表现为：说谎、抄袭别人的作业、考试作弊、弄虚作假等。对于青少年而言,这些缺乏诚信的行为必将会影响其日后的发展和进步。

由上述现象我们可以看出,当今部分青少年道德意识淡薄,道德素质没有经过培育与涵养,有待于家庭、学校与社会共同努力,提高他们的道德素质。对于这些问题,我们必须高度重视,并想方设法予以解决。这就需要我们采取有效的方式和途径,加强青少年道德素质的培育。

3. 当代青少年传统美德的培育

一个民族、一个国家的道德建设,尤其是对青少年的道德教育和道德培养,都离不开本民族、本国的优良道德传统。我国有着丰富的传统美德资源,这对于培育当代青少年的道德素质有着重要的价值和意义。

(1)抓好传统美德的知识教育

众所周知,在道德品质的养成中,道德认知是基础和前提。依托传统美德资源培养青少年的道德素质,首先需要对其进行传统美德的知识教育,让他们弄清楚、搞明白传统美德的内涵、存在的价值和意义。这对于青少年道德素质的养成具有基础性意义。对青少年进行传统美德的知识教育,应当充分挖掘传统美德中的价值和意义,使之成为培育青少年道德素质的不竭源泉。曾经有研究者做过一项调查,是关于当代青少年对于传统道德名言的掌握和认同情况,调查结果发现,情况不尽如人意。长期以来,在我们的学校教育中,在我们的日常生活中,忽视甚至放弃了对青少年的传统美德教育。试想一下,如果青少年连最基本的传统美德是什么都不知道,如何让他们传承和弘扬?新加坡在中学里开设"儒家伦理"课程,而在我国,无论是中学还是大学几乎都没有这样的课程。中华民国成立之初,蔡元培先生主政教育部,规定在所有中等以上的学校里,都要开设"经学大意""人伦道德"这两门课。然而,新中国成立后,在我们的课程体系里,则没有关于传统道德的相关课程。自古以来,中国就以"礼义之邦"著称。然而,在现实生活中,我们在一定程度上对中华传统文化中的"礼乐文明"有所忽视。因此,要做到与传统美德相承接,我们必须想办法,以实实在在的措施加大传统美德的宣传教育力度。从这个意义上讲,开设传统美德的相关课程是一个重要的途径。通过这些课程,将传统美德的相关内容和知识传授给青少年,使他们在课程中得到教育,有所提高。

(2)注重传统美德的实践养成教育

亚里士多德认为,伦理德性与理智德性有着重要区别:道德德性的获得是经过后天的实践,并通过习惯而逐步养成的;理智品质则是依靠知识的传播和认知就能够形成。对于青少年(尤其是 12 岁以下的孩子)而言,模仿是他们学习的主要方式,这一点在日常行为养成中表现得尤为突出。因此,在对青少年进行道德素质培养时,应当注重其日常生活中的实践养成教育,相对于单纯的道德说教而言,这更容易让他们感受到道德的价值意蕴。例如,校园文化建设中,要将传统美德的涵养与实践相结合。涵养品格,增强传统美德、优秀传统文化的内化教育。内化于心仅仅是一个方面,还要外化于行,道德不能只是靠讲大道理,不能只是"学",而且还要"习",要进行"习惯成自然"的养成教育;不仅要"晓之以理",而且还要"动之以情",注重情感体验教育;还应当加强道德意志力和行为实践能力的培养。总之,只有在实践中,青少年才能融入具体的道德情境,才能使道德规范深入内心,从而激发他们的道德情感,唯有此,才能促成传统美德的实践养成教育。

(3)传统美德教育的内容和形式等应符合青少年的年龄和身心发展实际

教育的一个基本原则就是:无论是教育的内容还是教育的方式都要符合受教育者的身心特点和认知能力。纵观中国德育史,我们可以看出,对青少年进行道德教育,一般是遵循先蒙后经、先行后理、先习其所当然后习其所以然。从教育的内容和教材来看,一般是先学蒙学,然后学四书五经的经典。按照传统的说法,蒙学属于小学,即 8 至 15 岁少儿的启蒙教育,正如古人所说"八岁入小学,十五入大学"(《白虎通》)。小学与大学的界限除了年龄以外,主要体现在教育内容上。朱熹曰:"古者初年入小学,只是教之以事,如礼乐射御书数,及孝弟忠信之事。自十六七入大学,然后教之以礼。如致知格物,及所以为忠信孝弟者。"(《朱子语类》卷七)即是说,小学阶段,主要是灌输道德规范和行为规范;到了大学阶段,则进一步研习其中内含的哲理。前者习其所当然,后者习其所以然。这也就是为什么在儒家哲学,如理学家的著作中,主要不讲价值规范而讨论哲理,在蒙学中则主要讲行为规范而没有过多的理论探讨的原因。

对青少年进行传统美德教育一定要符合他们的年龄和身心发展实际,尊重其认知和心理规律,从而建立一个层次分明、目标明确的传承传统美德的教育体系。对青少年进行美德教育,首先要做的并不是树立人生观,而是应当将重点放在日常生活良好行为习惯的养成上,要让他们对为人之道、人际交往的规范、做人的基本责任和义务等有正确的认识、理解、把握和实践。青少年的年龄界限为 18 岁,而 15 岁以下的大多处于初中阶段,这相当于古人所说的"小学"阶段,这个阶段主要的教育内容应当是伦理道德和法律行为规范。可以说,这个阶段是加强传统美德教育的最好时机。例如,在幼儿园阶段,可以从日常最基本的生活礼节学起,让幼儿学习一下基本的道德行为规范,如爱劳动、讲礼貌、守秩序等;在小学阶段,可以逐步增加传统美德的知识教育,逐渐培养青少年爱国、诚信、友善等道德意识;在中学阶段,可以加强国学经典的研读,从而较深层次认知、了解传统美德;在高中阶段,可以逐步进行人生观、价值观教育。概言之,对青少年进行传统美德教育,必须循序渐进、有针对性,从而使其接受美德传统的熏陶和精神的感染。

（4）处理好传统文化经典教育与价值行为规范教育的关系

中华传统美德是以传统文化经典和几千年来仁人志士的高尚人格和道德实践作为载体的。当前，如何对青少年进行传统美德教育，利用什么样的教材，重点在什么地方，这也是需要探讨和引导的。近年来，一些热爱中国传统文化的人士积极推进青少年诵读传统文化经典的活动，甚至有的大学把老子的《道德经》引入课堂，直接作为对学生进行思想道德教育的内容，还作为经验加以推广，这是值得讨论的。如前所述，在古代进行道德教育，是根据受教育者的年龄和认知水平而分为蒙学和经学两个阶段的。当前，社会上有的少年诵经班有读、背《三字经》的，也有读、背《论语》和《道德经》的。根据青少年的不同年龄，作为一种传统文化的修养或人文素质教育来读、背一些传统文化经典，这无疑是一种非常好的教育活动。然而，这些经典文本毕竟是过去时代的东西，把它们直接作为今天道德教育的教材显然是不合适的。且不说这些经典的文字是不是所有受教育者都能读懂，其内容如《论语》还是表达了积极入世的伦理智慧，而《道德经》的思想基调和哲思抽象程度就不适合中小学生来读。因此，我们应当避免在传承和弘扬传统美德的过程中不加分析批判地一哄而上，应当以今天的时代需要作为衡量标准，吸取那些对青少年的思想道德健康成长有益的传统文化要素，注重中华民族精神和优秀传统美德的教育。要用传统美德来滋养青少年的心灵，注重正向的价值行为规范教育。这与现在时兴的人文素质教育中的文化经典教育是不同的，而且这种教育也要分年龄阶段进行。对于有的大学开设《道德经》，应当作为大学生素质教育或通识教育的内容，但绝不能以此取代思想道德教育。在中小学，则不能让《道德经》进课堂，因为大多数中小学生还读不懂它。

（5）用制度化的措施保证对青少年的传统美德教育落到实处

在中国古代，儒家文化所体现的伦理道德智慧之所以对社会秩序和民众生活能发挥那么大的作用,按照余英时先生的看法,"显然与儒家价值的普遍建制化有密切的关系","自辛亥革命以来,这个建制开始全面地解体了。儒家思想被迫从各个层次的建制中撤退,包括国家组织、教育系统以至家族制度等。其中教育系统尤为关键"①。"儒家经典在新式教育中所占的分量越来越减轻。民国初年,中小学堂的修身和国文课程中还采用了不少经训和孔子言行,五四以后一般中小学校教科书中所能容纳的儒家文献便更少了。"②如何对待传统道德资源和以儒家文化为代表的传统文化,这是近百年来一直讨论的一个老问题了。然而,要做到与传统美德相承接,就必须面对这个问题。因此,如果不是把传统美德教育作为一时的而是长期的一个系统工程来抓的话,必须要有制度化的保证,这也就是余英时先生所谓的"建制化"。在当代社会,不可能再用广泛意义上的建制化来推行儒家思想了,但仍然要从儒家文化中或者从历史上传承下来的伦理精神和伦理文化中汲取那些有益于当代的中华传统美德,如果缺乏教育上的制度化保证,那么是难以奏效的。因此,作为政府教育行政部门,在课程体系建设中,应当设立与中华传统美德相关的专门课程,以教育体制来保证传统文化和传统美德的延续、传承和弘扬。

---

① 余英时:《现代儒学论》,上海人民出版社 1998 年版,第 242 页。
② 余英时:《中国思想传统及其现代变迁》,广西师范大学出版社 2004 年版,第 131 页。

第七章　传统美德的传承创新

　　中华传统美德是一种文化软实力,也是中华民族的优势所在。然而,要想充分发挥这种文化软实力的积极作用,需要我们对传统美德进行传承创新。从某种意义上讲,对于当代社会发展而言,中华传统美德(内容、性质、功能等)不能提供直接的道德滋养;对于当代道德建设而言,它也难以成为直接的思想来源。因此,在当代社会发展进程中,为了能够充分发挥中华传统美德的作用和价值,必须对其进行传承创新。中华传统美德的传承创新,"就是依据一定的指导思想和原则,将蕴含在中华传统美德中的思想理论、价值观念、规范体系、实践模式等挑选出来,通过一定的方法和途径对其进行创造性转换、重组和改造,深入挖掘其时代价值和现实意义,使之符合现代经济社会的发展需求"①,为当代道德建设提供思想道德资源。中华传统美德的传承创新,是道德体系的再生产、再创造活动,符合道德发展的一般规律。在当代,如何实现传统美德传承创新,既是一个重要的理论课题,也是一个实践课题。

---

　　① 王易、黄刚:《探求中华传统美德的创造性转化》,《思想理论教育导刊》2015 年第 5 期。

一、传统美德传承创新的指导思想和基本原则

1. 传统美德传承创新的指导思想

传统美德是中华民族向往"善"、追求"善"的产物。作为中华传统美德发展的新境界，当代道德是社会主义精神文明的重要组成部分，是当代中国社会的文化灵魂。与此相对应，倡导当代道德理念，培育当代伦理道德精神，就成为建设社会主义精神文明的首要任务。因此，传承创新传统美德，必须立足于社会现实和时代要求，在科学、正确的理论思想指导下加以推进。

（1）坚持以马克思主义为指导

传承创新传统美德，必须坚持以马克思主义为指导。习近平总书记指出，"在坚持马克思主义指导地位这一根本问题上，我们必须坚定不移，任何时候任何情况下都不能有丝毫动摇"①。马克思主义是发展中国特色社会主义的根本指南，为社会主义道德建设提供了理论指导，也是传统美德传承创新的根本指导理论。传承创新传统美德，离不开马克思主义的立场、观点和方法。方克立先生曾经对儒学与马克思主义的关系进行了论述，"当代中国马克思主义已经从理论和实践上找到了一条解决马克思主义与儒学关系问题的正确途径，不论是中国特色社会主义理论体系还是社会主义核心价值体系，都从包括儒学在内的中国传统文化中吸取了不少思想资源。不过有一个重要前提，就是必须坚持以马克思主义为指导。马克思主义与儒学的关系是主导意识与支援意识的关系"②。方先生提出的"主导意识与支援意识关系说"，是建立在

---

① 习近平：《在庆祝中国共产党成立 95 周年大会上的讲话》，人民出版社 2016 年版，第 13 页。

② 方克立：《关于马克思主义与儒学关系的三点看法》，《红旗文稿》2009 年第 1 期。

古与今的关系之上的,既立足现实,又承接历史,顺应了历史发展的客观规律,古为今用,将具有积极价值和意义的历史资源转化为支援意识。当前,推进传统美德的传承创新,应当坚持这一观点,以传统美德作为构建当代道德体系的支援性资源。我们必须用辩证唯物主义和历史唯物主义的观点、方法对传统美德进行批判地继承和创新,使其符合当代中国社会道德发展的客观需求。习近平总书记指出,传承创新传统美德,要"坚持马克思主义道德观、坚持社会主义道德观,在去粗取精、去伪存真的基础上,坚持古为今用、推陈出新,努力实现中华传统美德的创造性转化、创新性发展"①。

(2)高举中国特色社会主义旗帜

在传统美德的传承创新进程中,我们必须高举中国特色社会主义伟大旗帜,坚持以马克思列宁主义、毛泽东思想、邓小平理论、"三个代表"重要思想、科学发展观为指导,深入贯彻习近平总书记系列重要讲话精神和治国理政新理念新思想新战略,紧紧围绕实现中华民族伟大复兴的中国梦,深入贯彻新发展理念,坚持以人民为中心的工作导向,坚持以社会主义核心价值观为引领,坚持创造性转化、创新性发展,不忘本来、吸收外来、面向未来,汲取中国智慧、弘扬中国精神、传播中国价值,不断增强中华传统美德的生命力和影响力,创造中华文化新辉煌。与传统社会不同,当代中国所要构建的和谐社会,所要实现的中华民族伟大复兴的"中国梦",是在中国特色社会主义道路上中国共产党领导全体人民共同建设、共同享有、共同完成的,必须坚持党的基本路线、基本纲领和基本经验。传统美德的传承创新,是构建社会主义和谐社会、实现"中国梦"的必然要求,也是当代中国道德建设的核心内容。因此,把握和遵循社会发展的规律,正确认识和把握伦理道德精神在当代中国的发展方向,确保当代伦理道德精神的科学性与先进性。

① 《习近平谈治国理政》第一卷,外文出版社2018年版,第218页。

（3）坚持正确的价值导向

传统美德的传承创新离不开社会主义核心价值体系的引领和导向。党的十七届六中全会指出："社会主义核心价值体系是兴国之魂，是社会主义先进文化的精髓，决定着中国特色社会主义发展方向。"①作为先进文化的基本内核和根本标志，社会主义核心价值体系在当代道德建设中起着强基固本的作用。如果说马克思主义是当代道德建设的指导思想的话，那么，社会主义核心价值体系就是当代道德建设的生命之魂和精神支柱。在当代，社会主义核心价值体系是主导的价值体系，应当成为传统美德传承创新的纲领性指导价值体系，为传统美德的传承创新提供价值导向。因此，传统美德的传承创新，必须体现中华民族的传统精神和时代精神，体现当代社会的客观规律和精神实质，体现当代新道德的规范要求和价值目标。

2. 传统美德传承创新的基本立场

传统美德的传承创新，并不是凭空臆造，而是在继承传统美德的基础上，根据传承和创新的客观规律，立足于现实的道德需要，面向国民的未来发展需要，推进发展、开拓创新。

（1）不忘本来

"历史是一个连续的发展过程，今天不过是历史的现实部分而已，现实是历史在今天的延续，……一个民族的连续性和独特性，不在于其经济形式或政治制度的连续性或个性，而恰恰在于其文化的延续性和独特性。"②在中西方

---

① 《中共中央关于深化文化体制改革推动社会主义文化大发展大繁荣若干重大问题的决定》，《人民日报》2011年10月26日。

② 吴文新：《休闲文化创新及其动力机制研究》，《云南大学学报（社会科学版）》2008年第3期。

文化的交融与互通中，彰显了文化的差异性，不同国家和民族在交流、碰撞的过程中意识到自身文化的价值。从这个意义上讲，文化才是一个民族的独特性标志。对于所属民族来讲，每一种文化都具有其历史合理性和民族独特性。中华民族绵延几千年，造就了独特的中华文化，在历史发展的进程中彰显出独特的文明价值和历史价值。在这独特的中华传统文化中，传统美德是其重要的组成部分。众所周知，中华传统美德蕴含着丰富的内容和重要的价值，因此，我们应当理性认识这一宝贵的精神财富，并对其进行深入的挖掘，推进中华传统美德的传承创新。当前，我国正处在社会转型期，中华传统美德受到了一定的冲击，因此，夯实道德发展的根基，着力保护美德传统，是民族文化生存和发展之应然。诚然，对于传统的东西，我们不能一味地全盘接受，而是应当以审慎的态度、开放的心态来对待。"我们要免于传统与现代的两分法的思想模态，传统与现代是一种相互蕴涵的关系，而不是非此即彼的对立关系。"①正如马克思所说："人们自己创造自己的历史，但是他们并不是随心所欲地创造，并不是在他们自己选定的条件下创造，而是在直接碰到的、既定的、从过去承继下来的条件下创造。"②因此，在当代，我们应当不忘本来，积极地去阐释、发掘、传承、弘扬、创新中华传统美德中所蕴涵的普遍价值和永恒价值。从某种意义上讲，在变化了的历史背景下进行传统美德的传承和创新，是对现实呼唤所作出的回应，而我们当下所践行的"传统"，也已不是原本的那个"传统"，而是经过创新的"传统"。对于传统的倡导和弘扬，并没有导致社会的倒退，而是以一种全新的形式开创了社会发展和文化形态的新局面。由此可见，确证了传统美德传承创新的历史合理性的论证。

（2）吸收外来

就道德发展的基本规律而言，道德具有鲜明的传承性。传承和弘扬中华

① 林楠：《全球化视域下传统美德承接的价值合理性》，《山东社会科学》2006年第3期。
② 《马克思恩格斯文集》第2卷，人民出版社2009年版，第470—471页。

传统美德,是当前我国进行道德建设的重要前提和基础。与此同时,我们也不可否认,当代西方文明国家公民道德建设也为我们提供了有益的经验,值得我们借鉴、吸收和学习。在社会发展的进程中,经过长期的探索,在公民道德建设方面,西方发达国家积累了丰富的经验,例如,在个体道德养成方面,注重主体自律与法制保障相结合;在道德教育方面,注重保护个体的尊严,回归生命个体的人文关怀;在道德治理方面,注重调动和发挥公民的主体性,使政府引导与公民自治相辅相成、相互促进;等等。对于这些丰富的、有益的经验,我们应当兼容并蓄、为我所用,但又绝不能简单地照搬。因此,在传承和创新中华传统美德的进程中,我们应当吸收外来,坚持和而不同、互通互鉴、取长补短,充分借鉴和吸收国外的有益经验,"使人类创造的一切文明中的优秀文化基因与当代文化相适应、与现代社会相协调,把跨越时空、超越国度、富有永恒魅力、具有当代价值的优秀文化精神弘扬起来"①。具体来讲,我们应当顺应我国的具体国情,积极探索新形势下国民道德发展的特点和规律,将国外的有益经验与当代中国的道德实际相结合,实现国外道德理论和道德实践有益经验的中国化。

(3)面向未来

对中华民族产生深远影响的传统美德,不仅在传统社会有着旺盛的生命力,而且在当代的社会生活中,依然会继续发展。在现代化的浪潮中,传统封闭、狭小、自足的生产方式和生活方式逐渐退出人们的视野,因此,我们在面对当代现实生活诉求的基础上,应当对未来做出展望。从某种意义上讲,这是我们探索传统美德传承创新的合理性所在。从这个意义上讲,我们应当在新的生存实践和交往活动中,建构新的社会关系格局和人伦价值秩序,而新的生存也为之做出充分价值合理性论证。人不仅生存于现实的社会中,而且同时生

---

① 习近平:《在纪念孔子诞辰 2565 周年国际学术研讨会暨国际儒学联合会第五届会员大会开幕会上的讲话》,人民出版社 2014 年版,第 14 页。

存于由互联网构成的"虚拟社会"中。在当代,中华民族开放、创新的气质得以塑造,从而使得与现代化相适应的独立人格、彰显个性和自由价值选择的主体性精神得以张扬。随着生产力的发展和制度的民主化,生产方式和生活方式的社会性、开放性日益增强,在当代社会组织中,个体性的地位和作用日益凸显。人们不仅具有越来越多、越来越强烈的完善自我本性、实现自我人生价值的内在动力和外在条件,而且在现实中,人们越发以独立个体存在、以自觉的主体意识和价值意识步入当代社会的生存、竞争与发展之中。文化具有一脉相传的绵延性,其发展就是在历史的进程中不断调适、演进的过程。传统美德是中华民族长期所奉行的生活价值在文化层面的积淀和提升,它必然会表现出强烈的民族一贯性与传承性。对此,我们应当面向未来,对传统报以尊重和敬意,依据现实生活的需要,创造出崭新的道德文化。

3. 传统美德传承创新的基本原则

（1）时代性原则

"现实的特点是不断地运动和变化,创新和发展是这变化的本质。因而立足现实,把握现实特点和变化趋势,抓住机遇,加强创新,是非常重要的。"[①]传统美德传承创新的根本任务就在于,根据当代社会发展的现实需要,对传统美德进行批判性继承,对其内涵、价值和意义做出新的阐释。因此,从这个意义上讲,我们必须坚持辩证唯物主义和历史唯物主义,秉持客观、科学的态度,取其精华、去其糟粕,扬弃继承、转化创新,不断赋予传统美德新的时代内涵,不断补充、拓展、完善;必须立足于现时代,尤其是立足于当代社会生活实际的道德需求,使传统美德与之相适应,创造出具有时代特色的"新道德",为道德进步提供动力。具体而言,"就是要按照是否有利于推动中国特色社会主义

---

① 吴文新:《休闲文化创新及其动力机制研究》,《云南大学学报（社会科学版）》2008年第3期。

的建设事业,是否有利于建设和形成中国特色社会主义的道德体系,是否有利于改善社会风气和提高广大人民群众的思想道德水平"①,切实推进传统美德的传承创新。从这个意义上讲,传统美德的传承创新必须坚持时代性原则,即立足于当代社会的道德现实,与当代社会的道德现实需要相适应,对于道德领域中出现的新问题、新情况做出积极的回应,唯有此,才能获得持续发展的源头活水。

（2）大众化原则

重视人伦日用是中华传统美德的一个突出特点,它倡导将伦理道德贯彻到人们日常生活的各个方面,"圣人教人,只是就人日用处开端"(《陆九渊集·卷三十五·语录下》)。从这个意义上讲,传统美德的传承创新应当坚持大众化原则,即立足于面向大众、服务大众,使传统美德融入人们的日常生活之中,充分发挥其人伦日用的化育功能。在传统美德的传承创新过程中,应当深入挖掘其蕴涵的道德资源,切实结合当前人民群众的精神文化需求以及现实生活需求,对传统美德的内容、思想进行新的阐释,并赋予其新的时代内涵,使其具有适应人们现实生活的新意义和新价值,不断增强人们的精神力量,丰富人们的精神家园。除此之外,就具体形式而言,既要注重运用人民群众喜闻乐见的方式,又要充分利用现代科技、现代传媒、现代信息等手段,从而加强对人民群众的积极引导。

（3）开放性原则

传统美德的传承创新不是一个封闭的过程,而是一个开放的过程;既是一个传承的过程,也是一个与他国文明进行交流、融合的过程。习近平总书记指出:"文明是多彩的,人类文明因多样才有交流互鉴的价值。"②众所周知,在人

---

① 王易、黄刚:《探求中华美德的创造性转化》,《思想理论教育导刊》2015年第5期。
② 《习近平谈治国理政》第一卷,外文出版社2018年版,第316页。

类社会发展的进程中,文化并不是单一的,而是呈现出多样化的特征。因此,一种文化不可避免地会与异质文化发生交流和碰撞,这将有利于其自身的发展和完善。"只有善于通过文化交流从其他文化中汲取有益养分的国家和民族,才能实现自身文化的发扬光大;只有善于通过有效途径向外传播自身文化的国家和民族,才能为维护和促进世界文化多样化作出更大贡献。"①从这个意义上讲,"推动文明交流互鉴,可以丰富人类文明的色彩,让各国人民享受更富内涵的精神生活、开创更有选择的未来"②。中华传统美德的传承创新,应当加强与世界优秀道德文化的交流与互鉴,以我为主、为我所用,取长补短、择善而从,既不简单拿来,也不盲目排外,吸收、借鉴国外优秀道德成果,从而实现自我完善。

二、传统美德的传承

中华传统美德所内含的仁义、自强、爱国、诚信等是符合民族发展趋势的,也顺应人们对美好品德的期盼和向往。与此同时,传承中华传统美德是延续中华民族精神命脉的必然要求,也是我们树立文化自信的必然选择。

1. 传统美德传承的必要性

从一般意义上讲,一个民族的道德进步都是建立在对本民族传统美德批判继承的基础之上的。在当代,我们倡导传承传统美德,首先需要回答的问题就是:为什么要传承? 而要回答这一问题,就必须弄清楚传统美德的价值定位问题。具体而言,传统美德的价值定位主要包括以下几个方面。

---

① 王易、黄刚:《探求中华美德的创造性转化》,《思想理论教育导刊》2015 年第 5 期。
② 《习近平讲故事》,人民出版社 2017 年版,第 281 页。

(1)传统美德是中华民族的精神家园

精神家园是一个民族生存、发展的基本保障,是维系民族发展、兴盛的重要力量。从某种意义上讲,传统美德是中华民族的精神家园和精神命脉,传承传统美德就是守护我们的精神家园,延续我们的精神命脉。丢掉传统美德,就失去了我们的精神家园,割断了我们的精神命脉。传统美德孕育了中华民族的民族性格、道德观念、道德品质等,影响着社会的文明风尚。正是因为有了传统美德及其人文精神的长期涵养,中华民族才能够在数千年的历史发展中生生不息、发展壮大。中国人的道德风貌、民族性格等,都离不开传统美德的影响和塑造。在当代,传统美德以道德文化基因的方式融入当代人的道德素养之中。从某种意义上说,道德的形成与民族社会的形成是同步的。在中华民族形成之初,就开始了道德的孕育和发展。随着民族的不断进步,传统美德也彰显出丰富的内涵,蕴涵着国人独特的精神世界和价值观。因此,我们应当传承和弘扬传统美德,建构中华民族的精神家园。

(2)传统美德是涵养社会主义核心价值观的思想源泉

核心价值观是一个国家文化软实力的灵魂,对文化方向和文化性质起着决定性的作用。党的十八大指出,要培育和践行社会主义核心价值观。习近平总书记指出:"一个民族、一个国家的核心价值观必须同这个民族、这个国家的历史文化相契合,同这个民族、这个国家的人民正在进行的奋斗相结合,同这个民族、这个国家需要解决的时代问题相适应。"①由此可以看出,一方面,社会主义核心价值观的确立与历史相承接,即社会主义核心价值观是在传承传统美德的基础上确立的,可以从传统美德中找到传统资源和文化基因;另一方面,社会主义核心价值观的确立又立足于现实,即社会主义核心价值观是

---

① 《习近平谈治国理政》第一卷,外文出版社2018年版,第321页。

传统美德与当今时代相结合所产生的丰硕果实。正是基于此,国家提出了确立、培育和弘扬社会主义核心价值观的具体要求。千百年来,传统美德已深深植根于中国人的内心世界,对中国人的思想观念、道德观念、行为方式等产生了潜移默化的影响。在当代,中国的道德建设、社会主义核心价值观的培育和践行,充分体现了对传统美德的传承和升华,我们应当从中汲取丰富的营养。从这个意义上讲,社会主义核心价值观只有根植于传统美德之中,以传统美德为思想源泉,才能成为国人的价值追求和行为规范;与此同时,只有为社会主义核心价值观所传承和升华,传统美德才能彰显其当代价值,激发其时代活力,使之继续传承下去。

(3)传统美德是实现中华民族伟大复兴中国梦的精神支撑

如前所述,"国无德不兴"。中华传统美德是国家繁荣昌盛、人民幸福安康的精神力量。"中国梦"包含着国家富强、民族振兴、人民幸福三个方面,实现中华民族伟大复兴的中国梦,是中国人民的共同理想追求。习近平总书记曾经说过,实现中国梦必须走中国道路,必须弘扬中国精神,必须凝聚中国力量。实现中华民族伟大复兴的中国梦,离不开中国文化的繁荣,离不开精神力量的支撑,离不开对传统美德的传承和弘扬。传统美德延续着中华伦理和中华文化的基因,蕴涵着中华民族丰富的思想精华、高尚的道德品质和崇高的价值追求,这些为中华民族的繁荣昌盛提供了强大的精神力量和精神支撑。从这个意义上讲,在实现中华民族伟大复兴中国梦的征程中,需要传承和弘扬传统美德,需要得到传统美德的支撑和滋养。因此,传承传统美德就是传承中华民族固有的精神力量,为当代的道德实践服务。

(4)传统美德为人类道德发展提供中国智慧

在当代,人类面临着一些共同的难题和挑战,如环境恶化、资源耗竭、恐怖主义等,深入挖掘、传承传统美德,可以为解决难题、应对挑战提供可资借鉴的道德资源,进而为人类道德发展提供中国智慧。在中国传统伦理文化中,"天人合一""大同世界""尚和合"等主张蕴涵着整体性思维,即注重从整体出发来认识和处理人与自然、人与人之间的伦理关系。这对于当今西方文化注重个人主义、个体性利益等具有修补、匡正作用。习近平总书记强调人类命运共同体,其中包含着中华传统伦理智慧的精髓。这是在传承传统美德的基础上,对人类命运共同体伦理、对世界伦理作出的新贡献。"一带一路"倡议中包含着中国"诚信""和为贵""协和万邦"等伦理智慧,体现了"亲、诚、惠、容"理念,是以合作共赢打造人类命运共同体的伟大实践,是世界共同发展博大伦理胸怀的完美体现。由此可见,传承传统美德,不仅要解决当代中国问题,而且应当放眼世界,"以人类命运共同体为指引,立足中国,放眼全球,着眼于人类的共存与发展,提出能够体现中国立场、中国智慧、中国价值的理念、主张、方案,这对于提升中华民族的文化软实力,建设社会主义文化强国,构筑中华文明在世界文明格局中的地位具有重要意义"①。

2. 传统美德传承的历史路径

在中国传统社会,不仅重视传统美德,而且重视传统美德的传承,其传承的方式和途径也丰富多样,形成了从家庭到学校、从官方到民间的全方位系统。

(1)家庭教育

自古以来,中国就有重视家庭道德教育的传统。从这个意义上讲,在传统美德传承的途径中,家庭教育可以说是最为重要的一个。我们常说,家庭是人生的第一所学校,父母是孩子的第一任老师。因此,在家庭中接受道德教育,接受父母的言传身教,是美德传承最为直接的方式。从时间层面讲,最早的施

---

① 王彬、徐国亮:《"两创"方针是弘扬中华优秀传统文化的根本路径》,《红旗文摘》2018年第 5 期。

教可以推至孩子出生之前,即胎教。例如,《大戴礼记》中就曾记载:"周后妃任成王于身,立而不跛,坐而不差,独处而不倨,虽怒而不詈,胎教之谓也。"(《大戴礼记·保傅》)即是说,周后妃怀成王时,立着不踮脚尖,坐时身子不歪斜,独居一处时也不懈怠放任,即使生气也不出恶言。《列女传》中也曾记载,周文王的母亲太任怀孕以后,"目不视恶色,耳不听淫声,口不出敖言,能以胎教"(《列女传·母仪传》)。即是说,从怀孕之始就注重对胎儿进行品德培育。除了胎教之外,等孩子出生之后,尤其是年幼的孩子,注重对其进行早教。如《颜氏家训》中就曾记载:"人生幼小,精神专利,长成以后,思虑散逸,故须早教,勿失机也。"由此可见,古人充分认识到,在孩子的成长过程中,家庭教育是必不可少的,而且家庭教育的主要内容以"德"为主,强调对孩子进行道德教育的必要性,以塑造孩子的道德人格。从形式层面讲,父母的言传身教对于孩子良好品德的养成具有直接的作用和意义。在家庭生活中,父母的一言一行、一举一动,时时刻刻影响着孩子。因此,父母可以以身示范,为孩子树立一个好的榜样,也可以以道德事例来劝勉子女。

此外,《家训》《家规》等著作也成为进行家庭教育的途径。在中国传统社会,不同历史时期,都有着丰富的家教著作。东汉班昭作《女诫》,文学家蔡邕作《女训》;三国魏杜恕作《家戒》;北齐颜之推作《颜氏家训》;宋代司马光作《涑水家仪》《家范》,袁采作《袁氏世范》,朱熹作《家礼》《家训》;明代吕坤作《闺范》,方孝孺作《齐家》,徐三重作《家则》;等等。在进行家庭教育的过程中,借助家教著作以培养孩子的道德人格,从而使传统美德得以传承。

(2)官方垂训

在传统社会,为政者制定道德训条,通过各种途径向民众加以传播,施以道德教化,以图实现德治天下的目的。

第一,帝王颁发道德劝诫文告。西周时期,周公提出"以德配天""明德慎罚"的思想,要求统治者注重德行修养,崇尚德政,关爱百姓,以"德教"实现国家的治理。隋文帝关注社会的道德风尚,肯定道德教化的作用,"儒学之道,训教生人,识父子君臣之义,知尊卑长幼之序,升之于朝,任之以职,故能赞理时务,弘益风范"(《隋书》第二卷《高祖本纪》)。他即位之初,就颁布诏书推行劝学行礼、道德教化,"始自京师,爰及州郡,宜祗朕意,劝学行礼"(《劝学行礼诏》)。朱元璋登基后颁布"圣谕六言":"孝顺父母,恭敬长上,和睦乡里,教训子孙,各安生理,无作非为",作为移风易俗的途径。康熙即位后,注重道德教化,推行"尚德缓刑,化民成俗"的方针,并于康熙九年向全国颁布"上谕十六条":"敦孝弟以重人伦、笃宗族以昭雍睦、和乡党以息争讼、重农桑以足衣食、尚节俭以惜财用、隆学校以端士习、黜异端以崇正学、讲法律以儆愚顽、明礼让以厚民俗、务本业以定民志、训子弟以禁非为、息诬告以全善良、诫匿逃以免株连、完钱粮以省催科、联保甲以弭盗贼、解仇忿以重身命"(《圣祖仁皇帝实录》卷34)。

第二,各级官员推行道德教化。在传统社会,作为地方官员,不仅承担着管理户口、征调赋役、兼理司法等事务,还担负着"明教化以正民俗"(《善俗要义》)的道德教化责任。因此,各级官员秉承"为政以德"的思想观念,积极倡导和实施道德教化。元代王结在担任顺德路(今河北省邢台市)总管期间,写成《善俗要义》,反映出地方官员对于当地道德建设的思考和探索。《善俗要义》的主要内容包括"隆慈爱""勤学问""敦孝悌""友昆弟""和夫妇""别男女""正家室""尊官长""亲师儒""睦宗族""正婚姻""致勤谨""择交游""息斗讼""禁赌博""弭盗贼""戒游惰""务农桑""聚义粮""罢祈享"等,基本上包括了社会生活的各个方面。《善俗要义》撰成之后,在当地各级相关机构得以推广。明代王阳明秉承"良知之学于天下"的理念,通过讲学推行社会教化。他试图从良知出发,通过各种教化活动,以推动教育对象致良知,最后形成全社会的良知。由此可见,各级官员所推行的道德教化,对于传统美德的传承也起到了一定的积极作用。

（3）师长教化

在传统社会,师长通过道德教化,以达到涵养个体德性的目的。师长实施的道德教化,可以说是传承美德的重要方式。

第一,以儒学为核心的官学教育。在传统社会,儒学是官办学校教育的主要内容。借助儒学进行教育,是进行道德教化的重要途径。儒学重德,主张通过道德修养和道德教化来实现政治抱负,即《大学》中所说的"修身""齐家""治国""平天下","自天子以至于庶人,一是皆以修身为本"。至西汉,儒学逐渐成为中国封建社会的统治思想,官方道德教化也随之制度化。随着一系列制度化措施的实施,儒学的道德教育功能得以强化,对于维护封建统治发挥了极为重要的作用。与此同时,在政府机构中,具有较高文化素养和道德素养的儒生担任了一定的官职。例如,汉武帝时期,就任用儒生为官;自隋朝开始,实行科举制度以选拔人才,儒家经典成为科举考试的科目,儒生在各级政府机构中占据着重要的地位。正是在学习儒家经典的过程中,学子们潜移默化地受到了道德教化。

第二,书院教育。书院虽然是有一种有别于官学的教育组织形式,但在重视道德教化和道德修养方面,二者是一样的。在书院教育中,道德教育也是重要的内容之一。南宋著名理学家张栻在主持岳麓书院期间,在《岳麓书院记》中明确提出"成就人才,以传道而济斯民也"的办学目标。书院的办学宗旨是"开发其聪明,成就其德业",即培养德才兼备的人才。朱熹在白鹿洞书院的学规中写道:"父子有亲。君臣有义。夫妇有别。长幼有序。朋友有信。右五教之目。尧、舜使契为司徒,敬敷五教,即此是也。学者学此而已。而其所以学之之序,亦有五焉,其别如左:博学之。审问之。慎思之。明辨之。笃行之。右为学之序。学、问、思、辨四者,所以穷理也。若夫笃行之事,则自修身以至处事、接物,亦各有要,其别如左:言忠信。行笃敬。惩忿窒欲。迁善改过。右修身之要。正其义不谋其利。明其道不计其功。右处事之要。己所不欲,勿施于人。行有不得,反求诸己。右接物之要。"他强调,教育应以"讲明义理,以修其身"为宗旨,而不是为了追求功名利禄。书院教育以追求知识和道义、研究学术、传播文化为使命,促使知识和文化在社会下层得以普及。与此同时,传统道德也得以广泛传播。

(4)民间劝善

第一,乡约规劝。两宋时期,乡约成为乡村实施道德教化的重要形式。"乡约即乡规民约,是邻里乡人为改良社会风气、维持社会秩序以及相互协助救济而自发订立的一种制度或乡民自治组织。通过乡民受约、自约和互约来保障乡土社会成员和睦相处,形成良好的社会风俗,发挥着辅助官府、教化百姓的作用,从某种意义上说,这乃是以德治为基础的基层治理方式。"①宋代名臣吕大防曾与乡民订立《乡约》,其文曰:"凡同约者,德业相劝,过失相规,礼俗相交,患难相恤,有善则书于籍,有过若违约者亦书之,三犯而行罚,不悛者绝之。"②乡约采取自愿原则,凡入约者各人进修,互相劝勉。王阳明也非常重视乡约,他曾在南赣地区推行《南赣乡约》,讲道:"自今凡尔同约之民,皆宜孝尔父母,敬尔兄长,教训尔子孙,和顺尔乡里。死丧相助,患难相恤,善相劝勉,恶相告诫。息讼罢争,讲信修睦,务为良善之民,共成仁厚之俗。"可以说,乡约对道德传播、淳化民风起到了积极作用。

第二,善书宣讲。明朝末年,为了达到教化民众的目的,江南的士绅阶层将劝善惩恶的事例刊刻成"善书",从而将"民众的道德"具体化、通俗化。这其中,《了凡四训》可谓是善书中的经典之作,其劝善思想对民众产生了重要而深远的影响。清代以来,善书逐渐成为一种善书曲艺,即以劝善戒恶为主要内容、说唱结合的一种曲艺曲种。就内容而言,原本只是宣讲帝王圣谕,之后逐渐演变为宣讲孝敬父母、和睦家庭、友善邻里、救难救急等"十全大善";

---

① 李建华:《中国道德文化的传统理念与现代践行研究》,经济科学出版社2016年版,第131页。

② 《吕大防传》,载脱脱等撰:《宋史》第340卷,中华书局1977年版,第10844页。

就时间和地点而言,最初是在元宵节、中元节进行宣讲,后来逐渐发展为经常性的活动,并可在田间地头、街头巷尾、茶楼酒肆等地方进行宣讲;就宣讲人而言,除了一些民间的善人演说善书之外,还有专门从事善书宣讲活动的艺人。

3.传统美德传承的当代路径

传统美德是中国传统文化的精髓,是中华民族的精神家园,是中国人为人处世的基本准则。在当代,传统美德的传承是由多种力量共同推进的。这些力量彼此之间相互配合、相互补充,形成一个有机的整体,协调有序地运行,共同推进传统美德的传承。

(1)家庭层面

家庭是组成社会的基本单位和基本细胞,是每个个体的灵魂所系、血脉所在、精神所依。建立在血缘亲情基础上的人伦规范是社会道德规范的基础,家庭的道德教育对于个体道德品质的形成具有重要的价值和意义。从这个意义上讲,家庭是传统美德薪火相传、绵延不断的重要基点。

第一,加强日常生活礼仪教育。日常生活礼仪是传统美德的重要组成部分,富有日常性、直接性和生动性。礼仪所呈现出来的文化符号和道德符号,可以使抽象的传统美德教育具体化、生活化和行为化。从这个意义上讲,日常生活礼仪是传统美德传承的有效载体,是把传统美德生活化、具体化、形象化的重要途径。日常生活礼仪根植于生活,无论是其内容还是形式,都富有生活气息,能够有效地实现美德与生活的有机融合。这种融合使得美德更生动,更易于为主体所接受。因此,在当代家庭生活中,家长通过言传身教向子女传授日常生活礼仪的基本常识和基本规范,以促进子女形成知礼、守礼、行礼的思想观念和行为习惯。

第二,通过传统节庆活动加以熏陶。"历经千百年来的变迁、演化,节庆仪式已经融入中华民族的血液,成为中华优秀传统文化的重要组成部分。"①发挥传统节庆日的独特优势,深入挖掘重要节庆日蕴含的丰富教育资源,通过这种有效载体弘扬传统美德、民族精神和时代精神。在传统社会,节庆仪式的生成是以人们的日常生活为源流的,也是庆典的主要表现形式。它凝聚着中华民族深厚的情感和丰富的思想,是将传统美德融于日常生活的重要方式。在当代,可以借助传统节庆活动及仪式来促进传统美德的传承。例如,春节源于先民们的农耕实践,在新旧年交替之际,人们以贴春联、放鞭炮、拜新年、祭祀祖先等活动和仪式,传递并强化着自尊、自爱、自信、自强的美德观念;端午节祭祀、划龙舟,表达的是人们忧国忧民的情怀以及期望国泰安康的美好心愿;清明节扫墓、踏青,表达的是人们追念先祖、前贤的情怀;中秋节赏月、吃月饼,象征团圆,表达的是人们期盼家人团聚的心愿;等等。在漫长的历史长河中,这些富有人文色彩的传统节庆日,既是厚重的民族记忆,又是鲜活的文化方式,潜移默化地将传统美德融入人们的思想观念和道德观念之中,成为文化认同和文化自觉的重要载体。因此,借助传统节日的实践活动,传承传统美德的内核,以构筑民族自我认同的核心因素。

第三,注重家教、家风。家教、家风对于个体的道德养成具有不可替代的作用。2015 年 2 月 17 日,习近平总书记在春节团拜会的讲话中讲道:"不论时代发生多大变化,不论生活格局发生多大变化,我们都要重视家庭建设,注重家庭、注重家教、注重家风,紧密结合培育和弘扬社会主义核心价值观,发扬光大中华民族传统家庭美德,促进家庭和睦,促进亲人相亲相爱,促进下一代健康成长,促进老年人老有所养,使千千万万个家庭成为国家发展、民族进步、社会和谐的重要基点。"②习近平总书记的此次讲话,深刻地阐明了家庭对于发扬光大传统美德的特殊性和重要性。

---

① 栗蕊蕊:《以节庆仪式涵养社会主义核心价值观的路径探析》,《思想政治教育研究》2015 年第 3 期。

② 《习近平关于社会主义文化建设论述摘编》,中央文献出版社 2017 年版,第 136 页。

家风是家庭文化的重要标志,是中华传统美德与家庭精神文化追求的有机融合。家风并不是简单的家庭习惯,而是经过几代人的传承而形成的家庭(家族)所特有的生活规范、生活习俗、道德准则和道德追求。我国《新时代公民道德建设实施纲要》明确指出,家庭是道德养成的起点。家庭是每一个人最初的成长环境,在这个环境中,个体开始接受最早的教育。可以说,家风就是个体对准则、规范、规矩的最初认知,也是个体"成人"的最初启蒙,并在日常生活中逐渐渗透到个体的价值取向、道德观念和立身处世的人生态度中。家风中蕴含着传统家庭美德,在日常生活中演绎成众多家庭都普遍认可的伦理规范,并渗透到家庭成员成长、成才、成人的教育和教化实践中,促使他们形成正确的人生价值观和社会道德观。优良家风既是一种日常生活的行为准则,又是一种优化社会风气、提升国民道德素质的精神助推力。从这个意义上讲,家风是传统美德传承的重要内容和载体。具体而言,在日常生活中,要想发挥家风应有的伦理道德价值,就应当注重父母的"言传身教"。一方面,为了使子女更好地传承家族美德,从子女智慧蒙开之际,父母就应该加强家风的正面教育,做到"蒙以养正";并且在子女学习、生活、工作中,将家风与子女成长、成才结合起来,从小处、小事上加强教化,用正确的道德观念塑造孩子的美好心灵。另一方面,父母要"以身立教"。父母的"以身立教"是强大的教育力量和感染力量。在家风的传承和教育中,父母要以身作则、以身立范、身教重于言教,用实际行动凸显敬老爱幼、勤俭节约等家庭美德。概言之,通过优良的家教、家风,传承和弘扬中华传统美德,让美德在家庭中生根、在亲情中升华。

(2)学校层面

学校是传统美德传承的主要阵地。学校应当坚持育人为本、德育为先,围绕立德树人的根本任务,遵循学生认知规律和教育教学规律,将传统美德贯彻到教书育人中,加大学校的传统美德经典教育,激励学生在实践中积极、主动地做传统美德的践行者、传承者和弘扬者。

第一，将传统美德的相关内容融入学科教学。设置传统美德课程和教材体系，鼓励开展传统经典诵读、讲习与研究，使学生对传统美德形成正确的认识；充实传统美德研究与实践教师队伍，使教师明确弘扬传统美德教育目标和定位；创新教学理念、教学手段，寻找传统美德教育与其他学科结合点，使传统美德内容融入各门学科的教学中。

第二，将传统美德的相关内容融入课堂教学。教师应当整合各种资源，丰富传统美德教学内容；摒弃"说教式""灌输式"的教学方法，创新教育引导方式；充分利用多媒体、网络技术等新手段，提升传统美德教育的可视性和生动性；引导学生通过移情体验、实践参与和磨炼等方式体悟传统美德的真谛，从而将传统美德融入、渗透到自己的思想和行为中。

第三，将传统美德的相关内容融入校园文化。学校应加强校园文化建设，优化育人环境，营造良好的传统美德教育氛围，创设传统美德化育情境；利用校园文化载体，传播传统美德知识；通过校园文化教育人、感化人、影响人，开展爱国主义教育、民族精神教育、时代精神教育等，从而达到潜移默化、塑造道德人格、完善自我的目的。

第四，将传统美德的相关内容融入实践教育。学校应当开展丰富多彩的实践活动，将传统美德教育融入实践中。通过开展鲜明的主题活动，提升传统美德教育的内涵；通过读书活动、学术报告会、社团活动等，引导学生阅读传统美德经典书籍，增长相关知识；通过组织参加公益活动、寒暑假社会实践等活动，使学生增强直观感受，领会知与行的统一，接受传统美德的滋养。

（3）社会层面

通过丰富多彩的社会道德实践活动，在引导社会公共文明秩序、营造良好社会氛围中传承传统美德。

第一，积极推动社会各方面力量，开展丰富多样的道德教育活动。例如，以文明城市、文明社区、文明村镇、文明单位、文明家庭等为代表的各种形式的精神文明创建活动;志愿服务活动、慈善活动、送温暖献爱心活动;道德模范、中国好人榜、感动中国人物的宣传教育活动;开展讲学劝善活动,如开设道德讲堂、道德论坛等;开展公民道德宣传日活动;等等。

第二,围绕"我们的节日"这个主题,以中华传统节日——春节、元宵节、清明节、端午节、中秋节、重阳节等为切入点,挖掘其深厚的文化内涵和道德内涵,从而借助这些重要节日传承传统美德。与此同时,充分利用重要传统节日、重大节庆和纪念日,组织开展群众性主题实践活动,丰富人们的道德体验,增进人们的道德情感。

第三,加强对传统饮食、节气、医药等的研究和阐释,使其有益的文化价值和道德价值融入百姓的日常生活,从而使其在当代生活中发挥积极的作用。

第四,加强国民礼仪教育。"礼仪礼节是道德素养的体现,也是道德实践的载体。"①对于一些国家重要的礼仪,应当加大其宣传教育力度,使人们在重大的礼仪活动中强化仪式感、参与感、现代感和庄重感。例如,在重要场所和重要活动中升国旗、奏唱国歌,重大灾难哀悼纪念活动,在学校开学、学生毕业时举行庄重的典礼等,使礼仪成为传承传统美德的重要方式。

第五,大力发展研学旅游,充分利用历史文化资源优势,引导游客在旅游中感知中华传统美德。

第六,充分发挥图书馆、博物馆、文化馆、纪念馆、科技馆、青少年活动中心等公共文化设施的作用,通过丰富多彩的展览活动传承传统美德。

第七,加强文艺创作,推动传统美德的传承。将传统美德中的有益思想、道德价值和艺术价值与时代特点和时代要求相结合,运用丰富多样的艺术形式进行当代表达,力争推出彰显传统美德精神内涵和道德风范的优秀文艺作

---

① 曹刚:《何以载德——公民道德的实践载体》,《伦理学研究》2020 年第 1 期。

品,润物无声地传播真善美,弘扬崇高的道德理想和道德追求。

第八,运用公益广告传播传统美德、引领道德风尚。围绕传统美德,加强公益广告的选题规划和内容创意,形成公益广告传播传统美德的强大声势;充分发挥网络媒体传输快捷、覆盖广泛的优势,运用公益广告扩大传统美德的宣传力和影响力;可以在公共场所、公共交通工具的适当位置悬挂、张贴传播传统美德的公益广告。尤其需要注意的是,公益广告的导向必须鲜明、富有内涵,能够催人奋进,在形式上要丰富多样、创意新颖,能够体现传统的厚重感和鲜明的时代感,从而增强其传播力和感染力。

三、传统美德的创新

党的十九大报告提出:"深入挖掘中华优秀传统文化蕴含的思想观念、人文精神、道德规范,结合时代要求继承创新,让中华文化展现出永久魅力和时代风采。"这就昭示我们,新时代的道德建设必须做到,一方面,要不忘本来,深入挖掘传统美德中蕴含的道德规范、思想观念、人文精神;另一方面,要面向未来,守本开新,推动传统美德的不断创新。

1. 传统美德创新面临新境遇

当今的经济形态、社会结构、生活环境、国民性格、价值观念等,都已与传统社会大不相同。这就使得传统美德面临着全新的境遇,从而使得传统美德的创新成为必然。

(1)时代背景

现代化和全球化的交织与重合,既是传统美德面临的时代背景,同时也是理解传统美德创新的钥匙。从某种意义上讲,现代化是一个时间维度的概念,它蕴涵着时代分野和时间跨度的范畴;而全球化则是一个空间维度的概念,它蕴涵着空间架构的范畴。

其一，现代化。"现代化，是迄今为止世界上最强有力的社会变革，是人类文明的现代转型过程。"[①]在这一过程中，传统社会的各种纽带力量不断遭到侵蚀和瓦解，这是社会现代化变迁的必然趋势。传统社会中家——国一体的社会结构趋于瓦解，从而使得传统美德赖以存在的根基趋于消解，进而面对的是现代化的经济形态和社会结构。诚然，在现代化的进程中，一方面，给人类带来了丰富的物质享受，另一方面，也给人类的精神生活带来了强烈的冲击和挑战。由于物质文化的迅猛发展，使精神文化高度物化，原有的伦理道德精神受到侵蚀，从而造成精神颓废、道德沦丧、价值理想缺失等一系列令人担忧的问题。改革开放以来，中国处在社会转型期，出现了传统人格的"失效"、现实人格的"失范"、理想人格的"失落"的人格危机。"失效"指传统人格的依赖性失去有效性；"失范"指文化上的低级庸俗，官场上的腐败奢侈，商场上的坑、蒙、骗等"负人格"现象的存在；"失落"指失去了原有的价值追求目标，甚至以"自然化人格"替代"理想人格"。按照英格尔斯的说法：身处现代化进程中的人如果没有经历人格从传统到现代的转变，失败和畸形发展的悲剧结局是不可避免的。[②] 面对现代化进程中的道德无序和精神空白，我们必须要建构一套与现代社会相适应的伦理道德体系，从而使国家早日进入和谐有序的发展轨道。

其二，全球化。全球化是当今世界秩序的本质体现，当今世界已经步入全球化时代。全球化也成为中国现代化的特殊际遇。随着全球化趋势正朝着世界大融合方向的迅猛发展，它正日益走进人们的生活，成为不可逆转的历史趋势。从某种意义上说，全球化是一个不断生成、动态发展的进程。一般说来，"全球化"首先是指经济全球一体化，其重要标志是市场经济和信息传播的全球化。然而，伴随着世界经济全球一体化的发展，更显而易见的、更为深层的

① 唐雪琼：《礼乐文化与人的现代化》，《广西社会科学》2003 年第 8 期。
② ［美］英格尔斯：《人的现代化》，殷陆君编译，四川人民出版社 1985 年版，第 8 页。

则是文化全球化。在文化全球化的进程中,各民族文化相互碰撞、整合,交流更加频繁、密切。即是说:"各民族文化通过交流、融合、互渗和互补,不断突破本民族文化的地域和模式的局限性走向世界,不断超越本民族文化的国界,并在人类的评判和取舍中获得文化的认同,不断将本民族文化的资源转变为人类共享、共有的资源。文化封闭状态的不复存在,多元文化的相互依存和发展,民族文化的特殊性和世界文化的普遍性并存共进,构成文化全球化的有机内容。"①从这个意义上讲,全球化所带来的文化冲击给传统美德的发展和创新带来了挑战。面对外来文化的介入,本土的传统文化越来越丧失了其独特性。面对挑战,国人开始对自身文化定位进行思考。虽然全球化对传统美德的传承和发展产生了冲击,但是,这种冲击同时又为传统美德的创新创造了条件、提供了外在动力。在这种动力的推动下,国人对传统美德的态度开始走向重视、保护,从而为传统美德的创新打下了坚实的群众基础。因此,"全球化作为中国现代化的特殊际遇,不仅给国人带来了器物上的改观,而且夹杂着西方文化价值理念迅速深入到中国社会生活的各个方面,更重要的是深刻地改变着传统社会的结构、人的生存方式和精神气质,从而推动了时代精神的嬗变,冲击和消解传统的伦理价值理念,同时也建构和催生出新的伦理价值理念"②。

(2)文化境遇

文化的演进与时代发展息息相关,两者处处衔接,而不能脱轨,否则便会迷失方向,误入歧途。我们生活的时代是一个传统与现代、中国与西方相混杂的时代,呈现出多元发展的态势,这对传统美德的创新既提出了挑战,又提供了良好的契机。

"传统与现代、古与今,就像人与其影子一样,影子想摆脱人、甩掉人,但

---

① 谭效敏:《基于文化全球化视角的中原文化发展研究》,《河南社会科学》2008 年第 3 期。
② 林楠:《全球化视域下传统美德的时代价值及现代教化》,《探索》2005 年第 3 期。

总是脱不掉,甩不开;人也想离开影子,舍弃影子,但总是离不开,舍不弃……传统渗透在现代的政治经济、文化生活之中,亦渗透在伦理道德、价值观念,思维方式、风俗习惯、心理结构、行为方式之中。在这里,传统离开了现代,传统就死了,现代舍弃了传统,现代也就不存在了。"①张立文先生的这段话深刻地阐明了传统与现代之间密切的承继关系。

何谓"传统"？所谓传统,必定是过去创造或发生的,即是说,传统是在历史发展过程中形成的;不仅如此,它还必须是流传下来的,在现实生活中依然发挥着作用,即是说,传统是在现代依然影响着社会、具有相对稳定性的精神成果。并不是过去发生的一切都是传统,在文化的流变过程中,有些表面的、偶然的东西被舍弃了,而那些基本的、深层的东西得以流传下来,其中那些带有必然性的方面则成为一以贯之的文化内核。从这个意义上讲,"传统"不是文化发展过程中具体的事物或内容,而是深藏于各种文化表象背后的作为其基本精神和核心的东西。可以说,"传统"的本质不是感性的、具体的,而是理性的、抽象的,它是文化的深层结构。从伦理学的角度讲,"传统"不是各种伦理的典章制度,而是伦理内在的原则、原理。即是说,它不是一些材料、学说、制度,而是行为模式、思维方式、价值观念,等等。"因此,传统,尤其是伦理传统在时间概念上不是一个单独的过去,而是把过去、现在、将来联系起来的东西。它发生于过去,在现在的生活中发挥着作用,因而对将来也发生影响。"②何谓"现代"？"现代"是一个含义广泛的概念,从词源上说,"现代"是相对于"传统"而言的。"现代"的关键是把握时代精神,用时代精神去改造传统,从而实现传统在现代社会的转变。从这个意义上讲,现代就是传统的变迁和转化。诚然,传统与现代之间有着密切的承继关系,但是,在现实层面,二者之间又存在着某种紧张。我们必须清醒地认识到,"传统"与"现代"不能彼此等值。如果对本民族的传统文化一成不变地继承,人们的思想就会僵化,社会的

---

①　张立文:《传统与现代之间》,《当代韩国》2001 年第 4 期。

②　樊浩:《中国伦理的精神》,(台湾)五南图书出版有限公司 1995 年版,第 249 页。

发展就会停滞。从这个意义上讲,对于传统美德,单纯的回归传统或者离弃传统都是不可取的。我们应当尊重"传统"与"现代"的差异性,正视"传统"与"现代"的联系性。

2.传统美德创新的基本立场

(1)立足现实

在传统美德的创新中,我们必须首先挑选和确立"创新"的对象,即对于传统美德的不同道德成分,我们必须有鉴别地加以对待。当代道德建设必须与传统美德相承接,继承和发展传统美德。推进和实现传统美德的创新,其根本目的就在于形成与当代社会发展相适应的伦理思想、价值观念、道德规范及其实践模式,构建当代道德体系。正因为传统美德创新的目标指向是构建当代道德体系,因此,这就决定了在挑选和确立创新对象时必须立足于现实,立足于当代社会现实和道德现实的需求。传统美德蕴涵着丰富的道德资源,然而,并不是所有的传统美德都有创新的可能性和必要性。因为每个时代都有其自身的特征、任务和问题,因此,判断哪些传统美德能够成为创新对象的标准就是现时代的需要,即只有那些符合当代社会发展需要的,能够为解决当代社会道德问题提供支持的,能够为建构符合时代要求的新道德提供资源的传统美德才能够进行创新。从这个意义上讲,传统美德的创新应当依据当代社会的道德现实,针对当代社会的道德问题,围绕当代社会的道德建设,有鉴别地对传统美德加以选择并进行创新。

(2)去粗取精

在传统美德的创新中,我们必须坚定去粗取精、去伪存真的立场,对传统美德进行科学创新。中华几千年的文化积淀,使得传统美德不可避免地具有鲜明的两重性、矛盾性,既有普世性的精华,又有封建性的糟粕;既有积极、进步、革新的一面,又有消极、保守、落后的一面;在有些情况下,精华与糟粕并存,良莠杂陈。正因为如此,在传统美德的创新中,对于属于精华部分的传统美德,应当重点做好传承和弘扬的工作,与此同时,结合当代社会的发展需求赋予这些美德以新的时代内涵;对于那些精华与糟粕并存的传统美德,应当对其中的精华和糟粕进行科学的辨别,剔除其中封建落后的因子,深入挖掘其中具有普遍性、一般性的内容,并结合当代社会的发展需求赋予其新的时代内涵。

（3）推陈出新

推陈出新,强调的是"要对传统美德中合理的、具有时代价值的内容加以继承、弘扬,在扬弃中继承,在创新中发展,实现传统美德的转化、升华,赋予其新的内涵。"①推陈与创新之间是相辅相成、相互作用的关系。推陈强调的是,对传统美德中那些过时的、消极的、落后的方面的否定和抛弃,从而做到有鉴别地加以对待,有扬弃地加以继承,这是推进传统美德创新的基础。出新强调的是,对积极的、先进的、具有当代价值的方面的传承和弘扬,可以为传统美德的创新提供坚实的基础和丰富的滋养,也可以推动和提升创新的水平。从一般意义上讲,创新的过程本身就是一个不断推陈出新的过程,创新内含着推陈,推陈又不断地推进创新。"推陈"反映了"创新"的内在要求和规律,"创新"则体现了对"推陈"的肯定与发展。因此,传统美德的创新,必须坚持以"推陈"推动"创新",以"创新"审视"推陈"效果,从而使二者相互促进,不断涌现推陈出新的好成果。在当代,传统美德的创新,看似是"向后看",回归传统,实际上是为了"向前看",面向未来。传统美德经过推陈出新之后,成为适应当今社会发展需要的新时代道德。

---

① 张博颖:《关于继承和发展中华传统美德的思考——学习习近平关于中华传统美德的相关重要论述》,《毛泽东邓小平理论研究》2017 年第 9 期。

（4）融合创新

实现传统美德的创新,应当将融合与创新有机统一起来。融合与创新发展存在着必然的关系。融合,是指把传统美德融入当代社会发展之中,融入社会主义道德体系和价值体系之中,从而彰显出其鲜明的时代价值。传统美德的创新,也必然要与当代道德体系实现对接、融合。没有融合就没有创新;而融合同样也需要不断创新,没有创新就没有高水平的融合。就其现实性而言,创新寓于融合之中,融合也体现在创新之中,融合的过程本身就是一个创新发展的过程,创新发展又不断地将融合推向社会发展需要的深度和广度,不断为社会发展输入正能量。因此,在当代,传统美德的创新,必须坚持以融合带动创新,以创新促进更好的融合,从而使二者相互促进、相得益彰。

3. 传统美德创新的路径

（1）理论的新阐释

从理论层面讲,传统美德的创新就在于对其进行新的解读和阐释。不仅要深入阐发传统美德的精髓,而且要通过阐释,使传统美德转化为具有新时代内涵、新时代特征和新时代意义的新道德。从这个意义上讲,"阐释"可以看作是传统美德创新的路径之一。

那么,我们应当对"阐释"作何理解?在对传统美德进行创新的过程中,"阐释"可以理解为习近平总书记所说的"讲清楚"。"要讲清楚中华优秀传统文化的历史渊源、发展脉络、基本走向,讲清楚中华文化的独特创造、价值理念、鲜明特色,增强文化自信和价值观自信。"①从这个意义上讲,我们首先应当深入阐释传统美德的历史渊源、发展脉络、基本走向;在此基础上,将传统美德的思想精华、独特价值讲清楚,从而对传统美德进行科学合理地分析和批

---

① 《习近平谈治国理政》第一卷,外文出版社 2018 年版,第 222 页。

判;进而深刻阐明创新传统美德是建设中国特色社会主义事业的实践之需。即是说,在讲清楚的基础上,力争做到批判、扬弃、传承和创新。成中英先生曾经讲过:"阐释是就已有的文化与语言的意义系统作出具有新义新境的说明与理解,它是意义的推陈出新,是以人为中心,结合新的时空环境与主观感知展现出来的理解、认知与评价。"①由此可见,对于传统美德的阐释,是"客观地而不是主观地,发展地而不是静止地、全面地而不是片面地、系统地而不是零散地、普遍联系地而不是孤立地研究分析"②。在传统美德的创新中,"阐释"发挥着重要的作用,它是连接传统与现代的重要桥梁,"是将自己置于传统的一个过程中,在这个过程中,过去和现在不断融合"③。也就是说,在这个过程中,结合现时代的道德要求,将传统美德中符合当代社会发展的内容提炼出来,通过深化学理研究,使传统美德以更科学、更系统、更具中国特色的方式展现出来,把中国价值、中国精神阐释好。

（2）制度的保障

在传统美德的创新中,除了理论层面的新阐释之外,还需要有健全的制度作为保障。从这个意义上讲,制度的保障是传统美德进行创新的外在条件。随着社会的不断发展和改革开放的不断深入,传统美德赖以存在和发展的经济基础、社会结构和体制环境都发生了深刻的变革。这对于传统美德的创新来讲,无疑带来了巨大的挑战和机遇。因此,传统美德的创新必须要积极应对各种挑战,抓住发展机遇,深化制度改革。

第一,法律法规。

在当代,社会主义市场经济是法治经济,在此条件下构建的当代社会是法治社会。传统美德的创新,就是基于人治的传统美德向基于法治的当代道德

---

① 成中英:《真理与方法到本体与诠释》,生活·读书·新知三联书店2000年版,第6页。

② 范晓慧、叶民英:《传统文化创造性转化的多维路径》,《湖湘论坛》2018年第3期。

③ [德]伽达默尔:《诠释学Ⅰ:真理与方法》,洪汉鼎译,商务印书馆2016年版,第433页。

的转化。从这个意义上讲,推进传统美德的创新,必须强化法律法规保障。法律是成文的道德,道德是内心的法律。在传统美德的创新进程中,要充分发挥法治对道德建设的保障和促进作用,把道德导向贯穿法治建设的全过程,立法、执法、司法、守法各环节都要体现当代社会主义道德新要求。在具体实践中,将广泛认同、较为成熟、操作性强的道德要求及时转化为法律规范,推动社会诚信、见义勇为、志愿服务、保护生态等方面的立法工作。坚持严格执法,对于关系广大人民群众切身利益的重点领域,应当加大执法力度,以法治的力量维护道德、凝聚人心。坚持公正司法,要发挥司法裁判定分止争、惩恶扬善功能,定期发布道德领域典型指导性司法案例,使人们从中感受到公平正义。推进全民守法、普法,加强社会主义法治文化建设,营造全社会讲法治、重道德的良好氛围,引导人们增强法治意识、坚守道德底线。

第二,公共政策。

在现实中,公共政策与人们的生产、生活、现实利益息息相关,影响着人们的价值取向和道德判断。从这个意义上讲,在传统美德的创新进程中,应当充分彰显公共政策的价值导向。在当代,各项公共政策、制度从设计制定到实施执行,都应当充分体现现时代的道德要求,符合人们的道德期待,实现政策目标与道德导向有机统一。在具体制定公共政策、制度时,应当秉持科学、客观的态度,尤其是在涉及就业、就学、住房、医疗、收入分配、社会保障等重大民生问题上,应当妥善处理各方面利益关系,充分体现维护社会公平、正义的要求。与此同时,对公共政策的道德风险和道德效果,应当加强评估,及时纠正与社会主义道德相背离的突出问题,促进公共政策与道德建设良性互动。

第三,文化制度。

建立健全的、完善的文化制度,有利于推进传统美德的创新。从这个意义上讲,建立并完善文化制度是传统美德创新的强大推动力。由于文化范围的广泛性,导致了文化制度的建构具有复杂性和独特性。因此,在当代,在建立文化制度时,尤其应当注意加强其针对性和实效性。具体而言,在建立文化制

度时,应当坚持以市场为导向,充分发挥市场在文化资源配置中的积极作用,
建立有序、开放、竞争的当代文化市场体系,保障与传统美德相关的产品在全
国范围内快速、合理地流动;应当建立健全政府管理、行业自律、社会监督的文
化管理机制,为传统美德的创新营造良好的制度环境;应当制定和完善公共文
化保障、文化市场监管、文化产业振兴等方面的法律法规,维护社会文化秩序,
通过文化立法促进传统美德的创新。

第四,道德奖惩制度。

合理、完善的道德奖惩制度是激发人们道德"正能量"的精神动力。在人
们进行道德行为选择的过程中,道德奖惩作为一种特殊的道德评价和调节方
式,能够激发人们的主动性和积极性,从而趋善避恶、扬善抑恶。尤其是对道
德行为予以回报,不仅是对道德行为主体的肯定和褒奖,同时也彰显了社会的
公平正义。在现实生活中,我们有意或无意地忽视了道德奖惩,由此导致履行
了道德义务的有德者,得不到应有的回报;而没有履行道德义务的无德者,却
享受着他人的奉献成果。正因为如此,奉献者的道德积极性受到了打击,其道
德信念也在一定程度上产生了动摇。因此,在当代,要想真正发挥道德的作
用,就需要建立完善的道德奖惩制度。具体来讲,对于尽到道德义务的奉献者
应当给予鼓励和褒奖,这是他们应得的荣誉和名利;而没有尽到道德义务的败
德者应当受到严厉的谴责和惩治,这是完善道德奖惩制度的必要补充。从这
个意义上讲,在进行传统美德的创新中,我们应当建立"德福一致"的道德奖
惩制度,使社会成员清楚地意识到——善行是获得自身正当利益的基本途径,
它不仅可以带来良心的慰藉、尊严的人格和社会的赞赏,也可以借此来创造美
好生活的基本条件。①

(3)加强主体性教育

加强主体性教育,主要是指在传统美德的创新过程中,通过教育和启发,

---

① 庄三舵:《论道德回报》,《云南社会科学》2005 年第 6 期。

增强社会公众的主体意识,引导社会公众自觉地追求崇高的道德境界。随着人类文明的发展和进步,社会公众的主体意识不断增强,由此激发了社会主体的道德责任感和使命感,这对道德作用的有效发挥具有重要的影响。社会公众是推进传统美德创新的最深厚的力量源泉。可以说,在传统美德的创新过程中,社会公众主体作用的发挥程度,直接决定和影响着传统美德在社会发展中作用的发挥程度。因此,推进传统美德创新的中心环节和主体动力就在于,提高社会公众的主体意识,发挥其主体性、能动性和积极性。作为社会的主体,公众不仅是道德的享有者和践行者,更是道德的创造者和建设者。因此,在传统美德的创新中,社会公众发挥着积极的能动作用。从某种意义上讲,传统美德的创新,是对传统美德进行客观、科学地剖析、评判和选择的一个过程。在这个过程中,人是主体,具体而言,这个主体就是能够反思传统、传承传统、创新传统的社会公众。从这个意义上讲,教育和引导社会公众确立、彰显其主体性,就是要以主体性的、理性的、全面的视角去认识、了解传统美德,用科学的、客观的、开放的眼光去分析、评价、扬弃传统美德,从而深入解读传统美德,合理批判传统美德,大力传承创新传统美德,做传统美德的高度重视者、勇敢捍卫者、积极追求者、努力实践者、大力弘扬者。具体而言,其一,坚持以实现人的全面发展为基本价值取向,通过优秀的道德作品以及丰富多彩的道德文化活动教育人、感染人和鼓舞人,使社会公众获得精神上的满足感、充实感和自豪感,培养健康的道德心态和积极的道德责任感,从而提升传统美德的感染力和渗透力,增强社会公众的文化自觉和文化自信。其二,坚持以人民群众的道德权益为基本价值追求和评判标准,道德的发展离不开人民。在传统美德创新中,应当对社会公众的主体地位予以充分的尊重,充分调动社会公众参与道德建设和道德活动的主动性、积极性和创造性。其三,坚持以满足社会公众日益增长的道德需求为出发点和落脚点,立足于公众实际的道德需求,正确认识和把握道德发展的新形势、新问题和新特点,积极引领社会公众的道德文化生活,努力提升道德境界和精神境界。

（4）利用大众传媒

在当代,随着科技的不断发展和进步,广播、电视、出版物、互联网等大众传播媒介已迅速普及,成为传统美德创新的重要载体。应充分发挥和利用大众传媒的丰富性、开放性、即时性、交互性,弘扬主旋律,激发正能量,引导社会公众的意向,规范社会公众的意识,对道德主体产生潜移默化的影响。当前,我们应当综合运用大众传媒手段,融通多媒体资源,整合宣传、文化、教育等多方力量,创新传统美德的表达方式。与此同时,通过大众传媒,社会公众可以及时地获取社会的新思想、新道德和新风尚。大众传媒具有一定的权威性,道德环境的影响具有重要的作用。因此,在当前复杂的社会大环境中,大众传媒作为重要的舆论工具和信息传播形式,必须坚持正确的舆论导向,用积极、健康的内容教育和引导社会公众,把正确价值导向和道德要求体现到经济、社会、文化等各领域的新闻报道中;加强对道德领域热点问题的引导,以事说理、以案明德,着力增强人们的法治意识、公共意识、规则意识、责任意识;加强对当前文化市场的清理和整顿,将那些违背伦理道德要求的文化产品和文化活动予以清除;善于发现和大力宣传、表彰体现社会主义道德风尚的先进人物、先进典型,与此同时,对违反社会道德、背离公序良俗的言行和现象予以曝光,及时进行批评、驳斥,激浊扬清、弘扬正气。总之,大众传媒应当责无旁贷地担负起这一责任,通过宣传和教育,引导社会公众明辨是非善恶,提高公众的社会价值认同度,营造良好的道德环境,在全社会大力倡导和弘扬道德风尚。

（5）加强域外传播

在传统美德的创新中,我们不仅要吸收国外优秀的道德文化成果,而且应当充分利用多种方式加强域外中国优秀道德文化的宣传和传播,增强其在全球范围的影响力和感召力,向世界展示中国文化,大力提高文化竞争力。习近平总书记指出:"我们要坚持不忘本来、吸收外来、面向未来,在继承中转化,在学习中超越,创作更多体现中华文化精髓、反映中国人审美追求、传播当代中国价值观念、又符合世界进步潮流的优秀作品,让我国文艺以鲜明的中国特色、中国风格、中国气派屹立于世。"①具体来讲,我们应当把中国特色社会主义的成果通过适宜的传播方式展示给世界,讲好中国故事,传播中国声音,阐释中国特色,让世界各国人民了解、认识中国传统美德的当代科学内涵、思想理念、时代价值等,并运用中国智慧和中国方案,为世界各国面临的共同的道德难题做出贡献,从而推动中华传统美德走向世界,不断增强中国文化软实力。在当代,"中国的发展成就世界瞩目,我们应该在顶层设计上构筑文化传播的大格局,以官方推介为主、民间互动为辅,用好互联网时代全媒体传播途径,推进国际传播能力建设,讲好中国故事,展现真实、立体、全面的中国"②,实现中华传统美德在对外传播中的创新性发展。

(6)选树道德榜样

"所谓榜样或道德榜样,就是具有崇高的道德理想和道德境界、高尚的道德人格和道德品质、富有道德魅力和道德吸引力而令社会大众景仰、学习和模仿,从而对提升社会大众的道德素质和整个社会的道德水平产生重大影响的先进人物。"③道德榜样虽然并不直接宣扬道德准则和道德规范,却以其感染人、激励人、鼓舞人的强大力量,引导人们去恶向善,以潜移默化的方式影响着人们的道德意识,促进人们道德品质的养成。从这个意义上讲,道德榜样具有社会肯定性和主导性,具有特殊的、崇高的道德价值。道德榜样是优秀道德的具体化、人格化,具有形象性和直观性,能够给人们以正面的示范、引导,能够激励人们积极向善,践行道德要求。利用道德榜样的"人格感召力量,以确立

---

① 《习近平谈治国理政》第二卷,外文出版社2017年版,第394页。
② 王彬、徐国亮:《"两创"方针是弘扬中华优秀传统文化的根本路径》,《红旗文摘》2018年第5期。
③ 廖小平:《论道德榜样——对现代社会道德榜样的检视》,《道德与文明》2007年第2期。

榜样等方式来形成一种主流的道德环境,使之对人们的道德行为产生示范效应,从而影响人们的道德观念和道德行为"①。通过选树道德榜样,可以激发人们学习和模仿道德榜样的愿望,并把道德榜样作为激励自己前进的动力。伟大时代呼唤伟大精神,崇高事业需要榜样引领。在当代,我们应当精心选树新时代道德榜样、道德模范,综合运用宣讲报告、事迹报道、专题节目、文艺作品、公益广告等形式,广泛宣传他们的先进事迹和突出贡献,树立鲜明时代价值取向,彰显社会道德高度。我们的社会需要道德榜样,通过学习他们优秀的道德品质,在学习和实践中发掘自身的道德潜能,找到精神家园和生命归宿。

　　概言之,传统美德的传承创新是一项复杂的、艰巨的、长期的系统性工程,是为了实现当代广大人民群众自由全面的发展,为了建设现代化强国,实现中华民族伟大复兴中国梦服务的。在发展中国特色社会主义的今天,传承创新传统美德需要全党、全社会和全国各族人民的共同努力。我们应努力实现传统美德的新发展,为中华民族的伟大复兴提供强大的道德文化支撑。

---

① 朱巧香:《优化社会道德环境　提高国民道德素质》,《行政论坛》2003 年第 6 期。

跋　时代重大问题的理论探索

　　中华传统美德是中华优秀传统文化的核心与灵魂,在实现中华民族伟大复兴的过程中,它所能发挥的精神动力和保障作用近来受到党和国家领导人的高度重视。在传统中国,传统道德塑造和深刻影响了民众的生活方式和价值趋向、人格特点和心灵秩序,成为中国人之所以成为中国人的基因和标识。

　　在五四运动时期,却有一些激进的自由主义知识分子在否定传统、"打倒孔家店"过程中,将矛头直指传统道德的核心——"三纲五常"。在 1919 — 1949 年这个历史时期,既有反传统的激进自由主义知识分子,同时也有坚守并企图维护传承儒家文化与儒家伦理的保守主义者即新儒家知识分子,在民众日常生活中,传统道德的影响还是深刻持久的。新中国成立以后,在相当长的时间里,传统文化与传统道德实际上是受到否定的。在改革开放 40 多年的新的历史时期,开始重新反思并逐步重视传统文化与传统道德,但同时这 40 多年,也是历史上西方文化与思想、道德影响渗透中国最为深刻的时期,在这种社会条件下,如何看待传统文化与传统道德在现代生活中的地位与价值?这显然是近百年来以至于当代仍然存在的一个重大时代问题,尽管党和国家主要领导人大力倡导、中央相关文件明确肯定,但社会上秉持西学立场的人的反对之声也是不绝于耳,还难以形成普遍或者统一的社会共识。那么,究竟如何看待与处理这个时代重大问题,出于一种学术责任感,笔者在 2014 年领衔申请并获批国家社会科学基金重点项目"传统美德的继承创新与实现中国梦研究"（14AZD008），实际上其主旨就是欲回答这一时代重大问题，并坚持积极肯定的学术立场，揭示并论证"传统美德的时代价值"。本书就是这一课题的最终成果。

　　四年多来，我们课题组进行了认真的研究思考，课题组有两位子课题负责人由于工作变动和其他研究任务繁忙，先后退出了这项研究工作，实际上目前呈现给大家的这个研究成果，主要是由我和其他三位学者一起研究并分工负责，完成相关部分的研究与写作任务的。他们分别是：哲学博士、中央民族大学哲学系王文东教授；哲学博士、曲阜师范大学孔子文化学院王苏副教授；中国人民大学哲学博士、陕西师范大学马克思主义学院杨建强讲师。课题的主旨及思想、写作大纲是由我提出并经集体讨论磨合而形成的。研究与写作计划主要包括三大逻辑版块，即"传统美德的历史建构"，主要为揭示阐发传统美德的当代文化与实践价值奠定历史建构的前提，因此是基础；"传统美德的文化价值"是核心，是我们主要的思想诉求；"传统美德的实践价值"是发用和落实，也是最终目的。上述三部分分别由王文东、杨建强、王苏研究后撰写。

　　"传统美德的历史建构"，对中国语境中的"美德"一词的形成及其语意变迁进行了梳理，并与西方的美德观念与概念进行了分析对比，对中华传统美德伦理的形成演变过程进行了历史叙述，对其基础进行了阐发，对其动力机制进行了分析。然后认真翔实地分析阐发了《六经》实为《五经》的德性思想，这具有面向元典的精神，发人之未发。之后，从历史的角度系统阐发了儒家的德性思想。我们知道，传统文化中的美德传统，虽然也离不开别的学派的创造，但主要是由儒家所创造阐发，由民众在实践中得以发展的。实际在这一子课题研究过程中，王文东教授已经系统写就了一部 60 余万字的中国德性思想史，资料翔实，也提出了很多学术新见，这将是一部填补空白的学术著作，具有开拓性学术贡献，但由于篇幅过大，而且可能会单独出版，因此，这一部分成果未作为本课题结项的正本，仅作附录，但实际上，它是本研究课题的重要组成部分。

　　"传统美德的文化价值"是核心,是我们主要的思想诉求。分别从传统美德对于民族复兴、当代文化建设、核心价值观培育、当代道德建设的意义与价值四个方面展开分析论述。中华民族作为多元一体的复合性民族,它不仅有其共同生活的自然地理条件和政治认同,更重要的是民族文化及其核心——传统道德是中华民族凝聚力的核心和灵魂。中国梦是中华民族的时代新命,传统美德是实现中国梦的强大精神动力。中国传统文化是一种伦理型文化,价值观——道德观建设是当代文化建设的核心与灵魂。培育核心价值观是当代社会文化建设的重要使命,价值观与道德构成一种种属关系,道德以一定的价值观为思想观念基础,道德把价值观加以实践落实,在某种意义上,价值观也是一种德,德中内在地包含着价值观。当代社会的核心价值观一方面肯定是根据当代社会的历史情势和时代使命提出来的,这是其实践之源,同时它也离不开吸取包括西方文明在内的一切文明成果,当然,它更不能离开本民族文化土壤,因此,我们分别从当代社会核心价值观的三个层面,分析了它与传统美德的联系与区别,从"共同理想"的传统文化基因、"价值共识"的古今中西审视、"公民道德"的传统美德基础几方面进行了分析阐发。最后通过分析当代道德建设面临的新的境遇与挑战、问题,得出了当代道德建设必须与弘扬传统美德相承接,以促进当代道德建设和公民道德素质提高,发挥立德树人的作用。

　　"传统美德的实践价值"是发用和落实,也是最终目的。习近平总书记于2013年底在考察曲阜时向全社会发出崇德向善的号召,并认为"国无德不兴,人无德不立",我们认为这就是弘扬传统美德的最主要的当代实践价值,就是坚持以德兴国,这是其社会政治价值,另外,坚持立德树人,这是其对个体人格成长发展的意义。那么,要将传统美德的价值真正加以落实,就要探索如何使传统美德在当代的传承创新问题,因为即使它是优秀传统文化的核心,但毕竟是一种历史文化资源,必须与时俱进,创新发展,只有实现其创新性转化、创造性发展才能使它开出时代新果,真正发挥并彰显它的价值。因此,我们研究阐发了传统德治文化,当代以德治国与以德兴国治国方略的联系与区别,传统美德对于公民道德、官员道德、青少年道德培育的意义与价值,最后探索了传统美德如何得以传承、创新及其实践机制的相关问题。

"导论　传统美德的当代价值",这篇三万字的长文,是我在研究工作的前、中期写的,体现了本课题的主旨和基本观点,分析论述了中华传统文化与传统美德的关系,认为传统文化是传统美德的土壤和基础,传统美德是传统文化的核心与灵魂。通过梳理传统美德的历史演变及其价值取向,最后认为传统美德的当代价值在于:第一,传统美德是实现中华民族伟大复兴中国梦的精神动力。第二,传统美德是社会人际和谐、人民幸福生活的可靠保证。第三,传统美德是民众提高修养和素质的重要营养,是个体安身立命、心广体胖的立身养生之道。该文及时发表在《孔子学刊》并摘要发表在《光明日报》国家社会科学基金成果要报的相关版面上,并被多家重要网站转载,甚至被作为北京市初中升高中语文通考试卷的阅读真题材料,本人也以该题目在机关、高校、企业、社会公共图书馆,如文化部、中国人民大学、国家图书馆等地进行了多场次演讲,受到欢迎与好评,"演讲家"网站的同题在线演讲视频也受到广泛关注与好评,比较充分地发挥了这个研究课题的实践功能与价值。

2017年1月25日,中共中央办公厅、国务院办公厅印发了《关于实施中华优秀传统文化传承发展工程的意见》,明确将中华优秀传统文化的主要内容概括为三个方面:核心思想理念、中华传统美德和中华人文精神。其中,对中华传统美德又是这样概括的:"中华优秀传统文化蕴含着丰富的道德理念和规范,如天下兴亡、匹夫有责的担当意识,精忠报国、振兴中华的爱国情怀,崇德向善、见贤思齐的社会风尚,孝悌忠信、礼义廉耻的荣辱观念,体现着评判是非曲直的价值标准,潜移默化地影响着中国人的行为方式。传承发展中华优秀传统文化,就要大力弘扬自强不息、敬业乐群、扶危济困、见义勇为、孝老爱亲等中华传统美德。"党的十九大报告指出:"人民有信仰,国家有力量,民族有希望。要提高人民思想觉悟、道德水准,文明素养,提高全社会文明程度。""深入挖掘中华优秀传统文化蕴含的思想观念、人文精神、道德规范，结合时代要求继承创新，让中华文化展现出永久魅力和时代风采。"这些文件精神都明确指出了传统美德是中华民族优秀传统文化的三大组成部分并对其内容进行了自身的概括，指出了传承创新传统美德的意义和价值，在一定程度上可以说是本课题研究价值与意义的重要根据和诠释。

有责任感的知识分子自然当以天下为己任，其研究工作应勇于回答时代重大问题，"为天地立心，为生民立命，为往圣继绝学，为万世开太平"。所研究的问题是纯学术的，自然可以为文化繁荣与学术进步作出贡献，如果本身是现实性比较强的问题，如能发挥推动社会文明与道德进步的作用，那么，其愿足矣。当然，这并不是说二者是矛盾的，而应该是统一的，以实现学术品质与实践关怀的统一。虽有其志，但对于如此重大的百年时代重要问题和难题，以我们浅薄之学识和思想水平，所做出的研究只能是初步的，是很不成熟的，但愿能够不断深化研究，为弘扬中华民族的优秀传统文化和传统美德，提升中华民族的文化软实力、提高整个中华民族整体道德素质，为实现民族复兴、国家富强、人民幸福的中国梦提供精神动力作出一点绵薄贡献。

最后就是要致谢了。如上所述，本书是国家社会科学基金重点项目的最终成果，当此课题完成并最终出版成果时，首先要感谢的是对课题申请作出贡献的刘余莉教授（中共中央党校）、朱岚教授（时就职于国家行政学院）、李珂教授（海南省海口市委党校）。王文东教授不仅参与了课题申请并担任子课题负责人，而且完成了60余万字的专著，限于字数，其成果另外独立出版。另外也应该感谢课题组的其他成员，其中特别值得一提的重要成员是我的研究生教学生涯中的第一位学生、现任兰州财经大学财税与公共管理学院副院长、副教授韩作珍博士，他当时在中国人民大学随我读博士，对课题申请作出了重要贡献，他参与了课题论证大量的资料搜集整理、申报书也主要是由我和他合作完成的，有时一直工作到夜里两点，后来由于毕业了，也没时间参与研究工作，当此成果出版之际，我们忘不了上述对课题申请作出重要贡献的学者专家。

　　本书的出版得到了人民出版社哲学编辑室主任方国根编审和责任编辑武丛伟女士的大力支持,经过他们的努力申请,本书得以在人民出版社立项。实际上,这已经是我在人民出版社第三次出版著作了,这次是一本合著,前两本都是独著。第一本是2001年出版的《孝与中国文化》,成为我的代表作。第二本是2006年出版的《伦理与传统》,策划和责任编辑都是方主任亲为的,因此,特别感谢他。武丛伟女士也曾经在人民大学随我攻读硕士学位,这次这本合著能由曾经的学生担任责任编辑,我也觉得是很有意义的事。另外,在课题结项和本书出版联络过程中,我的在学博士生杨帆同学做了大量工作,也在此对她的辛劳一并表示感谢!

肖群忠

2019年10月1日于北京

参考文献

一、中文著作

[1](汉)班固:《汉书·董仲舒传》,中华书局 1962 年版。

[2](汉)贾谊:《新书校注》,阎振益、钟夏校注,中华书局 2000 年版。

[3](清)戴震:《孟子字义疏证》,何文光整理,中华书局 1982 年版。

[4](清)顾炎武:《日知录集释卷十三》,上海古籍出版社 2006 年版。

[5](清)阮元校刻:《十三经注疏》,中华书局 2003 年版。

[6](宋)陈淳:《北溪字义》,中华书局 1983 年版。

[7](宋)程颢、程颐:《二程集》,中华书局 1981 年版。

[8](宋)黎靖德编:《朱子语类》,中华书局 1994 年版。

[9](宋)陆九渊:《陆九渊集》,中华书局 1980 年版。

[10](宋)叶适:《习学记言序目》,中华书局 1977 年版。

[11](宋)朱熹:《四书章句集注》,中华书局 1988 年版。

[12](宋)朱熹撰,朱杰人、严佐之、刘永翔主编:《朱子全书》,上海古籍出版社、安徽教育出版社 2002 年版。

[13](宋)司马光:《资治通鉴》,中华书局 1956 年版。

[14](唐)韩愈:《韩愈全集》,上海古籍出版社 1979 年版。

[15](唐)柳宗元:《柳宗元集全四册》,中华书局 1979 年版。

[16](魏)王弼注,楼宇烈校释:《王弼集校释》,中华书局 1980 年版。

[17]艾兰:《龟之谜——商代神话、祭祀、艺术和宇宙观的研究》,四川人民出版社

1992 年版。

[18]巴新生:《西周伦理形态研究》,天津古籍出版社 1997 年版。

[19]蔡德麟、景海峰:《全球化时代的儒家伦理》,清华大学出版社 2007 年版。

[20]蔡元培:《中国人的修养》,中国工人出版社 2008 年版。

[21]柴文华等:《中国人伦学说研究》,上海古籍出版社 2004 年版。

[22]柴文华、杨辉:《中国现代道德伦理研究》,社会科学文献出版社 2011 年版。

[23]柴文华:《再铸民族魂——中国伦理文化的诠释和重建》,黑龙江教育出版社 1997 年版。

[24]陈独秀:《陈独秀选集》,天津人民出版社 1990 年版。

[25]陈谷嘉、朱汉民:《中国德育思想研究》,浙江教育出版社 1998 年版。

[26]陈谷嘉:《儒家伦理哲学》,人民出版社 1996 年版。

[27]陈来、甘阳:《孔子与当代中国》,生活·读书·新知三联书店 2008 年版。

[28]陈来:《传统与现代:人文主义的视界》,生活·读书·新知三联书店 2009 年版。

[29]陈来:《古代思想文化的世界——春秋时代的宗教、伦理与社会思想》,生活·读书·新知三联书店 2002 年版。

[30]陈来:《古代宗教与伦理儒家思想的根源》,生活·读书·新知三联书店 1996 年版。

[31]陈梦家:《尚书通论》,中华书局 1985 年版。

[32]陈戍国:《先秦礼制研究》,湖南教育出版社 1991 年版。

[33]陈序经:《文化学概论》,岳麓书社 2010 年版。

[34]陈瑛:《中国传统伦理与社会主义先进文化》,中国社会科学出版社 2012 年版。

[35]陈瑛:《中国古代道德生活史》,中国社会科学出版社 2012 年版。

[36]陈瑛:《中国伦理思想史》,湖南教育出版社 2004 年版。

[37]程凯华:《中国传统美德》,长江文艺出版社 2002 年版。

[38]邓安庆:《启蒙伦理与现代社会的公序良俗》,人民出版社 2014 年版。

[39]邓小平:《邓小平文选》第一卷,人民出版社 1994 年版。

[40]邓小平:《邓小平文选》第三卷,人民出版社 1993 年版。

[41]丁大同:《国家与道德》,山东人民出版社 2000 年版。

[42]董芬芬:《春秋辞令文体研究》,上海古籍出版社 2012 年版。

[43]上海古籍出版社:《二十二子》,上海古籍出版社 1988 年版。

[44]《二十四史（史记、汉书、后汉书、晋书、隋书、唐书、新唐书等）点校本》，中华书局1972—1979年版。

[45]樊浩：《文化与安身立命》，福建教育出版社2009年版。

[46]樊浩：《中国伦理道德报告》，中国社会科学出版社2010年版。

[47]樊浩：《中国伦理精神的历史建构》，江苏人民出版社1992年版。

[48]樊浩：《中国伦理精神的现代建构》，江苏人民出版社1997年版。

[49]樊志辉、王秋：《当代中国伦理变迁》，中国社会科学出版社2012年版。

[50]范文澜：《中国通史简编》，人民出版社1965年版。

[51]方立天：《中国佛教哲学要义》（上、中、下），宗教文化出版社2015年版。

[52]冯俊、龚群：《东西方公民道德研究》，中国人民大学出版社2011年版。

[53]冯仕政：《当代中国的社会治理与政治秩序》，中国人民大学出版社2013年版。

[54]冯天瑜：《中国文化简史》，上海人民出版社1993年版。

[55]冯友兰：《三松堂全集》，河南人民出版社2001年版。

[56]冯友兰：《新世训》，生活·读书·新知三联书店2007年版。

[57]符浩：《先秦儒家的道德观》，广西师范大学出版社1998年版。

[58]高福进、闫成：《社会风尚与道德领域突出问题专项治理研究：基于文化视角的透析》，上海人民出版社2014年版。

[59]高国希：《走出伦理困境——麦金太尔道德哲学与马克思主义伦理学研究》，上海社会科学院出版社1996年版。

[60]高亨：《周易大传今注》，齐鲁书社1998年版。

[61]高兆明、李萍：《现代化进程中的伦理秩序研究》，人民出版社2007年版。

[62]葛晨虹：《新中国60年·学界回眸（伦理学与道德建设卷）》，北京出版社2009年版。

[63]葛晨虹：《中国社会道德发展研究报告》，中国人民大学出版社2013年版。

[64]葛兆光：《古代中国文化讲义》，复旦大学出版社2015年版。

[65]葛兆光：《中国思想史》（第一卷），复旦大学出版社1998年版。

[66]公翁虹：《读懂中国梦》，人民出版社2013年版。

[67]龚群：《当代中国社会伦理生活》，四川人民出版社1998年版。

[68]龚爱林：《变革中的道德：当前我国伦理道德发展的变化、问题及对策研究》，湖南教育出版社2000年版。

[69]龚鹏程：《道教新论》，台湾学生书局1991年版。

[70](清)龚自珍:《龚自珍全集》,王佩诤校,上海古籍出版社 1975 年版。

[71]顾红亮:《儒家生活世界》,上海人民出版社 2008 年版。

[72]郭广银、杨明:《当代中国道德建设》,江苏人民出版社 2000 年版。

[73]郭洪纪:《儒家伦理与中国文化转型》,青海人民出版社 1996 年版。

[74]郭克煜等:《鲁国史》,人民出版社 1994 年版。

[75]国际儒学联合会学术委员会:《儒学与道德建设》,首都师范大学出版社 1999 年版。

[76]哈佛燕京学社编:《儒家传统与启蒙心态》,江苏教育出版社 2005 年版。

[77]韩震:《社会主义核心价值体系研究》,人民出版社 2007 年版。

[78]何怀宏:《良心论》,上海三联书店 1998 年版。

[79]何怀宏:《世袭社会及其解体——中国历史上的春秋时代》,生活·读书·新知三联书店 1996 年版。

[80]何怀宏:《新纲常——探讨中国社会的道德根基》,四川人民出版社 2013 年版。

[81]何怀宏:《选举社会及其终结:秦汉至晚清的一种社会学阐释》,生活·读书·新知三联书店 1998 年版。

[82]何建章:《战国策注释》,中华书局 1990 年版。

[83]洪修平:《中国儒佛道三教关系研究》,中国社会科学出版社 2011 年版。

[84]侯外庐等主编:《宋明理学史》,人民出版社 1987 年版。

[85]黄钊:《中国道德文化》,湖北人民出版社 2000 年版。

[86]黄钊:《中国古代德育思想史论》,中国社会科学出版社 2011 年版。

[87]黄德昌等:《中国之自由精神》,四川人民出版社 2000 年版。

[88]黄怀信:《逸周书源流考辨》,西北大学出版社 1992 年版。

[89]黄怀信等:《逸周书汇校集注》,上海古籍出版社 1995 年版。

[90]黄晖:《论衡校释》,中华书局 1990 年版。

[91]黄凯锋:《安妥今生——信仰生活的价值观研究》,上海社会科学院出版社 2016 年版。

[92]黄书光:《中国社会教化的传统与变革》,山东教育出版社 2005 年版。

[93]建宁主编:《社会主义核心价值观基本内容释义》,人民出版社 2014 年版。

[94]江畅:《德性论》,人民出版社 2011 年版。

[95]江畅:《走向优雅生存:21 世纪中国社会价值选择研究》,中国社会科学出版社 2004 年版。

［96］江万秀、李春秋:《中国德育思想史》,湖南教育出版社1992年版。

［97］江晓嵘:《天学真原》,辽宁教育出版社1992年版。

［98］姜林祥主编:《中国儒学史》,广东教育出版社1998年版。

［99］焦国成:《公民道德论》,人民出版社2004年版。

［100］焦国成:《中国伦理学通论》(上册),山西教育出版社1997年版。

［101］金景芳、吕绍纲:《周易全解》,吉林大学出版社1989年版。

［102］金岳霖:《论道》,商务印书馆1985年版。

［103］荆门市博物馆编:《郭店楚墓竹简》,文物出版社1998年版。

［104］景枫等:《中国治理文化研究》,中国社会科学出版社2012年版。

［105］康有为:《大同书》,古籍出版社1956年版。

［106］黎翔凤撰,梁运华整理:《管子校注(新编诸子集成)》(全3册),中华书局2004年版。

［107］李彬:《走出道德困境——社会转型的道德生活研究》,湖南师范大学出版社2011年版。

［108］李萍:《现代道德教育论》,广东人民出版社1999年版。

［109］李萍:《中国道德调查》,民主与建设出版社2005年版。

［110］李承贵:《德性源流——中国传统道德转型研究》,江西教育出版社2004年版。

［111］李建华:《当代中国伦理文化构建》,中南大学出版社2011年版。

［112］李建华:《法治社会中的伦理秩序》,中国社会科学出版社2004年版。

［113］李建华:《公共治理与公共伦理》,湖南大学出版社2008年版。

［114］李鹏程:《当代中国社会的伦理与价值》,世界知识出版社2002年版。

［115］李树有:《中国儒家伦理思想发展史》,江苏古籍出版社1992年版。

［116］李学勤:《失落的文明》,上海文艺出版社1997年版。

［117］李学勤主编:《中国古代文明与国家形成研究》,云南人民出版社1997年版。

［118］《十三经注疏》整理委员会整理,李学勤主编:《十三经注疏标点本8春秋公羊传注疏》,北京大学出版社1999年版。

［119］李亦园:《人类的视野》,上海文艺出版社1996年版。

［120］李亦园:《文化与修养》,九州出版社2013年版。

［121］李泽厚:《伦理学纲要》,人民日报出版社2010年版。

［122］李泽厚:《论语今读》,生活·读书·新知三联书店2004年版。

［123］李泽厚:《中国现代思想史论》,生活·读书·新知三联书店2008年版。

［124］梁启超：《先秦政治思想史》，东方出版社 1996 年版。

［125］梁启超：《新民说》，中州古籍出版社 1998 年版。

［126］梁启超：《饮冰室合集》，中华书局 1989 年版。

［127］梁启超编著，翟奎风校注：《德育鉴》，北京大学出版社 2011 年版。

［128］梁漱溟：《梁漱溟全集》，山东人民出版社 1992 年版。

［129］梁漱溟：《中国文化要义》，上海人民出版社 2005 年版。

［130］梁韦弦：《中国传统伦理思想研究》，黑龙江人民出版社 2008 年版。

［131］廖明华、金钊：《道德与生活》，中国人民大学出版社 2010 年版。

［132］廖申白：《交往生活的公共性转变》，北京师范大学出版社 2007 年版。

［133］刘国强、谢均才编著：《变革中的两岸德育与公民教育》，香港中文大学出版社 2004 年版。

［134］刘起釪：《古史续辨》，中国社会科学出版社 1991 年版。

［135］刘蔚华、赵宗正主编：《中国儒家学术思想史》，山东教育出版社 1996 年版。

［136］刘蔚华：《儒家道德的重建》，齐鲁书社 2001 年版。

［137］刘翔：《中国传统价值观论释学》，上海三联书店 1996 年版。

［138］刘玉生、杜振汉：《德性人生——个人生活伦理引论》，厦门大学出版社 2009 年版。

［139］刘正浩：《周秦诸子述左传考》，台湾商务印书馆 1966 年版。

［140］刘智峰：《道德中国：当代中国道德伦理的深重忧思》，中国社会科学出版社 1999 年版。

［141］龙静云：《治化之本——市场经济条件下的中国道德建设》，湖南人民出版社 1998 年版。

［142］卢国龙：《道教哲学》，华夏出版社 1997 年版。

［143］陆扬、王毅：《文化研究导论》，复旦大学出版社 2012 年版。

［144］罗国杰、夏伟东：《以德治国论》，中国人民大学出版社 2004 年版。

［145］罗国杰：《传统伦理与现代社会》，中国人民大学出版社 2012 年版。

［146］罗国杰：《道德建设论》，湖南人民出版社 1997 年版。

［147］罗国杰：《建设与社会主义市场经济相适应的思想道德体系》，人民出版社 2011 年版。

［148］罗国杰：《中国传统道德》，中国人民大学出版社 1995 年版。

［149］罗国杰主编：《中国伦理思想史》，中国人民大学出版社 2008 年版。

［150］罗庸：《习坎庸言　鸭池十讲》，新星出版社 2015 年版。

［151］罗振玉：《三代吉金文存》，中华书局 1983 年版。

［152］吕大吉等：《中国宗教与中国文化》，中国社会科学出版社 2005 年版。

［153］《马克思恩格斯全集》，人民出版社 2003 年版。

［154］马永庆：《中国传统道德概论》，山东大学出版社 2006 年版。

［155］《毛泽东选集》第二卷，人民出版社 1991 年版。

［156］《毛泽东选集》第四卷，人民出版社 1991 年版。

［157］中共中央文献研究室、中共湖南省委《毛泽东早期文稿》编辑组编、毛泽东著：《毛泽东早期文稿》1912.6—1920.11，湖南出版社 1990 年版。

［158］蒙文通：《古学甄微》，巴蜀书社 1987 年版。

［159］牟钟鉴、张践：《中国宗教通史》，社会科学文献出版社 2000 年版。

［160］钱广荣：《中国道德国情论纲》，安徽人民出版社 2002 年版。

［161］钱穆：《民族与文化》，九州出版社 2012 年版。

［162］钱穆：《文化学大义》，九州出版社 2012 年版。

［163］钱穆：《中国文化精神》，九州出版社 2012 年版。

［164］秦树理：《公民道德导论》，郑州大学出版社 2008 年版。

［165］瞿同祖：《中国法律与中国社会》，中华书局 2003 年版。

［166］任大川：《道德困境与超越——精神、秩序及私欲》，江西人民出版社 2011 年版。

［167］任继愈主编：《中国哲学发展史》，人民出版社 1983—1994 年版。

［168］人民日报社理论部编：《深入学习习近平同志重要论述》，人民出版社 2013 年版。

［169］上海师大古籍整理组：《国语》，上海古籍出版社 1973 年版。

［170］邵龙宝、李晓菲：《儒家伦理与公民道德教育体系的构建》，同济大学出版社 2005 年版。

［171］沈善洪、王凤贤：《中国伦理思想史》，人民出版社 2005 年版。

［172］史云贵：《中国现代国家构建进程中的社会治理研究》，上海人民出版社 2010 年版。

［173］《斯大林选集》（上卷），人民出版社 1979 年版。

［174］斯维至：《中国古代社会文化论稿》，允晨出版公司 1997 年版。

［175］苏秉琦：《中国文明起源新探》，商务印书馆 1997 年版。

［176］苏秉琦主编：《中国通史》，人民出版社 1994 年版。

［177］孙美堂：《文化价值论》，云南人民出版社 2005 年版。

[178]孙星衍:《尚书今古文注疏》,中华书局 1986 年版。

[179]孙中山:《三民主义》,广东人民出版社 2007 年版。

[180]孙中山:《孙中山全集》,中华书局 1986 年版。

[181]汤一介主编:《中国儒学史》,北京大学出版社 2011 年版。

[182]汤用彤:《汉魏两晋南北朝佛教史》,中华书局 1957 年版。

[183]汤用彤:《隋唐佛教史论稿》,中华书局 1982 年版。

[184]唐凯麟、曹刚:《重释传统——儒家思想的现代价值评估》,华东师范大学出版社 2000 年版。

[185]唐凯麟等:《中华传统美德十二讲》,学习出版社 2009 年版。

[186]唐凯麟、王泽应:《20 世纪中国伦理思潮》,湖南教育出版社 1998 年版。

[187]唐凯麟、张怀承:《成人与成圣——儒家伦理道德精粹》,湖南大学出版社 1999 年版。

[188]唐凯麟:《伦理大思路——当代中国道德和伦理学的理论审视》,湖南人民出版社 2000 年版。

[189]唐凯麟:《中华民族道德生活史研究》,金城出版社 2008 年版。

[190]唐凯麟:《走向近代的先声——中国早期启蒙伦理思想研究》,湖南教育出版社 1993 年版。

[191]唐文明:《政治自觉、教化自觉与中华民族的现代建构》,中国人民大学出版社 2013 年版。

[192]田广清:《和谐论——儒家文明与当代社会》,中国华侨出版社 1998 年版。

[193]田秀云:《社会道德与个体道德》,人民出版社 2004 年版。

[194]童南茜:《中国刻不容不得缓——拯救我们的道德》,华中科技大学出版社 2012 年版。

[195]万俊人:《寻求普世伦理》,商务印书馆 2001 年版。

[196]汪晖:《文化与公共性》,生活·读书·新知三联书店 1998 年版。

[197]王葆玹:《今古文经学新论》,中国社会科学出版社 1997 年版。

[198]王海明:《公正与人道——国家治理道德原则体系》,商务印书馆 2010 年版。

[199]王美风:《先秦儒家伦理思想概要》,陕西师范大学出版社 2010 年版。

[200]王明:《太平经合校》,中华书局 1960 年版。

[201]王明生主编:《社会主义核心价值观》,江苏人民出版社 2015 年版。

[202]王文东:《礼仪与德行——元典时代中华民族信仰和伦理的核心观念》,天津人民出版社 2013 年版。

［203］王小锡:《中国伦理学 60 年》,上海人民出版社 2009 年版。

［204］王泽应:《现代新儒家伦理思想研究》,湖南师范大学出版社 1997 年版。

［205］韦政通:《伦理思想的突破》,中国人民大学出版社 2005 年版。

［206］韦政通:《中国文化概论》,岳麓书社 2003 年版。

［207］韦政通:《中国文化与现代生活》,中国人民大学出版社 2005 年版。

［208］翁独健主编:《中国民族关系史纲要》,中国社会科学出版社 2001 年版。

［209］吾淳:《中国社会的伦理生活——主要关于儒家伦理的可能性问题的研究》,中华书局 2007 年版。

［210］吴潜涛:《当代中国公民道德状况调查》,人民出版社 2010 年版。

［211］吴潜涛:《中华民族精神论纲》,中国人民大学出版社 2006 年版。

［212］《习近平谈治国理政》第一卷,外文出版社 2018 年版。

［213］《习近平谈治国理政》第二卷,外文出版社 2017 年版。

［214］习近平:《决胜全面建成小康社会　夺取新时代中国特色社会主义伟大胜利——在中国共产党第十九次全国代表大会上的报告》,人民出版社 2017 年版。

［215］夏勇:《文明的治理——法治与中国政治文化变迁》,社会科学文献出版社 2012 年版。

［216］夏伟东:《道德本质论》,中国人民大学出版社 1991 年版。

［217］肖群忠:《伦理与传统》,人民出版社 2006 年版。

［218］肖群忠:《中国道德智慧十五讲》,北京大学出版社 2008 年版。

［219］萧欣义编:《儒家政治思想与民主自由人权》,台湾学生书局 1988 年版。

［220］谢祥皓、刘宗贤:《中国儒学》,四川人民出版社 1998 年版。

［221］《新编诸子集成》,中华书局 1986 年版。

［222］熊铁基等:《中国庄学史》,湖南人民出版社 2003 年版。

［223］熊铁基等:《中国老学史》,福建人民出版社 1995 年版。

［224］徐复观:《中国人性论史(先秦篇)》,上海三联书店 2001 年版。

［225］徐秦法:《社会治理中的信仰价值研究》,光明日报社 2012 年版。

［226］徐儒宗:《人和论——儒家人伦思想研究》,人民出版社 2006 年版。

［227］徐向东:《全球正义》,浙江大学出版社 2011 年版。

［228］徐旭生:《中国古史的传说时代》,文物出版社 1985 年版。

［229］许海清:《国家治理体系和治理能力现代化》,中共中央党校出版社 2013 年版。

［230］许建良:《先秦儒家道德论》,东南大学出版社 2010 年版。

［231］王栻主编:《严复集》第一册,中华书局1986年版。

［232］阎步克:《大夫政治演生史稿》,北京大学出版社1996年版。

［233］杨国荣:《善的历程——儒家价值体系研究》,上海人民出版社2006年版。

［234］杨建祥:《儒家官德论》,江西人民出版社2007年版。

［235］杨建祥:《中国古代官德研究》,上海古籍出版社2004年版。

［236］杨宽:《西周史》,上海人民出版社1999年版。

［237］杨希枚:《先秦文化论集》,中国社会科学出版社1995年版。

［238］杨向奎:《宗周社会与礼乐文明》,人民出版社1992年版。

［239］姚才刚:《儒家道德理性精神的重建》,中国社会科学出版社2009年版。

［240］衣俊卿:《文化哲学十五讲》,北京大学出版社2004年版。

［241］殷海光:《中国文化的展望》,中华书局2015年版。

［242］尹文汉:《儒家伦理的创造性转化》,安徽人民出版社2008年版。

［243］余英时:《士与中国文化》,上海人民出版社1987年版。

［244］俞可平:《治理与善治》,社会科学文献出版社2000年版。

［245］俞可平主编:《中国模式与"北京共识"——超越"华盛顿共识"》,中国社会科学出版社2006年版。

［246］俞世伟、白燕:《规范·德性·德行——动态伦理道德体系的实践性研究》,商务印书馆2009年版。

［247］詹鄞鑫:《神灵与祭祀》,江苏古籍出版社1992年版。

［248］张博颖:《当代中国公民道德建设——国家伦理与市民社会伦理的视角》,天津社会科学院出版社2007年版。

［249］张岱年、方克立主编:《中国文化概论》,北京师范大学出版社1994年版。

［250］张德胜:《儒家伦理与社会秩序》,上海人民出版社2008年版。

［251］张光直:《中国青铜时代》(二集),生活·读书·新知三联书店1990年版。

［252］张灏:《梁启超与中国思想的过渡(1890—1907)》,江苏人民出版社1993年版。

［253］张怀承:《天人之变——中国传统伦理道德的近代转型》,湖南教育出版社1998年版。

［254］张继军:《先秦道德生活研究》,人民出版社2011年版。

［255］张锡勤、柴文华:《中国伦理道德变迁史稿》,人民出版社2008年版。

［256］张锡勤:《中国传统道德举要》,黑龙江教育出版社1996年版。

［257］张祥浩:《中国古代道德修养论》,南京大学出版社1993年版。

[258]张颐:《张颐论黑格尔》,侯成亚等编译,四川大学出版社 2000 年版。

[259]张永山主编:《胡厚宣先生纪念文集》,中国科学出版社 1998 年版。

[260]章海山:《当代道德的转型和建构》,中山大学出版社 1999 年版。

[261]赵吉惠等主编:《中国儒学史》,中州古籍出版社 1991 年版。

[262]郑淑媛:《先秦儒家的精神修养》,人民出版社 2006 年版。

[263]郑晓江等:《传统道德与当代中国》,安徽教育出版社 1998 年版。

[264]中共中央组织部党员教育中心:《兴国之魂:社会主义核心价值观五讲》,人民出版社 2013 年版。

[265]《列宁选集》,人民出版社 2012 年版。

[266]中华文明史编纂工作委员会:《中华文明史》,河北教育出版社 1989—1994 年版。

[267]周法高主编:《金文诂林》,中文大学出版社 1975 年版。

[268]周晓虹:《现代社会心理学——多维视野中的社会行为研究》,上海人民出版社 1997 年版。

[269]周振甫:《周易译注》,中华书局 1991 年版。

[270]朱伯昆:《先秦伦理学概论》,北京大学出版社 1984 年版。

[271]朱伯昆:《易学哲学史》,北京大学出版社 1986 年版。

[272]朱贻庭:《儒家文化与现代人的精神生活——与孔子对话》,上海辞书出版社 2010 年版。

[273]朱贻庭:《中国传统伦理思想史》,华东师范大学出版社 2003 年版。

[274]朱越利、陈敏:《道教学》,当代世界出版社 2000 年版。

[275]庄锡昌等:《多维视野中的文化理论》,浙江人民出版社 1987 年版。

二、外国著作、译注

[1][澳]李瑞智、黎华伦:《儒学的复兴》,商务印书馆 1999 年版。

[2][德]恩格斯撰:《反杜林论》,吴黎平译,人民出版社 1956 年版。

[3][德]恩斯特·卡西尔:《人论》,甘阳译,上海译文出版社 2013 年版。

[4][德]哈贝马斯:《现代性的地平线——哈贝马斯访谈录》,李安东、段怀清译,上海人民出版社 1997 年版。

[5][德]黑格尔:《法哲学原理》,范扬、张企泰译,商务印书馆 1961 年版。

[6][德]蓝德曼:《哲学人类学》,彭富春译,工人出版社 1988 年版。

[7][德]罗哲海:《轴心时期的儒家伦理》,陈咏明、瞿德瑜译,大象出版社 2009 年版。

[8][德]马克斯·韦伯:《新教伦理与资本主义精神》,阎克文译,上海人民出版社 2014 年版。

[9][德]马克斯·韦伯:《社会学文选》,牛津大学出版社 1946 年版。

[10][德]米夏埃尔·兰德曼:《哲学人类学》,张乐天译,上海译文出版社 1988 年版。

[11][德]米歇尔·鲍曼:《道德的市场》,肖君等译,中国社会学科出版社 2003 年版。

[12][德]乌尔里希·贝克:《风险社会》,何博闻译,译林出版社 2003 年版。

[13][法]爱弥尔·涂尔干:《社会分工论》,渠东译,生活·读书·新知三联书店 2013 年版。

[14][法]爱弥尔·涂尔干:《职业伦理与公民道德》,渠东、付德根译,上海人民出版社 2006 年版。

[15][法]埃米尔·迪尔凯姆:《迪尔凯姆论宗教》,周秋良等译,华夏出版社 2000 年版。

[16][法]丹尼斯·库什:《社会科学中的文化》,张金岭译,商务印书馆 2016 年版。

[17][法]卢梭:《卢梭全集》,李平沤译,商务印书馆 2012 年版。

[18][法]卢梭:《政治经济学》,李平沤译,商务印书馆 2013 年版。

[19][法]皮埃尔·勒鲁:《论平等》,王允道译,商务印书馆 1988 年版。

[20][法]谢和耐:《中国与基督教——中西文化的首次撞击》,耿昇译,上海古籍出版社 2003 年版。

[21][古罗马]西塞罗:《西塞罗文集》(政治学卷),王焕生译,中央编译出版社 2010 年版。

[22][古希腊]亚里士多德:《尼各马科伦理学》,苗力田译,中国社会科学出版社 1990 年版。

[23][古希腊]亚里士多德:《政治学》,吴寿彭译,商务印书馆 1965 年版。

[24][荷]曼德维尔:《蜜蜂的寓言:私人的恶德,公众的利益》,肖聿译,中国社会科学出版社 2002 年版。

[25][加]查尔斯·泰勒:《本真性的伦理》,程炼译,上海三联书店 2012 年版。

[26] [加]查尔斯·泰勒:《代性之隐忧》,程炼译,中央编译出版社 2001 年版。

[27] [美]E.博登海默:《法理学:法律哲学与法律方法》,邓正来译,中国政法大学出版社 2004 年版。

[28] [美]阿拉斯戴尔·麦金太尔:《追寻美德》,宋继杰译,译林出版社 2003 年版。

[29] [美]阿历克斯·英格尔斯:《人的现代化》,殷陆君译,四川人民出版社 1985 年版。

[30] [美]阿瑟·克莱曼:《道德的重量》,方筱丽译,上海译文出版社 2008 年版。

[31] [美]大卫·雷·格里芬:《后现代精神》,成兵译,中央编译出版社 1998 年版。

[32] [美]丹尼尔·贝尔:《资本主义文化矛盾》,赵一凡等译,生活·读书·新知三联书店 1992 年版。

[33] [美]菲利普·巴格比夏克:《文化:历史的投影》,李天纲、陈江岚译,上海人民出版社 1987 年版。

[34] [美]康拉德·菲利普·科塔克:《文化人类学》,周云水译,中国人民大学出版社 2012 年版。

[35] [美]克利福德·格尔茨:《文化的解释》,韩莉译,上海人民出版社 1999 年版。

[36] [美]拉尔夫·林顿:《人格的文化背景》,于闽梅、陈学晶译,广西师范大学出版社 2006 年版。

[37] [美]雷切尔斯:《道德的理由》,杨宗元译,中国人民大学出版社 2009 年版。

[38] [美]露丝·本尼迪克特:《文化模式》,张燕、傅铿译,浙江人民出版社 1987 年版。

[39] [美]罗尔斯:《正义论》,何怀宏、何包钢、廖申白译,中国社会科学出版社 1988 年版。

[40] [美]罗纳德·德沃金:《认真对待权利》,吴玉章译,中国大百科全书出版社 1998 年版。

[41] [美]麦特·里德里:《美德的起源》,刘珩译,中央编译出版社 2004 年版。

[42] [美]莫蒂默·艾德勒:《六大观念》,郗庆华译,生活·读书·新知三联书店 1998 年版。

[43] [美]欧文·戈夫曼:《日常生活中的自我呈现》,刘珩译,北京大学出版社 2008 年版。

[44]［美］乔万尼·萨托利:《民主新论》,冯克利等译,上海人民出版社 2009 年版。

[45]［美］塞缪尔·亨廷顿、劳伦斯·哈里森主编:《文化的重要作用——价值观如何影响人类进步》,程克雄译,新华出版社 2002 年版。

[46]［美］史蒂芬·斯密什:《政治哲学》,贺晴川译,北京联合出版公司 2015 年版。

[47]［美］雅克·蒂洛、基思·克拉斯曼:《伦理学与生活》,程立显、刘建译,世界图书出版公司 2008 年版。

[48]［美］亚历克斯·卡里尼克斯:《平等》,徐朝友译,江苏人民出版社 2003 年版。

[49]［美］约瑟夫·奈:《软实力》,马娟娟译,中信出版社 2013 年版。

[50]［美］赵志裕、康萤仪:《文化社会心理学》,刘爽译,方文校,中国人民大学出版社 2011 年版。

[51]［苏］科恩:《自我论:个人与个人自我意识》,佟景韩译,生活·读书·新知三联书店 1987 年版。

[53]［以］艾森斯塔德:《现代化:抗拒与变迁》,张旅平等译,中国人民大学出版社 1988 年版。

[54]［英］埃里克·霍布斯鲍姆:《民族与民族主义》,李金梅译,上海人民出版社 2000 年版。

[55]［英］菲利普·史密斯:《文化理论导论》,张鲲译,商务印书馆 2008 年版。

[56]［英］安东尼·吉登斯:《现代性的后果》,田禾译,译林出版社 2000 年版。

[57]［英］罗素:《中国问题》,秦悦译,学林出版社 1996 年版。

[58]［英］马林诺夫斯基:《科学的文化理论》,黄剑波等译,中央民族大学出版社 1999 年版。

[59]［英］马林诺夫斯基:《文化论》,费孝通等译,中国民间文艺出版社 1987 年版。

[60]［英］梅因:《古代法》,沈景一译,商务印书馆 1959 年版。

[61]［英］齐格蒙特·鲍曼:《共同体》,欧阳景根译,江苏人民出版社 2003 年版。

[62]［英］乔治·摩尔:《伦理学原理》,长河译,上海人民出版社 2005 年版。

[63]［英］西季威克:《伦理学方法》,廖申白译,中国社会科学出版社 1993 年版。

[64]［英］约翰·密尔:《代议制政府》,汪瑄译,商务印书馆 1982 年版。

三、学术论文

[1]曹辉:《公民道德教育的三个基本理念》,《中国教育学刊》2005 年第 7 期。

[2]岑大利:《中国古代官德建设及其现代借鉴》,《中共中央党校学报》2012 年第 5 期。

[3]陈春莲:《先秦儒家道德修养方法及其价值》,《伦理学研究》2009 年第 2 期。

[4]陈德述:《略论中国古代官德思想的内涵》,《中华文化论坛》2013 年第 7 期。

[5]陈继红:《共识与分殊:1990 年代以来中国传统道德规范研究述评》,《学海》2014 年第 1 期。

[6]陈力祥:《中国古代社会道德践行机制及其当代价值探析》,《道德与文明》2010 年第 1 期。

[7]陈荣照:《儒家普世伦理与现代社会》,《孔子研究》2012 年第 6 期。

[8]陈延斌:《试论中国近现代青少年道德教育宗旨的嬗变》,《道德与文明》2011 年第 5 期。

[9]陈延斌:《当前中国社会道德状况的评价与治理对策》,《中州学刊》2013 年第 5 期。

[10]陈延斌、胡相峰:《养成训练:未成年公民品德塑造的新路径》,《道德与文明》2008 年第 1 期。

[11]陈瑛:《遵规重行:青少年道德教育成功之本》,《学校党建与思想教育》2008 年第 6 期。

[12]陈瑛:《志于道,据于德——理想信念与道德建设》,《道德与文明》2013 年第 4 期。

[13]陈泽环:《共同理想·儒家伦理·传统话语——弘扬中华优秀传统文化的一点思考》,《江西社会科学》2012 年第 6 期。

[14]陈泽环:《当代道德生活中的底线伦理》,《道德与文明》2010 年第 1 期。

[15]邓晓芒:《中国道德的底线》,《华中科技大学学报(社会科学版)》2014 年第 1 期。

[16]杜帮云:《略论社会主义道德建设中的传统美德的继承问题》,《思想理论教育导刊》2008 年第 9 期。

[17]范伟伟、刘丽萍:《道德教育视角下的儒家伦理与关怀伦理之比较》,《道德与

文明》2013 年第 4 期。

[18]方德志:《基于"仁爱"德性的儒家伦理构成之现代阐释——以道德情感主义的视角》,《华中科技大学学报(社会科学版)》2010 年第 6 期。

[19]高兆明:《民族道德文化:从传统到现代》,《哲学研究》2010 年第 4 期。

[20]高征难、尹长青:《论"兴国战略"与"治国方略"之实践统一》,《湘南学院学报》2006 年第 1 期。

[21]龚超:《社会主义核心价值观的生成及践行路径》,《湘潭大学学报(哲学社会科学版)》2015 年第 2 期。

[22]关健英:《人伦教育:现代性视阈与传统道德资源》,《求是学刊》2011 年第 3 期。

[23]郭齐勇、陈乔见:《孔孟儒家的公私观与公共事务伦理》,《中国社会科学》2009 年第 1 期。

[24]韩东屏:《论道德修养》,《中州学刊》2015 年第 10 期。

[25]韩丽华:《儒家德性伦理论析》,《求索》2011 年第 8 期。

[26]郝铁川:《再论依法治国与以德治国》,《社会科学》2001 年第 4 期。

[27]黄藿:《德行论视域中的中国儒家伦理与品格教育》,《陕西师范大学学报》2013 年第 1 期。

[28]黄勇:《尊重不同的生活方式:庄子中的道家美德伦理》,《华东师范大学学报(哲学社会科学版)》2011 年第 5 期。

[29]胡勇、刘立夫:《从"本体—工夫"维度看中国传统道德理念的内在结构》,《道德与文明》2010 年第 1 期。

[30]胡敏中:《儒家伦理与市场社会》,《江汉论坛》2013 年第 2 期。

[31]黄旺生等:《关于文化兴国的若干哲学思考》,《山西高等学校社会科学学报》2012 年第 2 期。

[32]鞠娟:《中华民族传统美德教育管窥》,《陕西师范大学学报(哲学社会科学版)》2008 年第 9 期。

[33]李兵:《传统道德在现实中难以践履原因探析》,《道德与文明》2009 年第 6 期。

[34]李俊伟:《论道德和制度在社会治理中的合理分野》,《中央党校学报》2008 年第 5 期。

[35]李祥永:《儒家"自性"道德修养理论对现代公民社会建设的价值》,《新疆社会科学》2008 年第 5 期。

［36］李忠红、王贺：《儒家德性伦理对社会和谐与生命发展的价值》，《思想理论教育导刊》2017 年第 2 期。

［37］梁家峰、蒋雪莲：《日常生活仪式涵养社会主义核心价值观教育的路径探析》，《深圳大学学报（人文社会科学版）》2011 年第 3 期。

［38］廖小平：《论道德榜样——对现代社会道德榜样的检视》，《道德与文明》2007 年第 2 期。

［39］林楠：《全球化视域下传统美德承接的价值合理性》，《山东社会科学》2006 年第 3 期。

［40］凌厚锋：《构建和谐社会视野中的官德建设》，《中共福建省委党校学报》2006 年第 10 期。

［41］刘梁剑：《人性论能否为美德伦理奠基？——在儒家伦理与 virtue ethics 之间》，《华东师范大学学报（哲学社会科学版）》2011 年第 5 期。

［42］刘恒山、王泽应：《儒家以德立命的伦理精神建构》，《湖南师范大学学报（社会科学版）》2013 年第 5 期。

［43］刘立夫、胡勇：《中国传统道德理念的内在结构》，《哲学研究》2010 年第 9 期。

［44］刘万民、张澎军：《清廉：传统官德及其现代意义》，《社会科学战线》2014 年第 3 期。

［45］刘煜、孙迪亮：《和谐社会视阈下的官德建设》，《道德与文明》2008 年第 2 期。

［46］龙静云、熊富标：《论道德治理的基本路径与社会合作》，《江汉论坛》2013 年第 5 期。

［47］鲁芳：《"礼"与中国古代社会道德生活的构建》，《齐鲁学刊》2011 年第 6 期。

［48］鲁芳：《生活秩序与道德生活的构建》，《哲学动态》2012 年第 1 期。

［49］罗国杰：《论中华民族传统道德的"精华"与"糟粕"》，《道德与文明》2012 年第 1 期。

［50］吕耀怀：《道德榜样三要素及其局限》，《道德与文明》2008 年第 2 期。

［51］吕锡琛：《中国传统社会促进道德理念践行的经验》，《道德与文明》2010 年第 1 期。

［52］吕守敏：《合理利用传统道德，加强当今道德建设》，《华中师范大学学报（人文社会科学版）》2010 年第 1 期。

［53］齐艳苓：《论清末民初中国传统伦理道德观念的转型与重构》，《云南社会科学》2014 年第 1 期。

［54］邵汉明：《从传统治国方略说到以德治国》，《社会科学战线》2001 年第 3 期。

［55］沈永福：《论传统儒家道德意志的修养方法》,《道德与文明》2011 年第 6 期。

［56］宋志明：《略论儒家德治思想的普世意义》,《学习与探索》2003 年第 3 期。

［57］孙利：《儒家伦理的三条求善之路》,《陕西师范大学学报(哲学社会科学版)》2011 年第 4 期。

［58］唐渡：《现代"四德"对传统美德承接点的探析》,《道德与文明》2009 年第 2 期。

［59］唐凯麟、龙兴海：《现代理性视野中的传统行政伦理观——儒家官德思想的合理内核及其价值》,《求索》2004 年第 7 期。

［60］田旭明：《家正国清:优良家风家规的伦理价值及其实现路径》,《学习论坛》2015 年第 1 期。

［61］李桂梅：《中国传统家庭伦理的现代转向及其启示》,《哲学研究》2011 年第 4 期。

［62］王强、于海燕：《论家庭伦理的现代形态及其逻辑结构》,《道德与文明》2016 年第 4 期。

［63］万俊人：《关注中国文化道德的现实》,《马克思主义与现实》2011 年第 1 期。

［64］万俊人：《爱国主义是首要的公民美德》,《道德与文明》2009 年第 5 期。

［65］万俊人：《现代性的伦理话语》,《社会科学战线》2002 年第 1 期。

［66］万俊人：《道德谱系与知识镜像》,《读书》2004 年第 4 期。

［67］万俊人：《传统美德伦理的当代境遇与意义》,《南京大学学报(哲学·人文科学·社会科学)》2017 年第 3 期。

［68］朱贻庭：《传统亲子、夫妻伦理的现代价值》,《探索与争鸣》1998 年第 7 期。

［69］赵庆杰：《现代性社会的伦理命运与道德困境》,《道德与文明》2008 年第 4 期。

［70］顾速：《狭隘民族主义,还是理性爱国主义?——改革开放时代中国人的选择》,《开放时代》1997 年第 2 期。

［71］王凌皞、[美]劳伦斯·索伦：《儒家美德法理学论纲》,《浙江大学学报(人文社会科学版)》2011 年第 1 期。

［72］王淑芹：《论公民道德建设的外在机制》,《道德与文明》2008 年第 1 期。

［73］王艳：《道德治理:道德发展进步的历史逻辑》,《道德与文明》2016 年第 1 期。

［74］王易、白洁：《试论中华传统美德的继承与创新性发展》,《思想理论教育》2014 年第 5 期。

［75］王易、黄刚：《探求中华传统美德的创造性转化》,《思想理论教育导刊》2015

年第 5 期。

[76]王贞:《中国传统政治道德:内涵、特征与功能》,《江苏社会科学》2011 年第 3 期。

[77]吴自华:《论道德修养传统对现代人格培养的意义》,《江苏社会科学》1999 年第 1 期。

[78]肖群忠、李杰:《修身伦理与治平伦理的合与分——对中国传统道德的新的视角分析》,《齐鲁学刊》2011 年第 5 期。

[79]许宏:《儒学普及与传统美德教育的现状与发展趋势》,《管子学刊》2010 年第 3 期。

[80]杨伟涛:《中国道德理性主义文化传统中的道德自我诉求》,《郑州大学学报(哲学社会科学版)》2012 年第 2 期。

[81]杨义芹:《培育和践行社会主义核心价值观的实践路径探析》,《齐鲁学刊》2016 年第 5 期。

[82]易连云:《传统道德教育研究的范式转换》,《教育研究》2010 年第 4 期。

[83]苑银和:《保守与激进——中国传统道德现代转型的两大特征》,《首都师范大学学报》2009 年第 5 期。

[84]岳强、颜德如:《中国官德建设:当前的问题及对策》,《中共福建省委党校学报》2012 年第 11 期。

[85]张典兵、薛东泽:《中国传统德育文化的特征及其现代转化》,《内蒙古师范大学学报(教育科学版)》2009 年第 5 期。

[86]张康之:《论社会治理活动中的道德行为选择》,《河北学刊》2004 年第 4 期。

[87]张钦:《先秦儒家角色伦理架构分析》,《道德与文明》2012 年第 4 期。

[88]张婷:《当代中国公民道德再启蒙的道德教育诉求》,《山东社会科学》2013 年第 10 期。

[89]张伟:《从"主义"之争到"问题"意识——传统道德文化研究的现代转向》,《云南社会科学》2009 年第 1 期。

[90]赵建文:《从"协和万邦"的传统到和平共处五项原则》,《中共天津市委党校学报》2005 年第 1 期。

[91]中南大学应用伦理学研究中心"中国道德文化的传统理念与现代践行研究"课题组:《当代中国民众对道德文化传统理念践行状况评价的实证分析报告》,《道德与文明》2011 年第 3 期。

[92]周安伯:《论"为政以德"的现代转换》,《南京社会科学》1998 年第 12 期。

[93]朱巧香:《道德环境及其优化机制》,《中共浙江省委党校学报》2001 年第 4 期。

[94]朱贻庭:《文化生命结构与传统道德继承》,《道德与文明》2012 年第 4 期。

[95]邹重华:《儒学与中国社会伦理道德的重建》,《长安大学学报》2013 年第 3 期。

[96][韩]李承焕,梁涛、赵依译:《儒家基于美德的道德中存在权利观念吗?》,《现代哲学》2013 年第 3 期。

[97]肖群忠:《儒学的为己之学传统及现代意义》,《齐鲁学刊》2002 年第 5 期。

[98]方朝晖:《从现代化到文明重建》,《文汇报》2012 年第 11 期。

[99]方朝晖:《礼治与法治》,《中西方制度的基础研究》,《邯郸学院学报》2015 年第 1 期。

[100]黄明理、程璐:《国家核心价值观之"富强"》,《当代中国价值观研究》2016 年第 5 期。

[101]杨国荣:《道德系统中的德性》,《中国社会科学》2000 年第 3 期。

[102]杨国荣:《现代化过程的人文向度》,《云南大学学报(社会科学版)》2003 年第 3 期。

[103]冯平等:《"复杂现代性"框架下的核心价值建构》,《中国社会科学》2013 年第 7 期。

[104]樊浩:《"我们"的世界缺什么》,《道德与文明》2012 年第 6 期。

[105]樊浩:《如何才是"文化"自信》,《世界华人文学论坛》2017 年第 1 期。

[106]樊浩:《"我们"如何在一起》,《东南大学学报(哲学社会科学版)》2017 年第 1 期。

[107]何怀宏:《底线伦理的概念、含义与方法》,《道德与文明》2010 年第 1 期。

[108]刘志琴:《思想与社会:从生活领域拓展中国思想史的新资源》,《江海学刊》2003 年第 2 期。

[109]周平:《中华民族:中华现代国家的基石》,《政治学研究》2015 年第 4 期。

[110]彭彤:《审美体验与宗教体验》,《四川大学学报(哲学社会科学版)》1998 年第 4 期。

[111]郝时远:《中文"民族"一词源流考辩》,《民族研究》2004 年第 6 期。

[112]郝时远:《先秦文献中的"族"与"族类"观》,《民族研究》2004 年第 2 期。

[113]陈来:《梁启超的"私德"论及其儒学特质》,《清华大学学报(哲学社会科学版)》2013 年第 1 期。

[114]郭萍:《"自由儒学"纲要——现代自由诉求的儒学表达》,《兰州学刊》2017年第7期。

[115]胡芮:《从道德想象到伦理实体——近代"中华民族"形态嬗变的思想史考察》,《云南社会科学》2014年第4期。

[116]陈炎:《"文明"与"文化"》,《学术月刊》2002年第2期。

[117]黄有东:《"人文化成":"文化"的中国古典意义》,《现代哲学》2017年第4期。

[118]梁治平:《民本思想源流》,《中国法律评论》2014年第3期。

[119]张师伟:《濡染与改造:现代民主思想中国化过程中的民本观念》,《文史哲》2016年第3期。

[120]张师伟:《思想资源与观念误导——中国现代民主思想形成中的民本观念》,《探索与争鸣》2014年第10期。

[121]吴根友:《现代中华民族视野下的传统文化及其"两化"》,《船山学刊》2017年第4期。

[122]孙向晨:《民族国家、文明国家与天下意识》,《探索与争鸣》2014年第9期。

[123]杨度:《金铁主义说》,《中国新报》第4、5号,1907年4、5月。

[124]费孝通:《中华民族的多元一体格局》,《北京大学学报(哲学社会科学版)》1989年第4期。

[125]李建华:《友善:必须着力倡导的价值观》,《光明日报》2013年7月6日。

[126]陈玉屏:《加强对中华民族"共同心理素质"的研究》,《光明日报》2015年3月19日。

[127]中共中央办公厅、国务院办公厅印发:《关于实施中华优秀传统文化传承发展工程的意见》,《人民日报》2017年1月26日。

[128]习近平:《在哲学社会科学工作座谈会上的讲话》,《人民日报》2016年5月19日。

[129]习近平:《在纪念孔子诞辰2565周年国际学术研讨会暨国际儒学联合会第五届会员大会开幕会上的讲话》,《人民日报》2014年9月25日。

[130]《"习近平谈核心价值观"——最持久最深层的力量》,《人民日报海外版》2014年7月24日。

[131]习近平:《坚持依法治国和以德治国相结合》,《新华社》2016年12月10日。

[132]欧阳中石:《中华文化的核心内容和主要特征》,《新华文摘》2010年第13期。

［133］杨耕：《文化的作用是什么》，《光明日报》2015 年 10 月 14 日。

［134］郭萍：《儒家的自由观念及其人性论基础——与西方自由主义的比较》，《国际儒学论丛》第 2 辑。

［135］高瑞泉：《平等观念在儒家系统中的四个解释向度》，《江苏社会科学》2010 年第 6 期。

［136］高瑞泉：《重建"信德"：从"信"的观念史出发的考察》，《学术月刊》2017 年第 7 期。

［137］袁祖社：《"中国价值"的文化发现及其实践意义》，《中国社会科学》2017 年第 8 期。

［138］万斌、赵恩国：《公平、公正、正义的政治哲学界定及其内在统一》，《哲学研究》2014 年第 9 期。

［139］彭永捷：《论儒家政治哲学的特质、使命和方法》，《江汉论坛》2014 年第 4 期。

［140］徐显明：《坚持依法治国和以德治国相结合——学习习近平总书记关于法治与德治关系的重要论述》，《求是》2017 年第 6 期。

［141］尚文华：《道德与政治的分野与互动》，《哲学研究》2017 年第 2 期。

［142］喻丰、彭凯平：《文化从何而来》，《科学通报》2018 年第 1 期。

［143］高国希：《现代性与公民品德》，《上海财经大学学报》2013 年第 3 期。

［144］贺晓星、仲鑫：《异乡人的写作——对赛珍珠作品的一种社会学解释》，《南京大学学报》2003 年第 1 期。

［145］余潇枫、盛晓蓉：《论公民人格》，《浙江大学学报》1998 年第 2 期。

［146］周俊武：《论中国传统家庭伦理文化的逻辑进路》，《伦理学研究》2012 年第 6 期。

［147］李育书：《职业道德：兴起、困境及其化解之道》，《伦理学研究》2018 年第 3 期。

［148］刘清平：《儒家伦理与社会公德——论儒家伦理的深度悖论》，《哲学研究》2004 年第 1 期。

［149］王泽应：《论先秦道德生活对中华文明的深刻影响》，《华中科技大学学报（社会科学版）》2010 年第 1 期。

［150］韦震：《我国传统儒文化对当代青少年道德教育影响的研究》，《海南师范大学学报（社会科学版）》2011 年第 1 期。

［151］温克勤：《试析传统社会的道德示范群体》，《天津社会科学》2013 年第 2 期。

[152]吴灿新:《政治伦理与官德建设》,《中共福建省委党校学报》2011 年第 11 期。

[153]吴昌政、石柳松:《中国传统社会中的道德修养》,《学海》2009 年第 6 期。

[154]吴德义:《孔子"仁"德浅识》,《道德与文明》2000 年第 5 期。

[155]吴光:《德本法用——关于"以德治国"及德、法关系的思考》,《浙江学刊》2002 年第 2 期。

[156]吴慧芳、于子旺:《中国传统德育的体系构成与特点研究》,《华北电力大学学报(社会科学版)》2009 年第 2 期。

责任编辑：武丛伟
封面设计：王欢欢
版式设计：胡欣欣

图书在版编目(CIP)数据

中华传统美德的时代价值/肖群忠,王苏,杨建强 著. —北京:人民出版社,
　2020.11
ISBN 978－7－01－022567－8

Ⅰ.①中…　Ⅱ.①肖…②王…③杨…　Ⅲ.①品德教育-研究-中国
　Ⅳ.①D648

中国版本图书馆 CIP 数据核字(2020)第 205317 号

中华传统美德的时代价值
ZHONGHUA CHUANTONG MEIDE DE SHIDAI JIAZHI

肖群忠　王　苏　杨建强　著

人民出版社 出版发行
(100706　北京市东城区隆福寺街 99 号)

中煤(北京)印务有限公司印刷　新华书店经销

2020 年 11 月第 1 版　2020 年 11 月北京第 1 次印刷
开本:710 毫米×1000 毫米 1/16　印张:24.5
字数:347 千字

ISBN 978－7－01－022567－8　定价:79.00 元

邮购地址 100706　北京市东城区隆福寺街 99 号
人民东方图书销售中心　电话 (010)65250042　65289539